茂县营盘山遗址与古蜀之源
学术研讨会

主办：四川省文物考古研究院
成都文物考古研究院
四川大学历史文化学院
三星堆遗址博物馆
金沙遗址博物馆
阿坝州文化体育和旅游局
茂县人民政府
阿坝州文物管理所

承办：茂县文化体育和旅游局
茂县羌族博物馆
协办：四川出版集团金色印象文化传播有限公司

二〇一九年八月

会议标牌

参加会议人员合影

研讨会现场

王毅局长讲话

赵川荣秘书长讲话

陈顺清书记致辞

惠小勇社长参加会议

卞思雨副县长主持开幕式

唐飞院长主持学术交流

白九江院长主持学术交流

江章华副院长主持学术交流

李映福副院长主持学术交流

陈剑研究员发言

王仁湘先生发言

朱乃诚先生发言

▲ 叶茂林先生发言

▼ 陈苇研究员发言

杜占伟博士发言

雷雨研究员发言

吕红亮教授发言

刘章泽研究员发言

万娇研究员发言

冉宏林研究员发言

姜铭副研究员发言

杨颖东副研究员发言

孙华教授作大会学术总结

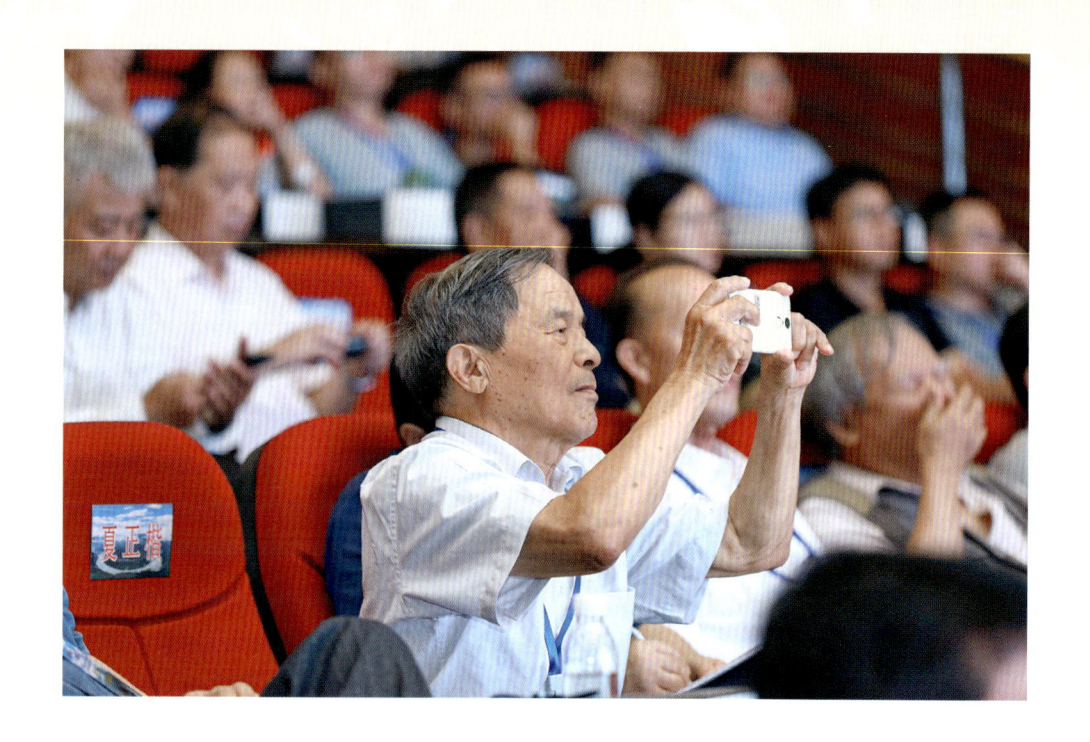

△ 夏正楷先生参加会议

▽ 李永宪教授、黄伟教授参加会议

颜劲松院长参加会议

邹后曦院长参加会议

朱章义馆长参加会议

周志清研究员参加会议

何锟宇研究员参加会议

陈明辉站长参加会议接受采访

营盘山遗址航拍

◐ 营盘山遗址航拍

▽ 遗址外景（北—南）

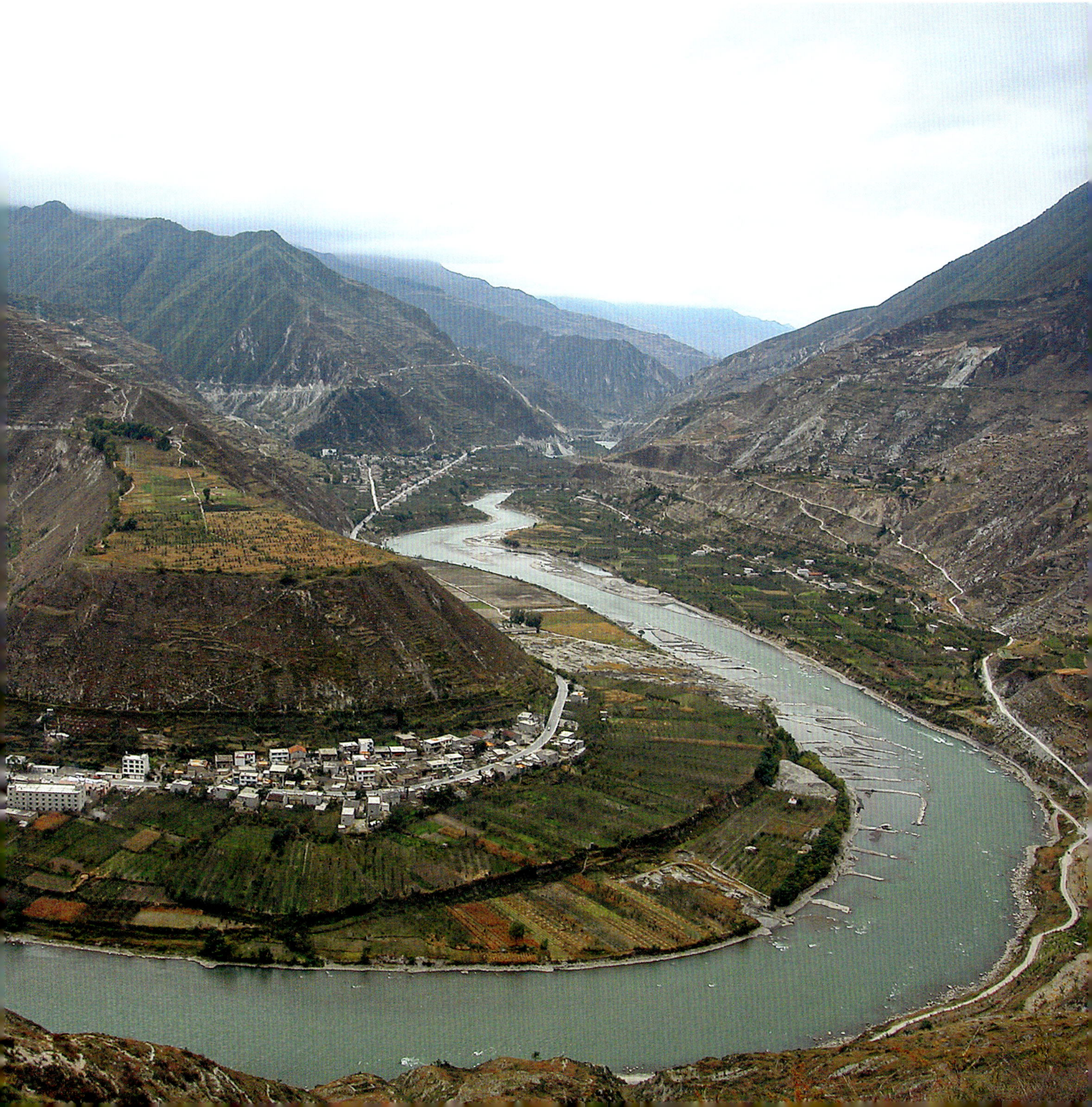

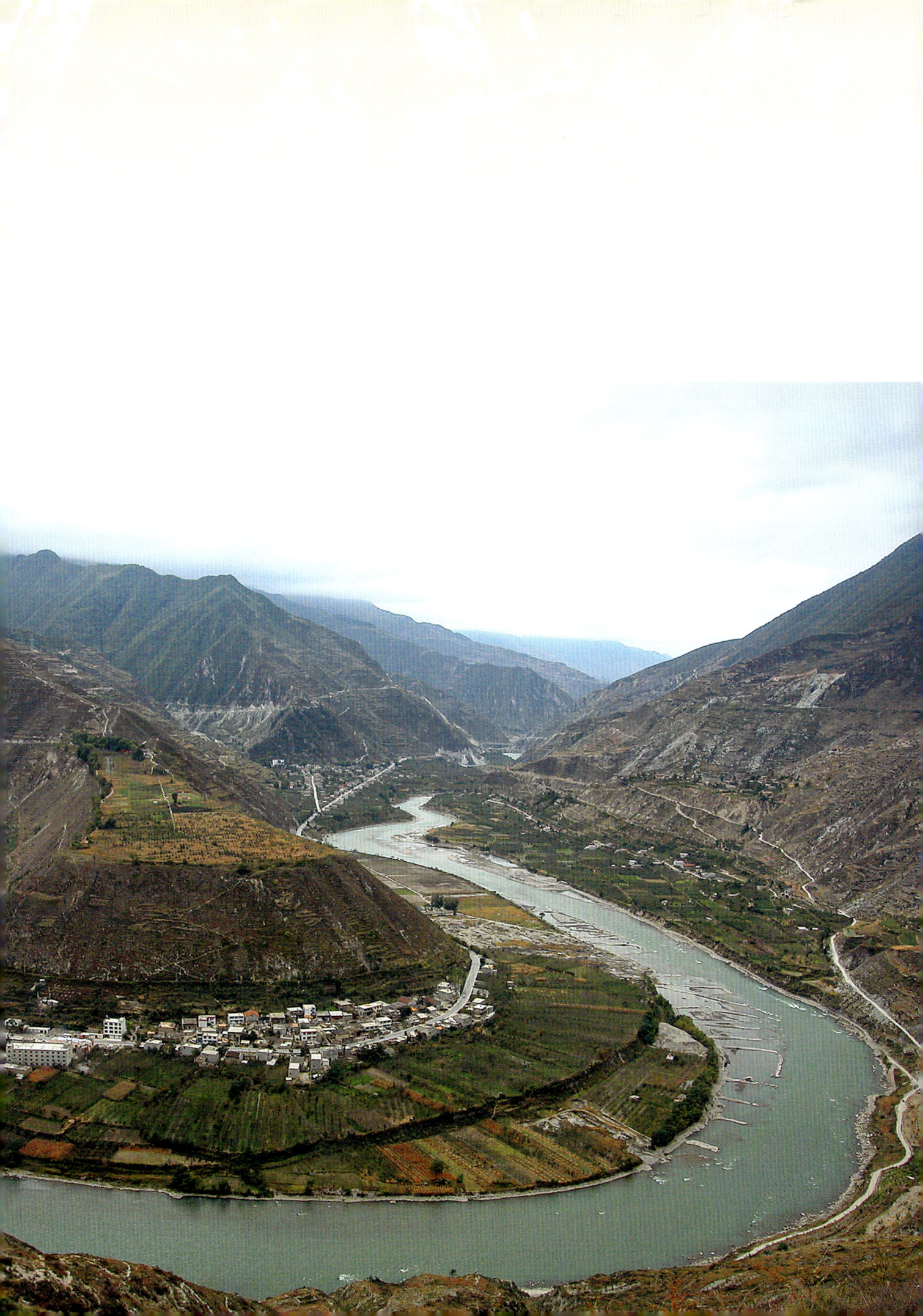

遗址近景（北—南）

遗址外景（南—北）

第一地点发掘

▲ 第一、二地点发掘

▶ 第一地点探方

第四地点发掘

◬ 发掘工作照

▷ 现场测绘

▲ 人祭坑 2003M32

▼ 人祭坑 2003M40

柱洞及其附近的儿童人骨坑

陶窑 2003Y1

◀ 灰坑及其内部的陶器

▼ 石棺葬 2002M45、M46

灶坑 2003Z2

彩陶盆

▶ 彩陶瓶
▼ 彩陶带耳瓶

▲ 彩陶罐

◀ 彩陶钵

🔺 陶夹砂罐

▶ 陶直筒罐

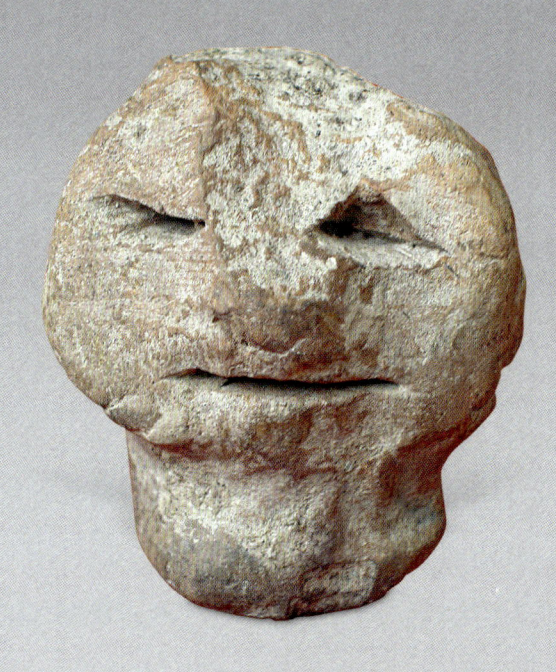

△ 陶人面像

◁ 陶人头像

陶人面像

涂红石块

- 玉箭镞（正面）
- 玉箭镞（反面）
- 玉孔刀

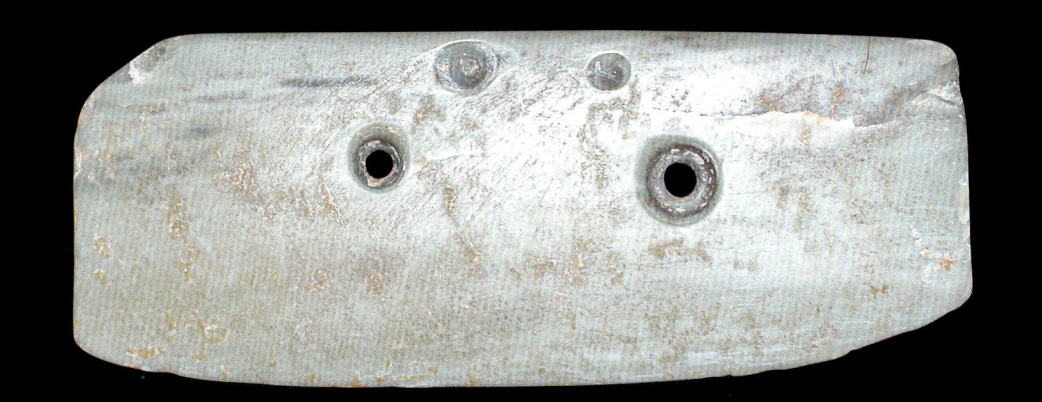

细石叶

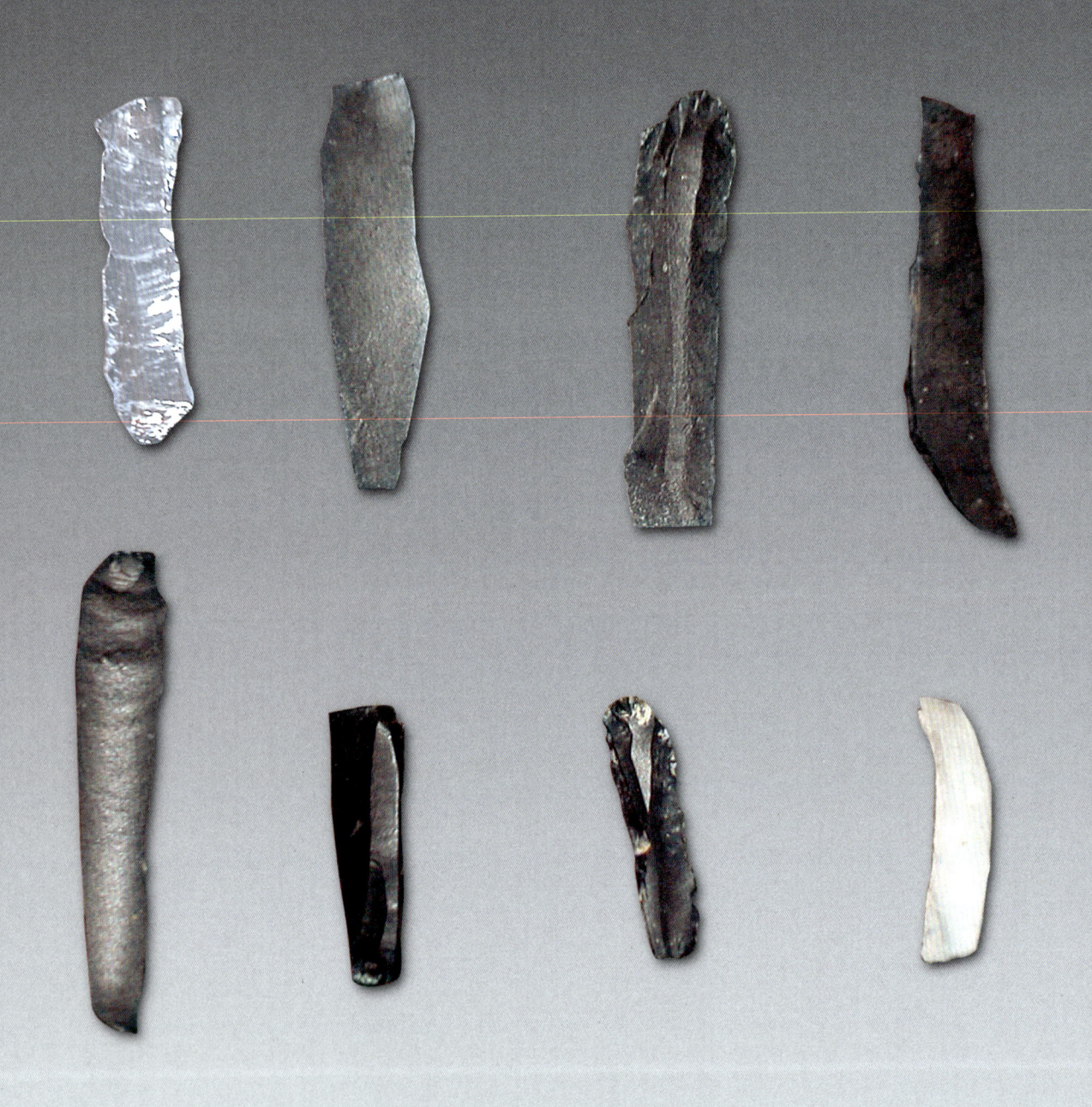

骨器

蚌器和贝壳

△ 张忠培先生察看营盘山遗址出土文物

▽ 张忠培先生察看营盘山遗址出土文物

严文明、李伯谦、黄景略先生等察看营盘山遗址出土文物

李伯谦先生察看营盘山遗址出土文物

▲ 黄景略、徐光冀、王仁湘先生察看营盘山遗址出土文物

▼ 黄景略、李季先生察看营盘山遗址出土文物

郑欣淼院长考察
营盘山遗址

郑欣淼院长考察
营盘山遗址

🔺 国家文物局关强副局长、中国文物交流中心主任王军察看营盘山遗址出土文物

▶ 国家文物局闫亚林司长察看营盘山遗址出土文物

🔺 李绍明、马继贤先生等考察营盘山遗址发掘现场

▶ 马继贤、宋治民、张勋燎先生察看营盘山遗址出土文物

▲ 岷江上游古文化遗址发掘汇报会

▼ 徐荣旋副厅长、王琼副厅长考察营盘山遗址发掘现场

2004年茂县羌族博物馆营盘山考古发掘展览开展仪式

"茂县营盘山遗址与古蜀之源"
学术研讨会论文集

成都文物考古研究院
阿坝藏族羌族自治州文化体育和旅游局　编著
茂县羌族博物馆

科学出版社
北京

内 容 简 介

2019年8月，四川省文物考古研究院、成都文物考古研究院、四川大学历史文化学院等单位联合主办召开了"茂县营盘山遗址与古蜀之源"学术研讨会。本书即是这次会议学术成果的集中体现。论文集收录了33篇论文及简报，主要内容包括岷江上游及周邻地区史前考古研究、成都平原先秦考古研究、川西北高原科技考古新进展、其他地区考古新发现与研究、羌族社会历史文化研究等几个方面。

本书可供从事中国考古学、历史学、文化遗产保护研究的学者参考、阅读。

图书在版编目（CIP）数据

"茂县营盘山遗址与古蜀之源"学术研讨会论文集 / 成都文物考古研究院，阿坝藏族羌族自治州文化体育和旅游局，茂县羌族博物馆编著.—北京：科学出版社，2023.12
ISBN 978-7-03-077286-2

Ⅰ.①茂⋯ Ⅱ.①成⋯ ②阿⋯ ③茂⋯ Ⅲ.①文化遗址-文物保护-茂县-学术会议-文集 Ⅳ.①K878.04-53

中国国家版本馆CIP数据核字（2023）第251345号

责任编辑：柴丽丽 / 责任校对：邹慧卿
责任印制：肖 兴 / 封面设计：美光设计

科学出版社 出版
北京东黄城根北街 16 号
邮政编码：100717
http://www.sciencep.com
北京汇瑞嘉合文化发展有限公司印刷
科学出版社发行 各地新华书店经销
*
2023年12月第 一 版　开本：889×1194　1/16
2023年12月第一次印刷　印张：18 3/4　插页：22
字数：540 000
定价：378.00元
（如有印装质量问题，我社负责调换）

目 录

"茂县营盘山遗址与古蜀之源"学术研讨会综述 …………………………………………（1）

说琮：古蜀玉琮观察 ……………………………………………………… 王仁湘（5）

茂县及岷江上游地区在古蜀文明形成中的重要作用与地位 ……………… 朱乃诚（11）

浅述胡焕庸线与童恩正线及其科学与历史意义 …………………………… 叶茂林（22）

从营盘山、桂圆桥到三星堆——什邡箭台村遗址发掘的主要收获及意义 ……… 刘章泽（25）

岷江上游考古再出发 …………………… 向 导 刘祥宇 蔡雨茂 陈 剑 蔡 清 郭 亮（33）

刘家寨遗址的概况与初识 …………………………… 陈 苇 任瑞波 李勤学 李 俊（38）

浅析营盘山遗址与桂圆桥遗址的文化联系 ………………………………… 郭 亮（44）

四川彩陶：黄河长江史前文化交流互动的实物证据 ……………………… 陈 剑（50）

环太湖地区和成都平原新石器化和社会复杂化进程的对比研究 ……… 陈明辉 刘祥宇（56）

略论三星堆遗址"新二期"文化遗存——兼谈"鱼凫村文化" ………… 雷 雨（65）

三星堆遗址出土石器历时性变化与制作工艺初论 ………………………… 徐诗雨（73）

由兰苑地点遗存看金沙遗址的文化演进 …………………………………… 冉宏林（87）

试论金沙遗址出土的石跪坐人像 …………………………………………… 郑漫丽（98）

浅析古蜀太阳崇拜文化源流 ……………………………………………… 明文秀（112）

"巴蜀图语"蠡测——以什邡出土战国青铜器为例 …………………… 杨 剑 李 灿（123）

先秦时期岷江上游与成都平原文化互动的背景考察 …………………… 李 俊（135）

略论岷江上游石棺墓中的鼎 …………………………………… 蔡雨茂 刘祥宇（140）

岷江上游石棺葬族属讨论 ……………………………………… 周志清 蔡 清（144）

茂县牟托一号石棺墓葬出土战国青铜动物纹牌饰图像分析 …………… 李 明（152）

岷江涪江上游地区军事考古研究刍议 ………………… 陈 剑 陈学志 蔡 清（159）

川西高原史前农业初探 …………………………………………………… 万 娇（170）

试论新石器时期粟作农业在四川地区的扩散——从营盘山遗址植物大遗存浮选结果谈起
.... 姜　铭（176）

茂县营盘山遗址祭祀坑出土人骨研究................... 原海兵　陈　剑　何锟宇（182）

岷江上游战国秦汉时期的动物遗存研究................................. 何锟宇（187）

从合金技术角度探讨牟托一号石棺墓青铜器文化多因素问题
.... 杨颖东　蔡雨茂　蔡　清　周志清（197）

石亭江上游区域考古调查主要收获及初步认识................... 刘章泽　何　普（205）

西昌新庄墓地相关问题讨论....................................... 李默然　葛　魏（218）

清水江下游新石器时代遗存初探... 杨　洪（233）

"藏彝走廊"学说研究述评... 任华利（241）

以林为"镜"：试探羌族社会生态意识............................. 卞全琴　潘　莉（245）

2017年茂县营盘山石棺葬调查勘探简报............ 成都文物考古研究院　茂县羌族博物馆（252）

四川茂县沙乌都遗址2017、2018年度调查简报
.... 成都文物考古研究院　茂县羌族博物馆　阿坝藏族羌族自治州文物考古研究所（287）

后记 .... （294）

"茂县营盘山遗址与古蜀之源"学术研讨会综述

　　茂县营盘山遗址位于四川省阿坝藏族羌族自治州（以下简称阿坝州）茂县凤仪镇所在的河谷冲积扇平原，地处岷江东南岸三级台地上。最早于1979年在营盘山基建工程中被发现，并清理了一批石棺葬，2000年、2002年、2003年、2004年、2006年由成都文物考古研究所、阿坝州文物管理所、茂县羌族博物馆对遗址进行了考古试掘和发掘工作，发现了丰富的新石器时代文化遗存，并清理了石棺葬墓200余座。营盘山遗址的发现对于岷江上游及川西北地区史前文化研究、古蜀文明探源等有重大意义。

　　为传承和弘扬中华民族优秀传统历史文化，促进社会、经济、生态、文化协调发展，构建积极健康的精神文化家园，打造历史文化旅游品牌，搭建地区经济文化发展平台，推进国家"一带一路"倡议建设及丝绸之路的考古工作和文化遗产保护工作，并为省重点文化工程——古蜀文明传承创新工程奠定基础；同时，又为促进长江文明与黄河文明之间的文化交流、传播及融合的研究，弘扬阿坝州传统文化，挖掘阿坝州旅游资源，提升阿坝州形象，全力建设阿坝州"一州两区三家园"提供学术支持，在四川省文物局的大力支持和指导下，由四川省文物考古研究院、成都文物考古研究院、四川大学历史文化学院、三星堆博物馆、金沙遗址博物馆、阿坝州文化体育和旅游局、茂县人民政府、阿坝州文物管理所主办，茂县文化体育和旅游局、茂县羌族博物馆承办，四川金色映像文化传播有限公司协办的"茂县营盘山遗址与古蜀之源"学术研讨会原定于2019年8月20～22日在茂县举行，会议共设茂县营盘山遗址研究、古蜀文明探源研究、岷江上游地区史前文化研究、川西北高原山地史前文化研究、岷江上游地区石棺葬研究、岷江上游历史文化研究、羌族历史文化研究7个议题。但是汶川"8.20"强降雨特大山洪泥石流灾害致使道路中断，会议临时改到三星堆博物馆举行。

　　来自中国社会科学院、北京大学、四川大学、四川省文物考古研究院、重庆市文化遗产研究院、浙江省文物考古研究所、贵州省文物考古研究所、成都文物考古研究院、三星堆博物馆、金沙遗址博物馆、德阳市文物考古研究所、凉山彝族自治州博物馆、阿坝州文物管理所等80余名著名专家、学者参加了研讨会。四川省文化和旅游厅副厅长、党组成员、四川省文物局局长王毅，四川省政协第十二届委员会副秘书长、中国民主促进会四川省第八届委员会副主任委员赵川荣，新华社四川分社党组书记、社长惠小勇等领导出席会议。大会开幕式由茂县人民政府副县长卞思雨主持，阿坝州文化体育和旅游局党组书记陈顺清代表阿坝州委常委、宣传部部长杨星致欢迎词，赵川荣副秘书长、王毅副厅长先后发表了热情洋溢的讲话。

　　与会学者向会议提交了论文30多篇，其中15位学者在研讨会上做了大会学术发言。与会专家、学者围绕古蜀文明源起何处、古蜀先民从何而来、中华文明起源、中国古代文化交流互融等议题展开了激烈的交流和讨论。现将会议相关内容综述如下。

一、古蜀文明探源研究

中国社会科学院考古研究所研究员王仁湘对古蜀玉琮进行了辨析，指出古蜀玉琮既有原产自良渚文化等的外来玉琮，也有本地的仿制品。蜀人不仅仿制来自东方良渚和西方齐家的玉琮，还创制出了具有蜀地特色的带有"射台"的蜀琮。蜀人对玉琮的使用更多是将其作为祭祀礼器，古蜀时期对玉琮的传承有扬有弃，发展了创新的器形，最终还影响到了中原地区。

中国社会科学院考古研究所研究员朱乃诚认为，"古蜀文明"就是"三星堆文明"。"三星堆文明"是经过考古学发现、研究提出的名称，"古蜀文明"则是结合了中国传统史学中对古史的研究成果而提出的名称。成都平原本土文化、二里头文化、齐家文化这三个高档次文化遗存，是目前所知形成古蜀文明的主要文明因素。而以茂县、汶川为核心的岷江上游地区早在公元前3500年以来形成的文化通道使得二里头文化与齐家文化由此对成都平原地区产生了文化影响，促使本土文化发生巨变。岷江上游地区在古蜀文明形成这一重大历史事件中发挥了无可替代的桥梁作用。

四川省文物考古研究院研究员雷雨对三星堆遗址发现的"新二期"文化遗存进行了分析，认为这组新文化遗存陶器群与成都温江鱼凫村遗址的第三期相同。以这组陶器群为代表的考古学文化遗存上承新石器时代，下启青铜时代，有着极其重要和特殊的地位，又在成都平原有着广泛的分布，在四川盆地东部嘉陵江中游地区也有所发现，应该单列出来，命名为"三星堆文化二期——鱼凫村文化"。

北京大学考古文博学院徐诗雨对三星堆遗址出土石器进行了分析，发现三星堆遗址一期与二至四期在石器类别上断然有别，并对石璧、石斧、石锛等主要石器类型的加工步骤进行了总结，最后提出可以从石器生产的角度理解成都平原先秦时代的社会和文化变迁。

德阳市文物考古研究所研究员刘章泽介绍了2016、2017年石亭江上游区域考古调查的主要收获及认识。两次调查在什邡区域发现商周遗址11处、采集点2处，绵竹地区发现商周遗址10处、采集点2处。绝大多数遗址点的年代相当于三星堆遗址三、四期，有少数遗址点年代相当于三星堆遗址一、二期，还在洛城村采集点发现了桂圆桥时期的陶片。这两次调查和桂圆桥遗址、箭台村遗址的发现形成了较为完整的地区性文化发展序列，为三星堆文化的起源和发展演变研究提供了重要资料。

二、岷江上游地区史前文化研究

成都文物考古研究院研究员陈剑介绍，自2000年以来，成都文物考古研究院、阿坝州文物管理所、茂县羌族博物馆等单位合作在岷江上游地区调查发现了上百处新石器时代遗址，并对茂县营盘山遗址等进行了考古发掘。考古发掘工作揭示了该地区新石器时代文化的内涵，从而建立了初步的文化发展演变序列。这些考古新发现为研究古蜀文明的起源提供了重要实物证据，其中营盘山遗址是江源文明及古蜀文明发源地的核心所在。

三、川西北高原山地史前文化研究

中国社会科学院考古研究所研究员叶茂林对比讨论了人口地理学的"胡焕庸线"（"黑河—腾冲一线"）与民族考古学的"童恩正线"（从东北到西南的边地半月形文化传播带）。岷江上游与川西北区域正好处于童恩正线的范围内，在其所处的这个环境大背景下，我们可以试图从生业的角度进一步探讨这个区域史前时期的民族流动交融和文化交流传播情况。他指出，"童恩正线"的提出对提升考古学在科学领域的学科地位有其重要意义。

四川省文物考古研究院副研究员陈苇对位于阿坝州金川县二嘎里乡的刘家寨遗址2011、2012年度的考古发现概况进行了介绍。两次发掘共清理新石器时代各类遗迹350座，其中灰坑298座、灰沟1条、房址16座、陶窑址26座、灶7座、墓葬2座。出土陶、石、骨、角质等小件标本逾万件，修复复原陶器200余件。遗址绝对年代为距今5300～4700年。遗址可分为三期。遗址的文化内涵与营盘山、波西、箭山寨、姜维城等遗址相似度较高，年代大体处于仰韶时代晚期。

四川省文物考古研究院副研究员万娇从茂县营盘山、茂县下关子、马尔康哈休、西昌沙坪站等遗址出发论述了川西高原的史前农业面貌，指出川西高原地理条件的复杂多变导致生业模式不稳定，生业形态的差异可能更多的是由地貌差异和水热条件决定的。虽然如此，但是生业形态仍然有规律可循，来自甘青地区人群向南迁徙，最早的农业产品是黍和粟。之后随着水稻传入适宜生长水稻的河谷地带后，水稻也成了川西高原人群的主食之一。大约在距今4700～4500年这一时间范围里，川西地区的水稻种植受到西北地区影响，但是水稻种植在川西高原的发展，可能受到了水稻种植技术更加成熟的成都平原的影响。

成都文物考古研究院姜铭通过对成都平原、横断山区和川西北高原地区已经公布的10余处遗址/地点的浮选结果进行分析，指出四川地区的粟作农业在川西北高原和横断山区呈现出南北向多路传播的态势，而在成都平原地区呈现从山地向平原腹地进行传播的态势，同时由于微地貌环境适宜种植高产农作物稻谷，粟作的地位一落千丈，但仍旧扮演着不可或缺的角色。

四、岷江上游地区石棺葬研究

成都文物考古研究院副研究员杨颖东从合金技术角度探讨了牟托一号石棺墓青铜器文化多因素的问题，认为所研究的多数铜器是在本地仿制的，不同文化因素的器物其铜锡铅合金配比差别明显，从巴蜀式兵器、楚式礼乐生活器和草原文化的铜牌饰等合金技术来看，它们都基本与各自文化类型的中心区域类似。这不仅说明了春秋战国时期各地合金技术向牟托的传播，更体现了巴蜀和楚文化的紧密性，同时中原和北方草原文化的技术痕迹也有所体现，充分反映了岷江上游的茂县在民族迁徙之路、南北文化走廊上的重要性。

五、其他区域考古的最新研究

四川大学考古学系教授吕红亮从全球视角对青藏高原东缘的新石器时代化的重要意义进行了论述。

贵州省文物考古研究所副研究员杨洪对贵州清水江下游培芽遗址、亮江遗址、月山背遗址、坡脚遗址、学堂背遗址、辞兵洲遗址、盘塘遗址7处主体文化面貌为新石器时代遗存的遗址进行了梳理。将清水江下游新石器时代遗存分为三期5段，绝对年代为距今9800～5300年，第一期属发源于本地较高庙下层文化早的考古学遗存，第二期属于高庙下层文化遗存，第三期为高庙上层遗存。并对其居住形态、生业方式、文化渊源与谱系进行了讨论。

四川大学考古学系杜战伟系统地介绍了自2014年以来青海民和喇家遗址发掘工作中有关马家窑文化遗存的发现和认识，以及进一步了解喇家遗址所产生的重要意义。

浙江省文物考古研究所陈明辉通过对比环太湖地区和成都平原新石器化和社会复杂化进程对二者文明起源的影响进行分析，指出两者新石器化都不是在本地文化传统上发展起来的。环太湖地区的新石器化是在来自皖北和中原两波文化影响下（马家浜早期和马家浜晚期）完成的，经历了近2000年发展而成的良渚文化是一个高度重视宗教的政教合一社会。成都平原的新石器化受益于马家窑文化传统和屈家岭—石家河文化传统，在短短数百年时间完成新石器化和城市化进程，形成了总体缺乏象征等级、身份的特殊艺术品，宗教氛围不甚浓厚的宝墩文化。

专家在交流中表示，茂县地区有着丰富的史前遗址，诸如营盘山遗址、波西遗址、沙乌都遗址、下关子遗址等，这些遗址和岷江上游的马尔康哈休、理县箭山寨、汶川姜维城等遗址一道组成了重要的遗址群，上承黄河上游的马家窑文化、齐家文化，下接成都平原的什邡桂圆桥遗存、成都宝墩文化、广汉三星堆文化等，成为其中的关键环节，为考古学、历史学、民族学、人类学研究提供了有力的研究依据，突出了岷江上游对中国古代南北方文化时空关系和族群交往迁徙的重要性，进一步证实了古蜀文明源头是岷江上游地区，以营盘山遗址为核心的岷江上游遗址群与成都平原宝墩文化城址群、三星堆遗址串联起来，对于梳理出古蜀文明的发展脉络有重要意义。

北京大学考古文博学院教授孙华在闭幕式做大会学术总结时表示，探索营盘山遗址、姜维城遗址等岷江上游的史前遗址，将有助于认识以三星堆为代表的古蜀文明的起源。

"茂县营盘山遗址与古蜀之源"学术研讨会是一次高规格、高层次的学术讨论会，来自全国各地的专家学者进行了思想与智慧的碰撞，它的举行对于茂县营盘山遗址研究、古蜀文明探源乃至中华文明探源都有重要的意义，也对提升茂县乃至阿坝州形象，推进该区文化发展具有十分重要的意义。

附记：本文根据各位学者发言记录整理而成，未经作者审定，可能存在不足或偏差，请参考作者相关论文。

［原载于四川大学博物馆、四川大学考古学系、成都文物考古研究院编：《南方民族考古》（第十九辑），科学出版社，2021年，第305～309页］

说琮：古蜀玉琮观察

王仁湘
（中国社会科学院考古研究所）

约当商周之际的古蜀时代，在四川广汉三星堆和成都金沙遗址都发现了玉琮，又以金沙出土数量可观，这也就使得西南地区成为相关玉文化信仰体系传入的重要地区，其也是保持有相关传统的最后一片圣地。

作为金沙遗址发掘与研究的直接参与者，王方有多篇论文讨论了古蜀时代的玉器，其中专门涉及玉琮的研究。她梳理的结果是，三星堆遗址中出土的玉琮数量较少，形制均较为简单，多为素面单组射。早年发现的矮体琮，射部刻有平行横线和双圆圈，有学者认为类似良渚文化风格。金沙遗址出土玉琮数量较多，多数为矮方柱体，射体不分组，素面无纹，制作较为粗糙（图一）。有两件高体玉琮，射体分组，每组雕琢纹饰，选料精良，制作精湛。其中一件射分十组，选料和制作均属精良，为典型良渚文化晚期风格（图二）。另一件四组射琮认为是仿良渚式，是目前所见商周时期玉琮的精品，也是商周玉琮中体形最大的一件，推断该玉琮的制作年代为商代晚期至西周早期（图三）。

研究者一般认为金沙遗址出土神面纹玉琮是典型的良渚文化玉琮，其制作年代和良渚文化寺墩3号墓、草鞋山198号墓和福泉山40号墓的时代相近，为良渚文化晚期的作品，经过长期的流转而传至成都平原，成为古蜀国的重器，在商代晚期至西周早期作为古蜀国的祭器而埋藏于金沙遗址。

金沙遗址出土玉琮既有典型的良渚文化玉琮，也有仿良渚文化玉琮，同时还出土了大量的商周时期常见的矮体素面玉琮，这极大地丰富了商周玉琮的内涵[1]。在后来的研究中，王方对数量更多的矮体琮进行了解读："金沙遗址祭祀区出土了30件玉琮，除两件高节玉琮外，其余均为矮体素面玉琮，这些矮体素面玉琮表现出与长江下游良渚文化玉琮完全不同的面貌，与二里头文化、商周时期其他遗址发现的玉琮也有所不同，却与黄河上游地区齐家文化出土玉琮存在较大的相似性"[2]。这是古蜀玉器的又一个源头，当然还不止于此。她接着讨论了三星堆的发现。三星堆出土玉琮数量相对较少，主要有四川博物院收藏1件，四川大学博物馆收藏2件，三星堆博物馆收藏

---

[1] 王方：《金沙玉器类型及其特点》，《中原文物》2004年第4期；朱章义、王方：《成都金沙遗址出土玉琮初步研究》，《文物》2004年第4期。

[2] 成都金沙遗址博物馆、山东大学文化遗产研究院：《金沙玉工Ⅱ——玉石琮工艺研究》，四川人民出版社，2022年。

图一 成都金沙遗址出土玉琮

图二 成都金沙遗址出土玉琮

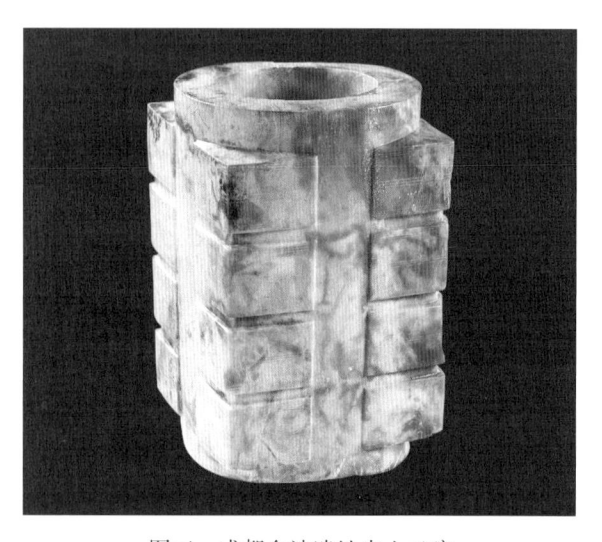

图三 成都金沙遗址出土玉琮

图四 成都金沙遗址出土玉琮

1件，1986年三星堆一号器物坑出土1件，三星堆仓包包地点采集1件小石琮。将金沙遗址和三星堆遗址发现的玉琮，与山东滕州前掌大商墓和山西曲沃晋侯墓地的出土品比较，也可以找到相互间的联系（图四~图六）。

对于金沙遗址出土玉器的性质，黄剑华指出成都金沙遗址出土的玉器数量甚多，大都是祭祀礼仪用器，金沙遗址出土的玉琮是非常值得注意的重要器物。

金沙那件青玉长琮上端筒部有一个采用阴刻手法雕刻的神人纹，双脚粗短岔开站立，双臂向两边平举，头戴神奇的冠饰，双臂的两端刻划着飘逸的长袖，两臂还刻划着向上卷起的羽毛形装饰。

黄剑华对玉琮上的这个刻符特别关注，他注意到良渚文化长琮如有符号，一般多出现在这样的位置。例如中国国家博物馆、首都博物馆、上海博物馆各收藏的1件长琮，还有安徽肥东征集的1件长琮，符号都雕刻于筒口的这个部位[1]。此外巴黎集美博物馆内的1件长琮，符号刻于筒口至两侧饕

---

[1] 黄剑华：《金沙遗址出土玉琮探析》，《河南科技大学学报》（社会科学版）2004年第2期。

图五　成都金沙遗址出土玉琮　　　　　　　图六　成都金沙遗址出土玉琮

饕餮面中间；台北故宫博物院的1件长琮，符号则刻在两侧饕餮面中间。这些图像符号说明这件长琮可能并非本地的古代蜀人所作，加上其造型风格与形制特点也与良渚文化晚期玉琮基本相同，其很可能来自于长江中下游良渚文化地区，经过辗转流传而成了商周时期古蜀族统治阶层在祭祀活动中使用的特殊礼器。

将蜀地玉琮找出东方良渚和西北齐家两个源头，这应当是没有问题的。不过，研究者却并没有明确认定，蜀人有没有自己制作的玉琮，虽然也有人简单提及可能有仿制的事实，但讨论不充分。实际上，如果是仿制，要甄别出来也并不容易。

笔者以为蜀人仿制玉琮是没有问题的，蜀地的琮不会全都是由外部流入的。而且不仅仅只有仿制，还有创制，制出了有蜀地特色的琮，可称之为蜀琮。

经过仔细的器形比较，我发现蜀琮与其他琮的最大不同是造型上出现了"射台"。何谓射台，指的是琮体之射左右连接的位置没有与琮的筒口处在一个平面上的，而是高出一点形成一个台面，这个台面可以称为"射台"。如编号2001CQJT8106⑦：8和2001CQJC：712的琮上有明显的射台，这应当是古蜀人的特别制作（图五~图八）。

这样的连射之射台，绝不见于良渚文化玉琮，良渚玉琮还没有出现左右射连接在一起的形制。在齐家文化玉琮上也不见射台，虽然琮左右射连接为一体，但连接处与琮筒口外沿平齐，并不形成台阶。个别玉琮虽然乍一看有很窄的台沿，其实不是，现在良渚文化还没有见到有射台的琮（图九、图一〇）。

有意思的是，在殷墟妇好墓中出土的编号1581的商代玉琮式管，由于直径与器高不过2厘米，所以称为琮管，其实它就是一件小型的琮。如果将它看作是琮，那它就是带射台的琮，俯视与侧视都能明确地看到射台（图一一、图一二）。

再列举西周玉琮相关的例子。陕西长安张家坡M32出土玉琮上端有明确的射台，下端却没有，两射连接处与筒口平齐（图一三）。陕

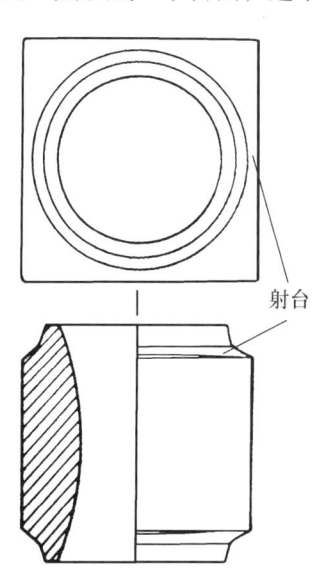

图七　成都金沙遗址出土玉琮
（2001CQJT8106⑦：8）

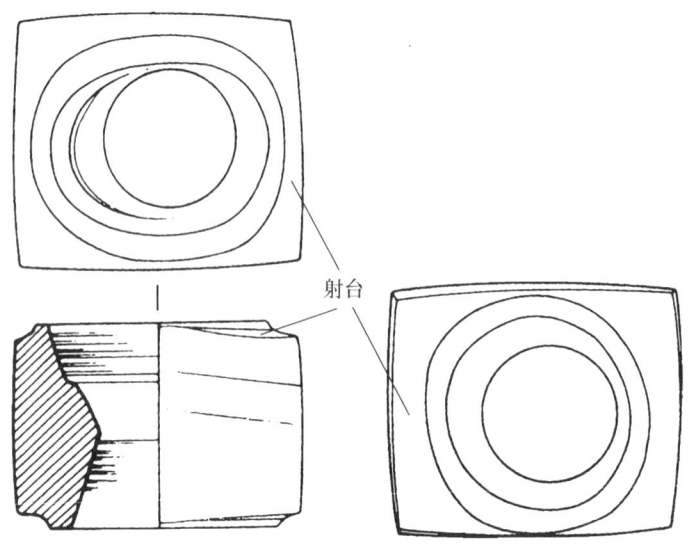

图八 成都金沙遗址出土玉琮
（2001CQJC：712）

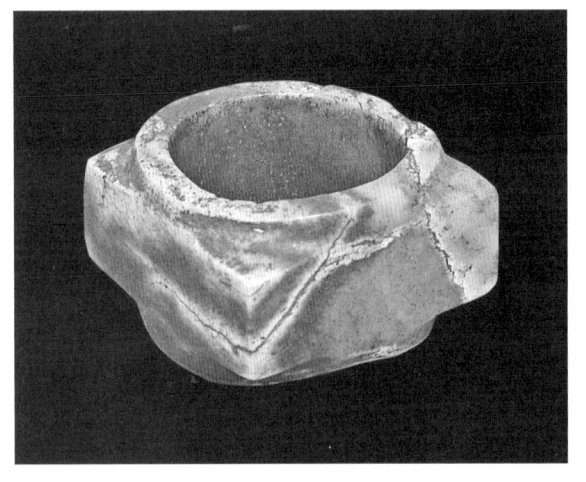

图九 甘肃定西清溪村玉琮，射组整体起台

图一〇 齐家文化玉琮
（宁夏回族自治区博物馆藏品）

图一一 商代玉琮管
（妇好M5：1581）

图一二 商代玉琮管
（妇好M5：1581）

图一三　西周玉琮
（陕西长安张家坡M32出土）

图一四　西周玉琮与玉璧
（陕西扶风出土）

西扶风周代遗存中发现共存的玉璧、玉琮一组，被认定是齐家文化之物。其中的琮制作精工，带有明确的射台，还不能说就是齐家琮（图一四）。

我初步判断蜀地之外的商周之际这几个发现都与蜀有关，应当都是蜀地流转出去的琮，属蜀琮无疑。由此可以看到蜀与周的交往，还有更早与商的交往，这蜀琮是一类重要的物证。

还需要提到的是，宋以后出土和传世的琮形器中，其造型很多都与蜀式琮有关，既有良渚琮的射间，又有蜀琮的射台，可以推断是依据两地出土琮重新创作的文创产品（图一五）。

末了还要特别强调的是，三星堆与金沙遗址出土的玉琮，都与随葬无关，显示了不同于殷人的使用特点，古代蜀人对待玉琮的态度显然与殷人有别。三星堆时期出土的玉琮较少，千姿百态的青铜雕像群在精神观念与物质形态方面都占据着绝对的主导地位。而在

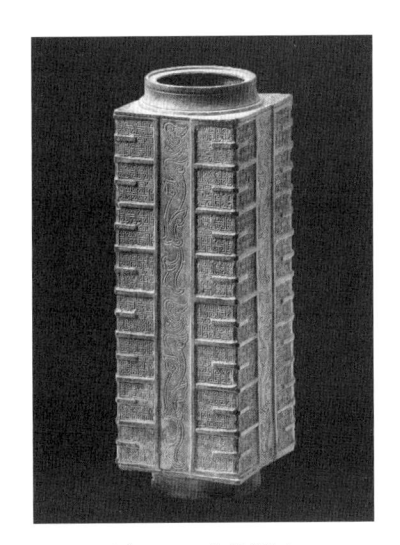

图一五　宋代铜琮
（四川彭州出土）

商周之际的金沙遗址，不仅发现了来自良渚文化的青玉长琮，还出土了一定数量的当地仿制玉琮，说明这些玉琮已成为古蜀族珍爱有加的重要祭祀礼器。在古代蜀人的心目中，这些玉琮显然并未失去初始的寓意，可能依然是执掌神权沟通天地的象征。

金沙遗址出土的玉琮，告诉我们的当然并不仅仅是这些。它们不仅透露了玉琮在良渚文化中的地位以及在后世的影响和传播，而且揭示了古代区域文明之间源远流长的文化交流，同时还从一个侧面展现了商周时期古蜀社会的崇尚观念和祭祀礼仪方面的一些真实情形。我觉得这一点非常重要，古蜀时期的用玉是真正体现了《周礼》中"六器"的精髓，这也反证《周礼》礼玉细节绝非完全虚构。我们了解的包括良渚与商周时期的玉琮，以出土于墓葬中的例证最多，可以解释为随葬品或殓葬品，其归属却并不是祭祀的礼器。也只有古蜀的玉琮及其他大量玉器，是明确出土于祭祀现场，是明白无误的礼器。

又因为古蜀的这些玉器全都是发现于祭祀场所，而且是明确的瘗埋遗存，是祭地遗迹，可以启发研究者对玉琮用途的重新思考。

玉琮的发现与研究，让我们觉得它不仅仅只是一件玉器而已，它的大范围传播和长时段传承以及时空转换的过程值得仔细研究。

对于这个时空转换的特征，杨晶有这样的说法："龙山时期的玉器，在红山和良渚文化的玉器中，不难找到祖型；商周时期的玉器，在龙山时期的玉器中，也不难觅到原型。以玉琮为例，这种外方内圆的筒状玉器，始见于良渚文化，一直流行至殷商时期"。

她说"从良渚文化的玉琮，到龙山时期的玉琮，再到殷商时期的玉琮，经历了一系列较为复杂的扬弃过程。良渚文化的玉琮，一般为多节，其上饰阴线细刻加浅浮雕的兽面纹；龙山时期的玉琮，一般为单节，多数素面无纹，少数饰瓦棱纹；商代的玉琮，通常为单节，其上多饰瓦棱纹和浮雕兽面纹。可知，龙山时期玉琮在形态上虽然保留了良渚文化玉琮的造型，但在装饰上却抛弃了良渚文化玉琮的纹样；而商代的玉琮，不仅弘扬了龙山时期玉琮的瓦棱纹，还升华了良渚文化玉琮的兽面纹。"[①]

进一步的研究证明，古蜀时期对玉琮的传承也有扬弃，有创新的器形，而且还影响到中原地区。

从东南良渚到黄河龙山，再到西北齐家与中原三代，还有西南古蜀，玉琮的影踪已经越来越清晰。玉琮上有一条血脉将5000~3000年前的大华夏紧密连接起来。

---

① 杨晶、吉琨璋：《龙山镂空技术一枝独秀》，new.enorth.com.cn/system/2012/10/28010194574.shtml。

茂县及岷江上游地区在古蜀文明形成中的重要作用与地位

朱乃诚

（中国社会科学院考古研究所）

"岷江上游地区"是指都江堰市以北的岷江流域地段。岷江发源于岷山西南麓松潘境内，有东西两源，两源于虹桥关上游汇合后，南经松潘县城，自北向南流经茂县、汶川、都江堰，是为岷江上游。其中茂县、汶川一带是岷江上游的核心区域。

岷江源头的漳腊河与潘州河地处岷山西侧，西北部即为开阔的松潘草地。松潘草地在距今4000年前后是否适宜人类居住，目前不得详知。不过，考古工作者已在松潘草地的若尔盖草原发现了公元前3300年前后至公元前1000年的文化遗存[①]。越过松潘草地就进入甘肃境内的洮河流域，考古发现表明，洮河流域是齐家文化的重要分布区域。

岷江上游是古代成都平原连通陇西南的主要地理走廊，经陇西南、陇东与中原地区发生文化交往。考古发现显示，岷江上游地区这条地理走廊与文化通道，对于古蜀文明的形成发挥了至关重要的作用。

"古蜀文明"是指西周时期称为"蜀"这一方国的前身。目前主要以广汉三星堆遗址的二、三期以及四期前段的高等级文化遗存为主要代表，还有成都金沙遗址发现的部分年代较早的高等级文化遗存。古蜀文明的年代，大致跨中原地区的商时期，约在公元前1600~前1050年。

笔者认为"古蜀文明"即"三星堆文明"。"三星堆文明"是经考古学发现、研究而提出的命名，"古蜀文明"则是结合了中国传统史学中对古史的研究成果而提出的名称。

探索古蜀文明的形成问题，应主要以三星堆文明的最初文明因素源为核心研究对象。而阐述茂县及岷江上游地区在古蜀文明形成中的重要作用与地位，则还需要讨论三星堆文明的最初文明因素源与茂县及岷江上游地区有着何种关系。本文将从这两个方面做初步的探索。

---

① 陈学志、吕红亮、李永宪：《川西北若尔盖草原史前考古调查》，《中国考古学年鉴2012》，文物出版社，2013年，第372页。

一、古蜀文明形成时期的文明因素源分析

古蜀文明即三星堆文明，最初引起大家关注的是1986年发现的两座大型祭祀坑及其丰富的文化遗存，包括一批金器、大型青铜人立像与祭坛、众多的青铜人头像、各种玉器、大量的象牙等。研究者通常将此作为探索三星堆文明的主要研究对象。然而，探索三星堆文明的形成，不能以这两座大型祭祀坑作为主要研究对象。因为这两座大型祭祀坑属三星堆文明较晚阶段的文化遗存，是三星堆文明已经发展了数百年之后才形成的，自然不能简单地以其作为探索三星堆文明形成的主要依据。而是应以三星堆文明形成初期的文明因素作为探索的主要研究对象。

就目前考古发现而言，探索三星堆文明形成初期的文明因素，应以三星堆文明中年代最早的一批能够反映三星堆文明发展程度的文化遗存作为主要研究对象。

（一）三星堆遗址城墙

1989年至1995年，三星堆遗址工作站先后六次对三星堆遗址外围的"土埂"进行试掘，最终确认它是人工修筑的城墙，并大致划定了面积达3.6平方千米的三星堆城址范围。至2017年对三星堆遗址城墙的系列考古勘探与发掘，可知三星堆遗址城墙建筑的最早年代是三星堆遗址二期；至三期，在城内东北部形成了仓包包小城；城墙建筑最晚的年代大致在三期晚段；到了四期，还对西城墙进行了修补。综上，三星堆城址的城墙从三星堆遗址二期一直沿用至四期。

（二）具有二里头文化特征的玉器和铜牌饰

自1929年发现三星堆遗址以来，就不断出土具有二里头文化特征的文化遗存。

1. 月亮湾燕家院子发现的玉石器窖藏类遗迹

出土玉石器数量达三四百件之多。郑德坤曾统计这批玉石器，有"石璧二十余枚、石珠十余枚、琬圭四枚、琰圭四枚、琮三枚、玉圈数十枚、小玉块八十余枚"等[①]，后来大多散失。笔者认为其中的玉牙璋等是二里头文化四期的产品（图一）[②]。

2. 广汉县高骈乡（现广汉市高坪镇）机制砖瓦厂发现的疑似祭祀坑遗迹

出土有镶嵌绿松石铜牌饰1件、玉戚1件、玉刀1件、玉矛1件[③]。其中镶嵌绿松石铜牌饰可能是二里头文化四期之后制作的，具有二里头文化特征；所谓玉刀则是由二里头文化的残断玉牙璋改制而成的玉铲（图二）。

---

① 郑德坤：《四川古代文化史》，《三星堆研究》（第1辑），天地出版社，2006年，第104~112页。
② 朱乃诚：《三星堆玉器与金沙玉器的文化传统——兼论三星堆文化牙璋的渊源与流向》，《夏商时期玉文化国际学术研讨会论文集》，科学出版社，2018年，第248~263页。
③ 敖天照、王有鹏：《四川广汉出土商代玉器》，《文物》1980年第9期。

图一　三星堆遗址月亮湾燕家院子出土牙璋

1. 故宫博物院藏　2. 四川大学博物馆藏（3.1）260　3. 四川博物院藏A313

（1. 采自陈德安：《试论三星堆玉璋的种类、渊源及其宗教意义》，《南中国及邻近地区古文化研究——庆祝郑德坤教授从事学术活动六十周年论文集》，中文大学出版社，1994年，图版13-1；2. 采自成都金沙遗址博物馆、中国社会科学院考古研究所编：《玉汇金沙——夏商时期玉文化特展》，四川人民出版社，2017年，第72页下图；3. 采自成都金沙遗址博物馆、中国社会科学院考古研究所编：《玉汇金沙——夏商时期玉文化特展》，四川人民出版社，2017年，第80页图）

图二　广汉县高骈乡出土的由牙璋改制的玉铲

（采自成都金沙遗址博物馆、中国社会科学院考古研究所编：《玉汇金沙——夏商时期玉文化特展》，四川人民出版社，2017年，第76页图）

3. 三星堆二号祭祀坑

出土由牙璋改制的玉璋K2③：201-4（图三），原件牙璋是二里头文化的作品[①]。

4. 三星堆遗址东北部仓包包发现的疑似祭祀坑遗迹

出土铜牌饰3件、玉环（原称玉瑗）8件、玉箍形器1件、玉凿1件、石璧11件、石纺轮形器10件（原将11件石璧、10件石纺轮形器都称为石璧）、石斧3件[②]。其中，1件镶嵌绿松石铜牌饰（图四，1）可能是二里头文化四期遗存；1件镂空卷草纹铜牌饰（图四，2）是二里头文化四期之后制作的，具有二里头文化因素；另1件素面铜牌饰则可能是在三星堆一带制作的，应是二里头文化铜牌饰的孑遗。

5. 三星堆遗址西侧仁胜村墓葬群

共清理墓葬29座。其中17座为长方形竖穴土坑墓，多见随葬品；4座为狭长形土坑墓，仅1座有人骨和1段象牙。共出土器物66件，其中陶豆、豆形器、尊形器、器盖等陶器5件，蜗旋状器、泡形器、璧形器、锥形器、凿、矛、斧、斧形器等玉石器61件。陈德安认为墓群年代大致相当于二里头

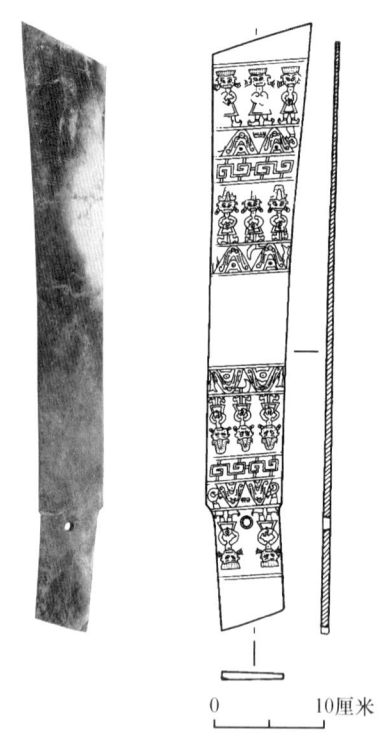

图三 三星堆K2③：201-4玉璋
（采自四川省文物考古研究所编：《三星堆祭祀坑》，文物出版社，1999年，第572页，图90）

图四 仓包包出土铜牌饰
1. 87GSZJ：36 2. 87GSZJ：16

[①] 朱乃诚：《三星堆祭祀坑出土"祭祀图"牙璋考》，《四川文物》2017年第6期。
[②] 四川省文物考古研究所三星堆工作站、广汉市文物管理所：《三星堆遗址真武仓包包祭祀坑调查简报》，《四川考古报告集》，文物出版社，1998年，第78~90页。

文化二期至四期①。其中M21出土5件蜗旋状玉器、2件蜗旋状象牙器及1件玉矛，可能是二里头文化传播到成都平原三星堆一带，或是受二里头文化影响而产生的文化遗存②（图五）。

6. 成都金沙遗址

2001年清理出土玉器558件以及大量的象牙、金器、铜器等珍贵文物，2003年又发掘出土玉器1460件③，其中部分是二里头文化遗存或是受二里头文化影响的遗存。如牙璋2001CQJC：955④（图六，1）、玉戚2001CQJC：546等⑤（图六，2），是二里头文化时期的作品⑥。玉铲2001CQJC：5（图六，3）是利用二里头文化的玉牙璋改制而成。

此外，三星堆遗址还出土了具有二里头文化二、三期特征的陶盉（图七）⑦。

图五　仁胜村蜗旋状玉器（M21：2）
（采自四川省文物考古研究所三星堆遗址工作站：
《四川广汉市三星堆遗址仁胜村土坑墓》，
《考古》2004年第10期，图版伍，1）

图六　成都金沙遗址出土玉器
1. 牙璋2001CQJC：955　2. 玉戚2001CQJC：546　3. 玉铲2001CQJC：5
（1、2.采自成都文物考古研究所编：《金沙玉器》，科学出版社，2006年，第64、91页；3.采自成都金沙遗址博物馆、
中国社会科学院考古研究所编：《玉汇金沙——夏商时期玉文化特展》，四川人民出版社，2017年，第77页图）

---

① 四川省文物考古研究所三星堆遗址工作站：《四川广汉市三星堆遗址仁胜村土坑墓》，《考古》2004年第10期。

② 古方主编：《中国出土玉器全集·四川、重庆》，科学出版社，2005年，第8页；四川省文物考古研究所三星堆遗址工作站：《四川广汉市三星堆遗址仁胜村土坑墓》，《考古》2004年第10期。

③ 成都市文物考古研究所：《成都金沙遗址Ⅰ区"梅苑"地点发掘一期简报》，《文物》2004年第4期。

④ 成都文物考古研究所编：《金沙玉器》，科学出版社，2006年，第64页。

⑤ 成都文物考古研究所编：《金沙玉器》，科学出版社，2006年，第91页。

⑥ 朱乃诚：《三星堆玉器与金沙玉器的文化传统——兼论三星堆文化牙璋的渊源与流向》，《夏商时期玉文化国际学术研讨会论文集》，科学出版社，2018年，第248～263页。

⑦ 图片系由陈德安提供，谨记谢忱。

以上在三星堆遗址、金沙遗址发现的具有二里头文化特征的高等级文化遗存，有的是从二里头文化传播而来，有的可能是受二里头文化影响而产生的，其年代应是在传播源或影响源之后。据此，推测三星堆遗址与金沙遗址出土的这批具有二里头文化特征的文化遗存可能是在二里头文化二期之后形成，其形成的最早年代不会超过二里头文化二三期交界，即不超过公元前1600年。

（三）具有齐家文化特征的玉石器

三星堆、金沙等遗址中具有齐家文化特征的遗存主要是玉琮与玉石璧。

三星堆遗址中，月亮湾燕家院子出土的玉琮（图八）、玉璧（图九）[1]和一号祭祀坑出土的玉琮（图一〇，1）都是齐家文化的作品。仓包包祭祀坑出土的11件石璧、10件石纺轮形器[2]，也有受齐家文化影响的痕迹。

成都金沙遗址出土的玉琮2001CQJC：556（图一〇，2）、2001CQJC：651（图一〇，3），推测也是齐家文化的产物[3]。

此外，在盐亭县蒙子村也发现了可能属祭祀坑或墓葬的遗迹，长3.2、宽1.6、深1.3米。出土列璧一组，共10件[4]。这种10件一组的列璧，很可能与齐家文化有关。

图七　三星堆出土陶盉
（80GSCbT6②：41）

图八　三星堆遗址月亮湾燕家院子出土玉琮
1. 四川大学博物馆藏品（3.1）441　2. 四川大学博物馆藏品（3.1）113　3. 四川博物院藏品A41　4. 四川博物院藏品A110485
（采自成都金沙遗址博物馆、中国社会科学院考古研究所编：《玉汇金沙——夏商时期玉文化特展》，四川人民出版社，2017年，第123页下图、124页下图、126页下图、127页下图）

---

[1]　这两件玉璧可能是1929年发现之后由燕道诚捐献给华西大学博物馆，或是1934年华西大学博物馆对月亮湾附近进行发掘时出土采集。1934年的发掘在燕家院子门前水沟的沟底和岸边开了长40、宽5英尺（约合12米×1.5米）的探沟数条，揭露面积约108平方米，出土、采集玉石璧、石刀、玉珠、陶罐等器物及残片600多件，其中玉器数量较少。见林名均：《广汉古代遗物之发现及其发掘》，《三星堆遗址研究》（第1辑），天地出版社，2016年，第96~103页。

[2]　四川省文物考古研究所三星堆工作站、广汉市文物管理所：《三星堆遗址真武仓包包祭祀坑调查简报》，《四川考古报告集》，文物出版社，1998年，第78~90页。

[3]　朱乃诚：《三星堆玉器与金沙玉器的文化传统——兼论三星堆文化牙璋的渊源与流向》，《夏商时期玉文化国际学术研讨会论文集》，科学出版社，2018年，第248~263页。

[4]　赵殿增：《绵阳文物考古札记》，《四川文物》1991年第5期。

图九　三星堆遗址月亮湾燕家院子出土玉璧

1. 四川大学博物馆藏品（3.1）439　2. 四川大学博物馆藏品（3.1）131

（采自成都金沙遗址博物馆、中国社会科学院考古研究所编：《玉汇金沙——夏商时期玉文化特展》，四川人民出版社，2017年，第138页图、139页上图）

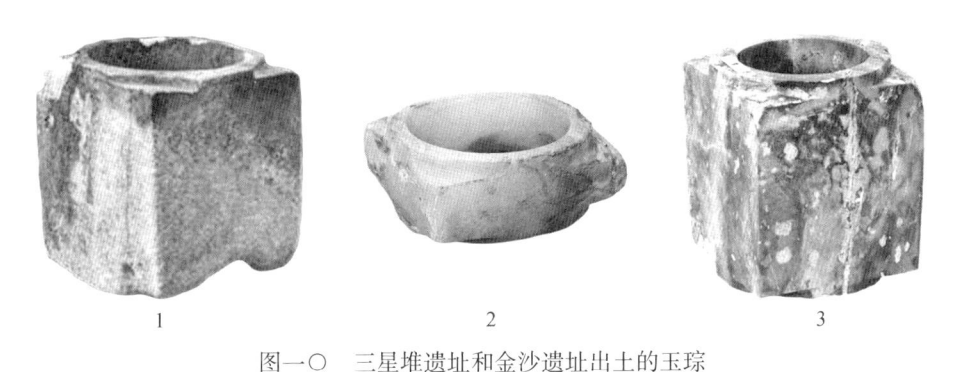

图一〇　三星堆遗址和金沙遗址出土的玉琮

1. 三星堆一号祭祀坑K1∶11-2　2. 金沙2001CQJC∶556　3. 金沙2001CQJC∶651

（1. 采自成都金沙遗址博物馆、中国社会科学院考古研究所编：《玉汇金沙——夏商时期玉文化特展》，四川人民出版社，2017年，第125页上图；2. 采自成都文物考古研究所编：《金沙玉器》，科学出版社，2006年，第45页；3. 采自成都金沙遗址博物馆、中国社会科学院考古研究所编：《玉汇金沙——夏商时期玉文化特展》，四川人民出版社，2017年，第129页图）

上述在三星堆、金沙等遗址发现的具有齐家文化特征的高等级文化遗存，有的是齐家文化的产物，有的是受齐家文化影响在成都平原地区制作的。齐家文化的年代大致在公元前2300年至公元前1500年前后。成都平原发现的这批具有齐家文化特征的文化遗存，目前只能依据与之共存的二里头文化四期及四期之后的文化遗存来判断，推测其最早年代在公元前1600年或公元前1500年之后。

（四）古蜀文明形成时期的文明因素源

以上分析表明，古蜀文明形成初期的文明因素源主要有三方面：

第一，是以三星堆城址城墙为代表的本土文明因素。这类城墙建筑在更早的成都平原地区就已经出现，如成都平原在宝墩文化时期已经形成的8座城址。这表明三星堆城址城墙是在成都平原地区本土文化的基础上发展而成的。

第二，是以具有二里头文化特征的文化遗存为代表的中原文明因素。这类文明因素显然是由中原地区的二里头文化传播而来或是受二里头文化影响而在成都平原地区产生的。

第三，是以具有齐家文化特征的文化遗存为代表的甘青地区文明因素。这类文明因素显然是由陇西地区的齐家文化传播而来或是受齐家文化影响而在成都平原地区产生的。

此外，可能还有位于三星堆城址内西北角，叠压在F1、F3大型建筑基址之下的青关山高台基址。但目前尚不能明确该重要建筑遗迹的规模有多大、何种结构与性质。

这三类文明因素是目前所知三星堆文明最初的一批高等级的文化遗存的来源。若依据三星堆城址最早营建城墙的现象推测，这些高等级的文化遗存出现在三星堆遗址的时间大致为三星堆二期。依据三星堆遗址最早出现的二里头文化特征遗存的时间来分析，这些高等级的文化遗存最早在三星堆遗址出现的时间，大致在公元前1600～前1500年。

成都平原的本土文化、二里头文化、齐家文化这三类高档次文化遗存，大概是目前所知形成古蜀文明即三星堆文明的最主要文明因素源。这三种文明因素在三星堆遗址同时出现的时间大致在公元前1600～前1500年。这可能是三星堆文明最初形成的年代范围。

二、茂县及岷江上游地区在古蜀文明形成中的重要作用与地位

探讨茂县及岷江上游地区在古蜀文明形成中的重要作用与地位，首先需要明确三星堆文明形成的机制。

以上分析表明三星堆文明是由成都平原地区本土文化、中原地区二里头文化、甘青齐家文化这三种主要文明因素在三星堆遗址汇集并融合发展而形成的。这便是三星堆文明形成的机制。

那么，如果没有二里头文化及齐家文化这两种文明因素进入成都平原地区或影响至成都平原地区，那还能否产生三星堆文明呢？回答这个问题，需要考虑以下两种现象。

第一，三星堆文明中最初的三种文明因素源中，城墙建筑在宝墩文化中已经存在，且宝墩文化是早于三星堆文明之前就出现的文化现象。这表示以宝墩文化城址城墙为代表的文化遗存，若其进一步的发展可能会产生某种文明，但不能产生具有三星堆文化特征的三星堆文明。

第二，二里头文化及齐家文化这两种文明因素，在公元前1600年之后从外部进入成都平原地区，融合了以城墙建筑为代表的宝墩文化，进一步发展才形成了具有三星堆文化特征的三星堆文明；进一步吸收了商王朝的文明因素，在公元前1200年前后成为以两座大型祭祀坑为代表的、经过充分发展的后段三星堆文明。

据此，笔者认为，如果没有二里头文化及齐家文化这两批高等级文化遗存的传入或影响，在成都平原地区就不可能产生三星堆文明。

在明确了三星堆文明形成机制的前提下，就比较容易理清岷江上游地区在古蜀文明形成过程中的重要作用了。

中原地区二里头文化是通过哪条途径进入成都平原地区的呢？如果二里头文化遗存最初是与齐家文化遗存同时进入成都平原的，那么茂县及其岷江上游地区是它们进入成都平原的最主要通道。这突显了岷江上游地区在三星堆文明形成过程中发挥的桥梁作用。

1. 岷江上游地区文化通道的形成

目前在岷江上游的核心地区茂县、汶川一带已发现一批仰韶文化庙底沟类型的遗存和马家窑文化的遗存。如茂县波西遗址的下层出土了仰韶文化庙底沟类型晚期或仰韶文化晚期特征的彩陶钵、双唇小口瓶、尖底瓶、变体鸟纹内彩钵形器等；茂县营盘山遗址出土了马家窑文化马家窑类型的彩陶罐、彩陶瓶、彩陶盆等[1]。茂县一带发现的仰韶文化及马家窑文化遗存，应是由陇西南向南发展至岷江流域。这表明由陇西南向南发展的岷江上游这一文化通道在公元前3500年前后就已经存在，茂县、汶川一带是这条文化通道的重要节点。

经岷江上游地区发展而来的仰韶文化晚期及马家窑文化因素，还向西发展到金川县一带。如金川县刘家寨遗址发现一批与仰韶文化晚期及马家窑文化有联系的文化遗存。陶器中的侈口深腹罐、长颈圆腹罐、重唇口尖底瓶、折沿盆，彩陶中的弧线三角纹、网格纹、垂幔纹、平底瓶、卷沿盆等。刘家寨遗址的文化内涵、文化面貌与阿坝藏族羌族自治州境内的马尔康哈休、汶川姜维城、茂县营盘山等遗址比较接近[2]。

2. 岷江上游地区发现了可能与齐家文化有关的遗存

目前在岷江上游地区发现的明确为齐家文化的遗存还很少，只有一点线索。如在岷江上游以北的若尔盖草原发现了齐家文化遗存[3]；又如在汶川县发现疑似祭祀坑的遗迹，出土有条形石斧与圭形石凿等遗物[4]。这类祭祀遗存，可能与齐家文化有关。如果确实是与齐家文化有关，这表示在齐家文化时期，岷江上游这一通道在陇西南与川西北的文化交流中仍然发挥着作用。

3. 陇西南地区分布有丰富的齐家文化遗存

岷江上游源头以北是陇西南地区。陇西南地区的洮河流域是齐家文化的重要分布区域。如洮河上游的临潭县陈旗乡（现王旗乡）磨沟遗址发现马家窑文化、齐家文化、寺洼文化三个时期的遗存，并以齐家文化墓地为主。清理齐家文化墓葬800多座，有的墓上发现封土，并在部分墓葬开口处发现封土底层的碎石堆；部分墓葬存在殉人、殉牲现象，殉人1～4人不等，个别墓殉牲为完整的狗、羊等；有些墓在墓道填土中发现有牛角或羊下颌骨等，以及一些完整或被打碎的陶器，可能与埋葬过程中的祭奠活动有关。出土随葬品2000多件（组），包括陶器、石器、骨器、铜器等，还有金器2件等[5]。

---

[1] 陈剑：《波西、营盘山及沙乌都——浅析岷江上游新石器文化演变的阶段性》，《考古与文物》2007年第5期。

[2] 陈苇：《金川县刘家寨新石器时代遗址》，《中国考古学年鉴2013》，文物出版社，2015年，第370、371页。

[3] 陈学志等：《川西北若尔盖草原史前考古调查》，《中国考古学年鉴2012》，文物出版社，2013年，第372页。

[4] 范勇：《试论早蜀文化的渊源及族属》，《三星堆与巴蜀文化》，巴蜀书社，1993年，第17~26页。

[5] 毛瑞林等：《甘肃省临潭县陈旗磨沟齐家墓群》，《中国考古学年鉴2009》，文物出版社，2010年，第445、446页。

4. 陇西地区发现了许多二里头文化的遗存

陇西地区的齐家文化中同样也发现了一大批二里头文化的高等级文化遗存。如甘肃天水市发现的镶嵌绿松石铜牌饰（图一一，1）、甘肃新庄坪遗址出土的有领玉璧（图一一，2）[①]、甘肃新庄坪遗址出土的被改制成玉钺的牙璋（图一一，3）[②]、甘肃庄浪县出土的由二里头文化大玉刀改制的玉钺（图一一，4）[③]，还有青海民和县喇家遗址出土的陶盉、大石磬等遗存。这些器物都是二里头文化的重器，它们出现在齐家文化中，不仅说明了二里头文化对齐家文化的影响，而且很可能揭示了二里头文化的族群向陇西地区迁徙的社会背景[④]。

二里头文化遗存在陇西地区齐家文化遗址的出土或与齐家文化遗存的共存现象，表明二里头文化进入陇西地区之后融入齐家文化中，并完全有条件与齐家文化一起，由陇西南地区通过岷江上游进入到成都平原。二里头文化与齐家文化对成都平原地区产生的重要文化影响，并促使三星堆文明的形成，充分显示了岷江上游地区在三星堆文明形成中的重要作用。

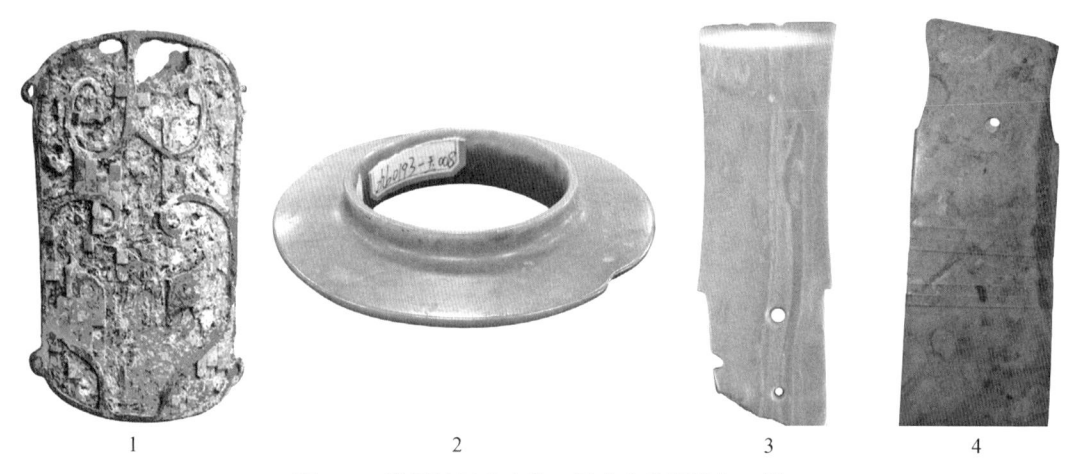

图一一　陇西地区出土的二里头文化铜器与玉器

1. 天水市镶嵌绿松石铜牌饰　2. 新庄坪遗址出土有领玉璧　3. 新庄坪遗址出土的改制成玉钺的牙璋
4. 庄浪县出土的由大玉刀改制的玉钺

（1. 采自中国社会科学院考古研究所编：《考古中华：中国社会科学院考古研究所成立60年成果荟萃》，科学出版社，2010年，第140页；2~4. 采自网络）

三、结　　语

岷江上游地区是连通陇西南与成都平原两地的主要地理走廊，早在公元前3500年前后就形成了由陇西南向川西北及以南地区进行交流的文化通道。二里头文化及齐家文化就是通过这条通道对成

---

① 现藏于甘肃省临夏市博物馆。
② 现藏于甘肃省临夏市博物馆。
③ 照片系由甘肃省博物馆王裕昌提供，谨记感谢。
④ 朱乃诚：《齐家文化玉器所反映的中原与陇西两地玉文化的交流及其历史背景的初步探索》，《2015中国广河齐家文化与华夏文明国际研讨会论文集》，文物出版社，2016年，第161~177页。

都平原地区产生文化影响，并促使成都平原地区本土文化发生巨变，在广汉三星堆遗址、成都金沙遗址发现的一大批二里头文化与齐家文化的高等级文化遗存就是十分重要的证据。

二里头文化及齐家文化对成都平原地区的影响，并与成都平原地区本土文化的结合及结合之后的进一步发展，导致成都平原地区产生了三星堆文明，开始了古蜀文明的历程。这是三星堆文明即古蜀文明形成的机制。这也反映了岷江上游地区在古蜀文明形成这一重大历史事件中发挥了无可替代的桥梁作用。

二里头文化与齐家文化对成都平原地区的影响，不应仅仅是文化遗存本身的传播，而是反映了代表着二里头文化与齐家文化的两支系部族人群向成都平原地区的迁徙，具体的迁徙过程还有待岷江上游地区考古材料的进一步发现与研究。

浅述胡焕庸线与童恩正线及其科学与历史意义

叶茂林

（中国社会科学院考古研究所）

一、人口地理学的胡焕庸线

"胡焕庸线"是地理学家胡焕庸先生在20世纪30年代提出来的，显示中国人口地理学上人口疏密分布状况明显差异的一条地理界线，在其发表的文章所附的中国人口等密度图上，他画定了东北黑河县（原瑷珲县）与云南腾冲县之间的一条直线[1]，直线两侧的中国人口分布区系存在显著差异。并且由于直线两侧地理气候条件的差异和历史背景的不同，胡焕庸线还长期具有其稳定性，具有一定的历史规律性。

胡焕庸线的相对稳定性，是以特定的地理环境和经济的稳定为基础的。但是随着社会经济的发展，如移民、有规模的三线建设和搬迁、知识青年大规模上山下乡等，人口分布发生过一些变化。而现如今，伴随着中国改革开放逐步深入，大量人口涌入发达地区务工，以及城镇化发展，胡焕庸线两侧的人口分布有可能出现剧烈的变化。

地方政府在社会经济发展中不断地做出历史抉择和规划，很有可能推动这个长期以来一成不变的地理线发生一定甚至较大的区域性变化。许多学者都有过讨论。

二、经济地理学的农牧交错带

农牧交错带可能在不同的历史阶段有发展变化。特别是随着气候的短时间剧烈变化，不同民族出现大幅度南北迁移，甚至引起游牧民族大规模南下。这是有历史纪录的。因此农牧交错带是一个因地形、气候变化而变化的地理交错地带。农牧交错带明显受到气候因素和环境变化的影响，一直有着细微变化，甚至还有剧烈变化的情况。

随着当今的社会经济发展和产业变革，有的区域的农牧业分布已经有了一些变化的迹象，比如牧草种植新产业，畜牧业的现代工业化养殖，这些都在改变生业的分布状态。整个生态也都在发生

---

[1] 胡焕庸：《中国人口之分布》，《地理学报》1935年第2期。

着有益的、有产业链交互影响作用的，同时是可逆的、也是可持续发展的良性变化（自然也不排除有的地方还有恶性的生态变化发生）。

现代草地农业的发展，就在很大程度上改变了原来受农牧交错带自然地理条件制约的农牧业区划的某种限制。在产业发展上，出现了具有社会化、市场化的新型综合大农业形态，农牧业的严格区分已然被打破，呈现出产业文明的新形态，农牧业的自然状态和原有形态被明显改变。因此，农牧交错带也在一定程度上受现代化产业格局调整的影响从而降低了它的影响。尤其是在当今中国，顺应时代和经济发展，在科学发展观和习近平新时代中国特色社会主义思想的指引下，传统的中国人口格局和传统的农牧业格局都在发生显著变化。现代草地农业，既尊重自然规律的农牧业生态条件，同时也突破并融合了产业发展的原有生产方式，于是农牧业的地理分界变得不那么严格，突出的表现就是，如某些处于农牧交错带的农业区的"粮改饲"，把种植粮食改变成种植饲料的种植业，把畜牧业引入形成规模化集中圈养的畜牧养殖。某些牧区也发展起了一定的大棚种植业，尤其是蔬菜瓜果的种植，农牧业观光种养。这些生产方式和经济形态的变化导致农牧交错带也发生改变，这种变化其实是发展方式的变革、产业形态的改变。客观上说，这是文明的新形态和新的发展观，促进了生产方式和经济形态的融合，使农牧交错带变成了农牧融合带。在历史上，它也是民族融合的关键地带，而且它一直就是民族关系的纽带。

三、民族考古学的童恩正线（童恩正传播带）

著名考古学家童恩正先生长期关注和从事西南考古学的教学研究，并致力于古代民族的考古学研究和文化人类学与民族学的探索实践，最先提出了"从东北到西南的边地半月形文化传播带"的概念和科学认识[①]。这个传播带的走向与农牧交错带和胡焕庸线多有相似。这是一个很重要的考古学新发现。童恩正先生的观点，得到了考古、民族、历史及学术界的广泛认同。考古发现新材料也已经越来越多地证明，"童恩正线"符合历史规律，具有较强的科学性。

我们把它称之为"童恩正线"，它完全可以与胡焕庸线并行，成为一个科学的新名词概念。

四、岷江上游与川西北区域所处的大背景

岷江上游和川西北区域的环境特点是，高山与深谷具有垂直变化的不同生态与地貌环境，相应的农牧交错地带也具有明显垂直变化的特征。岷江上游和川西北区域处于农牧交错带上，也正好处于童恩正线上，在这个区域范围发现的许多文化现象也都具有十分显著的民族流动交融和文化交流传播的特征。这是该区域考古研究的一个特点。

---

① 童恩正：《试论我国从东北至西南的边地半月形文化传播带》，《文物与考古论集》，文物出版社，1986年，第17～43页。

随着近年来本区域考古工作的深入开展，岷江上游、大渡河上游等流域的古文化遗存逐渐揭开了神秘面纱，展露了久违的风采。岷江上游的资料越来越丰富，文化面貌越来越清晰，大渡河上游的资料也让人耳目一新[①]，考古资料的增加，让人注意到青藏高原的青海省与四川盆地之间的交通联系和文化传播。

在岷江上游区域，茂县谷地在历史文化上的特殊而重要的价值已经为学者们认识。营盘山遗址的发现和考古发掘，更加强了人们对于史前文化和史前人类活动的深刻了解。

在此大环境背景下，我们试图从生业的角度进一步探讨这个区域史前时期的农牧交错带以及可能发生的生态与生业的变化，并进行初步复原。

五、长城地带的科学意义和历史意义

农牧交错带也就是在中国的长城地带逐步形成的区域。历史上在中国大地形成了一个巨龙般蜿蜒的长城地带有特殊的历史意义，也具有特定的科学意义。

这个重要的地带是以根植于气候环境而形成的地理条件为基础形成的一个自然与人文的大背景。历史时期它成为不同民族（大而化之主要是农业民族与游牧民族）大流动、大交流、大分化与大融合的一个特殊的地带和区域，是一个历史的大舞台。

六、小结：童恩正线的学术意义和地位

童恩正线的提出，对提升考古学在科学领域的学科地位有重要作用和意义，反映出考古学在中国学术史上的重要作用和历史地位，有特殊的学术意义。童恩正线的学术思想值得我们更深入发掘。

---

① 陈剑、陈学志：《大渡河上游史前文化寻踪》，《中华文化论坛》2006年第3期。

从营盘山、桂圆桥到三星堆
——什邡箭台村遗址发掘的主要收获及意义

刘章泽

(德阳市文物考古研究所)

一、箭台村遗址发掘的主要收获

箭台村遗址位于什邡市区西南，地处雍城西路和北京大道之间的金河南路南北两侧，北距什邡城关战国秦汉墓地约1千米，东南距桂圆桥遗址约4千米、距三星堆遗址13千米。分布范围跨元石镇箭台村、南桥村、城西社区和方亭街道办西外社区等行政村（图一）。

2012年11月，什邡市元石镇箭台村金河南路施工中发现文物，在路基开挖沟槽，两侧剖面暴露出数个灰坑，德阳市文物考古研究所、什邡市文物保护管理所对其进行了抢救性发掘。之后两年时间内，在该区域的基础设施建设中陆续发现古代文化遗存。为了进一步了解箭台村遗址的时代、

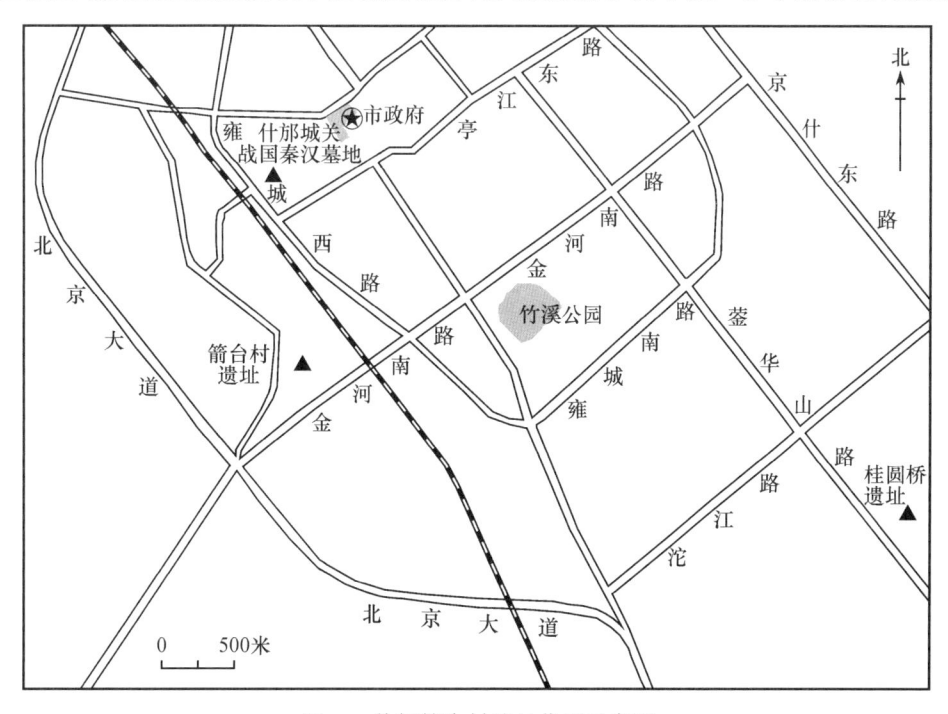

图一 什邡箭台村遗址位置示意图

性质、分布范围、遗迹类型、平面布局、埋藏深度、堆积厚度等，于2014年11月进行了一次全面勘探。根据勘探工作需要，将遗址分为7个区域，实际勘测面积约11万平方米。发现的23处文化层堆积范围整体分布较零散，局部分布较为密集，平面多呈椭圆形，文化层厚0.1~1.1米，包含物多为夹砂陶片、草木灰、红烧土块等。

2014、2015年四川省文物考古研究院、德阳市文物考古研究所、什邡市文物保护管理所结合勘探情况在不同区域进行了试掘（图二）。

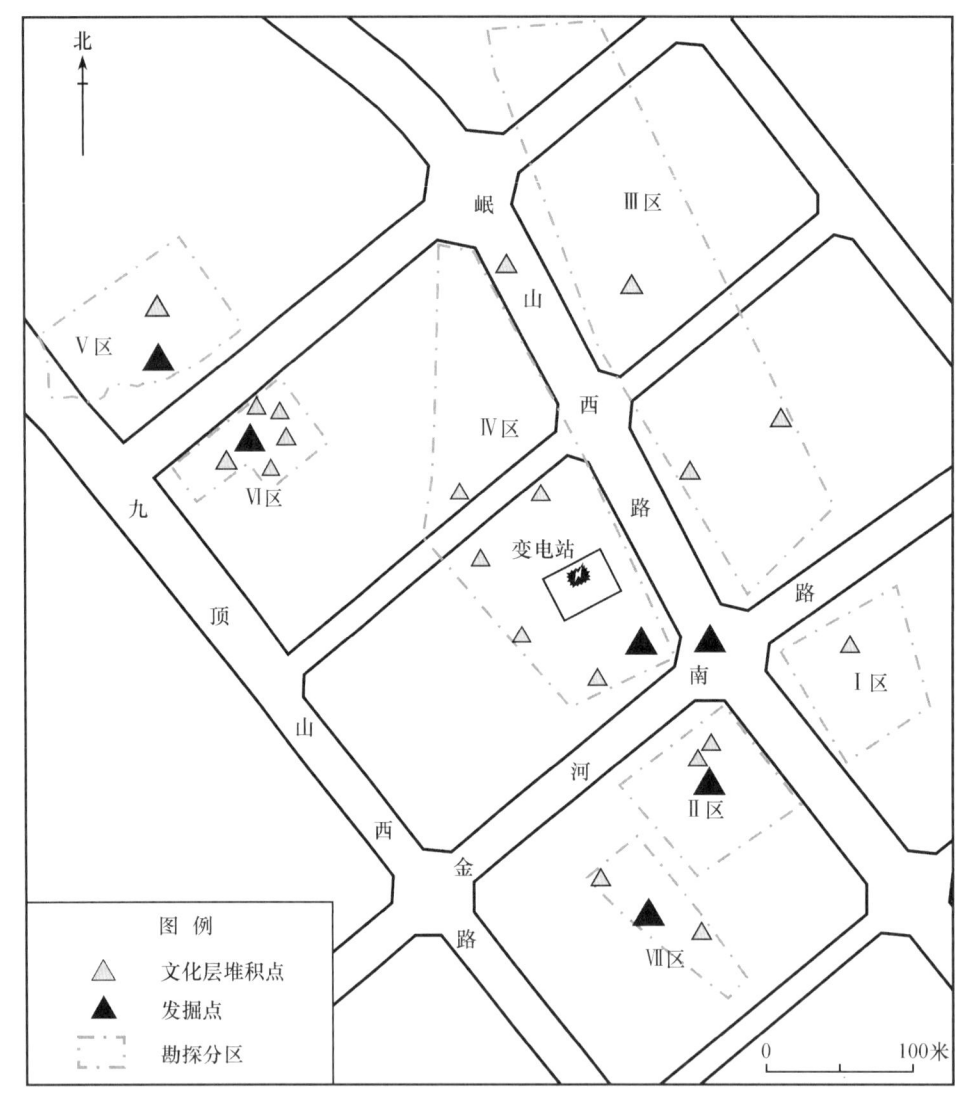

图二　箭台村遗址勘探分区及文化层堆积、发掘点分布图

箭台村遗址Ⅳ、Ⅴ、Ⅵ区[①]除Ⅳ区第3层为商周时期地层外，多为明清、宋代地层和开口于晚期地层下的灰坑。灰坑分两种情况：一是宋代灰坑，遗物包含宋代、汉代、商周三个时期遗存；二是早期灰坑和早期灰坑残留。除Ⅳ区第3层陶器类型稍丰富外，其余灰坑出土陶片均较为细碎且器形

---

① 四川省文物考古研究院、德阳市文物考古研究所、什邡市文物保护管理所：《四川什邡市箭台村遗址Ⅳ、Ⅴ、Ⅵ区发掘简报》，《四川文物》2016年第2期。

单一。Ⅵ区H6出土的红褐色夹石英粗砂陶圈足、折沿盆口沿等与什邡桂圆桥新石器时代遗址第一期陶器的陶质陶色和形制相同。除标本外，该灰坑出土的陶片极为细碎，也不全是这种红褐色夹石英粗砂陶。综合陶质陶色和陶器纹饰判断，H6同时也包含三星堆遗址一、二期遗存。按照三星堆遗址的分期，Ⅴ区H1的早期陶器时代为三星堆遗址二期，Ⅳ区H9包含三星堆遗址二、三期遗存，Ⅵ区H3的早期陶器包含三星堆遗址三、四期遗存，Ⅳ区第3层时代为三星堆遗址四期。Ⅳ区H5、H7出土的翻领罐、厚唇卷沿罐、矮领罐、尖底杯、尖底罐、尖底盏等与三星堆遗址2005年青关山H62、成都十二桥遗址新一村出土的形制基本一致，未见三星堆遗址四期盛行的细泥陶尖底杯，时代为西周—春秋。不同区域的早期遗存分布存在一定的时代差异，跨桂圆桥遗址第一期、三星堆遗址一至四期以及西周—春秋时期。

结合勘探和发掘情况，我们对遗址有了一个初步的总体认识：除部分区域存在商周时期地层外，勘探报告中分散的文化层堆积范围内大多是宋代灰坑，形成于宋代改土改田。遗址实际勘测面积约11万平方米，许多地方因为工厂、道路、河流、建筑物等并未开展勘探。考虑到勘探区域周边也可能存在遗址，推测遗址分布范围应不少于50万平方米。

Ⅱ、Ⅶ区的发掘资料还在整理中。Ⅱ、Ⅶ区的三星堆文化（三星堆遗址二、三期，夏—商代中期）地层堆积较厚，出土遗物类型丰富。Ⅳ、Ⅴ、Ⅵ区均存在三星堆文化遗存。据初步统计，三星堆遗址出土的陶器类型70%在箭台村遗址有所发现。箭台村遗址是三星堆遗址外三星堆文化分布面积最广、出土遗物最丰富、延续时间最长、聚落等级最高的遗址。

二、从营盘山、桂圆桥到三星堆

箭台村遗址东南4千米的桂圆桥遗址是目前成都平原发现最早的新石器时代晚期遗址，其新石器时代晚期文化可以分为三期。以H20为代表的第一期遗存，早于三星堆一期（宝墩）文化，其陶器特征与甘肃大地湾四期、武都大李家坪、茂县营盘山、汶川姜维城有密切的联系[1]。在桂圆桥一期末，桂圆桥文化受到了一些来自峡江地区后大溪文化因素的影响，并发展成为在成都平原广泛分布的三星堆一期文化，桂圆桥二期、三期与其文化面貌相似，可以归属于同一种文化。桂圆桥遗址发掘揭示了三星堆一期（宝墩）文化的来源，完善和丰富了成都平原新石器晚期文化到夏商时期古蜀文化的发展序列。发掘者对桂圆桥一期文化进入成都平原的路线进行了探讨，认为成都平原目前最早的文化是来自西北的仰韶文化晚期类型，传入路线有两条：第一条路线来自西北，"沿白龙江流域南下，过松潘草原，进而到达今茂县、汶川、理县等地"，再顺岷江而下，进入成都平原；另一条路线则是沿白龙江进入白水江再转金牛道进入成都平原，而这一路如果沿干流嘉陵江一直南下，便是泛哨棚嘴文化的分布区。从作物构成看，桂圆桥一期与营盘山较为相似，而与大地湾四期差异明显，所以桂圆桥一期的先民从第一条路线进入成都平原的可能性更大[2]。

---

[1] 四川省文物考古研究院、德阳市博物馆、什邡市博物馆：《四川什邡桂圆桥新石器时代遗址发掘简报》，《文物》2013年第9期。

[2] 万娇、雷雨：《桂圆桥遗址与成都平原新石器文化发展脉络》，《文物》2013年第9期。

值得注意的是，什邡境内还发现有介于桂圆桥遗址一期与三星堆遗址一期之间的文化遗存：2014年发掘的什邡静安村遗址发现略晚于桂圆桥一期的遗存[①]，2013年发掘的星星村遗址发现稍早于三星堆遗址一期的遗存[②]。这说明桂圆桥一期先民从山区进入平原后，到达三星堆之前的活动区域集中在什邡地区。

桂圆桥遗址一期和茂县营盘山文化较为相似，什邡和茂县仅九顶山一山之隔，茂县县城距什邡城区（桂圆桥遗址）约70千米，虽然其间道路险峻，但古代应该存在联系通道。以什邡相邻的绵竹清平镇为例，镇政府驻地距茂县县城的直线距离约30千米，1951年划入绵竹前由茂县管辖。不少的户外运动爱好者多批次翻越九顶山，从什邡到达茂县或由茂县到达绵竹，并在沿线发现不少古代交通遗迹：在什邡蓥华山的黑卡前发现古栈道，在乱石窖发现可以通过骡马的人工修筑阶梯。这说明由茂县翻越九顶山进入绵竹、什邡的通道在明清和民国时期一直存在，到中华人民共和国成立初期才逐渐废弃并被遗忘。桂圆桥一期先民进入成都平原的路线，很可能是从茂县翻越九顶山直接进入什邡。

提出此观点后，我们围绕这一课题进行了深入的调查和资料收集工作，在九顶山筲箕塘发现的石斧和什邡洛城村采集点河流冲积地层中发现的桂圆桥时期陶片，为研究桂圆桥文化的来源及路径提供了新的重要线索（图三）。2016年8月19日，在德阳市文物考古研究所、广汉三星堆博物馆、什邡市博物馆组织召开的"翻越九顶山，寻路桂圆桥"座谈会上，来自茂县野生动植物保护协会的余友强先生展示了他在筲箕塘发现的石斧[③]（图四）。2016年10月，四川省文物考古研究院、德阳市文物考古研究所、什邡市文物保护管理所在鸭子河和石亭江上游区域的考古调查中，在什邡洛水镇洛城村石亭江出山口河流冲积地层中发现桂圆桥时期陶片（图五），说明石亭江上游峡谷地区可能存在桂圆桥时期遗存。桂圆桥一期先民进入平原的路线，应该是翻越九顶山后沿着石亭江上游峡谷进入什邡。

同时，生业形态也表明桂圆桥一期先民是从山区直接进入平原。根据浮选结果分析，桂圆桥一期的样本显示其生业形态与川西高原相近，粟、黍的搭配种植很好地证明了这一点[④]。

桂圆桥遗址一期、三星堆遗址一期（宝墩）文化到三星堆文化存在着不可分割的内在联系，发展脉络是十分清晰的。上述系列发现表明，箭台村遗址是蜀人从山区到达平原后，从桂圆桥遗址一期开始发展到三星堆文化时期的大型聚落，它是与三星堆遗址并行发展的，而不是受三星堆遗址辐射产生的。虽然箭台村遗址发现的桂圆桥遗址一期和三星堆一期标本较少，且均出于开口晚期地层下的Ⅵ区H6，存在诸多问题，但它所提供的发展脉络价值不能低估。桂圆桥、箭台村等遗址是蜀人从山区走向平原到三星堆立国的前进地，箭台村遗址发现发掘的意义在于把桂圆桥一期、三星堆一期文化、三星堆文化直接联系起来，形成一个较完整的地区性文化发展序列，为三星堆文化的起源和发展演变研究提供了重要资料，有助于推动对三星堆文化的认识和研究。

---

① 发掘报告待发表。

② 发掘报告待发表。见金国林：《发现三星堆古城周边的平民聚落》，《大众考古》2013年第4期。

③ 参见《古蜀人跨越九顶山进成都平原？考古专家联合户外人士上山解谜》，《成都商报》2016年8月21日第1版；《放牛娃捡到的一枚石斧 或将揭开三星堆创造者是谁》，《华西都市报》2016年10月18日第6版。

④ 四川省文物考古研究院：《四川什邡市桂圆桥遗址浮选结果与分析》，《四川文物》2015年第5期。

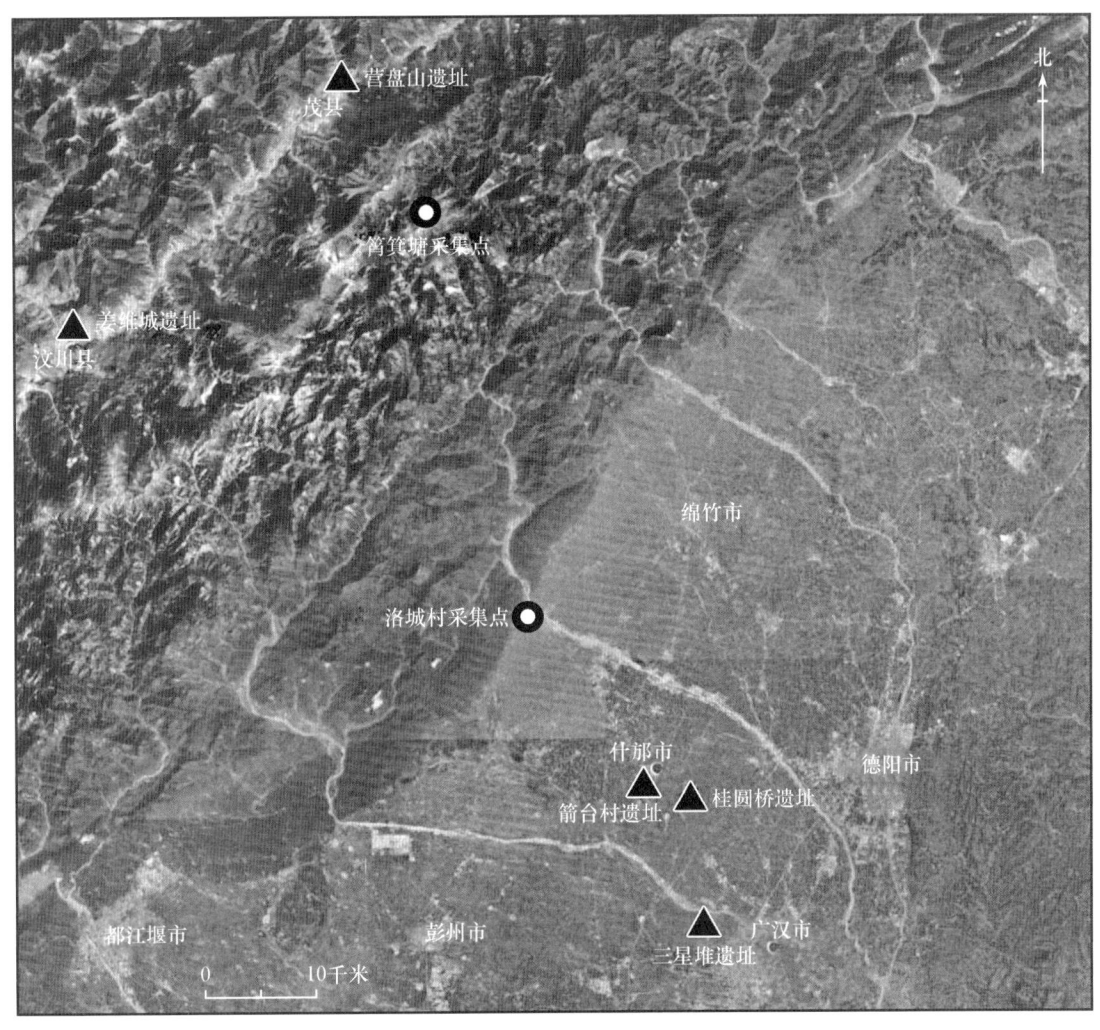

图三　营盘山至三星堆沿线相关遗存分布图

图四　九顶山筲箕塘发现的石斧

图五　洛城村采集点河流冲积地层中发现的桂圆桥时期陶片

三、三星堆文化聚落遗址分布区域

目前除三星堆遗址外，能确认为三星堆文化时期的聚落很少。三星堆遗址周边大量的商周遗址时代均晚于三星堆文化时期，四川省文物考古研究院曾在石亭江、绵远河、鸭子河、马牧河流域调查发现10余处商周时期遗址，其中很多明显属于十二桥文化时期[1]。在2011～2013年鸭子河流域调查发现的17处商周时期遗址中，绝大多数的年代相当于三星堆遗址第三至四期，有3处遗址的年代则明确晚至三星堆遗址第四期[2]。江章华在《成都平原先秦聚落变迁分析》中指出："值得注意的是，在岷江水系冲积扇已发现大量商周时期的聚落，但多为十二桥文化时期，目前没有一处能确认为三星堆文化时期的聚落。这种现象显然不是考古工作的问题，大量商周时期的遗址于基本建设中发现，而各类基本建设犹如抽样调查，对各个时期遗址的发现概率是一样的，长时期没有发现，可以推测岷江水系冲积扇很可能原本就没有三星堆文化的聚落。""推测在石亭江、绵远河等沱江水系冲积扇上应有较多三星堆文化的聚落分布。从三星堆文化东达四川盆地东部、最远可到鄂西地区的分布看，这种可能性很大，也就是说三星堆不可能是一座孤城。"[3]近年来，随着考古工作的深入，在成都平原也发现一些三星堆文化时期遗存，但均不成规模，分布面积小，出土遗物类型单一，延续时间短。箭台村遗址是首次在三星堆遗址外发现成规模分布的三星堆文化遗存——分布面积最广、出土遗物最丰富、延续时间最长、聚落等级最高的遗址。箭台村遗址的发现证实了江章华先生的推测。2016年10～12月，四川省文物考古研究院、德阳市文物考古研究所、什邡市文物保护管理所在鸭子河和石亭江上游区域的考古调查中发现10多处商周遗址，其中不乏三星堆文化时期遗址。

虽然我们在三星堆遗址外发现了成规模分布的三星堆文化遗存，证明三星堆文化不是孤立存在的，但也必须承认，三星堆文化时期聚落遗址分布少是一个基本的事实。如何正确认识和解释这一现象，必须从三星堆文化聚落产生和形成的过程进行分析。

成都平原新石器晚期文化到古蜀文化的重要遗址有两个分布区域，一是桂圆桥遗址、三星堆遗址、箭台村遗址等，分布在平原东北部的沱江流域；二是以成都平原史前城址群为代表，分布在平原西部的岷江流域。成都平原新石器时代晚期文化是从川西北山区茂县、汶川、理县等地进入成都平原的，从遗址的分布区域推测，进入成都平原的路线可能有两条：一是从茂县翻越九顶山直接进入什邡，二是顺岷江而下从都江堰进入平原。

三星堆文化聚落的形成，无非有下面两种情况：一是和三星堆遗址并行发展起来的，二是受三星堆遗址辐射产生的。笔者对三星堆文化聚落分布少这一现象的解释建立在一个基本认识（假说）

---

[1] 四川省文物考古研究所三星堆工作站、四川省广汉市文管所、什邡县文管所：《四川广汉、什邡商周遗址调查报告》，《南方民族考古》（第五辑），四川科学技术出版社，1993年。

[2] 四川省文物考古研究院：《四川鸭子河流域商周时期遗址2011～2013年调查简报》，《四川文物》2014年第5期。

[3] 江章华：《成都平原先秦聚落变迁分析》，《考古》2015年第4期。

上，即三星堆文化是由第一条路线从茂县翻越九顶山直接进入什邡的族群创造产生的。这次发现的箭台村遗址即是蜀人从山区到达平原后，从桂圆桥遗址一期开始发展到三星堆文化时期的大型聚落，它是与三星堆遗址并行发展的。

三星堆遗址一期文化遗存遍布于整个三星堆遗址，是新石器时代晚期四川盆地一支具有代表性的地方文化。四川省文物考古研究院在2005年启动1980～2000年的三星堆发掘资料整理后，在20年的发掘资料中清理出2000多件属于三星堆一期的实物标本，不但大大丰富了一期的文化内涵，而且从器物上直接找到了不少二期由一期发展来的线索。原来，在三星堆文明诞生以前，成都平原上早已有了1000多年的文化演进和丰厚的积淀，而且在1000多年的时间里，文化的核心区还一直在广汉三星堆一带[1]。三星堆文明还存在着许多令人费解的谜团，在三星堆文化的形成过程中不排除存在其他文化的影响，有学者认为三星堆文化的形成很可能是外来人群进入，其中能观察到的最主要的人群是中原二里头文化人群[2]。当然，这个不是本文讨论的重点。三星堆文化形成后，势必对周边地区产生辐射和影响。由于成都平原其他地方发现的三星堆文化时期遗存均不成规模分布，应该不是当地宝墩文化自身发展起来的，而是受三星堆遗址辐射产生的。

由此，这里自然就产生出一个问题，即三星堆一期文化与宝墩文化的关系。普遍的观点认为：它们是同一文化的两个类型，有学者称之为三星堆一期（宝墩）文化，也有学者称为宝墩（三星堆一期）文化。由于三星堆一期材料发表很少，这两个类型的比较研究还很不够，而它们的差异应该是不同文化传播路线造成的。成都平原桂圆桥时期遗址目前发现仅此一处，宝墩文化类型与营盘山、姜维城等川西北山区新石器时代晚期文化之间还存在缺环，顺岷江而下进入成都平原岷江流域的传播路线也仅仅是一种推测。

成都平原新石器晚期文化到古蜀文化的发展序列是：桂圆桥文化（距今5100～4600年）→三星堆一期（宝墩）文化（距今4600～4000年）→三星堆文化（距今4000～3100年）→三星堆四期（十二桥）文化（距今3100～2600年）[3]。也有学者认为：距今4800～4000年的"三星堆一期文化"和距今4500～3700年的"宝墩文化"，这两者可能是既有联系又有区别、各有中心地域、又在时间上有些重叠的文化类型或文化阶段[4]。不同时期聚落分布情况不一样：桂圆桥一期的聚落目前只发现桂圆桥遗址一处，宝墩（三星堆一期）文化聚落数量剧增，三星堆文化阶段的大型中心聚落目前只发现三星堆古城一处，而十二桥文化时期的聚落密集程度明显高于宝墩文化时期。宝墩文化时期表现出多中心并存的局面，三星堆文化阶段的大型中心聚落目前只发现三星堆古城一处，此时可能已非宝墩那种多中心并存的局面[5]。而三星堆文化以后的十二桥文化聚落比宝墩文化时期还要密集，这也包括三星堆遗址周边大量的十二桥文化时期（三星堆遗址四期）遗址。这一现象应该和古蜀文明发展的历史阶段有关。

---

[1] 高大伦：《四川新石器遗址成批发现的重要启示》，《中华文化论坛》2009年第S2期。
[2] 江章华、李明斌：《古国寻踪——三星堆文化的兴起及其影响》，巴蜀书社，2002年，第86～90页。
[3] 万娇、雷雨：《桂圆桥遗址与成都平原新石器文化发展脉络》，《文物》2013年第9期。
[4] 赵殿增：《三星堆考古新发现与古蜀文明新认识》，《四川文物》2017年第1期。
[5] 江章华：《成都平原先秦聚落变迁分析》，《考古》2015年第4期。

已有不少学者分析古蜀文明发展的历史阶段，认为宝墩文化时期（三星堆遗址一期）处于酋邦社会[①]。这是一种前国家时期的社会组织，以血缘关系为基础，这一阶段出现多中心并存的局面也就不难理解。三星堆文化时期已进入王国时代，社会组织和社会组织原则同时发生了剧烈变化，大型中心聚落的出现逐步取代了多中心并存的局面。虽然三星堆文化的聚落发现很少，但三星堆遗址规模宏大，总面积约12平方千米，城址面积约3.5平方千米。三星堆文化统治者组织大量人力修筑高大城垣、铸造器形硕大而精美的各类青铜器、制作精美的玉器和黄金制品等宗教神器，这些都需要大量的人力支撑，人口的高度集中是聚落偏少的一个重要原因。辉煌的三星堆文化突然衰退至今是一个难解之谜，十二桥文化时期（三星堆遗址四期）聚落的再次大量出现，可能和三星堆文明的变故及当时社会经济的发展都有着密切的关系。

四、雍齿城与什邡城市史

箭台村遗址时代跨桂圆桥遗址一期、三星堆遗址一至四期、西周—春秋、汉代，大部分时期原生地层已遭到破坏，但从新石器时代至汉代遗存均有发现，几乎未有间断。汉代的原生地层虽已荡然无存，但Ⅳ、Ⅴ、Ⅵ区均发现有汉代遗存，特别是Ⅳ区灰坑中发现大量汉代筒瓦、板瓦、瓦当，出土的汉代陶器器形丰富，同时第2层下发现比较大的柱洞4个，汉代应该有大型建筑存在。值得注意的是，箭台村遗址紧邻什邡城关战国秦汉墓地[②]，应该是居址和墓地的不同分区，同时遗址也是文献记载的雍齿城地望所在。《史记·留侯世家》：（汉高祖六年）"封雍齿为什方侯"，《史记正义》引《括地志》云："雍齿城在益州什邡县南四十步。汉什邡县，汉初封雍齿为侯国。"[③]雍齿城位置为明清时期雍齿墓所在，即今箭台村一带。清同治四年版《什邡县志》："雍侯墓，治西五里。谥肃侯，前朝碑碣尚存。"[④]箭台村遗址对研究什邡城市史具有重要价值。

任乃强先生在《华阳国志校补图注》补注什邡县时指出："《前汉志》作'十方'，《高惠文功臣表》作'汁防'，《后汉志》作'什邡'。盖录蜀人本语之音，故无定字。本蜀国之要邑，秦已置县，故《汉志》列于郡治梓潼之次，明其历史地位更重于涪与雒也。"[⑤]什邡城关战国秦汉墓地、桂圆桥遗址、箭台村遗址等一系列发现充分说明了什邡在古蜀文化中的历史地位。什邡是目前古蜀文化最具延续性、时代跨度最长的地区，在古蜀文明的形成与发展中有着极其重要的地位。

[①] 参见彭邦本：《古城、酋邦与古蜀共主政治的起源——以川西平原古城群为例》，《四川文物》2003年第2期；段渝：《从血缘到地缘：古蜀酋邦向国家的演化》，《中华文化论坛》2006年第2期；沈长云：《从酋邦理论谈到古蜀国家的建立》，《中华文化论坛》2006年第4期。

[②] 四川省文物考古研究院、德阳市文物考古研究所、什邡市博物馆：《什邡城关战国秦汉墓地》，文物出版社，2006年。

[③] （汉）司马迁：《史记》卷五十五，北京：中华书局，1959年，第6册，第2043页。

[④] 清同治四年版《什邡县志》卷四十六《陵墓志》。

[⑤] （晋）常璩撰，任乃强校注：《华阳国志校补图注》，上海古籍出版社，1987年，第168页。

岷江上游考古再出发

向 导
（成都文物考古研究院）

刘祥宇
（成都文物考古研究院）

蔡雨茂
（茂县羌族博物馆）

陈 剑
（成都文物考古研究院）

蔡 清
（茂县羌族博物馆）

郭 亮
（茂县羌族博物馆）

一、引 言

为了继续深入推进岷江上游地区的考古工作，成都文物考古研究院与茂县羌族博物馆于2017年、2018年组成了联合考古队，对岷江上游以营盘山遗址为中心的区域进行了考古调查勘探工作。

2017年11月1～16日，联合考古队对岷江上游地区进行考古调查工作。对沙乌都遗址、白水寨遗址、安乡遗址、八里村遗址、白家窝遗址本体及其地理环境进行了实地考察。其中，对营盘山遗址和沙乌都遗址进行了试掘勘探。2018年11月6～14日，联合考古队再次对岷江上游进行考古学调查。对营盘山遗址、沙乌都遗址、白水寨遗址、安乡遗址、勒石村墓地本体及其地理环境进行了实地考察。其中，对营盘山遗址和沙乌都遗址进行了试掘勘探。出土较为丰富的陶器、石器，为岷江上游地区的新石器文化研究提供了新的实物资料。

岷江以都江堰为代表的灌溉工程造就了四川成都平原天府之国，而距今5000年前的岷江上游地区则是古蜀文明重要的发源地，也是古代黄河上游文明和长江上游文明交流与融合的重要通道。

自2000年来，成都文物考古研究院、阿坝藏族羌族自治州文物管理所、茂县羌族博物馆等单位合作在岷江上游地区调查发现了上百处新石器时代遗址，并对营盘山遗址等进行了考古发掘。基本明晰了该地区的新石器时代文化内涵，建立了初步的文化发展演变序列。营盘山遗址被国务院公布为全国重点文物保护单位，并被纳入全国大遗址保护名单。这些考古新发现为研究古蜀文明的渊源提供了重要实物依据，营盘山遗址是江源文明及古蜀文明发源地的核心所在。四川省文化和旅游厅、阿坝藏族羌族自治州委及茂县县委县政府高度重视古蜀文明探源工作，多次对营盘山遗址及岷江上游地区考古工作作出指示。茂县人民政府也在现场组织召开了营盘山遗址保护工作协调会。

此次考察的主要目的有以下几个方面：其一，为推进国家"一带一路"倡议建设及"丝绸之路"的考古工作和文化遗产保护工作。其二，配合国家大遗址保护成都片区相关工作的实施，加强"十三五"时期成都与阿坝文化交流合作，提升区域文化一体化发展水平，实现合作共赢，并为省重点文化工程"古蜀文明传承创新工程"奠定基础。其三，也为营盘山遗址的保护规划制定工作提供现场资料。其四，从之前调查过的诸多遗址中选择具有代表性的遗址进行勘探，为后期进一步考古发掘进行前期准备工作。

二、重要发现

（一）营盘山遗址

营盘山位于四川省阿坝藏族羌族自治州茂县凤仪镇所在的河谷冲积扇平原，地处岷江东南岸三级阶地上，地理坐标为东经103°51′、北纬31°41′。平面约呈梯形，东西宽120～200米，南北长约1000米，总面积近15万平方米。遗址东面临深谷阳午沟，东北面、北面、西面均为岷江环绕，东距茂县县城约2.5千米，海拔1650～1710米，高出岷江河谷约160米，表面地势略呈缓坡状。1979年元月中旬，原茂汶羌族自治县文化馆曾在营盘山清理了一座已暴露在水沟边的石棺葬，2月初又在营盘山基建工程中发现石棺葬群，配合该工程清理已暴露的9座，前后两次共清理了10座墓葬，出土随葬器物250余件。成都文物考古研究所、阿坝藏族羌族自治州文物管理所、茂县羌族博物馆于2000年、2002年、2003年、2004年、2006年在营盘山遗址进行了5次试掘及发掘，揭露面积近2000平方米，勘探面积达6000平方米，共计清理新石器时代房址11座、人祭坑9座、灰坑120余个、灰沟10条、窑址及灶坑数十座等，西周晚期到战国晚期石棺葬200余座[1]。

2017年联合考古队对营盘山遗址进行了深入的考古调查及勘探工作。鉴于前期的发掘集中在遗址中部，其余部位尚未进行发掘，故在遗址中部偏西及北部偏东的地带开挖5米×2米探沟2条（编号2017SMYTG1、2017SMYTG2），清理的新石器时代遗迹有灰坑5个、房屋垫土1处，出土遗物包括石器、陶器等。为了了解该地带的文化层堆积情况采集土样标本，此外还清理出一批石

---

[1] 成都文物考古研究院、阿坝藏族羌族自治州文物管理所、茂县羌族博物馆：《茂县营盘山新石器时代遗址》，文物出版社，2018年；成都文物考古研究所、阿坝藏族羌族自治州文物管理所、茂县羌族博物馆：《茂县营盘山石棺葬墓地》，文物出版社，2013年。

棺葬。

2018年联合考古队在遗址的北部偏东部位开挖探方，继续对2017年发现的大型灰坑进行了清理，出土了一批陶器、玉石器。试掘区内地层堆积简单，呈缓坡向北倾斜，以2017SMYTG1为例说明如下。

第1层：黄色粉砂土，土质疏松，厚20～40厘米，夹杂大量植物根茎、石棺葬残片。遗迹均开口于该层下。

第2层：黄褐色粉砂土，土质较疏松，厚10～20厘米，包含有少量陶片。

营盘山遗址出土遗物较为丰富，包括陶器、玉器、石器、细石器、骨器等。陶器多为手制，部分经过慢轮修整。从陶质陶色看，包括夹砂褐陶、夹砂灰陶、夹细砂红陶、泥质褐陶、泥质灰陶、泥质红陶、泥质黑皮陶、彩陶等。纹饰丰富，包括斜向粗绳纹、交错粗绳纹、交错细绳纹、附加堆纹、戳印纹、绳纹和附加堆纹组成的复合纹饰、绳纹上饰凹弦纹等。器形包括侈口罐、高领罐、盆、钵、缸、陶球、纺轮等。彩陶均为红底黑彩，题材有草卉纹、条带纹、网格纹等。石器有打制砍砸器、石杵、石臼、磨制石斧、石锛等。细石器以燧石为主，主要为石叶、石核。骨器多为骨簪、骨锥。

此次对营盘山遗址的调查试掘工作，对遗址的内部分区和文化堆积的年代差异情况有了进一步的认识。

整个营盘山范围内分布有大量石棺葬，部分由于苹果树栽培暴露出来，且面临进一步农业生产的破坏，故对暴露出来的石棺葬进行了发掘清理，共计清理石棺葬12座。石棺葬多为成组分布，墓向偏东南，竖穴土坑墓，墓口平面呈长方形，葬具为石棺，以大石板砌于墓坑内。石棺头宽足窄，头高足低。顶部盖板从足端依次叠压而成。两侧由石板错缝相接，足端靠外，石板顶部打磨成阶梯状以方便合上盖板。棺底无石板。部分墓葬侧板底部有石块加固。M1位于遗址中部偏西。M2、M3、M4、M5、M12位于遗址北部偏东南，方向较为一致，平行排列，规格较大。其中M2、M12头端用薄石板隔出高低2道头箱，M3隔出3道头箱。M6、M7、M8与M9、M10、M11各为一组，位于遗址北部偏东北，方向较为一致，平行排列，规格短小。共出土陶器、铜器130余件，器形包括陶簋式豆、陶双耳罐、陶单耳罐、陶盂、陶罐、陶长颈小罐、陶小杯、铜片饰、铜泡钉等。

关于此前营盘山石棺葬的历次发掘分期，整理者将其分为两期5段[①]：早期Ⅰ段年代当在西周晚期到春秋早期。早期Ⅱ段年代大约在春秋中晚期。晚期Ⅲ段年代在战国早期。晚期Ⅳ段年代应该为战国中期。晚期Ⅴ段年代可能为战国晚期。本次清理的墓葬时段依然在此范围内，保存较为完好的8座墓葬大致可分为两期3段。

早期Ⅰ段包括：M1、M8、M10、M11。随葬陶器均为手制夹砂褐陶，不见轮制泥质陶。大致和之前发掘的早期Ⅰ段年代相当，推测该期墓葬的时代为春秋早期。晚期可分为早、晚两段。晚期Ⅱ段为M12，随葬陶器可分为两类：泥质灰陶单耳罐、泥质灰陶簋式豆、泥质灰陶高领罐为代表的实用器以及以夹砂褐陶长颈小罐、夹砂褐陶小杯为代表的明器。推测该期墓葬应该为战国早中期。

---

① 成都文物考古研究所、阿坝藏族羌族自治州文物管理所、茂县羌族博物馆：《茂县营盘山石棺葬墓地》，文物出版社，2013年。

晚期Ⅲ段为M2、M3、M6，随葬陶器也可以分为两类：典型泥质陶双耳罐、泥质陶单耳罐、泥质灰陶簋式豆、泥质灰陶高领罐、泥质灰陶盂为代表的实用器；成组出现的泥质灰陶长颈小罐和泥质灰陶小杯等明器。考虑到此次发现的墓葬中不见"半两""五铢"以及豆、鼎、圆鼓肩罐等典型秦汉时期器物，晚期Ⅲ段墓葬年代应该为战国晚期。

M3是营盘山石棺葬墓地首次发现带有3道头箱的石棺葬，也是岷江上游地区继茂县牟托一号墓之后考古发现的第2座带有3道头箱的石棺葬，具有非常重要的学术价值。

考古人员还在现场使用大型无人机对营盘山遗址以及周边环境进行了详细的航拍测绘，对营盘山遗址的微地貌有了更为深入的认识。

（二）沙乌都遗址

遗址位于茂县凤仪镇水西村，地处岷江北岸四级台地之上的山脊地带，南面与营盘山遗址隔岷江相望，于2002年10月对营盘山遗址进行环境调查时发现，2006年进行复查将遗址以山脊分为南北两区[①]。

2017年、2018年两次调查发现的原生文化层堆积均位于遗址北区。2017年清理一处剖面，清理出原生地层和灰坑。

2018年在北坡已经修建的梯田剖面处发现原生文化层，通过勘探开挖一条3米×1米长的探沟（编号为2018SMSTG1），清理出有叠压关系的新石器时代文化层及倒塌房屋堆积1处、灰坑2座，出土较为丰富的陶器、石器及兽骨等遗物，采集遗物包括陶器、石器和红烧土块。

试掘区内地层堆积可分为5层，以2018SMSTG1为例说明如下。

第1层：黄色粉砂土，土质较疏松，厚30～42厘米，包含大量植物根茎、大量碎石。

第2层：黄褐色粉砂土，土质疏松，厚24～30厘米，包含植物根茎、零星红烧土颗粒、陶片等。

第3层：红色烧土，土质致密，厚20～25厘米，包含大量红烧土墙体碎块，少量陶片，应该为房址倒塌堆积。H1开口于该层下。

第4层：灰黑色粉砂土，土质疏松，厚13～20厘米，包含大量陶片、炭粒等。H2、H3开口于该层下。

第5层：黄灰色粉砂土，土质较致密，厚15～20厘米，包含少量陶片。

第6层：黄褐色粉砂土，土质较致密，厚10～15厘米，包含零星陶片。

沙乌都遗址出土及采集陶片包括夹砂褐陶、夹砂灰陶、泥质褐陶、泥质灰陶、泥质黑皮陶等；以素面为主，有少量细绳纹、瓦棱纹、压印纹、锯齿状花边口沿装饰。

沙乌都遗址北区发现了原生的文化层堆积，特别是房屋倒塌遗存为岷江上游地区新石器文化研究提供了新的实物资料。从陶质陶色来看，不见彩陶和泥质红陶，与营盘山遗址有明显不同。而出土的锯齿状花边口沿器，沿部饰绳纹的夹砂褐陶罐等与成都地区宝墩文化遗存有近似之处。整体上

---

① 成都文物考古研究所、阿坝藏族羌族自治州文物保管所、茂县羌族博物馆：《四川茂县沙乌都遗址调查简报》，《成都考古发现》（2004），科学出版社，2006年。

和之前调查发现的"沙乌都遗存"区别不大但更加全面,证明沙乌都遗址应该是岷江上游一处重要的新石器时代聚落遗址。

联合考古队还对茂县白水寨遗址、茂县安乡遗址、黑水县八里村遗址、黑水县白家窝遗址、茂县勒石村墓地本体及其地理环境进行了实地考察。其中,在白水寨遗址采集到少量陶片,均为饰交错绳纹的泥质灰陶,器形不可辨认。

三、收获与问题

2017、2018年两次对岷江上游地区以茂县为核心的区域进行考古调查,并在营盘山和沙乌都两处重要遗址做了试掘工作,对于了解该地区考古学面貌,特别是今后进一步开展田野考古工作有相当重要的意义。

营盘山遗址作为岷江上游一处重要的中心聚落,虽然经过多次发掘及试掘工作,但是其核心区域依然有相当大的范围未进行发掘,这两次试掘工作对于我们完整地了解和认识营盘山聚落布局和今后进行进一步的发掘有一定参考价值。2017年清理的营盘山12座石棺葬中,M3可能是现今为止在营盘山发现的第一座带有3道头箱的石棺葬,也是岷江上游地区考古发现的第二座带有3道头箱的石棺葬,有助于我们重新梳理营盘山石棺葬,并更加全面地认识整个地区的石棺葬文化。

茂县沙乌都遗址为岷江上游地区一处典型的山脊地貌遗址,地势较为险要,与附近的台地型遗址——茂县营盘山遗址、河谷阶地型遗址——波西遗址相比较,不仅在地形地貌方面差异较大,在文化内涵及年代上也明显不同,值得进一步开展田野考古工作和深入研究[①]。2018年,在之前几次调查工作的基础上试掘沙乌都遗址,发现该遗址文化堆积丰富,对该遗址的文化面貌有了较多的认识,应该尽快进行正式发掘工作。

随着近年来的社会发展,特别是2008年汶川地震的灾后重建,岷江上游地区村落的大规模重建以及修建梯田、种植果树等行为,对很多遗址都造成一定破坏,部分小遗址已经被现代建筑掩盖或荡然无存,需要尽快对整个范围内遗址群进行系统性的调查、发掘,避免历史文化信息的进一步流失。

---

① 陈剑:《波西、营盘山及沙乌都——浅析岷江上游新石器文化演变的阶段性》,《考古与文物》2007年第5期。

刘家寨遗址的概况与初识

陈 苇

（湖北大学历史文化学院）

任瑞波

（吉林大学考古学院）

李勤学

（阿坝藏族羌族自治州文物考古研究所）

李 俊

（四川省文物考古研究院）

川西北地区位于青藏高原东麓，紧邻甘青地区。早在20世纪初，该地区已经发现彩陶并引起关注，后来在该地区的历次调查和发掘中，发现数处出土彩陶的遗址。21世纪以来，四川考古人员在岷江上游、大渡河上游做流域调查时发现了更多出土彩陶的遗址，并对汶川姜维城、茂县波西、茂县营盘山、马尔康哈休等遗址做了试掘工作，一定程度上反映了此类遗址的文化面貌。但学界对其文化性质争议较多，对该区域文化交流、生业形态以及聚落结构等问题鲜有涉及，亟待通过更多田野资料解决。

刘家寨遗址就是近年配合基本建设新发现的一处新石器时代晚期遗址，位于阿坝藏族羌族自治州金川县二嘎里乡二级阶地刘家寨。地理坐标为东经101°32′、北纬31°47′，海拔约2650米。遗址西倚恰拉大坝，东北隔磨子沟与趴鹰山相望，南临绰斯甲河，对岸为温布汝山。遗址包括南北两级台地，北部台地平坦，地势较高，南部台地北高南低，地势较低（图一）。2011、2012年，四川省文物考古研究院联合阿坝藏族羌族自治州、金川县文物管理所连续两次对该遗址进行了科学有序的考古发掘，发掘面积共计3500平方米，出土了十分丰富的遗存，取得了丰富的成果。

刘家寨遗址地层共5层。每层堆积厚薄不一，部分区域文化层缺失严重，堆积深度0.2~1.8米不等，至生土时整个遗址发掘区高低起伏不平。两次发掘共清理了新石器时代各类遗迹350座，其中灰坑298座、灰沟1条、房址16座、陶窑址26座、灶7座、墓葬2座。出土陶、石、骨、角质等小件标本逾万件，修复、复原陶器200余件。

刘家寨遗址的灰坑主要为圆形或者近圆形，另有一定数量的不规则形灰坑。残存深度不一，浅

图一　刘家寨遗址鸟瞰图（北—南）

者仅余0.1米，深者可达1.3米。剖面呈锅底状和直筒状者居多，仅2座为袋状灰坑。部分灰坑壁、底发现工具痕，主要为石铲、石锄、圆木棍所致。

坑内堆积多为含草木灰较多的沙土，夹杂较多红烧土和炭粒，出土较多陶片和动物骨骼，筛选、浮选发现较多细石器、炭化植物种子。部分灰坑内堆积形式特殊：部分坑内几乎只埋藏大块陶片，经修复器物直径达20余厘米，很容易辨识器形；部分灰坑集中堆积大量大型动物骨骼。

刘家寨遗址的房址位于不同层位。早期层位只见方形木骨泥墙房址和圆形柱洞式房址，基槽宽0.15~0.2米，柱洞径小，建筑面积仅数平方米。晚期层位出现方形石墙建筑，这类房屋基槽较深，墙体一般厚达0.5米，多开间，甚至有二进深。建筑面积数十平方米。部分房址内堆积含大量草木灰，推测其房顶可能以杂草铺垫，因特殊原因被毁（图二）。

遗址南部区域堆积较厚，保存有4处活动面。其中可辨识的3处为建筑遗迹内活动面，另1处残损严重，推测仍为建筑内活动面。

刘家寨遗址的陶窑分为三类：一类向下挖坑作操作间和火膛，多保留操作间、火门、火膛和火道，窑室不存。这类窑操作间多为椭圆形深坑，打破生土，火门呈U字形，上部横放一块石板，火膛呈锅底状，用草拌泥抹筑，上部残存直径为0.6~1米，火膛正中插有一块楔形长石块，起支撑窑室底部作用。另一类不见操作间，多依斜坡地形向下挖坑作为火膛，在坡顶加工修建窑室，并以八字形、=形和圆弧形火道与火膛相连。此类窑址窑室多被毁。第三类陶窑是挖长方形小坑作灰膛，上盖石板，平地起建圆形窑室，窑室壁厚约0.15米，残存高度约0.3米，此类窑可能为馒头窑的早期形制。发掘中解剖Y15时发现窑室底部红烧土为草拌泥抹筑，烧结面达3~4层，最上面一层烧结面

图二　2012F6

与四周窑壁之间存在明显分界线，推测其为多次加工使用所致。火膛略低于窑室底部，在窑室侧边以小椭圆形孔与之相连。清理中发现火膛内全是灰白色灰烬。

值得一提的是在发掘区内发现数处红黏土堆，土质较为纯净，暴晒后质硬。有一处堆积达数平方米范围，余下几处红黏土堆方正，间隔分布于发掘区内。平面呈长约0.5、宽0.3米的长方形，残存高度0.1~0.3米。

遗址内清理的2座墓葬均位于房址附近，依据墓主骨骼特征初步判断为十岁多的儿童，均不见随葬品。M1为竖穴土坑墓，墓圹残存浅，仰身直肢。M2埋葬于圆形灰坑底部一侧，俯身直肢（图三）。

同时，与丰富遗迹相对应，遗址内出土大量陶、石、骨器等人工制品及丰富的动物骨骼。

遗址出土陶器分夹砂陶和泥质陶。夹砂陶多为平底，褐陶、灰褐陶居多。方唇上多压印绳纹，也有部分压印花边口，器身饰以绳纹、交错绳纹、附加泥条堆纹等。泥质陶分彩陶和素面陶，彩陶主要为红褐陶，少量灰褐陶，多在盆、钵、瓶上施黑彩，常见弧线纹、弧线三角纹、网格纹、圆点纹、垂幔纹、水波纹、草卉纹等纹饰。整个遗址出土彩陶数量占所有陶片比例不超3%。另外，泥质陶中也有抹光灰陶和黑陶。部分陶器器耳较发达，鸡冠耳、鋬耳、纽耳都有发现。可辨器形主要有侈口深腹罐、长颈圆腹罐、重唇口尖底瓶、彩陶平底瓶、折沿盆、卷沿盆、带流锅、钵、杯、器盖、陶球、陶环、陶拍等（图四~图六）。从目前统计的2012H79出土陶器来看，以夹砂侈口深腹罐、泥质抹光深腹罐、泥质盆、泥质钵等陶器为组合。

石器以磨制石器为主，也出土较多打制石器，多为硅质岩、石英、石英砂岩、页岩。主要器形有斧、锛、刀、镰、凿、镞、刮削器、小石片、细石核、细石叶、锤、磨盘、磨棒、杵、笄、环、

图三　2012M2

图四　陶尖底瓶（2011H11∶107）

图五　陶尖底瓶（2011H75∶1）

璧、纺轮等。还有少量利用天然形状略经加工的大型石器，如带柄石斧、鹤嘴石锄等。

骨器主要以动物肢骨加工而成，主要有锥、针、凿、削、刀、匕、镖、笄、环、骨柄石刃刀和其他骨饰品。也有少量制作精美的蚌、角、牙饰品。骨锥数量巨大，是该遗址的特色。制作精细、粗糙者皆有，部分骨锥并未经加工，只见轻微的使用痕迹。骨锥锥尖有锋利、厚钝之别，后者与遗址内的大量钻孔陶片应有联系。小型骨片长1厘米多，壁薄，刃端使用痕迹明显，部分骨片带有可能拴系用的小孔。部分抹光泥质陶器表面的痕迹可能与这类骨片有关系。

通过对出土动物骨骼进行初步辨识，动物种类有猪、羊、鹿、麂、獐、猴、豪猪、龟、鱼、禽类等，尤以羊、鹿、獐为大宗。

遗址中还发现有少量窑汗和沾有朱砂的石片。

图六　陶罐（2011Y10∶10）

碳十四测年显示刘家寨遗址绝对年代为距今5300～4700年。通过对发掘资料的整理，我们初步认为刘家寨遗址可以分为三期。

第一期：重唇口尖底瓶可视为该期的标型器之一，演变过程清晰：内唇逐渐变矮，内外唇界限逐渐消失。夹砂罐陶胎厚重且硬度较高，夹杂的沙砾数量多且个体大，沙砾长径有的在0.5厘米左右，器表和内壁经常可见沙砾裸露凸出。器表多饰绳纹和网格纹，有一定数量的刻划纹。绳纹较粗但饰纹非常工整，网格纹单位方格较大。此外，这一期夹砂陶不论是口沿、颈部还是腹部，压花附加泥条堆纹不多见。泥质陶罐多为残片，无可复原器，但从口沿观察，多为卷沿，沿相对较窄，向外翻卷不明显。

第二期：喇叭口小口尖底瓶变为溜肩，广折肩小口尖底瓶在本期出现，新出现的折肩尖底瓶整体形态宽大，通体施右斜向绳纹。侈口折曲腹盆在本期出现，腹部折棱非常明显，折腹处常常饰一对鸡冠耳，折腹以上较长较宽，上腹内凹呈曲。与其他几类陶盆不同，此类陶盆多数器表施一层陶衣，通体抹光或磨光。泥质陶罐本期数量和种类增多，如深弧腹罐、深鼓腹罐、小口长颈鼓腹罐等。深弧腹罐器表多为素面，小口长颈罐腹部多饰细绳纹。有的在下腹饰一条压花泥条堆纹。卷沿罐本期口沿变宽，且外翻明显，观察可复原器可知，整个罐的最大径在口沿处。彩陶数量和比例较第一期增加，但初步估计不会超过陶片总数的5%。内彩数量增加，虽然绝对数量较少，但绘制技法较纯熟。第二期彩陶有三个显著的特点：第一，出现通体施彩现象；第二，彩陶数量和花纹种类明显较第一期增多；第三，外彩和内彩结合使用时，内彩颜色明显比外彩浅而淡。

第三期：夹砂陶罐依旧饰绳纹、压花附加泥条堆纹，但一部分陶器陶胎明显变薄，质地较一期和二期疏松，硬度降低。夹砂陶的羼和料多见白色云母小薄片，这类羼和料在第一期和第二期少见。纹饰方面，一期和二期较规整的粗绳纹少见，且流行于第一期的右斜向绳纹已不多见，竖向和左斜向绳纹开始占较大比例。值得注意的是，这一期出现的带系罐的系多变小变细，有的紧贴于口沿外侧，已经没有实用功能，仅为装饰之用。Ⅲ式泥质小口鼓腹罐的纹饰与Ⅰ式和Ⅱ式截然不同，同时新出现了敛口鼓腹罐。Ⅲ式小圆唇盆口部在该期变得最敛。Ⅲ式卷沿折肩盆的折肩已经不太明显，颈部凹槽非常浅。彩陶有了几个显著的变化：第一，黑彩绘于夹细砂的泥质陶上，由于绘彩前未施陶衣以及烧制火候偏低，导致黑彩脱落严重，这类彩陶在第一期开始出现，但是在第三期所占比例明显增多。第二，出现了彩陶花纹线条不流畅的现象，虽然相同的图案花纹在前两期都能见到，但是明显能看出该期运笔绘画同类花纹图案时笔法的呆板。第三，出现了新的彩陶，包括两种情况，第一种是所绘花纹在甘青地区马家窑文化中常见，而器形则不见于马家窑文化；第二种是器形见于甘青马家窑文化，但是纹饰特别是构图方式与甘青马家窑文化又有较多的不同。

刘家寨遗址文化内涵与营盘山[①]、波西[②]、箭山寨[③]、姜维城[④]等遗址出土遗存相似度较高，与甘青地区大地湾第四期[⑤]、师赵村第四期[⑥]、东乡林家[⑦]及白龙江上游马家窑文化等遗存面貌也有一些相似之处[⑧]，年代大体处于仰韶时代晚期。其是四川境内一处极为重要的新石器时代遗址，为研究当地新石器时代晚期考古学文化及交流提供了珍贵的实物资料。

---

① 成都文物考古研究院、阿坝藏族羌族自治州文物保管所、茂县羌族博物馆：《茂县营盘山新石器时代遗址》，文物出版社，2018年。

② 成都文物考古研究所、阿坝藏族羌族自治州文物保管所、茂县羌族博物馆：《四川茂县波西遗址2002年的试掘》，《成都考古发现》（2004），科学出版社，2006年，第1~12页。

③ 四川大学历史系考古教研组：《四川理县汶川县考古调查简报》，《考古》1965年第12期，第614~618页；成都文物考古研究所、阿坝藏族羌族自治州文物管理所、理县文物管理所：《四川理县箭山寨遗址2000年的调查》，《成都考古发现》（2005），科学出版社，2007年，第15~24页。

④ 四川省文物考古研究所、阿坝州文物管理所、汶川县文物管理所：《四川汶川县姜维城新石器时代遗址发掘报告》，《四川文物》2004年增刊，第63~91页；四川省文物考古研究所、阿坝州文物管理所、汶川县文化体育局：《四川汶川县姜维城新石器时代遗址发掘简报》，《考古》2006年第11期，第3~14页。

⑤ 甘肃省文物考古研究所：《秦安大地湾——新石器时代遗址发掘报告》，文物出版社，2006年。

⑥ 中国社会科学院考古研究所：《师赵村与西山坪》，中国大百科全书出版社，1999年。

⑦ 甘肃省文物工作队、临夏回族自治州文化局、东乡族自治县文化局：《甘肃东乡林家遗址发掘报告》，《考古学集刊》（4），中国社会科学出版社，1984年，第111~161页。

⑧ 北京大学考古学系、甘肃省文物考古研究所：《甘肃武都县大李家坪新石器时代遗址发掘报告》，《考古学集刊》（13），中国大百科全书出版社，2000年，第1~40页。

浅析营盘山遗址与桂圆桥遗址的文化联系

郭 亮

（茂县羌族博物馆）

　　桂圆桥遗址位于四川省什邡市东郊回澜镇玉皇村二、三组，分布面积近3万平方米。2009年4月，在什邡市第三次全国文物普查中发现该遗址，同年5～7月，四川省文物考古研究院和什邡市博物馆对遗址进行了勘探和小规模抢救性试掘，同年7～8月，四川省文物考古研究院联合德阳市博物馆对遗址进行了抢救性发掘，发掘面积共计2953平方米，发现房址3座、灰坑78个、积石坑10个、墓葬2座、窑址2座、沟16条及井1口，出土器物主要为陶器，石器数量较少，遗址年代范围为距今5100～4100年[1]。营盘山遗址位于四川省阿坝藏族羌族自治州茂县凤仪镇，地处岷江东南岸三级台地上，总面积近15万平方米。1979年2月，因基建工程发现该遗址。2000年、2002年、2003年、2004年、2006年，成都文物考古研究所、阿坝藏族羌族自治州文物管理所、茂县羌族博物馆对遗址进行了正式的考古发掘，历时7年，发掘总面积近2000平方米，发现了新石器时代房址11座、人祭坑9座、灰坑120余个、灰沟10余条、窑址及灶坑数十座等。此外，在遗址中西部发现一处类似于广场的大型遗迹，出土器物包括陶器、玉器、石器、细石器、骨器、蚌器等，总数近万件，遗址年代范围为距今5300～4600年[2]。

　　20世纪90年代以来，成都平原相继发现了成都宝墩古城址[3]、郫县（现郫都区）古城址[4]、温

---

[1] 四川省文物考古研究院、德阳市博物馆、什邡市博物馆：《四川什邡桂圆桥新石器时代遗址发掘简报》，《文物》2013年第9期。

[2] 成都市文物考古研究院、阿坝藏族羌族自治州文物管理所、茂县羌族博物馆：《茂县营盘山新石器时代遗址》，文物出版社，2018年，上册，第5～11、18、19页。

[3] 成都市文物考古工作队、四川联合大学考古教研室、新津县文管所：《四川新津宝墩遗址调查与试掘》，《考古》1997年第1期；中日联合考古调查队：《四川新津宝墩遗址1996年发掘简报》，《考古》1998年第1期；成都市文物考古研究所、四川大学历史系考古教研室、早稻田大学长江流域文化研究所：《宝墩遗址——新津宝墩遗址发掘与研究》，日本有限会社阿普（ARP），2000年。

[4] 成都文物考古研究所：《郫县古城发掘取得重大收获》，《中国文物报》1998年3月18日第1版。

江鱼凫古城址①、都江堰芒城古城址②、崇州双河古城址③、紫竹古城址④、大邑盐店古城⑤等一系列新石器时代晚期的古遗址。学界对这批遗址的文化性质、年代等有了基本的认识，将其命名为"宝墩文化"，分为四期7段，年代范围大约距今4500~3700年⑥。2000年以来，地处川西北的岷江上游地区的新石器时代考古工作取得重大突破，陆续发现了姜维城遗址⑦、营盘山遗址⑧、箭山寨遗址⑨、波西遗址⑩、沙乌都遗址⑪、下关子遗址⑫等一批新石器时代晚期遗址。陈剑将岷江上游地区的新石器时代遗址分为三个阶段，第一阶段以"波西下层遗存"为代表，受中原仰韶文化庙底沟类型的强烈影响，外来文化因素占据主导地位；第二阶段以"营盘山遗存"为代表，与甘青地区的马家窑文化石岭下类型和马家窑类型、以大地湾遗址第四期文化为代表的仰韶文化晚期遗存有着一定程度的亲缘关系，本土文化特色开始突显；第三阶段以沙乌都遗存为代表，本土文化特色十分浓郁，与成都平原宝墩文化存在较为密切联系⑬。

成都平原与岷江上游所发现的新石器时代晚期遗址在文化特征上有着诸多相似之处，本文在前人研究的成果上，从陶器方面着重讨论营盘山遗址与桂圆桥遗址之间的文化联系。

---

① 成都市文物考古工作队、四川联合大学历史系考古教研室、温江县文管所：《四川省温江县鱼凫村遗址调查与试掘》，《文物》1998年第12期。
② 成都市文物考古工作队、都江堰市文物局：《四川都江堰芒城遗址调查和试掘》，《考古》1999年第7期。
③ 《成都史前城址发掘又获重要收获》，《中国文物报》1997年1月19日第1版。
④ 《成都史前城址发掘又获重要收获》，《中国文物报》1997年1月19日第1版。
⑤ 成都文物考古研究所、大邑县文物保护管理所：《大邑县盐店古城遗址2013年发掘简报》，《成都考古发现》（2013），科学出版社，2015年。
⑥ 江章华、王毅、张擎：《成都平原早期城址及其考古学文化初论》，《苏秉琦与当代中国考古学》，科学出版社，2001年，第699~721页。
⑦ 四川省文物考古研究所、阿坝州文物管理所、汶川县文物管理所：《四川汶川县姜维城新石器时代遗址发掘报告》，《四川文物》2004年增刊；四川省文物考古研究所、阿坝州文物管理所、汶川县文化体育局：《四川汶川县姜维城新石器时代遗址发掘简报》，《考古》2006年第11期。
⑧ 成都市文物考古研究所、阿坝藏族羌族自治州文管所、茂县博物馆：《四川茂县营盘山遗址试掘报告》，《成都考古发现》（2000），文物出版社，2002年；成都市文物考古研究院、阿坝藏族羌族自治州文物管理所、茂县羌族博物馆：《茂县营盘山新石器时代遗址》，文物出版社，2018年。
⑨ 成都文物考古研究所、阿坝藏族羌族自治州文物管理所、理县文物管理所：《四川理县箭山寨遗址2000年的调查》，《成都考古发现》（2005），科学出版社，2007年。
⑩ 成都文物考古研究所、阿坝藏族羌族自治州文物管理所、茂县羌族博物馆：《四川茂县波西遗址2002年的试掘》，《成都考古发现》（2004），科学出版社，2006年；成都文物考古研究所、阿坝藏族羌族自治州文物管理所、茂县羌族博物馆：《四川茂县波西遗址2008年的调查》，《成都考古发现》（2008），科学出版社，2010年。
⑪ 成都文物考古研究所、阿坝藏族羌族自治州文物保管所、茂县羌族博物馆：《四川茂县沙乌都遗址调查简报》，《成都考古发现》（2004），科学出版社，2006年。
⑫ 成都文物考古研究所、阿坝藏族羌族自治州文物管理所、茂县羌族博物馆：《四川茂县下关子遗址试掘简报》，《成都考古发现》（2006），科学出版社，2008年；成都文物考古研究所、阿坝藏族羌族自治州文物管理所、茂县羌族博物馆：《四川茂县白水寨及下关子遗址调查简报》，《成都考古发现》（2005），科学出版社，2007年。
⑬ 陈剑：《波西、营盘山及沙乌都——浅析岷江上游新石器文化演变的阶段性》，《考古与文物》2007年第5期。

桂圆桥遗址是目前成都平原发现年代最早的新石器时代遗址，分为一、二、三期遗存，其中一期遗存出土陶器以夹砂陶为主，器形有瓶、罐、盆、钵、器底等，纹饰主要为绳纹，少量网格纹、箍带纹等。

桂圆桥遗址北区第4层出土了2件退化重唇口瓶的口沿部分[①]（图一，1、2），在营盘山遗址中亦发现有A型Ⅰ式、A型Ⅱ式、A型Ⅲ式退化重唇小口瓶（图一，3~9）。桂圆桥遗址一期遗存H20出土的A型、B型大口绳纹罐（图二，1~6），一般器身饰斜向绳纹，唇上压印绳纹，这种特征的陶罐在营盘山遗址中较为常见（图二，7~12）。此外，桂圆桥一期遗存出土的盘口罐（图三，1）与营盘山遗址同类器物特征相似（图三，2、3），口沿平卷，唇上饰绳纹。桂圆桥一期遗存出土了A、B型陶盆，A型陶盆夹砂红陶，卷沿，唇上、器身皆饰绳纹（图四，1、2），B型陶盆泥质黄陶，平沿，圆唇（图五，1、2）。营盘山遗址出土的陶盆包括夹砂陶和泥质陶，夹砂陶盆（图四，3~5）主要为夹砂褐陶，唇面压印绳纹，器表饰斜向绳纹、交错绳纹，泥质陶盆以灰陶、黄褐陶为主，其中Ba型Ⅱ式、Ca型Ⅱ式陶盆皆为平折沿，圆唇或尖圆唇（图五，3、4）。桂圆桥一期遗存H20出土1件泥质黄陶钵，圆唇（图六，1），营盘山遗址出土的Ha型陶钵与其特征比较相似，口微侈，尖圆唇或圆唇，弧腹（图六，2、3）。

桂圆桥第二期遗存出土了筒形陶罐、喇叭口陶罐、花边口沿陶罐、折沿罐、豆等，纹饰仍以绳纹为主，部分泥质陶上出现附加堆纹。其中筒形陶罐（图七，1）与营盘山遗址的C型侈口罐（图七，2、3）十分相似，皆是侈口，直腹，唇面拍印绳纹，器表饰斜向绳纹、交错绳纹。花边口沿

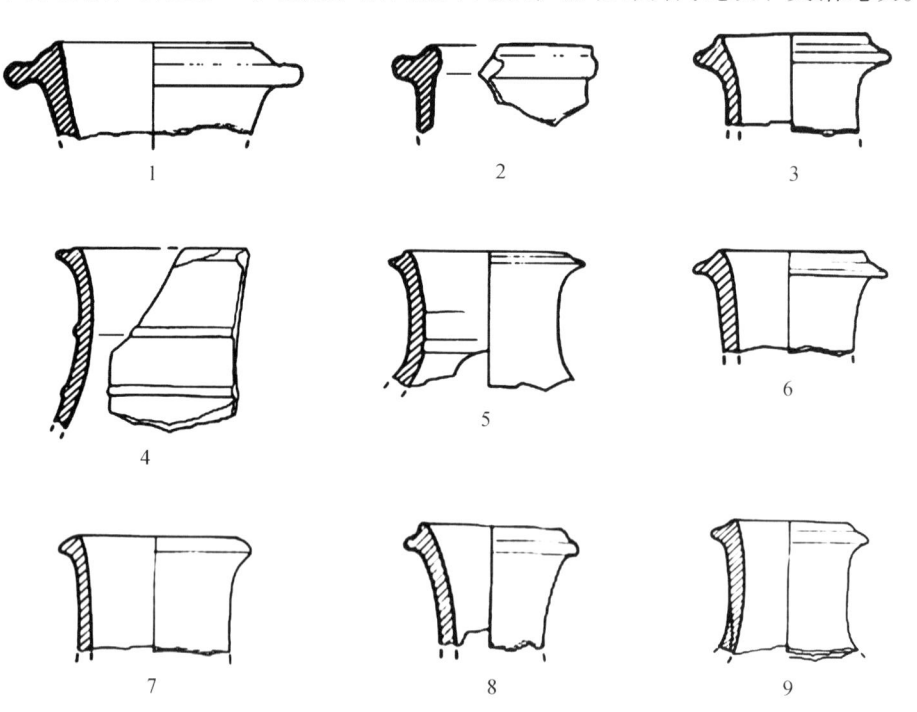

图一　桂圆桥遗址和营盘山遗址出土的重唇口沿陶瓶
1、2.桂圆桥遗址一期遗存重唇口沿瓶（TN07E08④：3、TN07E08④：10）　3、6~9.营盘山遗址A型Ⅱ式小口瓶（03H48：236、02H36：21、02H8：16、03H43：213、03H48：191）　4、5.营盘山遗址A型Ⅲ式小口瓶（00H4：17、00H17：35）

① 万娇、雷雨：《桂圆桥遗址与成都平原新石器文化发展脉络》，《文物》2013年第9期。

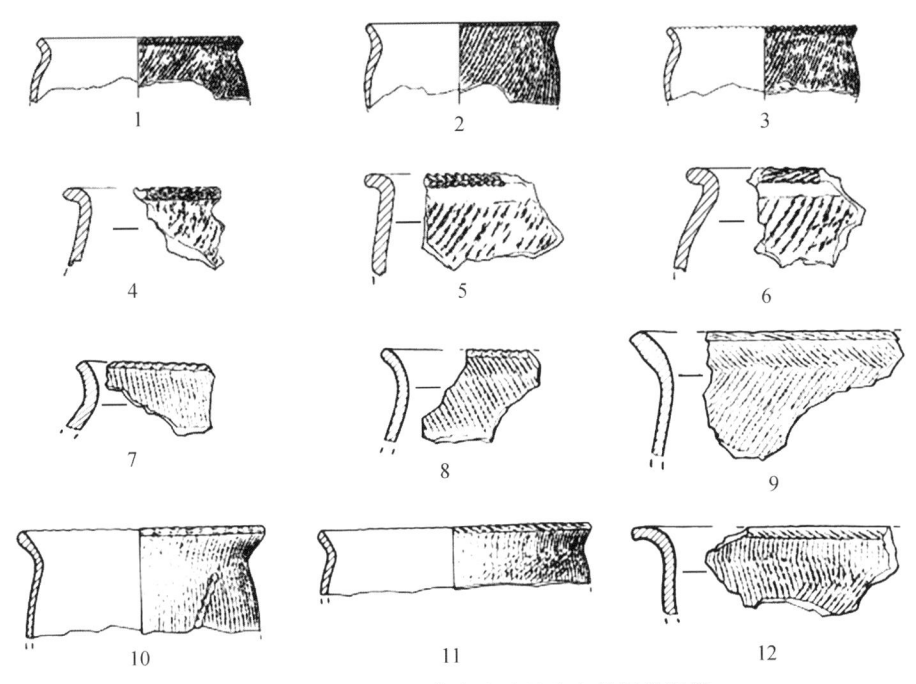

浅析营盘山遗址与桂圆桥遗址的文化联系

图二　桂圆桥遗址和营盘山遗址出土的绳纹陶罐

1～3.桂圆桥遗址一期遗存A型大口绳纹罐（H20∶27、H20∶31、H20∶32）　4～6.桂圆桥遗址一期遗存B型大口绳纹罐（H20∶11、H20∶38、H20∶44）　7.营盘山遗址Aa型Ⅰ式侈口罐（00H17∶59）　8、10、11.营盘山遗址Aa型Ⅱ式侈口罐（00T8⑤∶140、02H40∶26、02H16②∶9）　9.营盘山遗址Aa型Ⅲ式侈口罐（00T15③∶29）　12.营盘山遗址H型陶罐（00T6③∶35）

图三　桂圆桥遗址和营盘山遗址出土的陶罐

1.桂圆桥遗址一期遗存盘口罐（H20∶34）　2、3.营盘山遗址敛口罐（00G1∶1、00H14∶1）

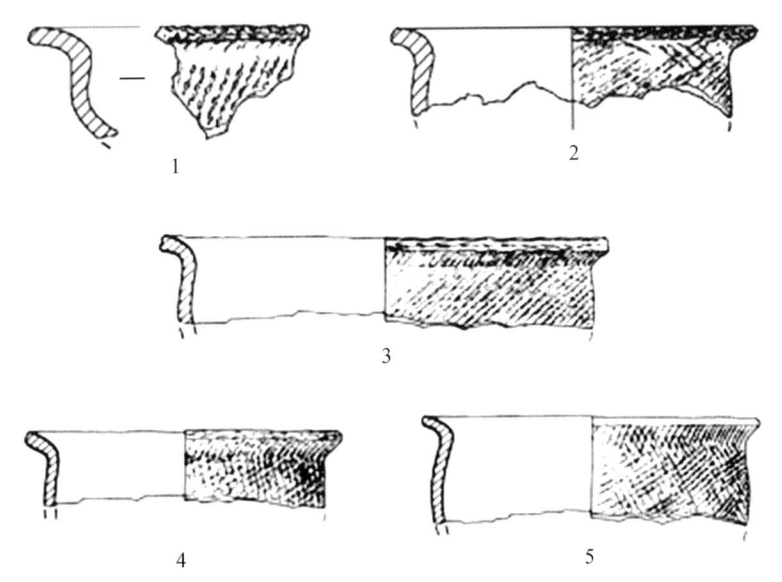

图四　桂圆桥遗址和营盘山遗址出土的卷沿陶盆

1、2.桂圆桥遗址一期遗存A型陶盆（H20∶18、H20∶19）　3～5.营盘山遗址夹砂陶盆（03H47∶101、03H14∶6、03T16④b∶1）

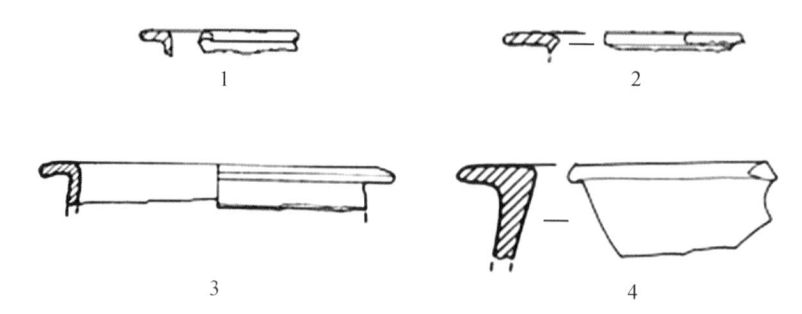

图五 桂圆桥遗址和营盘山遗址出土的平折沿陶盆
1、2.桂圆桥遗址一期遗存B型陶盆（H20∶59、H20∶61） 3、4.营盘山遗址Ba型Ⅱ式陶盆（06H11∶6、02H44∶58）

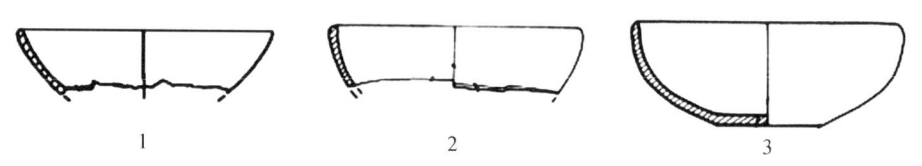

图六 桂圆桥遗址和营盘山遗址出土的圆唇陶钵
1.桂圆桥遗址一期遗存陶钵（H20∶52） 2、3.营盘山遗址Ha型陶钵（03H42∶38、04H7∶17）

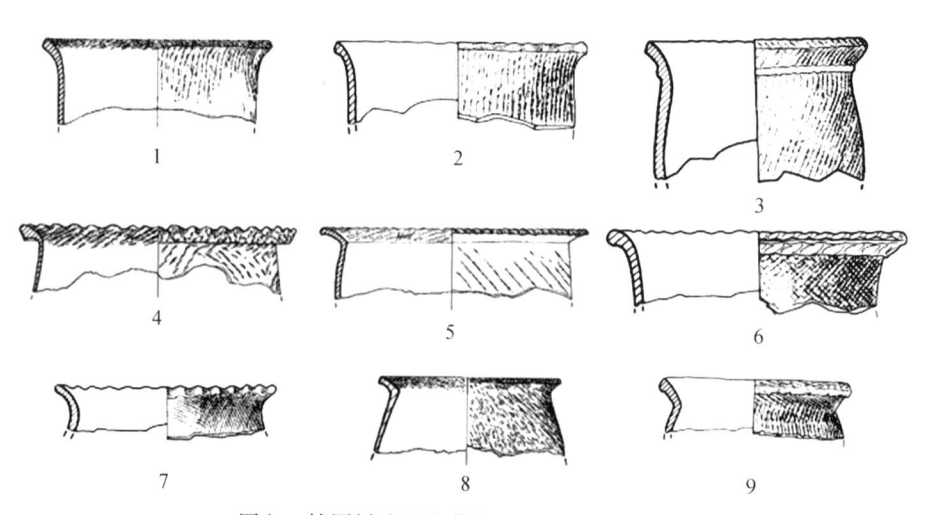

图七 桂圆桥遗址和营盘山遗址出土的陶罐
1.桂圆桥遗址二期遗存筒形陶罐（F1∶2） 2、3.营盘山遗址C型侈口罐（03H26∶14、00H3∶5） 4、5.桂圆桥遗址二期遗存筒形花边口沿罐（T12⑤∶13、T12⑤∶6） 6、7.营盘山遗址花边口沿罐（03H43∶103、04H8∶28） 8.桂圆桥遗址二期遗存折沿罐（T11⑤∶5） 9.营盘山遗址折沿罐（03H26∶47）

罐、折沿罐（图七，4、5、8）皆常见于营盘山遗址（图七，6、7、9）。

桂圆桥三期遗存以夹砂折沿罐为典型器物，主要受峡江地区哨棚嘴文化影响，与成都平原的宝墩文化联系甚密，诸多学者皆有过论证，在此就不再赘述。总的看来，桂圆桥遗址虽然限于发掘面积，出土文物不是很丰富，但以H20为代表的第一期遗存和以T11⑤、T12⑤为代表的第二期遗存出土的退化重唇瓶、大口绳纹罐、卷沿盆、折沿盆、花边口沿罐等，其风格、特征皆与营盘山遗址大同小异。此外，万娇、雷雨从经济形态方面论证过营盘山遗址和桂圆桥遗址的关系，通过浮选得出"营盘山遗址的藜属、粟、黍应该构成了桂圆桥一期采集或种植的食物来源。"[①]桂圆桥遗址与

---

① 万娇、雷雨：《桂圆桥遗址与成都平原新石器文化发展脉络》，《文物》2013年第9期。

营盘山遗址虽然关系密切，但也存在一定差异，桂圆桥遗址出土的夹砂陶以红陶、红褐陶、黄褐陶为主，区别于营盘山遗址以褐陶、灰陶、灰褐陶为主的特征，桂圆桥遗址不见彩陶、带嘴锅、带流盆、壶这些在营盘山遗址中常见的遗存，纹饰种类亦比较单一，主要为绳纹，兼有少量的锯齿花边、戳印纹等。

岷江上游地区新石器时代文化可大致分为仰韶晚期文化和土著文化两种类型，仰韶晚期文化类型以茂县营盘山遗址、茂县波西遗址、汶川姜维城遗址、理县箭山寨遗址等为代表，这批新石器时代文化遗址与甘青地区存在着较多的共性。而关于其来源，张强禄先生从地理环境、传播途径、生产经济类型等方面分析，认为甘青地区新石器时代文化是"由白水江过松潘草地，沿岷江南下在今汶川、理县等地建立了一批居民点，并与当地土著文化融合，形成了具有明显马家窑类型因素的新石器文化。"[①]陈卫东、王天佑在此基础上，特别强调了公元前3000年左右，西北及北方地区的降温，驱使仰韶文化晚期类型的居民迁徙至岷江上游地区[②]。土著文化类型以茂县沙乌都遗址、茂县白水寨遗址、茂县下关子遗址、汶川高坎遗址为代表，陈剑将该类型遗址与江油市大水洞遗址、绵阳市边山堆遗址一同归入四川盆地西北缘龙山时代遗址，与四川盆地东北缘地区的广元张家坡遗址和邓家坪遗址、巴中月亮岩遗址、通江擂鼓寨遗址等有着较多的文化共性，认为该类型文化是由茂县县城向东，翻越土地岭，经下关子遗址所在台地，沿土门河进入北川县境内，经治城，又入江油、绵阳，进入四川盆地腹心[③]。

营盘山遗址出土的陶器可分为A、B、C组，A组以双唇口瓶、弧边三角纹及变体鸟纹彩陶器、细泥红陶碗、尖底瓶、带流盆等为代表，与甘肃秦安大地湾遗址第四期文化、武都大李坪第二期文化、陕西宝鸡福临堡遗址第三期前段文化等比较相似，属仰韶晚期文化；B组以线条纹及垂帐纹彩陶瓶、彩陶盆、彩陶钵、带鋬盆、侈口深腹罐等为代表，与师赵村第五期遗存、东乡林家遗址主体遗存等马家窑文化马家窑类型遗存、武都大李家坪第三期等特征相近；C组以侈口花边罐、敛口罐、直口罐、宽沿罐、喇叭口高领罐、高领壶形器等为代表，应属土著文化[④]。桂圆桥一、二期遗存的陶器主要特征与营盘山遗址的A组和C组陶器相似，两者有一定的文化联系，营盘山遗址包含西北地区马家窑文化、本土文化等因素，桂圆桥一、二期遗存在受到营盘山遗址影响的同时，还受到峡江地区、长江中游地区等文化的影响。总的说来，以营盘山遗址为代表的新石器文化虽然不是桂圆桥一、二期遗存的唯一来源，但也存在着不可分割的联系，相信今后随着考古工作的逐步展开，会有更多的实物资料来证明两处遗址的关系。

---

① 张强禄：《试论白龙江流域新石器文化与川西、川北新石器文化的关系》，《四川大学考古专业创建三十五周年纪念文集》，四川大学出版社，1998年，第74、75页。
② 陈卫东、王天佑：《浅议岷江上游新石器时代文化》，《四川文物》2004年第3期。
③ 陈剑：《四川盆地西北缘龙山时代考古新发现述析》，《中华文化论坛》2007年第2期。
④ 成都市文物考古研究院、阿坝藏族羌族自治州文物管理所、茂县羌族博物馆：《茂县营盘山新石器时代遗址》，文物出版社，2018年，中册，第513页。

四川彩陶：黄河长江史前文化交流互动的实物证据

陈 剑

（成都文物考古研究院）

彩陶的加工与制作是中国新石器时代最杰出的成就之一，黄河中上游地区不仅是中国彩陶的诞生地，而且是彩陶文化最为发达的地区，大地湾文化、仰韶文化和马家窑文化的彩陶在中国彩陶发展史上占有极其重要的地位。四川西部地区本无制作彩陶的渊源和传统，川西彩陶是受外来文化因素影响的产物，能够较为敏感地体现周边文化尤其是黄河上游地区史前文化对四川西部同期文化的辐射影响力度。

目前的考古实物资料表明，早在距今6000年，川西北高原即有先民定居农耕生活，彩陶是川西北高原史前考古学文化的重要代表性遗物。川西北高原山地是迄今四川地区出土史前彩陶遗址数量最多、分布最为密集的地带。这些遗址主要分布于岷江上游、大渡河上游和中游地区、嘉陵江水系的白龙江地区以及黄河上游水系的黑河流域。

四川地区发现史前彩陶的历史已经长达百年，起始于岷江上游地区。1914～1917年，内地会传教士叶长青牧师被派驻岷江上游的威州。在此期间，他首次在汶川县威州姜维城遗址发现包括彩陶在内的遗物，"二十五年来，J·休斯顿·埃德加先生（J. Huston Edgar，又译叶长青——译注）走遍川内桂湖、嘉定（乐山）、灌县、杂古脑、雅州、打箭炉等地，甚至到过更偏远的地方，四处寻找石刀、刮削器、石锄、砺石等古代石器及石器碎片……埃德加先生也许是第一个在中国发现了这些古代石器，并将发现的成果整理成书面报告的人。"[1] 可见，早在百年前，四川省境内就已经发现了史前彩陶。此后又不断有学者如华西大学林名均教授至汶川县姜维城遗址考察、采集陶片（包括彩陶片），并开展相关研究。1952年，徐鹏章先生在理县杂谷脑河流域进行调查，在威州姜维

---

[1] 戴谦和著，杨洋译：《四川古代遗迹和文物》，《三星堆研究》（第一辑），天地出版社，2006年；申晓虎：《传教士叶长青眼中的康藏社会》，《基督教思想评论第十四辑》，上海人民出版社，2012年，第197～211页；申晓虎：《比较的视角：叶长青康区宗教文化研究探析》，《北方民族大学学报》（哲学社会科学版）2011年第1期；冯宪华：《近代内地会传教士叶长青与川边社会——以〈教务杂志〉史料为中心的介绍探讨》，《西藏研究》2010年第6期。

城采集到较多陶片①。1964年，四川大学历史系考古教研组在理县杂谷脑河南岸调查，在理县建山寨（应为箭山寨）调查及小规模试掘，并调查了汶川县威州姜维城遗址，获得较多陶器、石器标本②。此后，汶川县文化馆又在威州姜维城遗址采集到部分彩陶片和石器。1978年，西南师范大学历史系在汶川县龙溪沟内的高山村寨布兰村收集到当地村民修房时从地下掘出的马家窑文化类型彩陶罐1件。1982年以来，阿坝藏族羌族自治州文物管理所又多次对汶川县威州姜维城遗址、理县箭山寨遗址进行调查，采集了部分彩陶片和石器。茂县文化馆在茂县南新乡白水村、石鼓乡吉鱼村分别采集到彩陶片和石器③。

2000年6~9月，为配合《中国文物地图集·四川分册》编写工作的顺利进行，在四川省文物局的统一部署下，成都市文物考古研究所会同阿坝藏族羌族自治州文物管理所、茂县羌族博物馆、理县文物管理所、汶川县文物管理所、松潘县文物管理所、黑水县文物管理所等当地文博单位，对岷江上游地区开展了全面、详细的考古调查，并在调查的基础上，对茂县营盘山遗址进行了全面勘探和试掘。本次工作前后历时近三个月，共发现新石器时代文化遗址和遗物采集点达82处，采集了大量陶、石、玉、骨器遗物④。营盘山遗址位于茂县凤仪镇所在的河谷冲积扇平原，成都市文物考古研究所、阿坝藏族羌族自治州文物管理所、茂县羌族博物馆于2000年7月调查发现。2000年11月、2002年10~11月进行了试掘，2003年、2004年、2006年进行了正式发掘。遗址的新石器时代遗迹包括房屋基址11座、人祭坑9座、灰坑120余座、窑址4座及灶坑13座等。营盘山遗址出土陶器、玉器、石器、细石器、骨器、蚌器等各类遗物总数近万件⑤。2000年5~7月，四川省文物考古研究所对姜维城遗址进行全面调查和初步发掘，找到了新石器时代原生文化堆积⑥。2003年，四川省文物考古研究所、阿坝藏族羌族自治州文物管理所、汶川县文体局再次对姜维城遗址进行发掘，出土

---

① 徐鹏章：《四川藏区孟董沟的磨制石器》，《文物参考资料》1955年第6期；徐学书：《岷江上游新石器时代文化的初步研究》，《考古》1995年第5期。

② 四川大学历史系考古教研组：《四川理县汶川县考古调查简报》，《考古》1965年第12期；徐学书：《岷江上游新石器时代文化的初步研究》，《考古》1995年第5期。

③ 徐学书：《岷江上游新石器时代文化的初步研究》，《考古》1995年第5期；阿坝藏族羌族自治州文管所编：《阿坝文物览胜》，四川民族出版社，2002年，第74、75页。

④ 蒋成、陈剑：《岷江上游考古新发现述析》，《中华文化论坛》2001年第3期；成都文物考古研究所、阿坝藏族羌族自治州文物管理所、理县文物管理所：《四川理县箭山寨遗址2000年调查简报》，《成都考古发现》（2005），科学出版社，2007年。

⑤ 成都市文物考古研究所、阿坝藏族羌族自治州文管所、茂县博物馆：《四川茂县营盘山遗址试掘报告》，《成都考古发现》（2000），科学出版社，2002年；蒋成、陈剑：《岷江上游考古新发现述析》，《中华文化论坛》2001年第3期；蒋成、陈剑：《2002年岷江上游考古的发现与探索》，《中华文化论坛》2003年第4期；成都文物考古研究所、阿坝藏族羌族自治州文物管理所、茂县羌族博物馆：《四川茂县营盘山遗址2003年的发掘》，《南方民族考古》（第十三辑），科学出版社，2017年，第1~90页；成都文物考古研究院、阿坝藏族羌族自治州文物管理所、茂县羌族博物馆：《茂县营盘山新石器时代遗址》，文物出版社，2018年。

⑥ 四川省文物考古研究所、阿坝州文物管理所、汶川县文化体育局：《四川汶川县姜维城新石器时代遗址发掘简报》，《考古》2006年第11期；王鲁茂、黄家祥：《汶川姜维城发现五千年前文化遗存》，《中国文物报》2000年11月26日第1版；黄家祥：《汶川县姜维城新石器时代遗址及汉明城墙》，《中国考古学年鉴2001》，文物出版社，2002年；黄家祥：《汶川姜维城发掘的初步收获》，《四川文物》2004年第3期。

可复原陶器约30余件、彩陶片50余件、石器（含打制和磨制石器、细石器、玉器）30余件、骨器6件[1]。波西遗址位于茂县凤仪镇，西距沙乌都遗址约500米，西南与营盘山遗址相距约1500米，东与县城隔江相望。2000年由成都市文物考古研究所、阿坝藏族羌族自治州文物管理所、茂县羌族博物馆调查发现。2002年、2003年三家单位联合对其进行了两次试掘[2]。2008年10~11月，三家单位又在茂县羌族博物馆新址及邻近的波西遗址范围内进行了详细的考古勘探和试掘[3]。安乡遗址位于茂县南新镇，2005年成都文物考古研究所、阿坝藏族羌族自治州文物管理所、茂县羌族博物馆进行调查时发现，采集了长条形双端刃玉凿形器、彩陶罐等遗物[4]。2006年，三家单位再次进行了调查，采集陶器、骨器等遗物[5]。2006年9月，在理县薛城镇箭山寨的箭山村发掘出一些陶片、石器等遗物。四川省文物考古研究院对其进行了试掘，出土的遗物主要有陶器、石器、骨器等[6]。苍坪村遗址位于松潘县进安乡苍坪村，地处岷江西岸二级台地上。成都市文物考古研究所、阿坝藏族羌族自治州文物管理所于2000年进行调查，从城墙下层夯土中采集了大量夹砂红褐陶片和少量带弧线条暗纹彩陶片[7]。2009年4~5月，为配合汶川县第三次全国文物普查工作，成都文物考古研究所等在龙溪乡调查发现了龙溪寨新石器时代遗址，采集有彩陶[8]。2015年4月，由阿坝藏族羌族自治州文物管理所、黑水县文广新局组成的联合考古调查队在黑水县开展古文化遗址调查时，于扎窝乡白尔窝村发现一处彩陶文化遗址[9]。

大渡河上游地区也是史前彩陶发现的重要地区。1989年10月至1990年12月，四川省文物考古研究所和甘孜藏族自治州文化局联合组成考古队对罕额依遗址进行了发掘，发掘面积123平方米，出土彩陶等遗物[10]。1989年，阿坝藏族羌族自治州文物管理所人员与四川大学考古专业教师选择学生

---

[1] 四川省文物考古研究所、阿坝藏族羌族自治州文管所、汶川县文管所：《四川汶川县姜维城新石器时代遗址发掘报告》，《四川文物》2004年增刊；黄家祥：《汶川姜维城发掘的初步收获》，《四川文物》2004年第3期；辛中华：《岷江上游新石器时代遗存及相关问题探讨》，《四川文物》2005年第1期。

[2] 成都文物考古研究所、阿坝藏族羌族自治州文物管理所、茂县羌族博物馆：《四川茂县波西遗址2002年的试掘》，《成都考古发现》（2004），科学出版社，2006年。资料现存成都文物考古研究院。

[3] 成都文物考古研究所、阿坝藏族羌族自治州文物管理所、茂县羌族博物馆：《四川茂县波西遗址2008年的调查》，《成都考古发现》（2008），科学出版社，2010年。资料现存成都文物考古研究院。

[4] 成都文物考古研究所、阿坝藏族羌族自治州文物管理所、茂县羌族博物馆：《四川茂县安乡遗址调查简报》，《成都考古发现》（2005），科学出版社，2007年。

[5] 成都文物考古研究院、阿坝藏族羌族自治州文物管理所、茂县羌族博物馆：《茂县安乡遗址2006年调查简报》，《成都考古发现》（2015），科学出版社，2017年。

[6] 四川省文物考古研究院：《2006年四川省文物考古研究院考古调查勘探试掘取得新成果》，《四川文物》2007年第1期。

[7] 蒋成、陈剑：《岷江上游考古新发现述析》，《中华文化论坛》2001年第3期；陈剑、陈学志：《走廊与交融：松潘地区的考古发现与初步研究》，《松潘历史文化研究文集》，四川人民出版社，2014年，第90~116页。

[8] 汶川县文物管理所、成都文物考古研究院、阿坝藏族羌族自治州文物管理所：《汶川县龙溪寨遗址2009年调查简报》，《成都考古发现》（2015），科学出版社，2017年。

[9] 陈剑、周志清、何锟宇等：《丝绸之路河南道（四川阿坝州段）考古调查》，《中国考古学年鉴2017》，中国社会科学出版社，2018年。

[10] 四川省文物考古研究所、甘孜藏族自治州文化局：《丹巴县中路乡罕额依遗址发掘简报》，《四川考古报告集》，文物出版社，1998年，第59~77页。

实习地点时，对马尔康县孔龙村遗址进行过调查①。为实施四川省文物局组织开展的区域性古文化遗址调查，阿坝藏族羌族自治州文物管理所、成都市文物考古研究所、马尔康县文体局联合组成大渡河上游考古队，先后于2000年8月、2003年4月、2005年12月对大渡河上游脚木足河及其支流茶堡河两岸地区进行了全面调查，发现和确认了孔龙村遗址、白赊遗址及哈休遗址等10余处新石器时代至秦汉时期的古文化遗址，均采集有彩陶②。2005年6月，四川省文物考古研究所、阿坝藏族羌族自治州文物管理所对双江口水电站库区进行地下文物调查，确认了业浓秋景等多处史前遗址，采集有彩陶③。2006年3月，阿坝藏族羌族自治州文物管理所、成都文物考古研究所、马尔康县文体局又在调查基础上选择哈休遗址进行了考古试掘，揭露面积87平方米，发现灰坑等遗迹10余处，出土了玉石器、彩陶等陶器、骨角器、蚌器、兽骨等类遗物上千件④。2008年3月，阿坝藏族羌族自治州文物管理所调查发现金川县神仙包遗址，采集到大量陶片及动物骨骼⑤。2009年7月第三次文物普查时对神仙包遗址进行复查，采集了自新石器时代至秦汉时期的大量标本。2011年10月至11月上旬，阿坝藏族羌族自治州文物管理所、成都文物考古研究所、金川县文化体育局联合对神仙包遗址进行考古试掘工作，出土彩陶等遗物⑥。2010年3月，在金川县发现了位于金川县二嘎里乡刘家寨台地上的刘家寨遗址，采集到石器和彩陶器⑦。2011年9～11月和2012年5～9月，为配合绰斯甲水电站工程建设，四川省文物考古研究院联合阿坝藏族羌族自治州文物管理所、金川县文物管理所分两次对该遗址进行了考古发掘，发掘面积共计3500平方米，取得了丰富的成果，出土丰富的彩陶⑧。刘家寨新石器时代遗址入选了2012年度全国十大考古新发现。2013年7月，成都文物考古研究所、阿坝藏族羌族自治州文物管理所等再次对马尔康县孔龙村遗址、白赊村遗址、哈休村遗址进行了实地调查，

---

① 四川联合大学历史系考古教研室编：《四川大学考古专业三十五年·大事记》（内部资料），1995年，第29页。

② 成都文物考古研究所、阿坝藏族羌族自治州文物管理所、马尔康县文化体育局：《四川马尔康县孔龙村遗址调查简报》，《成都考古发现》（2005），科学出版社，2007年；四川省文物考古研究院、阿坝藏族羌族自治州文物管理所、成都文物考古研究所等：《四川马尔康县白赊村遗址调查简报》，《成都考古发现》（2005），科学出版社，2007年；阿坝藏族羌族自治州文物管理所、四川省文物考古研究院、成都文物考古研究所等：《四川马尔康县哈休遗址2003、2005年调查简报》，《成都考古发现》（2006），科学出版社，2008年。

③ 四川省文物考古研究院、阿坝州文物管理所：《大渡河双江口水电站地下文物遗存调查》，《四川文物》2005年第6期。

④ 阿坝藏族羌族自治州文物管理所、成都文物考古研究所、马尔康县文化体育局：《四川马尔康县哈休遗址2006年的试掘》，《南方民族考古》（第六辑），科学出版社，2010年，第295～374页；陈剑、陈学志：《大渡河上游史前文化寻踪》，《中华文化论坛》2006年第3期。

⑤ 陈苇：《先秦时期的青藏高原东麓》，科学出版社，2012年，第178、179页。

⑥ 阿坝藏族羌族自治州文物管理所：《四川金川县神仙包遗址调查简报》，《四川文物》2017年第3期。

⑦ 四川省文物考古研究院、阿坝藏族羌族自治州文物管理所、金川县文化体育局等：《四川金川县刘家寨遗址调查简报》，《四川文物》2012年第5期。

⑧ 陈苇：《四川金川刘家寨遗址 伸入川西北的马家窑聚落》，《中国文物报》2012年9月14日第5版；孙秀丽：《刘家寨遗址专家现场会综述》，《中国文物报》2012年9月14日第5版；四川省文物考古研究院、阿坝藏族羌族自治州文物管理所、金川县文物管理所：《四川金川县刘家寨遗址2011年发掘简报》，《考古》2021年第3期。

采集了一批彩陶器、石器、骨器标本①。2019年，马尔康市松岗镇石达秋遗址发现一处器物坑，内有10多件彩陶器，其风格类似于齐家文化彩陶。在大渡河中游地区，1990年5~6月，四川大学历史系考古专业对雅安市汉源县狮子山遗址进行了科学发掘，出土的新石器时代陶器当中发现有少量马家窑类型风格的彩陶片②，这是目前四川发现的史前彩陶分布最南的地点。

在嘉陵江上游的白龙江流域，近年来在多处遗址也发现史前彩陶。2008年5~8月，为配合九寨沟县第三次全国文物普查工作，经四川省文物局批准，阿坝藏族羌族自治州文物管理所与四川大学考古学系、九寨沟管理局科研处、九寨沟县文化体育局组成联合普查队，对阿梢垴遗址开展考古调查并进行试掘③，在遗址中采集到了1件彩陶片，应为细颈彩陶瓶的口沿。2019年10~11月，四川省文物考古研究院等单位在若尔盖县境内白龙江流域开展了考古调查，新发现丁果、木塘寨遗址，出土泥质红褐陶、绳纹夹砂灰褐陶、彩陶等，与马家窑文化较为相似④。

此外，2009年，在第三次全国文物普查中，在若尔盖草原沙化地带的协玛坚遗址采集到一些彩陶片，若尔盖县达扎寺遗址也出土过彩陶片⑤。该区域属于黄河水系的上游支流黑河流域。

在四川的其他地区也零星有一些彩陶出土，如中美联合考古调查队在位于成都平原的郫都区曾采集了一片彩陶。川东北地区的宣汉县罗家坝遗址近年来也发掘出土少量彩陶片。

四川地区史前彩陶均为黑色颜料绘制而成，底色有红褐色、灰褐色和少量黄褐色等。图案的题材较为丰富，主要包括几何图案类、植物类和动物写实类三种。器类以容器为主，包括瓶、罐、瓮、盆、钵等。

仰韶文化庙底沟类型晚期的年代约为距今6000年，马家窑文化马家窑类型的年代下限约为距今4700年。据此推算，四川地区史前彩陶的存在时间前后跨度逾1000年之久，可以划分为早、中、晚三个时期。早期：彩陶数量较为丰富，距今6000~5500年，属于黄河流域仰韶文化庙底沟类型，在茂县波西遗址、营盘山遗址及汶川县姜维城遗址均有发现。中期：彩陶数量非常丰富，距今5500~4700年，风格与仰韶文化晚期及马家窑文化马家窑类型彩陶相同，阿坝藏族羌族自治州基本上所有的彩陶文化遗址均有出土。晚期：彩陶数量较少，距今4600~4200年，与马家窑文化半山类型和齐家文化彩陶风格相似，仅在金川县刘家寨遗址及马尔康市石达秋遗址有少量发现。

---

① 成都文物考古研究所、阿坝藏族羌族自治州文物管理所：《四川马尔康县脚木足河流域2013年考古调查简报》，《成都考古发现》（2014），科学出版社，2016年。

② 马继贤：《汉源县狮子山新石器时代遗址》，《中国考古学年鉴1991》，文物出版社，1992年，第270页。

③ 吕红亮、李永宪、陈学志等：《汉代川西北高原的氐人聚落：九寨沟阿梢垴遗址考古调查试掘的初步分析》，《藏学学刊》（第6辑），四川大学出版社，2010年；四川大学考古学系、四川省阿坝藏族羌族自治州文物管理所、九寨沟管理局科研处：《四川阿坝州九寨沟阿梢垴遗址的调查与试掘》，《考古》2017年第10期；四川大学考古系、九寨沟风景名胜区管理局、华盛顿大学人类学系等：《九寨沟景区历史文化考察研究报告》，巴蜀书社，2017年，第73页。

④ 四川省文物考古研究院、四川大学考古文博学院、阿坝州文物考古研究所等：《白龙江流域若尔盖段先秦遗址调查简报》，《四川文物》2020年第6期。

⑤ 高大伦：《充分发挥专业院所作用，积极做好三普督导工作》（会议汇报材料）；陈剑：《三代同堂 学术迎新——四川省历史学会迎新学术交流会侧记》，《四川社科界》2009年第6期，第25~29页；陈剑：《四川省历史学会举行迎新学术交流会》，《巴蜀文化研究通讯》2010年第1期（总64期），第2~6页。

目前对于四川地区史前彩陶的研究有一些成果[1]，包括对于其文化性质、产地及其来源、陶器成分的物理和化学测试分析的研究等。

彩陶堪称黄土母亲的儿女。川西北高原是青藏高原的组成部分，也是中国黄土分布的重要地区[2]。川西北高原气候干燥寒冷有利于黄土发育。根据川西北高原气候特征和黄土沉积特征分析，搬运黄土物质的主要动力为风、流水（包括冰水）和重力作用。黄土对以粟、黍为主要作物的旱作农业提供了重要的土壤支持，同时也为包括彩陶在内的陶器制作提供了优良的原料。

目前四川发现的史前彩陶主要分布于阿坝藏族羌族自治州、甘孜藏族自治州及雅安市，这里是藏羌彝走廊的重要组成部分。该区域因有怒江、澜沧江、金沙江、雅砻江、大渡河、岷江六条大江分别自北向南川流而过，在峰峦叠嶂的高山峻岭中开辟出一条条南北走向的天然河谷通道，所以自古以来即成为众多民族或族群南来北往、频繁迁徙流动的场所，也是历史上西北与西南各民族之间进行沟通往来的重要孔道。川西史前彩陶的发现正是其实物证据之一。

---

[1] 陈剑：《川西彩陶的发现与初步研究》，《古代文明》（第5卷），文物出版社，2006年，第17~30页；洪玲玉、崔剑锋、王辉等：《川西马家窑类型彩陶产源分析与探讨》，《南方民族考古》（第七辑），科学出版社，2011年，第1~58页；崔剑锋、吴小红、杨颖亮：《四川茂县新石器遗址陶器的成分分析及来源初探》，《文物》2011年第2期；王仁湘：《庙底沟文化彩陶向西南的传播》，《四川文物》2011年第1期；任瑞波、陈苇、任赟娟：《川西彩陶产地来源新说检讨》，《四川文物》2013年第2期；任瑞波：《营盘山遗址彩陶试析》，《边疆考古研究》（第18辑），科学出版社，2015年；向金辉：《川西马家窑文化彩陶来源再检视——以陶器化学成分分析为中心》，《四川文物》2018年第4期。

[2] 刘维亮、李国新、谷曼：《川西高原可尔因地区黄土成因研究》，《地质与资源》2007年第4期。

环太湖地区和成都平原新石器化和社会复杂化进程的对比研究

陈明辉

（浙江省文物考古研究所）

刘祥宇

（成都文物考古研究院）

一、引　言

环太湖地区和成都平原均是中国史前时期的重要文化区系，史前时期两地区分别诞生了良渚文化和宝墩文化两支强势的考古学文化，分别是商周时期越文明和蜀文明的发祥地。对两地的新石器化和社会复杂化进程进行对比研究，有助于梳理两地文明形成的进程和机制。

二、环太湖地区的新石器化进程

1. 浙中地区的新石器化

江浙地区最早的新石器化发生在钱塘江以南、以金衢盆地为核心的浙中地区。以上山文化和跨湖桥文化为代表，上山文化年代约在距今10000～8500年，已发现18处遗址[1]。跨湖桥文化年代约距今8500～7000年，发现11处遗址，分布范围进一步向东向北扩大到山区与平原交界处[2]。在多处遗址，如嵊州小黄山[3]、浦江上山[4]、龙游荷花山等遗址均发现跨湖桥文化叠压上山文化遗存的地层关系，从部分器类和器形来看两种文化关系也较为密切，如二者均流行双耳器、圈足器、折沿罐、

---

[1] 孙瀚龙、蒋乐平：《上山文化》，《浙江考古1979～2019》，文物出版社，2019年。
[2] 孙瀚龙、蒋乐平：《跨湖桥文化》，《浙江考古1979～2019》，文物出版社，2019年。
[3] 张恒、王海明、杨卫：《浙江嵊州小黄山遗址发现新石器时代早期遗存》，《中国文物报》2005年9月30日第1版。
[4] 浙江省文物考古研究所、浦江博物馆：《浦江上山》，文物出版社，2016年。

部分跨湖桥文化的器形如双耳罐、平底盘的器物形态演变可上溯至上山文化。但跨湖桥文化中也新出现大量圜底釜、支脚和绳纹装饰，已有学者指出这可能是受到了彭头山文化的影响[①]；跨湖桥文化可见磨石和磨棒，但不见上山文化常见的打制石器，显示跨湖桥文化有更发达的石器技术水平和经济形态；由于保存条件较好，跨湖桥文化中出土了种类丰富的骨器和木器。跨湖桥文化在距今7000多年前受到海侵影响，开始了北迁和西迁的过程，最北的迁徙到达顺山集（顺山集三期）[②]，向西则促成了皂市下层文化[③]和高庙文化的形成，迁徙距离达到500~1000千米。跨湖桥文化对外影响极大，最主要的原因应是本地环境的变化，尤其是海侵的影响，导致跨湖桥先民的原居住区不再适宜居住，于是向外寻求生存空间，并不表明跨湖桥文化是一支强势的扩张型文化。

在宁绍平原形成的河姆渡文化，可能吸收了少量跨湖桥文化的因素，如以釜作为炊器、釜的内折口风格及口沿带錾的特征。河姆渡文化中也有大量双耳罐，河姆渡文化的豆可能也是来源于跨湖桥文化。但二者无论是器物组合、器形还是装饰及艺术风格都有了非常大的区别，器物形态不可追溯，二者之间可能存在数百年的时间间隔。河姆渡文化显然不是直接从跨湖桥文化传承而来，河姆渡文化的来源有更复杂的背景，其中甚至可以看到高庙文化的某些影响[④]。若以上推论属实，则长江中下游的文化交流和互动早在距今9000年就已经相当频繁。

从目前的聚落和墓葬材料来看，上山文化、跨湖桥文化和河姆渡文化（河姆渡遗址第3、4层为代表）遗址数量不多，只有几处或十几处，遗址分布较为分散，未发现中心聚落和大墓，贫富分化和社会分化不明显，还处于平等社会阶段。

2. 环太湖地区的新石器化和社会复杂化

根据古环境考古研究成果，环太湖地区成陆时间在距今7000年前后。在此之前，环太湖地区仅在大雄山南麓发现一处属跨湖桥文化的火叉兜遗址，这处遗址面积很小，遗存不丰富，可能是跨湖桥文化北迁过程中的一个临时据点。此后环太湖地区的文化序列为马家浜时期——崧泽时期——良渚时期——钱山漾时期——广富林时期。马家浜时期可作为环太湖地区新石器化的开端，因此，也是本文讨论的重点。

马家浜文化系统中几乎见不到跨湖桥文化的任何因素，整个环太湖地区的文化演进似乎可以距今7000年为界划出一道鸿沟。在马家浜和河姆渡文化形成之前，跨湖桥文化人群的主体可能已经外迁。这与良渚文明衰亡之后的钱山漾、广富林时期颇为相似。

笔者曾经撰文指出，以往学术界所习称的马家浜文化应当进行解构，建议将马家浜文化称为马家浜文化系统，将距今7000~6000年称为马家浜时期，并以鼎的有无划分为马家浜早期和马家浜晚期两大阶段。整个马家浜时期环太湖地区的文化格局相当复杂。可简述如下：

---

① 韩建业：《试论跨湖桥文化的来源和对外影响——兼论新石器时代中期长江中下游地区间的文化交流》，《东南文化》2010年第6期。
② 南京博物院、泗洪县博物馆：《顺山集——泗洪县新石器时代遗址考古发掘报告》，科学出版社，2016年。
③ 韩建业：《试论跨湖桥文化的来源和对外影响——兼论新石器时代中期长江中下游地区间的文化交流》，《东南文化》2010年第6期。
④ 刘祥宇：《河姆渡遗址再分析》，《成都考古研究》（二），科学出版社，2013年。

马家浜早期阶段，环太湖西北部出现以平底釜为代表的骆驼墩文化，它来源于皖北地区的双墩文化，是双墩文化迁徙过来形成的一支次生型文化。这一时期环太湖西北部是环太湖地区的文化高地，在骆驼墩文化偏晚阶段，骆驼墩先民向外迁徙，在太湖北部形成祁头山遗存、在太湖西南岸形成邱城遗存，在余杭西部产生吴家埠遗存，这几支遗存均以平底釜为特征，但已经与骆驼墩文化本体产生了明显可辨的变化。但由于这三支考古学遗存均只有一处遗址，还不足以单独命名为文化。这一现象说明，在马家浜早期阶段，文化的核心凝聚力仍显不足，骆驼墩文化作为这一时期最重要的考古学文化，已发现的遗址仍仅有寥寥五六处，分布范围也仅限于太湖西北部，并没有形成中心聚落，聚落分化不明显，从墓葬遗存也可知，墓葬随葬品均较少，一般只有1~2件，贫富分化尚未出现，毫无疑问仍处于平等社会的发展阶段。当骆驼墩文化一部分人群向外迁徙时，距离超出骆驼墩文化分布区100千米左右，其文化与母文化之间便会发生明显的变异，显示与母文化之间缺乏足够的联系。在马家浜早期阶段，太湖东南部还分布有罗家角遗存，以圜底釜为特征，遗址也只有一两处，该遗存受到更多的河姆渡文化的影响，同时也与骆驼墩文化有一定的文化交流。总体而言，整个环太湖地区在马家浜早期阶段只有10处左右的遗址，数量极少，是外地移民，但标志着环太湖新石器化的开始。

马家浜晚期阶段，环太湖地区的文化格局呈现三足鼎立的局面，太湖西部为薛城文化，太湖北部为圩墩文化，太湖南部为庙前文化，在三支区域性文化的边缘和交界地带还分布有若干具有自身特点的遗存，如马家浜遗存、芝里遗存等。这一时期与马家浜早期最大的区别是传统的釜文化逐渐被鼎文化所取代，出现以鼎为主要炊器的考古学文化，包括薛城文化和庙前文化，圩墩文化中尽管仍以深腹圜底釜（这种釜应当源自后李文化系统）为主要炊器，但也有一定数量的鼎。同时期长江下游和江淮地区文化相当繁荣，皖北的侯家寨文化、宁镇地区的北阴阳营文化、皖江西部的黄鳝嘴文化、江淮东部的龙虬庄文化，均以鼎为主要炊器。笔者曾指出，环太湖地区马家浜晚期鼎文化的出现是以侯家寨文化为中转站，从中原地区大河村一期文化影响过来[1]，这一时期，应当有大批来自中原的移民通过皖北到达长江下游和江淮地区的各个区域，或与当地人群混杂，或开辟新的文化区，堪称中原地区的第一次向外大规模移民事件。

马家浜晚期，水稻的驯化水平得到显著提升，根据高玉和马永超的研究，这一时期水稻已经基本驯化，为马家浜晚期社会的发展奠定了重要的基础。出现了面积达10万平方米以上的中心聚落，出现随葬品达数十件的大型墓葬，出现玉钺、石钺为代表的重型礼器，当时已经出现明显的社会分化，进入到分化社会的发展阶段。马家浜晚期标志着环太湖新石器化的成熟。

崧泽早期环太湖地区的文化高地从环太湖西部转移到北部，形成以东山村为中心聚落的强势社会，其影响力广泛分布于整个环太湖地区。东山村崧泽早期（距今5900~5500年）阶段就已存在大墓与小墓分开埋葬的现象，说明当时可能已经存在世袭的贵族集体，阶层分化已经出现，墓葬中随葬玉钺、石钺等标志权力的遗物和玉璜、玉镯等装饰性玉器，东山村社会无疑也是当时环太湖文化的文化高地和区域中心[2]。在太湖以南的杭嘉湖地区及相邻的宁绍地区，崧泽早期的遗址仅寥寥数

---

[1] 陈明辉：《距今6000年前后环太湖流域的文化格局》，《崧泽文化学术研讨会论文集（2014）》，文物出版社，2016年，第174~214页。

[2] 陈明辉：《环太湖地区史前时期头向传统的区域差异及演变——兼谈良渚古城崛起的背景》，《博物院》2019年第2期。

处，数量甚至远远少于马家浜晚期，造成这一现象的原因可能是钱塘江两岸水环境较为恶劣。傅家山遗址的地层堆积是笔者得出这一推论的重要证据，该遗址第5层为"海侵淤泥层"，年代为距今6000～5700年，其下叠压河姆渡文化的第7、8层，其上叠压相当于崧泽晚期的第4层和相当于良渚文化的第3层[①]。在田螺山遗址也有一层年代为公元前3800～前3500年的泥炭层[②]。

崧泽时期相似的案例还有凌家滩文化中的凌家滩墓地，该墓地有少数墓葬年代可早至崧泽早期，大部分墓葬年代相当于崧泽晚期至崧泽良渚过渡段。笔者曾根据墓葬头向的研究指出，在太湖南部尤其是嘉兴地区可能存在受凌家滩文化影响而出现的崧泽晚期的区域中心，这一中心与东山村应处于南北对峙的状态并逐渐占据上风。

东山村和凌家滩墓地的资料显示崧泽时期就已出现雏形城市或初级文明。发展到良渚时期，则进入成熟文明和早期国家阶段[③]，此时的文化中心完全转移到太湖西南部的余杭地区。

三、成都平原的新石器化进程

1. 甘南及川西地区的新石器化进程

甘东地区与关中地区的文化发展序列基本一致，序列清晰，由早至晚分别有大地湾一期（或称大地湾一期文化）、大地湾二期、大地湾三期、大地湾四期（或称大地湾四期文化、石岭下类型，也有学者将之归入马家窑文化，年代距今5500～4900年）、常山下层文化、齐家文化，年代分别相当于白家文化、半坡文化、庙底沟文化、西王村文化、庙底沟二期文化和客省庄文化。从墓葬和房址资料来看，大地湾一期相对比较平等。大地湾二期和三期房址可分出三个等级，大型房址面积超过56平方米，可能已出现初步的分化，不过墓葬资料较少；庙底沟时期（大地湾三期阶段），以甘肃东部地区为中转站，单纯的庙底沟文化遗存已经进一步向西扩散至甘肃南部乃至青海东部河湟地区和川西地区，显示出庙底沟文化的强大生命力[④]。大地湾四期文化中已出现诸多文明要素，已进入初级文明和阶层社会阶段，如出现大地湾遗址这类面积达110万平方米的大型遗址；大地湾遗址中3处大型房址（F901、F405、F400，面积或复原面积分别达420、230、260平方米）集中分布于视野开阔的半山腰，形成聚落的核心区，其中F901建造最为考究[⑤]，堪称原始宫殿，聚落内部分化显著；F901内出土陶质抄手等特殊器物，可能是一种量器，说明该房址可能是当时的经济中心和再分

---

① 宁波市文物考古研究所：《傅家山——新石器时代遗址发掘报告》，科学出版社，2013年，第158页。
② 吴小红、秦岭、孙国平：《田螺山遗址的^{14}C年代数据》，《田螺山遗址自然遗存综合研究》，文物出版社，2011年，第40～46页。
③ 刘斌、王宁远、陈明辉等：《良渚：神王之国》，《中国文化遗产》2017年第3期。
④ 北京大学考古学系、甘肃省文物考古研究所：《甘肃武都县大李家坪新石器时代遗址发掘报告》，《考古学集刊》（13），中国大百科全书出版社，2000年；青海省文物考古队：《青海民和阳洼坡遗址试掘简报》，《考古》1984年第1期；中国社会科学院考古研究所甘青工作队、青海省文物考古研究所：《青海民和县胡李家遗址的发掘》，《考古》2001年第1期。
⑤ 李最雄：《我国古代建筑史上的奇迹——关于秦安大地湾仰韶文化房屋地面建筑材料及其工艺的研究》，《考古》1985年第8期；李最雄：《世界上最古老的混凝土》，《考古》1988年第8期。

配中心[①]；另一处重要的小型房址F411内发现地画遗存，显示该房址具有一定的宗教功能[②]；出土陶祖、石祖。不过大地湾四期文化中墓葬资料较少，限制了我们对其社会分化状况的认识。

甘南地区的文化序列为庙底沟文化（距今6000~5300年）、马家窑文化（距今5300~4700年）、半山文化（距今4600~4300年）、马厂文化（距今4300~4000年）、齐家文化（距今4000~3600年）。这一文化谱系中齐家文化之前彩陶均异常发达，纹饰繁复、母题丰富，展现了丰富的精神世界。马家窑文化中已出现青铜器等来自西亚的文化因素，说明马家窑文化是距今5000年前后中西方文化交流的前哨，不过根据现有的聚落和墓葬资料还看不出有明显的社会分化现象，推测马家窑文化时期还属于较为平等的社会发展阶段。半山文化时期遗址分布范围广大，达17.6万平方千米，遗址数量近200处[③]，出现一定的社会分化现象。如柳湾遗址清理半山文化墓葬257座，大多数墓葬均有随葬品，一般仅随葬1~2件器物，最多的是M606，达762件（其中串珠657颗、骨片92枚）。马厂文化时期分布范围进一步扩大到40万平方千米，遗址数量超过600处[④]，出现更明显的社会分化。如柳湾遗址清理马厂文化墓葬872座，可分为大型墓葬和小型墓葬两种，大多数墓葬有随葬品，一般10~12件，最多的可达90多件，如M564随葬品达95件（陶器91件，另有绿松石饰）。柳湾遗址面积仅1万余平方米，显然不是中心聚落，不过墓地已经出现明显的分化现象，相信当时的中心聚落内部应有更明显的分化现象，马厂文化时期应已进入阶层社会发展阶段。齐家文化出现200万平方米以上的超大型聚落（如定西市堡子山遗址），出现玉琮、玉璧等成组玉礼器，且对外尤其是对关中甚至中原地区的文化进程产生了积极的影响，此时应已进入文明和国家阶段。

川西地区的文化序列为波西遗存、营盘山文化及后续的白水寨、沙乌都、下关子遗存。波西遗存是庙底沟文化的地方变体[⑤]，营盘山文化是马家窑文化的地方变体，年代约为公元前4700~前3100年[⑥]。白水寨、沙乌都、下关子等龙山时期遗存发现较少，文化面貌还不明确，不过下关子面积达20万平方米以上，面积不小[⑦]。营盘山文化中，营盘山遗址面积达15万平方米，被认为是"岷

---

① 赵建龙：《大地湾古量器及分配制度初探》，《考古与文物》1992年第6期；赵建龙：《从高寺头大房基看大地湾大型房基的含意》，《大地湾考古研究文集》，甘肃文化出版社，2002年，第184~194页。

② 甘肃省文物工作队：《大地湾遗址仰韶晚期地画的发现》，《文物》1986年第2期；李仰松：《秦安大地湾遗址仰韶晚期地画研究》，《考古》1986年第11期；张鹏川：《迄今发现的我国最早的绘画——大地湾原始社会居址地画》，《美术》1986年第11期；宋兆麟：《室内地画与丧葬习俗——大地湾地画考释》，《中原文物》特刊（总第5号）《论仰韶文化》，1986年；尚民杰：《大地湾地画释意》，《中原文物》1989年第1期；杨亚长：《大地湾地画含义新释》，《考古与文物》1995年第3期。

③ 李水城：《半山与马厂彩陶研究》，北京大学出版社，1998年，第6页。

④ 李水城：《半山与马厂彩陶研究》，北京大学出版社，1998年，第100页。

⑤ 陈剑：《波西、营盘山及沙乌都——浅析岷江上游新石器文化演变的阶段性》，《考古与文物》2007年第5期。

⑥ 成都文物考古研究院、阿坝藏族羌族自治州文物管理所、茂县羌族博物馆：《茂县营盘山新石器时代遗址》，文物出版社，2018年，第689页；陈剑：《波西、营盘山及沙乌都——浅析岷江上游新石器文化演变的阶段性》，《考古与文物》2007年第5期；陈苇：《先秦时期的青藏高原东麓》，科学出版社，2012年。

⑦ 成都文物考古研究所、阿坝藏族羌族自治州文物管理所、茂县羌族博物馆：《四川茂县白水寨及下关子遗址调查简报》，《成都考古发现》（2005），科学出版社，2007年；成都文物考古研究所、阿坝藏族羌族自治州文物管理所、茂县羌族博物馆：《四川茂县白水寨和沙乌都遗址2006年调查简报》，《四川文物》2007年第6期；陈剑：《四川盆地西北缘龙山时代考古新发现述析》，《中华文化论坛》2007年第2期。

江上游地区的大型中心聚落遗址之一,其周围还分布着数十处时代相近或略有差异的中小型聚落遗址"[1],可知营盘山文化应当已有一定的聚落分化。营盘山遗址内部存在居住区、广场区、制陶区、细石器制作区等功能划分。墓葬资料匮乏。营盘山遗址的动物骨骼分析显示家猪数量占总数的64.27%,最小个体数占总数的54.08%,家养的猪、狗以及可能家养的黄牛占总数的65.09%,野生动物占34.81%,以家养动物为主要的肉食来源,狩猎则是一种重要的补充;而农作物以粟黍为主,分别占总数的29.4%和27%,农作物和田间杂草约占植物种子数量的95%,农业生产是先民最重要的植食来源[2]。以上两点充分说明营盘山已经是比较成熟的农业社会。出土一定数量玉器,器形主要为斧、锛、凿、刀、镞等工具和环形器、镯形器等装饰品[3],缺乏礼器。陶器成分分析和彩陶研究显示,营盘山的彩陶是从甘青地区马家窑文化中引进而来,说明营盘山先民与甘青地区马家窑人群之间有紧密的文化交往,可能存在远距离贸易[4]。营盘山文化进一步向东、向南扩散——在大渡河中游的狮子山遗址曾采集到少量陶片,部分器形类似于营盘山遗址所出同类器[5],成都平原北缘的桂圆桥一期遗存,与营盘山文化也有相似之处[6]。

马家窑文化的影响范围特别广,除了在川西形成营盘山文化,还分别在青海东部和青藏高原东部形成宗日文化[7]和卡若文化[8]。甚至川东地区的哨棚嘴文化可能也是马家窑文化系统沿嘉陵江发展而来[9]。这三支文化都是马家窑文化的次生文化,可归入广义的马家窑文化系统。从以上考古学资料可知,马家窑文化时期虽然已经形成较为成熟的农业社会,但墓葬资料较为匮乏,聚落之间虽有一定分化,但社会分化不显著,应当还处于比较平等的社会阶段。造成这一现象的原因可能是甘青及川西地区面积广大,且以山地地形为主,而马家窑文化又是这一地区文化大发展的初期阶段,文化真空地带较多,人群可通过迁徙获得足够的生存空间,因此难以聚拢形成大型聚落中心。故此,马家窑文化系统是扩散型文化,但还不是强势文化。

---

[1] 蒋成、陈剑:《岷江上游考古新发型述评》,《中华文化论坛》2001年第3期;陈剑:《波西、营盘山及沙乌都——浅析岷江上游新石器文化演变的阶段性》,《考古与文物》2007年第5期。

[2] 成都文物考古研究院、阿坝藏族羌族自治州文物管理所、茂县羌族博物馆:《茂县营盘山新石器时代遗址》第十二章"植物遗存研究",文物出版社,2018年,第571~591页。

[3] 陈剑:《川西史前玉器简论》,《玉魂国魄——中国古代玉器与传统文化学术讨论会文集(三)》,北京燕山出版社,2008年。

[4] 成都文物考古研究院、阿坝藏族羌族自治州文物管理所、茂县羌族博物馆:《茂县营盘山新石器时代遗址》第十三章"陶器分析研究",文物出版社,2018年,第592~658页。

[5] 刘磐石、魏达议:《四川省汉源县大树公社狮子山发现新石器时代遗址》,《文物》1974年第5期;中国社会科学院考古研究所四川工作队:《四川汉源县大树乡两处古遗址调查》,《考古》1991年第5期。

[6] 四川省文物考古研究院、德阳市博物馆、什邡市博物馆:《四川什邡桂圆桥新石器时代遗址发掘简报》,《文物》2013年第9期。

[7] 陈红海、格桑本、李国林:《试论宗日遗址的文化性质》,《考古》1998年第5期。

[8] 西藏自治区文物管理委员会:《西藏昌都卡若遗址试掘简报》,《文物》1979年第9期;西藏自治区文物管理委员会、四川大学历史系:《昌都卡若》,文物出版社,1985年。

[9] 江章华:《再论川东长江沿岸的史前文化》,《四川文物》2002年第5期;江章华:《岷江上游新石器时代遗存新发现的几点思考》,《四川文物》2004年第3期;江章华:《关于哨棚嘴文化的几个问题》,《中国考古学会第十三次年会论文集》,文物出版社,2011年,第73~88页。

2. 成都平原的新石器化和社会复杂化

成都平原分布于龙门山脉与龙泉山脉之间，是一处南北长、东西窄的平原，地势平坦，河流众多。成都平原最早的遗存是桂圆桥一期遗存，属马家窑文化系统，是营盘山文化向东发展的产物。

高山城址的发掘揭示出早于此前认识的宝墩文化的高山一期遗存和高山二期遗存，年代为公元前2500~前2200年，相关发现遗存不多，但为我们探索宝墩文化的来源补充了重要资料。不过高山一期遗存与桂圆桥一期遗存之间仍有一定的时间间隔。

此前认识的宝墩文化一般分为四期6段，其中一期可分早、晚段，三期也可分早、晚段[①]，年代约为公元前2200~前1600年；根据文化中心转移的情况，又可归纳为早、晚两大阶段，早期包括一、二期，晚期包括三、四期。从陶器看，宝墩文化既含有大量绳纹罐、绳纹花边口沿等西部文化因素，又有浅盘豆、镂孔圈足器等东部文化因素，暗示有不同地区的人群从东、西两个方向进入成都平原，完成了成都平原的新石器化。在宝墩文化之前成都平原仅有寥寥数处遗址，宝墩文化促成新石器化的同时也迅速完成了城市化过程，目前宝墩文化中已发现8座城址，分别为高山古城（面积34.4万平方米）[②]、新津宝墩古城（面积276万平方米）[③]、崇州紫竹古城（面积20万平方米）[④]、大邑盐店古城（面积35万平方米）[⑤]、都江堰芒城（面积11万平方米）[⑥]、崇州双河古城（面积11万平方米）[⑦]、郫县（现郫都区）古城（面积31万平方米）[⑧]、温江鱼凫城（面积40万平方米）[⑨]。据左志强先生等研究[⑩]，宝墩文化早期（一、二期）的聚落主要分布在新津、大邑、盐店、崇州一带，发现的遗址主要为城址，包括高山、宝墩、紫竹、盐店、芒城、双河，小型遗址极少，可见

[①] 江章华、王毅、张擎：《成都平原早期城址及其考古学文化初论》，《苏秉琦与当代中国考古学》，科学出版社，2001年；江章华、王毅、张擎：《成都平原先秦文化初论》，《考古学报》2002年第1期。

[②] 成都文物考古研究院资料。

[③] 成都文物考古研究所、新津县文管所：《新津宝墩遗址调查与试掘简报（2009~2010年）》，《成都考古发现》（2009），科学出版社，2011年。

[④] 叶茂林、李明斌：《崇州市紫竹古城》，《中国考古学年鉴2001》，文物出版社，2002年。

[⑤] 陈剑：《大邑县盐店和高山新石器时代古城遗址》，《中国考古学年鉴2004》，文物出版社，2005年。

[⑥] 成都市文物考古工作队、都江堰市文物局：《四川都江堰市芒城遗址调查与试掘》，《考古》1999年第7期；中日联合考古调查队：《都江堰市芒城遗址1998年度发掘工作简报》，《成都考古发现》（1999），科学出版社，2001年；中日联合考古调查队：《都江堰市芒城遗址1999年度发掘工作简报》，《成都考古发现》（1999），科学出版社，2001年。

[⑦] 成都市文物考古工作队：《四川崇州市双河史前城址试掘简报》，《考古》2002年第11期。

[⑧] 成都市文物考古工作队、郫县博物馆：《四川省郫县古城遗址调查与试掘》，《文物》1999年第1期；成都市文物考古研究所、郫县博物馆：《四川省郫县古城遗址1997年发掘简报》，《文物》2001年第3期；成都市文物考古研究所、郫县博物馆：《四川省郫县古城遗址1998~1999年度发掘收获》，《成都考古发现》（1999），科学出版社，2001年。

[⑨] 成都市文物考古工作队、四川联合大学历史系考古教研室、温江县文管所：《四川省温江县鱼凫村遗址调查与试掘》，《文物》1998年第12期；成都市文物考古研究所：《温江县鱼凫村遗址1999年度发掘》，《成都考古发现》（1999），科学出版社，2001年。

[⑩] 左志强、何锟宇、白铁勇：《略论成都平原史前城的兴起与聚落变迁》，《"城市与文明"学术研讨会论文集》，上海古籍出版社，2016年，第180~196页。

当时的人口主要居住在城址内。宝墩古城分为内城和外城两部分，外城面积276万平方米，城墙宽约15米，壕沟宽约12、深约2米，内城面积60万平方米，城墙宽近30、高5～6米，壕沟宽15～20、深2余米，内城内有多处大面积的建筑基址[①]；城址依据面积大小可分两个等级；此期墓葬在高山古城内有较大面积的揭露，共清理高山二期至宝墩文化一期墓葬（包括早段和晚段，年代为公元前2200～前2000年）100余座，墓葬集中分布，似为公共墓地，随葬品极少，尚未见明显的社会分化。宝墩文化晚期（三、四期）新津至崇州一带遗址几乎不见，原有城址在使用200余年后基本都被废弃，城址及遗址分布密集区向东北转移至郫县、温江一带，有鱼凫城、郫县古城两座古城，面积均在30余万平方米，城址数量和面积相对之前缩减很多，但新出现40余处小型聚落，显示聚落人口有明显增加；其中郫县古城中部也发现面积达550平方米的大型建筑基址；此期三星堆仁胜村墓地中开始随葬一定数量的玉器[②]，甚至发现过象牙权杖一类的特殊遗物[③]，显示出社会分化的加剧。从桂圆桥一期到宝墩文化之间生业经济发生了明显的转变，桂圆桥一期仅发现粟、黍，无水稻，与营盘山文化一致，而宝墩文化时期以稻作农业为主，有少量粟[④]，稻作农业的发展应与屈家岭—石家河文化的影响有关[⑤]。高山墓地中普遍可见的拔牙习俗可能也受到石家河文化的影响。宝墩文化时期尤其是宝墩文化晚期无疑已经进入初级文明和阶层社会的发展阶段。

紧紧继承宝墩文化而来的十二桥文化早期和三星堆文化则进入成熟文明和早期国家阶段。

四、结　　语

环太湖地区和成都平原的新石器化都不是在本地文化传统上发展起来的。环太湖地区的新石器化是在皖北和中原的两波影响下（马家浜早期和马家浜晚期）完成的，经历了从低水平食物生产阶段的平等社会，逐步向分化社会和阶层社会、农业社会转变的过程，最终经过接近2000年的发展，才进入文明和国家阶段。成都平原的新石器化受益于来自西北部的马家窑文化传统和来自东部的屈家岭—石家河文化传统，这两支文化都已经是比较成熟的农业社会，尤其是屈家岭—石家河文化已经进入文明和国家阶段[⑥]。因此，成都平原非常迅速地在短短数百年就完成了新石器化和城市化进程，文明化速度非常快。

[①] 中国社会科学院考古研究所聚落考古中心：《大型聚落田野考古方法纵横谈》，《南方文物》2012年第3期。

[②] 四川省文物考古研究所三星堆遗址工作站：《四川广汉市三星堆遗址仁胜村土坑墓》，《考古》2004年第10期。

[③] 引自何锟宇、左志强：《试论成都平原龙山时代的城址》，《"城市与文明"学术研讨会论文集》，上海古籍出版社，2016年，第168～179页。

[④] 姜铭、玳玉、何锟宇等：《新津宝墩遗址2009年度考古试掘浮选结果分析简报》，《成都考古发现》（2009），科学出版社，2011年。

[⑤] 张弛、洪晓纯：《华南和西南地区农业出现的时间及相关问题》，《南方文物》2009年第3期；左志强、何锟宇、白铁勇：《略论成都平原史前城的兴起与聚落变迁》，《"城市与文明"学术研讨会论文集》，上海古籍出版社，2016年，第180～196页。

[⑥] 刘辉：《长江中游史前城址的聚落结构与社会形态》，《江汉考古》2017年第5期。

宝墩文化城址众多，一般聚落较少，尤其是宝墩早期人口集中于城址内，但城址使用时间普遍较短，文化中心转移周期较短，约300年一个周期。环太湖地区文化中心转移的周期约500年左右，中心区域沿用时间较长，如东山村遗址和良渚古城遗址繁荣时间都接近1000年。

宝墩文化墓葬资料不甚丰富，且大多缺乏明确的等级差异。环太湖地区墓葬资料丰富，墓葬级差随着进入阶层社会和国家社会而日渐加大，至良渚时期可分出12个级差、4个阶层（王族、高等级贵族、低等级贵族、平民）。

宝墩文化总体缺乏象征等级、身份的特殊艺术品，宗教氛围也不甚浓厚，总体上秉承了庙底沟文化系统和马家窑文化系统的风格，可能代表了另一种文明模式。而环太湖地区从马家浜文化开始玉文化就不断发展和完善，从崧泽时期开始出现玉礼器，到良渚时期已形成成套的礼器，并完全转入高度重视宗教的政教合一社会，走了另一条文明道路。

略论三星堆遗址"新二期"文化遗存
——兼谈"鱼凫村文化"

雷 雨

（四川省文物考古研究院）

三星堆遗址的主体文化遗存上下延续约2000年，共分为四个大期，其中第一期文化遗存时代为新石器时代晚期，其时代跨度、文化面貌与公布材料早、外界比较熟知且同处成都平原的"宝墩文化"基本相同，被外界广泛认知为"宝墩文化"、"三星堆一期文化"或"三星堆一期——宝墩文化"；三星堆遗址第二至四期为青铜时代文化，或被统一认知为"三星堆文化"或被分别命名为"三星堆文化（二~三期）"、"十二桥文化（四期）"或"三星堆四期——金沙文化（四期）"。

长期以来，三星堆一期与二期文化遗存之间在通过陶器群体现出来的文化面貌上还存在着非常明显的缺环，只要稍微有些考古学常识的人都能观察出来，因此三星堆文化主体的来源，还没有人敢说直接来源于"三星堆一期文化"、"宝墩文化"或"三星堆一期——宝墩文化"。

1999年，四川省文物考古研究院对月亮湾地点进行了较大规模的主动发掘，一方面确定了月亮湾土埂是一道人工堆（夯）筑的城墙，另一方面在月亮湾地点发掘区第10层下的遗迹、第11层以及第11层下的遗迹中发现了一组新的文化遗存，文化面貌和年代介于三星堆一期和二期之间。

简单讲，这组新文化遗存的陶器可明显分为两组，共存于不同的地层和遗迹单位：

A组：喇叭口高领罐，绳纹花边口罐，绳纹花边口尊（盆），折沿尊，盘口尊（罐），圈足盘，镂孔圈足器等，是三星堆文化一期晚段和成都平原宝墩文化遗址群晚段的常见陶器组合（图一）。

B组：绳纹小平底罐，绳纹高领罐，绳纹侈口罐，绳纹釜形罐，瓦棱纹器盖，瓦棱纹高柄豆、豆形器，敛口圈足瓮（罐）等，器物组合和单个器类常见于三星堆遗址第二至四期，但单个器类的器物形态又明显早于三星堆二期的同类器（图二）。

2006~2012年，四川省文物考古研究院三星堆遗址工作站在《广汉三星堆——1980~2005年考古发掘报告》的整理过程中，通过对历年发掘资料的全面梳理，在"1980年三星堆地点"、"1984年西泉坎地点"、"1984年三星堆地点"、"1986年三星堆地点"、"1991年西城墙地点"以及"2000年月亮湾地点"的发掘中均辨认出了类似于"1999年月亮湾地点"的文化遗存，2017~2018年又在西城墙内侧河边祭祀遗迹区的发掘中再次发现这组遗存，从而极大地丰富了三星堆遗址的文化内涵，使得原本有明显缺环的遗址分期和文化演变序列变得环环相扣，也基本上解决了三星堆遗

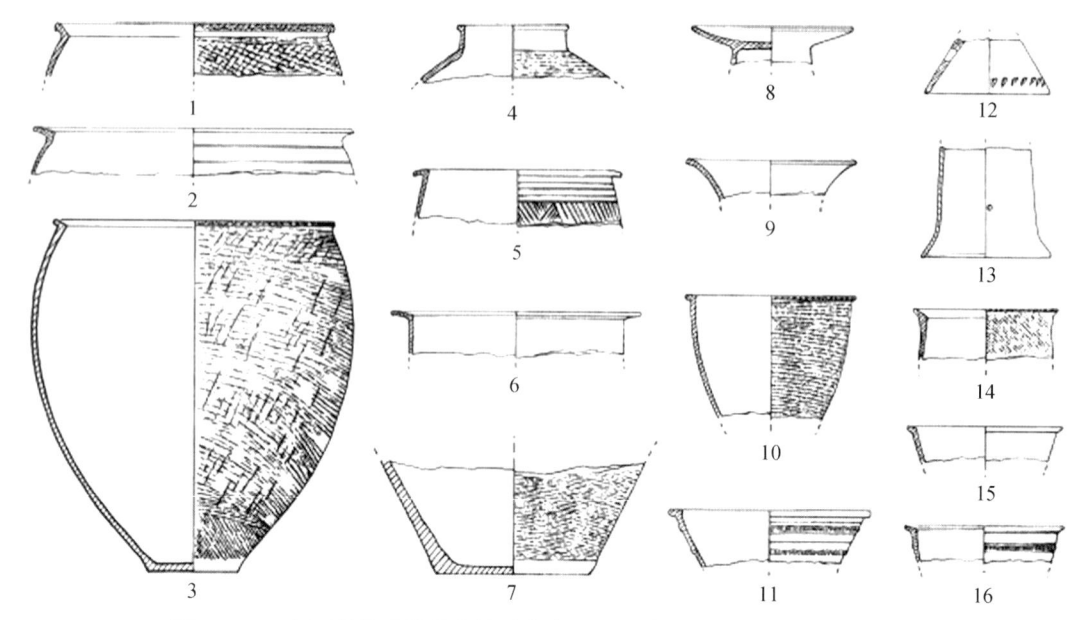

图一　1999年三星堆遗址月亮湾地点出土三星堆遗址"新二期"A组陶器

1、3. 绳纹花边口罐（99GSZY夯：64、99GSZYD25：1）　2、5. 折沿罐（99GSZY夯：15、99GSZY夯：27）　4. 直口罐（99GSZYH34：7）　6. 折沿盆（99GSZY夯：5）　7. 平底器（99GSZYT202⑪：145）　8、13. 圈足盘（99GSZY夯：107、99GSZYH48：9）　9. 喇叭口高领罐（99GSZYH49：3）　10、14. 绳纹花边口尊（99GSZY夯：78、99GSZYT302⑪：41）　11、15、16. 折沿尊（99GSZY夯：36、99GSZYT106⑩：8、99GSZYG62：5）　12. 镂孔圈足器（99GSZY夯：140）

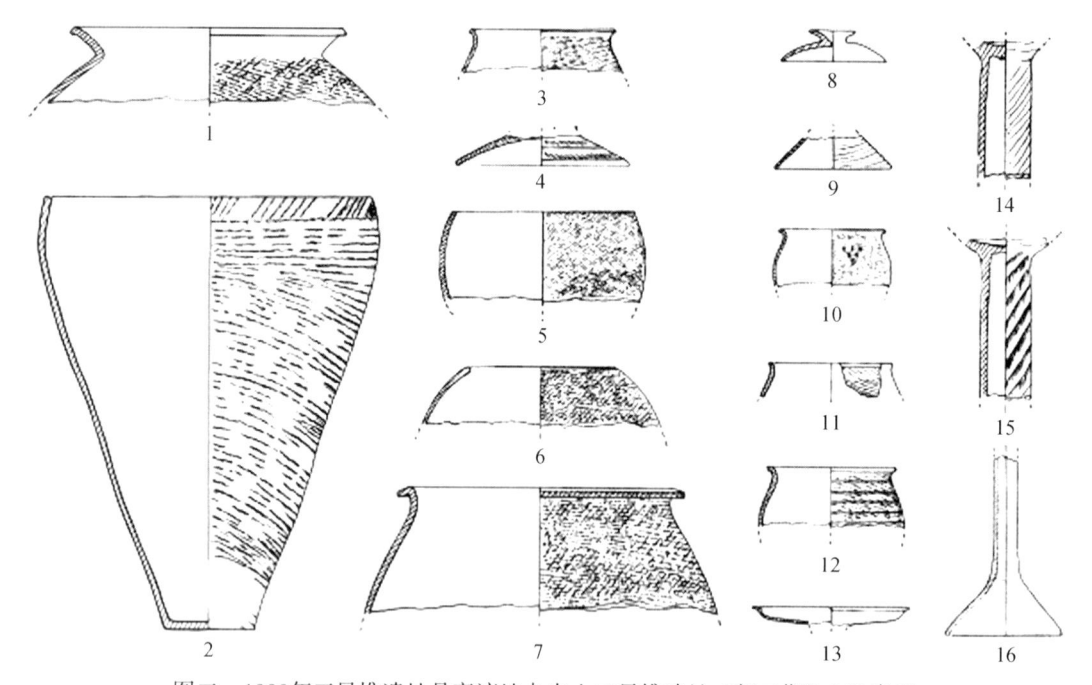

图二　1999年三星堆遗址月亮湾地点出土三星堆遗址"新二期"B组陶器

1. 绳纹侈口罐（99GSZY夯：75）　2. 敛口缸（99GSZYT103⑩：15）　3、11. 绳纹釜形罐（99GSZY夯：96、99GSZYT103⑩：105）　4、8. 器盖（99GSZYT104⑪：279、99GSZYH14：1）　5、6. 敛口瓮（99GSZYT106⑪：42、99GSZYD160：2）　7. 绳纹深腹罐（99GSZY夯：77）　9. 瓦棱纹器盖（99GSZYH30：10）　10、12. 绳纹小平底罐（99GSZYH88：6、99GSZYH88：2）　13、16. 高柄豆（99GSZYT105⑪：52、99GSZYT102⑩：4）　14、15. 瓦棱纹高柄豆（99GSZYT106⑪：61、99GSZYH14：20）

址新石器时代文化遗存与青铜时代文化遗存陶器群的渊源关系，这对于了解三星堆遗址范围内文化遗存的分布状况以及解决遗址的分期和文化发展序列都极具价值[①]。

由于这组新文化遗存陶器群的出现，我们对原有的三星堆遗址的分期进行了必要的调整，将这组新文化遗存视为三星堆遗址的第二期，以前的第二期则变为第三期，第三期变为第四期，第四期变为第五期。为避免分期调整可能引起的混乱与不便，本文暂将其称为三星堆遗址"新二期"文化遗存。

三星堆遗址"新二期"文化遗存与成都市温江区鱼凫村遗址的第三期文化遗存[②]陶器群的文化面貌十分类似，几乎完全相同（图三~图五）。

此外，通过对已发表资料的梳理和比对，我们发现成都平原除三星堆遗址和鱼凫村遗址以外，还有33处遗址（地点）或者属于这一时期，或者发现有这组器物的原生地层或遗迹单位，或者在

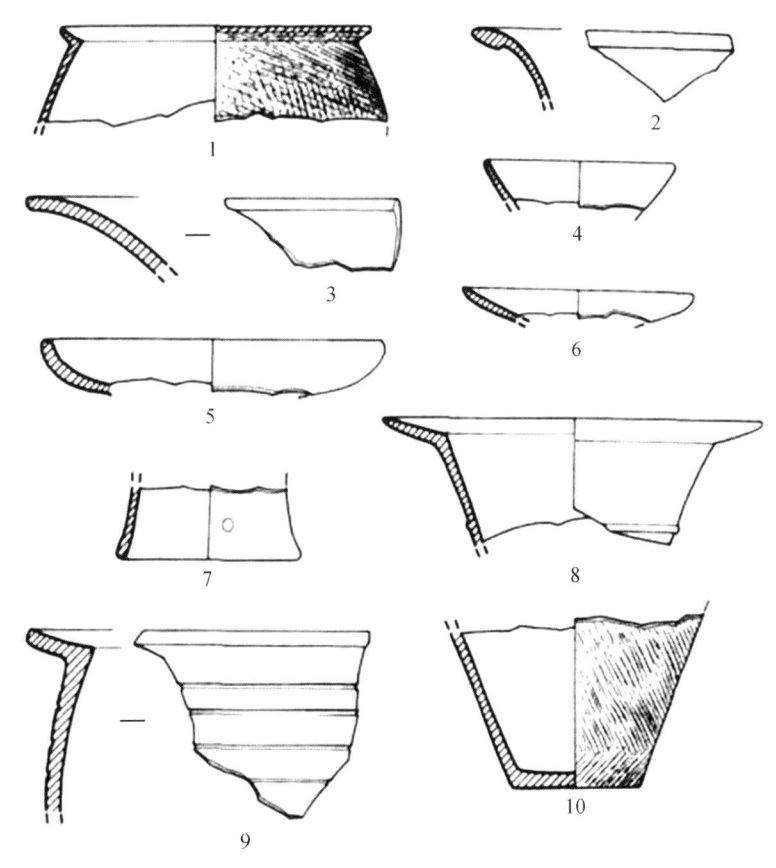

图三　陶器（A组）

1.绳纹花边罐（古城H3∶1）　2、3.喇叭口高领罐（T9⑤∶2、T9④∶3）　4~6.盘（H73②∶100、H73③∶156、H73④∶176）　7.器圈足（H73④∶201）　8.圈足尊（置信金沙园一期H643∶20）　9.宽沿尊（置信金沙园一期H643∶34）　10.器底（H73②∶94）

（未标注地点者，均为鱼凫村遗址所出）

---

① 四川省文物考古研究院、四川大学考古学系、广汉市文管所等：《广汉三星堆——1980~2005年考古发掘报告》（待刊）。

② 成都市文物考古工作队、四川联合大学历史系考古教研室、温江县文管所：《四川省温江县鱼凫村遗址调查与试掘》，《文物》1998年第12期；成都市文物考古研究所：《温江县鱼凫村遗址1999年度发掘》，《成都考古发现》（1999），科学出版社，2001年；李明斌：《再论温江鱼凫村遗址第三期文化遗存的性质》，《华夏考古》2011年第1期。

图四 陶器（B组）

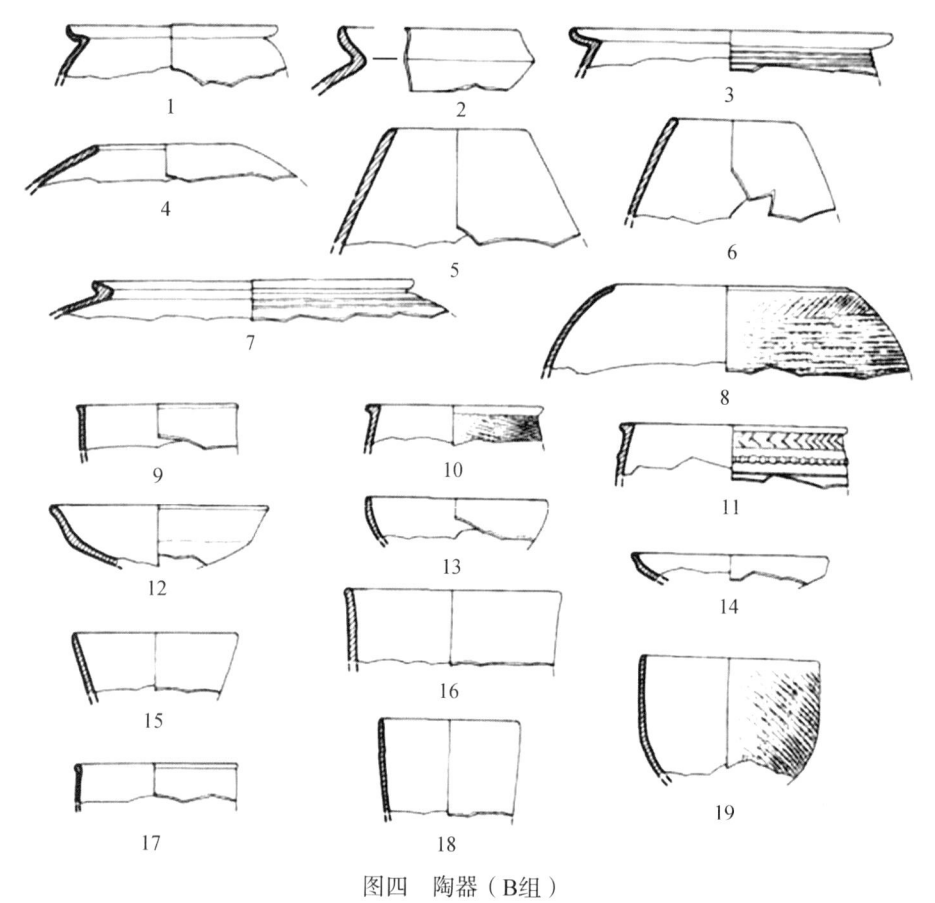

1~3. 曲沿罐（T9⑤：83、T9④：20、古城ⅢT6⑥：13） 4~7. 敛口罐（H73④：193、H73③：123、H73③：122、化成村T1304④：6） 8. 敛口瓮（H73④：180） 9~11. 窄沿罐（T9④：13、H124：1、古城ⅡT1513⑤：7） 12~14. 钵（T9⑤：78、T9④：5、古城ⅢT6⑩：46） 15~17、19. 杯（H73④：198、H73③：127、H73③：125、H73②：72） 18. 缸（ⅡH73④：171）

（未标注地点者，均为鱼凫村遗址所出）

晚期地层中有这组陶器的出现，这33处遗址（地点）分别是：崇州双河古城遗址[①]、新津柳河村遗址[②]、郫县（现成都市郫都区）古城遗址[③]、郫县曹家祠遗址[④]、郫县清江村遗址[⑤]、温江天乡路

[①] 成都市文物考古工作队：《四川崇州市双河史前城址试掘简报》，《考古》2002年第11期。

[②] 成都文物考古研究所、新津县文物管理所：《新津县柳河村先秦遗址发掘简报》，《成都考古发现》（2012），科学出版社，2014年。

[③] 成都市文物考古工作队、郫县博物馆：《四川省郫县古城遗址调查与试掘》，《文物》1999年第1期；成都市文物考古研究所、郫县博物馆：《四川省郫县古城遗址1997年发掘简报》，《文物》2001年第3期；成都市文物考古研究所、郫县博物馆：《四川省郫县古城遗址1998~1999年度发掘收获》，《成都考古发现》（1999），科学出版社，2001年。

[④] 成都文物考古研究所、郫县望丛祠博物馆：《郫县曹家祠遗址先秦文化遗存试掘简报》，《成都考古发现》（2010），科学出版社，2012年。

[⑤] 成都市文物考古研究所、郫县博物馆：《四川省郫县清江村遗址调查发掘收获》，《成都考古发现》（1999），科学出版社，2001年。

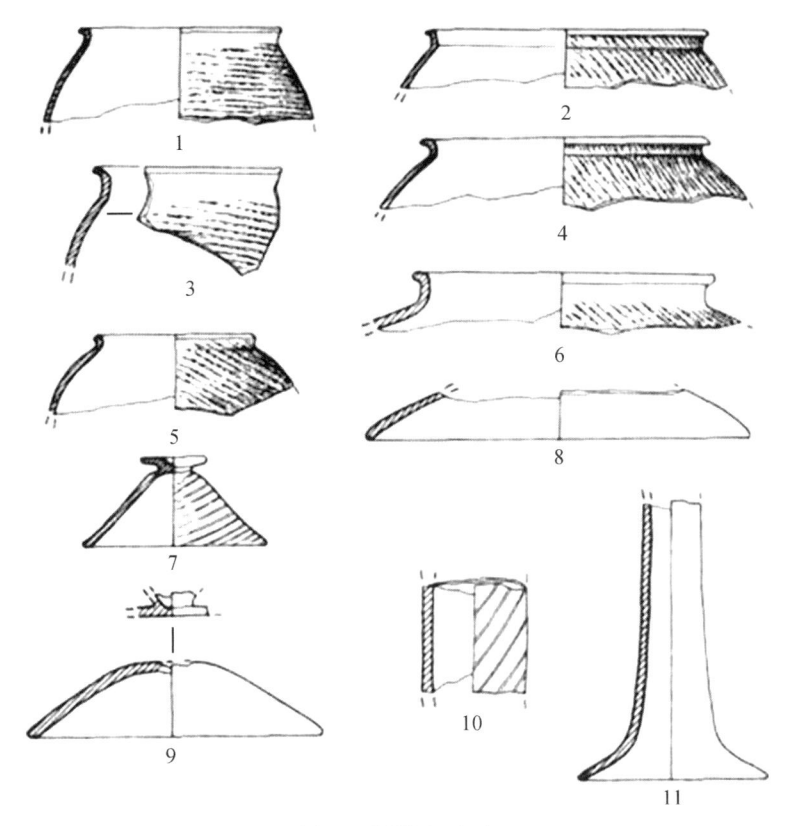

图五　陶器（C组）

1~6. 小平底罐（H73④：172、H73④：173、T9④：23、H73③：151、H73③：150、H73③：153）　7~9. 器盖（H73④：190、古城T3⑫：88、H74④：175）　10、11. 高柄豆（H73③：132、TG4G18：9）

（未标注地点者，均为鱼凫村遗址所出）

遗址[1]、温江范家碾遗址[2]、温江永福村遗址[3]、高新西区航空港遗址[4]、高新西区四川方源中科遗址[5]、高新西区汇利包装厂遗址[6]、高新西区"格威药业一期"遗址[7]、成都十街坊遗址[8]、成都西

---

[1] 成都文物考古研究所、温江区文物保护管理所：《温江天乡路遗址先秦文化遗存试掘简报》，《成都考古发现》（2010），科学出版社，2012年。

[2] 成都文物考古研究所、温江区文物保护管理所：《温江范家碾遗址先秦文化遗存试掘简报》，《成都考古发现》（2010），科学出版社，2012年。

[3] 成都文物考古研究所、温江区文物保护管理所：《温江永福村三组遗址先秦时期文化遗存试掘简报》，《成都考古发现》（2010），科学出版社，2012年。

[4] 成都市文物考古研究所、郫县文物管理所：《成都市高新西区航空港古遗址发掘简报》，《成都考古发现》（2003），科学出版社，2005年。

[5] 成都文物考古研究所：《成都高新西区四川方源中科地点古遗址发掘简报》，《成都考古发现》（2004），科学出版社，2006年。

[6] 成都文物考古研究所：《成都高新西区汇利包装厂古遗址发掘简报》，《成都考古发现》（2009），科学出版社，2011年。

[7] 成都市文物考古研究所：《成都市高新西区"格威药业一期"新石器遗址发掘简报》，《成都考古发现》（2003），科学出版社，2005年。

[8] 朱章义：《成都市南郊十街坊遗址年度发掘纪要》，《成都考古发现》（1999），科学出版社，2001年。

郊化成村遗址[1]、金沙遗址郎家村"精品房"地点[2]、金沙遗址干道黄忠A线地点[3]、金沙遗址强毅汽车贸易有限公司地点[4]、金沙遗址春雨花间地点[5]、金沙遗址置信金沙园一期地点[6]、中海国际社区遗址[7]、电子科技大学清水河校区实验楼遗址[8]、新都大江村遗址[9]、新都太平村遗址[10]、新都高桥村遗址[11]、新都团结村遗址[12]、新都朱王村遗址[13]、新都正因小区遗址[14]、新都桂林遗址[15]、青白江三星村遗址[16]、彭州天彭周家院子遗址[17]、什邡桂圆桥遗址[18]、什邡星星村遗址[19]和绵竹鲁安遗址[20]。

---

[1] 刘雨茂、荣远大：《成都市西郊化成村遗址1999年度发掘报告》，《成都考古发现》（1999），科学出版社，2001年。

[2] 成都文物考古研究所：《成都市金沙遗址郎家村"精品房"地点发掘简报》，《成都考古发现》（2004），科学出版社，2006年。

[3] 成都市文物考古研究所：《2001年金沙遗址干道黄忠A线地点发掘简报》，《成都考古发现》（2003），科学出版社，2005年。

[4] 成都文物考古研究所：《金沙遗址强毅汽车贸易有限公司地点发掘简报》，《成都考古发现》（2007），科学出版社，2009年。

[5] 成都文物考古研究所：《成都市金沙遗址"春雨花间"地点发掘简报》，《成都考古发现》（2004），科学出版社，2006年。

[6] 成都市文物考古研究所：《成都金沙遗址"置信金沙园一期"地点发掘简报》，《成都考古发现》（2002），科学出版社，2004年。

[7] 成都文物考古研究所：《成都市中海国际社区古遗址发掘简报》，《成都考古发现》（2005），科学出版社，2007年。

[8] 成都文物考古研究所：《成都电子科技大学清水河校区实验楼地点古遗址发掘简报》，《成都考古发现》（2006），科学出版社，2008年。

[9] 成都文物考古研究所、新都区文物管理所、北京联合大学：《成都市新都区大江村遗址勘探试掘简报》，《成都考古发现》（2011），科学出版社，2013年。

[10] 成都文物考古研究所、新都区文物管理所：《成都市新都区新繁镇太平村遗址发掘简报》，《成都考古发现》（2010），科学出版社，2012年。

[11] 成都文物考古研究所、新都区文物管理所：《成都市新都区高桥村遗址试掘简报》，《成都考古发现》（2012），科学出版社，2014年。

[12] 成都文物考古研究所：《成都市新都区团结村商周遗址发掘简报》，《成都考古发现》（2012），科学出版社，2014年。

[13] 成都文物考古研究所、新都区文物管理所：《成都市新都区朱王村遗址发掘报告》，《成都考古发现》（2011），科学出版社，2013年。

[14] 成都市文物考古研究所、新都区文物管理所：《成都市新都区正因小区工地考古勘探发掘收获》，《成都考古发现》（2003），科学出版社，2005年。

[15] 成都市文物考古工作队、新都县文物管理所：《四川新都县桂林乡商代遗址发掘简报》，《文物》1997年第3期。

[16] 成都文物考古研究所、青白江区文物保护管理所：《成都市青白江区三星村遗址试掘简报》，《成都考古发现》（2004），科学出版社，2006年。

[17] 成都文物考古研究所、彭州市文物保护管理所：《四川彭州天彭周家院子遗址发掘简报》，《文物》2016年第3期。

[18] 属于这个时期的发掘资料尚在整理。

[19] 发掘资料整理中。

[20] 发掘资料整理中。

根据最新发表的考古报告，四川省文物考古研究院和四川大学考古学系2012年在对武胜苏家坝遗址进行的联合发掘中，也发现了与三星堆遗址"新二期"文化遗存类似的陶器群（图六）。武胜位于四川盆地东部，地处嘉陵江中游，这是三星堆遗址"新二期"文化遗存在成都平原以外区域的首次发现[①]。

如何看待以这组陶器为代表的考古学文化遗存，从已发表的研究文章来看，学界目前主要有三种看法：

（1）属于"宝墩文化"第四期，亦即"宝墩文化"的最后阶段[②]。

（2）属于"宝墩文化"的最后阶段，但其文化面貌又有着强烈的特殊性，是"宝墩文化"向"三星堆文化"发展的一个过渡类型[③]。

（3）既不属于"宝墩文化"，也不属于"三星堆文化"，而是一个独立存在的考古学文化——"鱼凫村第三期文化"或"鱼凫村文化"[④]。

笔者认为，尽管这组遗存中的A组陶器是"三星堆一期——宝墩文化"晚段的常见器物，但新出现的B组陶器已明显属于三星堆文化的范畴，因此再将这组遗存归入"三星堆一期——宝墩文化"显然是不合适的；同时，鉴于A组陶器比例较高，B组陶器尚未占据主导地位，因此将其纳入

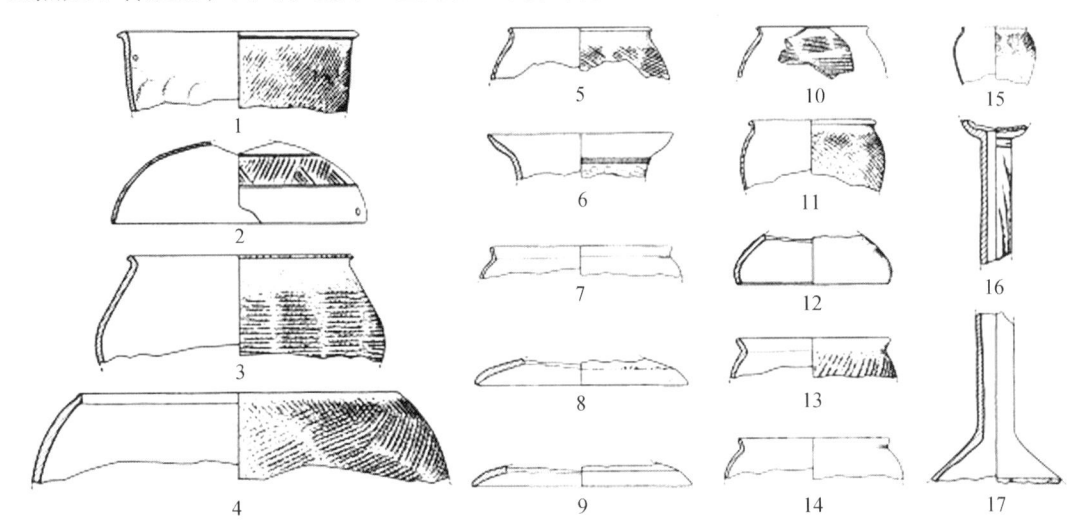

图六　2012年武胜苏家坝遗址出土三星堆遗址"新二期"陶器

1.筒腹器（G3：2）　2、8、9、12.器盖（G3：6、G8：1、G8：2、T1210③：5）　3、5、10、11、15.深腹罐（T1302④：3、T1203③：9、T1305③：9、T1302③：1、G3：7）　4.瓮（T1208④：23）　6.盘口罐（T1204④：1）　7、13、14.折沿罐（H38：1、G3：4、H38：2）　16.器柄（T1305③：14）　17.灯形器（H16：16）

[①] 四川省文物考古研究院、四川大学考古学系、广安市文管所等：《四川武胜苏家坝遗址发掘报告》，《考古学报》2019年第2期。

[②] 成都市文物考古研究所、四川大学历史系考古教研室、早稻田大学长江流域文化研究所：《宝墩遗址——新津宝墩遗址发掘与研究》，日本有限会社阿普（ARP），2000年，第107、113页；王毅、蒋成：《成都平原早期城址的发现与初步研究》，《稻作、陶器和都市的起源》，文物出版社，2000年，第74、79页。

[③] 李明斌：《试论鱼凫村遗址第三期遗存》，《考古与文物》2001年第1期。

[④] 宋治民、黄剑华：《试论四川温江鱼凫村遗址、新津宝墩遗址和郫县古城遗址》，《四川文物》2000年第2期；宋治民：《蜀文化研究之反思——为纪念三星堆祭祀坑发现二十周年而作》，《四川文物》2006年第4期；李明斌：《再论温江鱼凫村遗址第三期文化遗存的性质》，《华夏考古》2011年第1期。

三星堆文化系列似乎也不恰当；考虑到以这组器物为代表的考古学文化遗存上承新石器时代，下启青铜时代，有着极其重要和特殊的地位，又在成都平原有着广泛的分布，在四川盆地东部嘉陵江中游地区也开始有所发现，因此将其单列出来，命名为一支新的考古学文化是适宜的，也是必要的。鉴于它们在三星堆遗址和鱼凫村遗址都有着丰富的遗存和集中的发现，其后继者又为举世闻名的三星堆文化，因此笔者建议将以这组器物为代表的考古学文化遗存统一命名为"三星堆二期——鱼凫文化"。

三星堆遗址出土石器历时性变化与制作工艺初论

徐诗雨

(北京大学考古文博学院)

回顾以往研究，有关三星堆遗址出土石器的探讨并不多见，在依据形态对石器做基础的型式划分外，相关讨论主要集中于石璧这一类器物上，重点关注其性质和用途。如针对石璧在三星堆等遗址出土时呈从大到小依次排列的现象，最初研究"广汉文化"玉石器的学者指出石璧可能是祭器[1]。而后其他学者又提出四川出土的石璧与叶玻岛（Yap）巨大的石璧状货币相同，或许是一种货币[2]。也有人推断石璧可能与后代的衡权有关[3]。陈显丹据《周礼·春官·大宗伯》中"苍璧礼天"的记载，提出"在非常重视礼仪和祭祀成风的商周社会，社会经济文化高度发展的古蜀国将璧作为一种礼器是置信无疑的"[4]。此外，还有学者通过对三星堆真武仓包包、金沙、盐亭出土石璧做音乐声学测量分析，指出石璧具有良好的音乐声学性能，认为它们是用于祭祀礼仪的敲击乐器[5]。相对而言，针对三星堆石器制作工艺的讨论较罕见，目前仅见陈显丹介绍过三星堆石器加工过程中运用到的工艺[6]，但也不涉及石器具体的加工步骤。

一、三星堆遗址石器概况

自1929年首次发现以来，三星堆遗址已开展30余次考古发掘，其中石器出土较普遍，大多见于

---

[1] 戴谦和：《四川古代石器》，《华西边疆研究学会杂志》1934年第4期。
[2] 郑德坤：《四川古代文化史》，巴蜀书社，2004年，第45~62页；郑德坤：《广汉文化》，《三星堆研究》（第一辑），天地出版社，2006年，第104~112页。
[3] 张勋燎：《古璧和春秋战国以前的衡权（砝码）》，《四川大学学报》（哲学社会科学版）1979年第1期；冯汉骥、童恩正：《记广汉出土的玉石器》，《文物》1979年第2期。
[4] 陈显丹：《三星堆文化玉石器研究》，《四川文物》1992年第S1期。
[5] 幸晓峰、王其书：《三星堆、金沙、盐亭遗址出土玉石璧音乐声学性能的初步研究》，《音乐探索》2006年第2期；幸晓峰、沈博、王其书等：《三星堆出土成组石璧的复原调音实验研究》，《音乐探索》2012年第3期。
[6] 陈显丹：《三星堆文化玉石器研究》，《四川文物》1992年第S1期。

地层和灰坑中。截至目前，三星堆遗址经发掘、调查获得石器共1403件[①]，主要包括石璧、石斧、石锛、石璋、石琮、石矛、砺石、石凿、石跪坐人像等，其中石璧类石器数量最多，约占石器总数的44%，石斧、石锛次之，分别占9.8%和8.4%（图一、图二）。

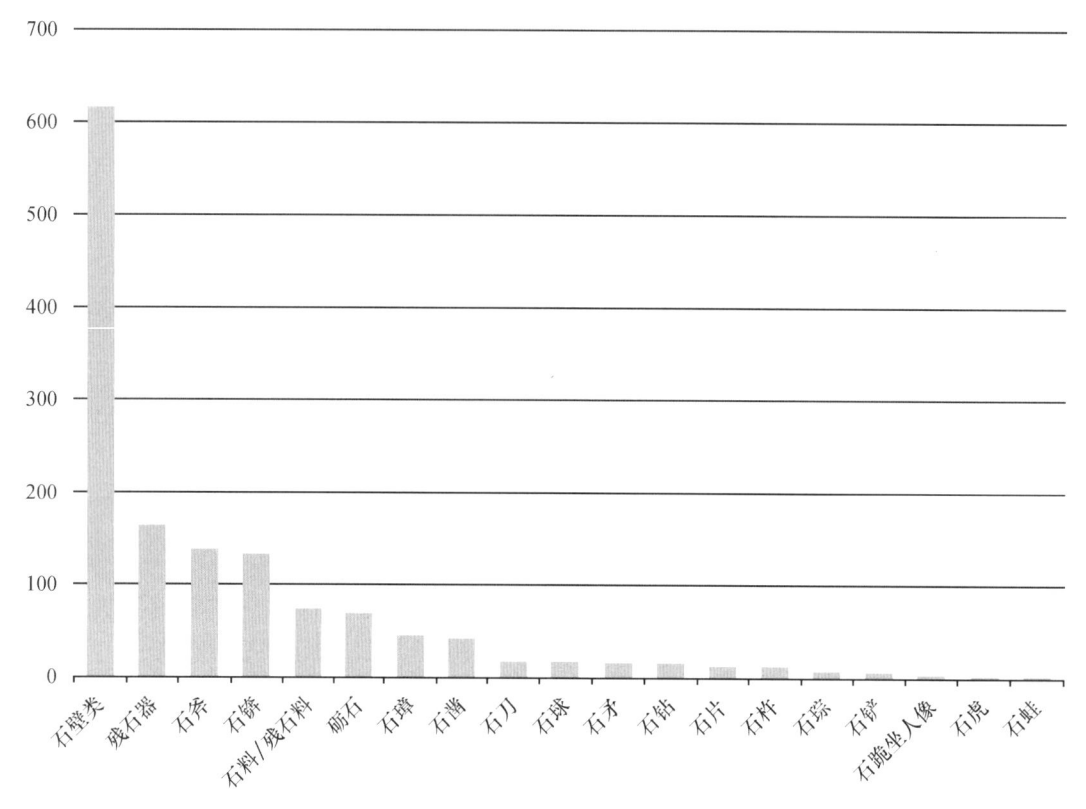

图一 三星堆遗址出土石器数量统计

以功能为标准，可基本将石器划分为实用器和非实用器两类，前者以石斧和石锛为代表，后者以石璧类石器为代表。从生产加工的角度看，石璧类石器又可进一步粗分为成品、半成品、残次品和副产品，石斧和石锛中也有少量半成品和废品。其余类别的石器多为成品，砺石、石钻及部分石球可能是加工工具。

目前还不清楚三星堆遗址出土石器在选料方面有何特点，不过据肉眼观察，石璧、石矛、石璋大部分以一种灰黑色、可见片状层理或颗粒感较强的岩石为材料，结合过去对三星堆一、二号祭祀坑出土石器的岩性鉴定结果[②]，推断主要是板岩和砂岩。同时，石琮、石人、石虎等石器的质料也表现出较强的一致性，基本都使用一种容易产生红色锈蚀物、但磨面光滑细腻的灰白石料，可能

---

① 石器实际数量不止1403件。1929年，真武村农民燕道诚发现的玉石器坑内据传有三四百件玉石器，但大多流失，仅存少数，现分藏于四川博物院和四川大学博物馆。1964年春，当地农民在距原发现玉石器的地点50～60米处掘坑积肥时，又发现一坑玉石器，其中有成品、半成品和石坯300余件，但此次玉石器出土的有关材料未见公布，仅知广汉县文化馆敖天照先生收回部分标本，现存广汉市文物管理所。

② 四川省文物考古研究所编：《三星堆祭祀坑》，文物出版社，1999年，第455～463页。

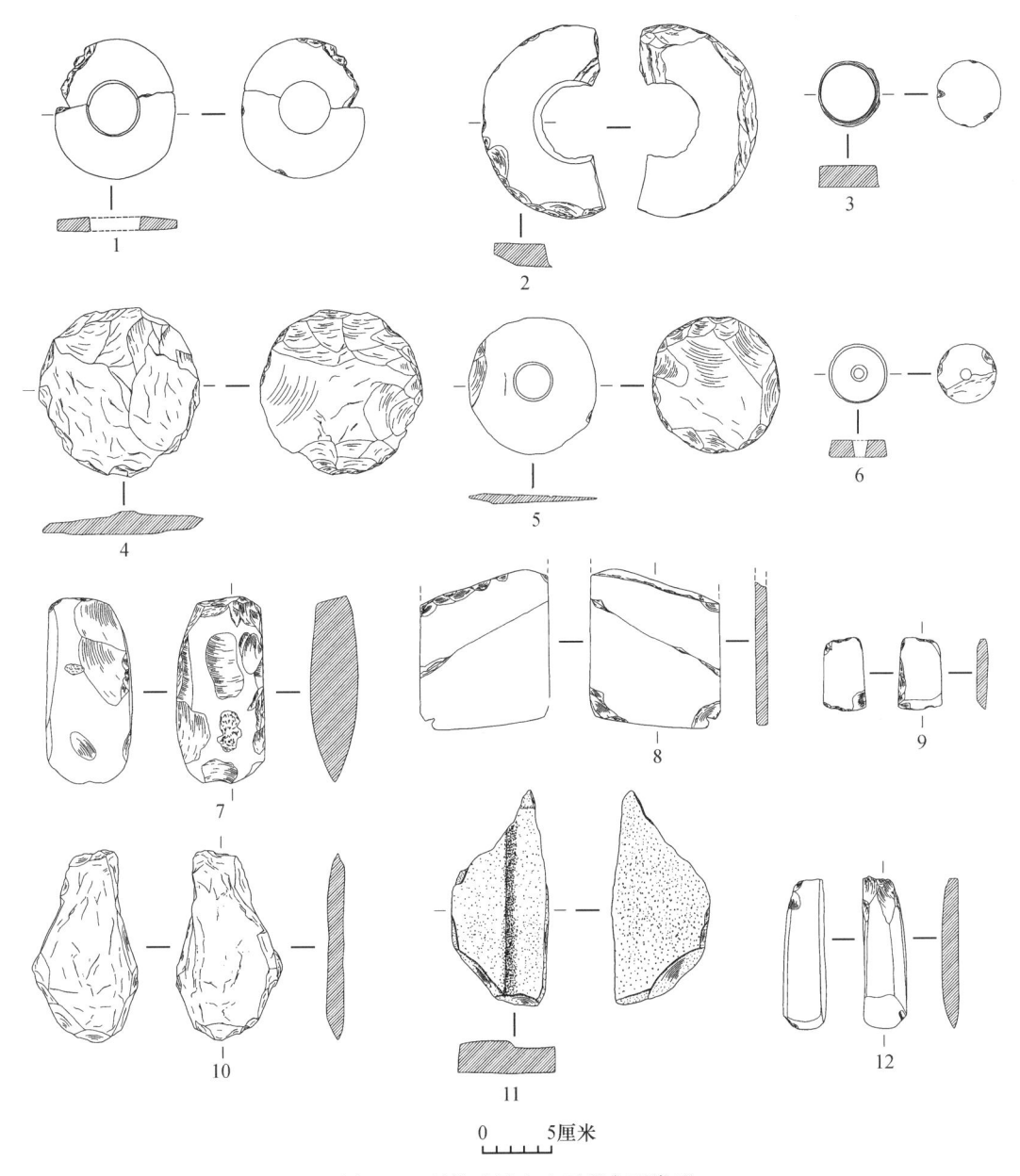

图二　三星堆遗址出土石器主要类型

1、2. 石璧（2012GSTgT6077②下：8、84GZXDbT1①：94）　3、6. 石璧芯（84GST004③：43、99GSZYT111⑱：21）
4、5. 石璧坯（86GSⅢT1415⑧A：584、99GSZYT112⑯：106）　7. 石斧（86GSⅡT12②：37）　8. 石璋（86GSⅢH36②：171）
9. 石锛（80GSDaT3③：95）　10. 石料（84GST103③：28）　11. 砺石（84GZXDbT1③：90）　12. 石凿（80GSAaT4①：195）

是蛇纹石化超基性岩[①]。石斧、石锛、石凿大多呈深灰色，颜色深浅不一且部分表现出明显层理结构，推测石料来源可能不同。砺石多为黄色或灰黄色，可能为粉砂或石英砂岩。

---

① 四川省文物考古研究所编：《三星堆祭祀坑》，文物出版社，1999年，第455～463页；王方：《对成都金沙遗址出土石雕作品的几点认识》，《考古与文物》2004年第3期；杨永富、李奎、常嗣和等：《金沙遗址玉器、石器材料研究鉴定》，《金沙遗址考古资料集（三）》，科学出版社，2016年，第78页。

二、石器构成的历时性变化

三星堆遗址延续时间相当长，保存有自三星堆遗址一期至四期，相当于从宝墩文化、三星堆文化至十二桥文化的完整序列[①]。长期以来，我们对三星堆遗址石器的认识都基于发掘报告和综论性文章中以器类为基础的介绍，对于三星堆遗址各阶段不同石器的分布情况，即石器构成情况的历时性变化并不清楚。得益于近年来工作的开展，本文将以三星堆遗址分期体系为轴，对遗址内出土、具有明确年代信息的石器[②]做进一步观察。

三星堆一期时，遗址内石器数量还很少，仅发现24件石器[③]，主要出土于三星堆和月亮湾的早期地层和灰坑中，主要是石斧和石锛，分别占一期石器总数的21%和42%（图三，1）。比较特殊的是仁胜村墓地，其中6座墓葬出土有41件黑曜石珠，从石珠在墓葬中的位置看来，它们可能是墓主的饰品[④]。

进入三星堆二期，石器种类和数量明显增多，这一阶段共发现石器143件，散见于地层和城墙堆积中。石璧、石琮和石矛三类非实用器自这一期开始出现，其中石璧类石器还可细分为璧芯、石璧坯和残石璧三种。与一期相比，二期最大的特点在于石璧类石器一跃成为出土数量最多的石器，占该期石器总数的34%，石斧和石锛仅占11%和13%（图三，2）。

三星堆三期，石器种类和数量显著增多，灰坑、房址、地层等各类堆积单位中均有发现，共发现石器634件。在二期基础上，三期又新增石虎、石跪坐人像、石璋、石蛙等非实用器，但所见数量不多。同时，石璧类石器数量继续增长，这一阶段石璧类石器已经占到石器总量的51%，石斧和石锛的相对比例与二期差异不大，各占12%（图三，3）。

三星堆四期，石器数量减少，共发现420件。除不见石虎、石蛇、石蛙等石器外，四期石器种类和各类石器在数量上的分布结构与上一阶段差异不大，石璧类石器仍然占这一期石器总量的一半左右，石斧和石锛次之，各占9.12%和6.69%（图三，4）。

[①] 孙华：《成都平原的先秦文化》，《苏秉琦与当代中国考古学》，科学出版社，2001年，第470~494页；中国社会科学院考古研究所：《中国考古学中碳十四年代数据集（1965—1981）》，文物出版社，1983年，第110~112页；中国社会科学院考古研究所实验室：《放射性碳素测定年代报告（一〇）》，《考古》1983年第7期；中国社会科学院考古研究所实验室：《放射性碳素测定年代报告（一八）》，《考古》1991年第7期；中国社会科学院考古研究所实验室：《放射性碳素测定年代报告（一九）》，《考古》1992年第7期；中国社会科学院考古研究所实验室：《放射性碳素测定年代报告（二〇）》，《考古》1993年第7期；中国社会科学院考古研究所考古科技实验研究中心碳十四实验室：《放射性碳素测定年代报告（三三）》，《考古》2007年第7期；四川省文物考古研究院：《广汉三星堆——1980~2005年考古发掘报告》，待出版。

[②] 具有明确年代信息的石器共1221件。

[③] 三星堆一期的石器统计不包括仁胜村墓地出土的41件黑曜石珠，它们目前只见于仁胜村墓地，在三星堆其他一期遗存中不见，代表性不强。

[④] 四川省文物考古研究所三星堆遗址工作站：《四川广汉市三星堆遗址仁胜村土坑墓》，《考古》2004年第10期。

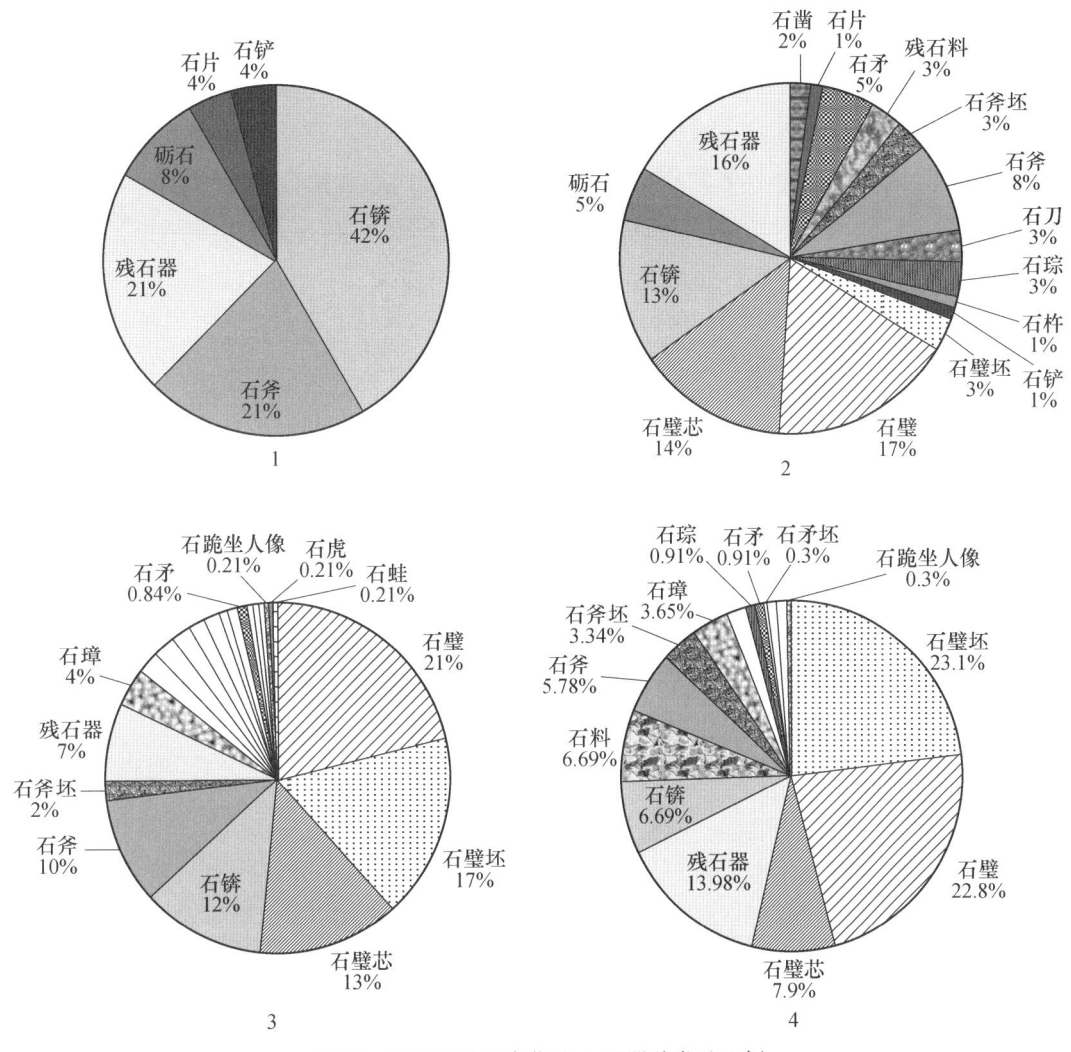

图三 三星堆遗址各期出土石器种类及比例
1. 第一期 2. 第二期 3. 第三期 4. 第四期

可以发现，三星堆一期与二、三、四期的石器在类别上判然有别，石璧等非实用器在二期后成为遗址内最主要的石器。也是在进入二期后，三星堆遗址进入三星堆文化阶段，城内遗迹显著增多，城内结构发生较大变化，新建月亮湾小城和仓包包小城等，这一时期石器构成情况的变动是否与三星堆聚落的发展变迁存在关联，以及背后是否反映了三星堆社会的变化有待进一步讨论。

三、制作工艺与加工步骤

在三星堆遗址历年发掘的堆积单位中，发现有大量石璧类石器的半成品、残次品和副产品，以及部分石斧和石锛的半成品和废品。通过对这些"中间产品"以及成品上保留的加工痕迹进行观察，可基本总结出三星堆主要石器类型的加工步骤。文中微痕分析采用基恩士（Keyence）VHX1000三维超景深体视显微镜，观察倍数为20～200倍。

1. 石璧

三星堆内的石璧类石器可分为残石璧、石璧坯和石璧芯三类（图二，1~6）。其中残石璧大多呈扇形或半圆形，大约为完整石璧的1/3到1/2不等，正面、底面和侧边均经过磨制，其上可见内孔单面管钻的痕迹。从残余部分较多可复原整器的残石璧看来，大多石璧的直径在7~17厘米。石璧坯体量差异较大，最大者直径可达70余厘米，最小者直径5厘米，不过多数石璧坯的直径在8~14厘米左右。石璧坯大多一面较平，一面弧拱或不平整，弧拱面大多为打击破裂面，可能保留有部分石皮，而平面则可能经过磨制，或本身为较平的自然石面。石璧坯可进一步细分为两类，一类为初步打制成形的圆饼，未经磨制或只磨制了较平的一面；另一类璧面上可见管钻旋痕，但还未完全钻透的石饼，管钻均施于较平的璧面，这类坯料基本已完成初步磨制的工作，坯料边缘和钻孔的璧面大多已经过磨制，另一面的中心位置可能也经过了磨制。石璧芯尺寸各异，直径2~6厘米不等，大部分集中于4厘米左右。璧芯均磨制较好，系单面管钻获得，璧芯周缘可见管钻形成的旋痕。同时，部分璧芯中部又施以单面管钻、双面管钻或凿钻做进一步钻孔。

通过对上述三类石璧"中间产品"的观察，可以基本复原石璧的加工流程，简单总结如下：

（1）制坯。通过敲击从母岩或砾石上剥离片状石料，作为下一步加工的素材。在某种程度上，通过敲击将石料打制成一个理想形状完全依赖于操作者对力量的控制能力。生产过程中通常会出现许多不规则的片状和块状废料，以及初步成形的石璧坯。从石璧坯多数一面弧拱、一面较平的情况看来，在打击过程中，通常是从一相对较平整的石面向另一面进行打击，这一相对平整的面虽然也会见到少量片疤，但多集中在璧面边缘，不似另一面片疤可能覆盖大部分璧面（图四）。

（2）打磨。毛坯制成后，下一步就是打磨毛坯表面，修整轮廓。从存在的不少一面磨平但侧缘仍然毛糙的石璧坯可见，制作者通常将石璧坯相对较平的那一面打磨平整（图五），然后再磨制轮廓，使其成为相对规整的圆形。需要说明的是，在磨制侧缘的过程中，制作者会根据侧缘的弧度有选择地进行磨制，如若打制的侧缘较薄锐，可能还出现有一定凹缺时，这部分可能会选择保留不磨，或磨制工序反而容易使石璧形状进一步"走样"，出现如侧缘明显内凹等相关问题（图六）。同时，从璧面有旋痕的石璧坯看来，部分石璧坯在打磨过程中，除了会打磨本身就较为平整的坯面外，也会局部打磨相对弧拱或不平整的那一侧坯面，但磨制范围基本限于坯面接近中心的区域

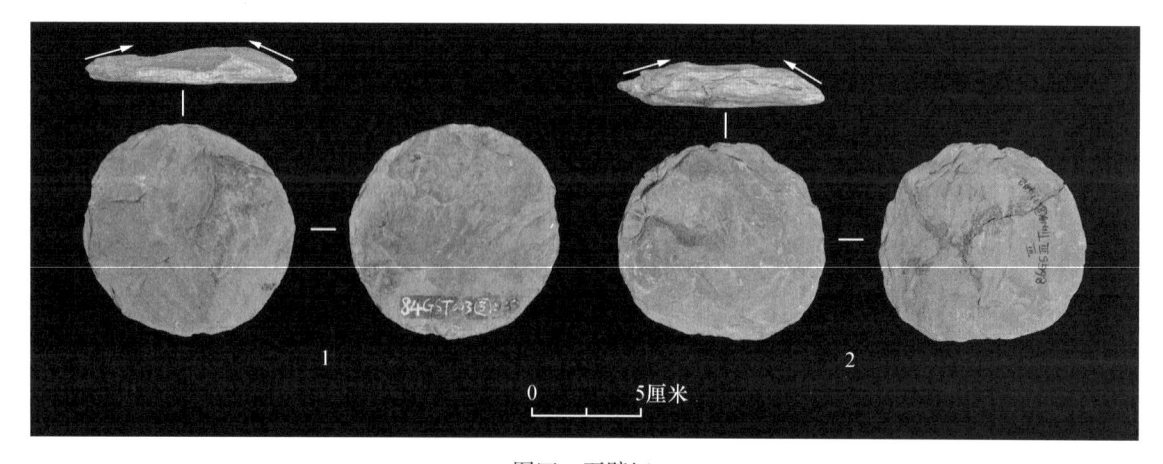

图四　石璧坯

1. 84GST003③：133　2. 86GSⅢT1414⑧A：442

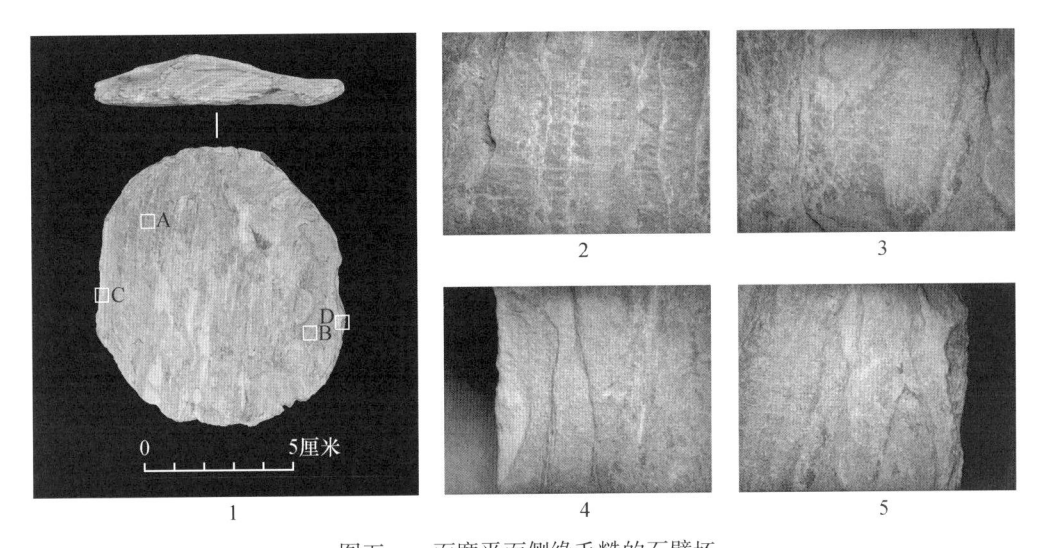

图五　一面磨平而侧缘毛糙的石璧坯
1. 86GSⅢT1416⑨：45　2. 磨面与擦痕（A处，20倍）　3. 磨面与擦痕（B处，20倍）　4. 侧缘片疤（C处，20倍）
5. 侧缘片疤（D处，20倍）

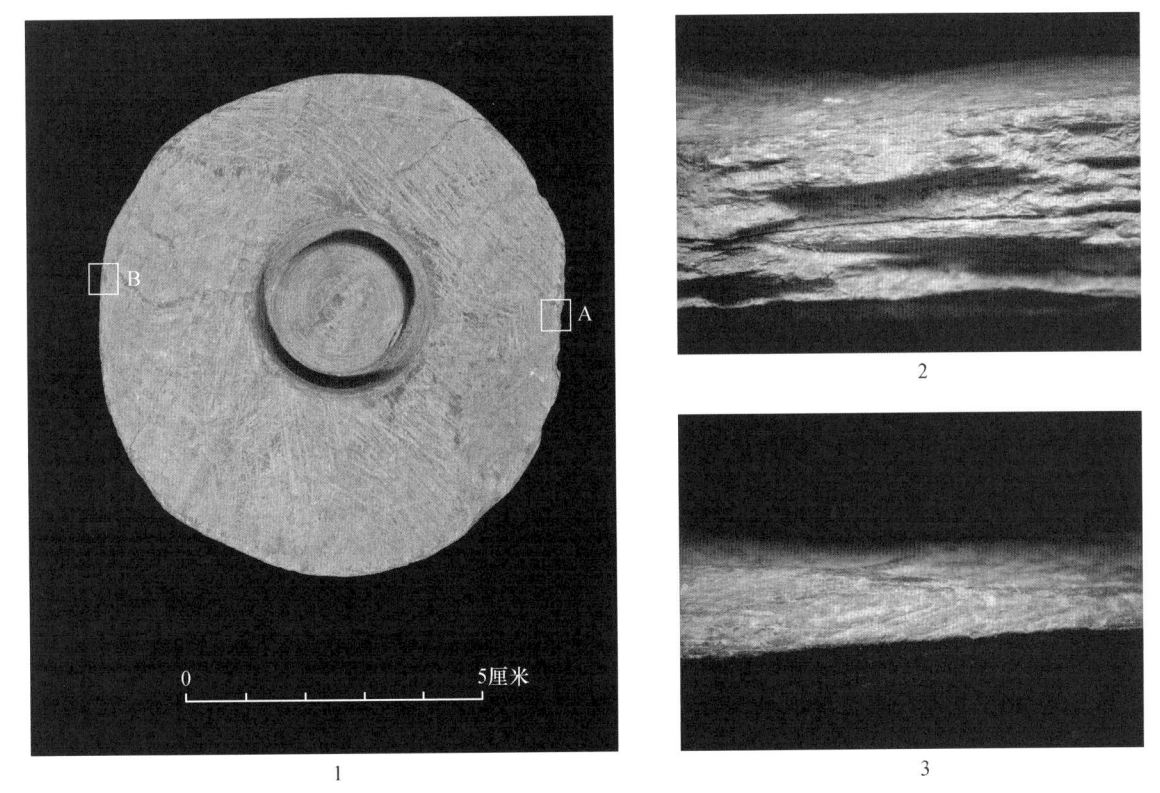

图六　石璧坯边缘磨制示意图
1. 99GSZYT110⑲：13　2. 壁缘片疤（A处，20倍）　3. 壁缘擦痕（B处，20倍）

（图七）。

（3）钻孔。从残留有管钻旋痕的石璧坯看来，基本在打磨工序完成后，在石璧坯整体更平整的那面施行钻孔（图八）。钻孔采用单面管钻，璧芯外壁螺旋纹痕迹的存在可作为佐证（图九）。另外，从石璧坯内孔和石璧内孔底部残留断茬的现象看来（图一〇、图一一），存在还未钻透即从另一面敲下璧芯的情况。

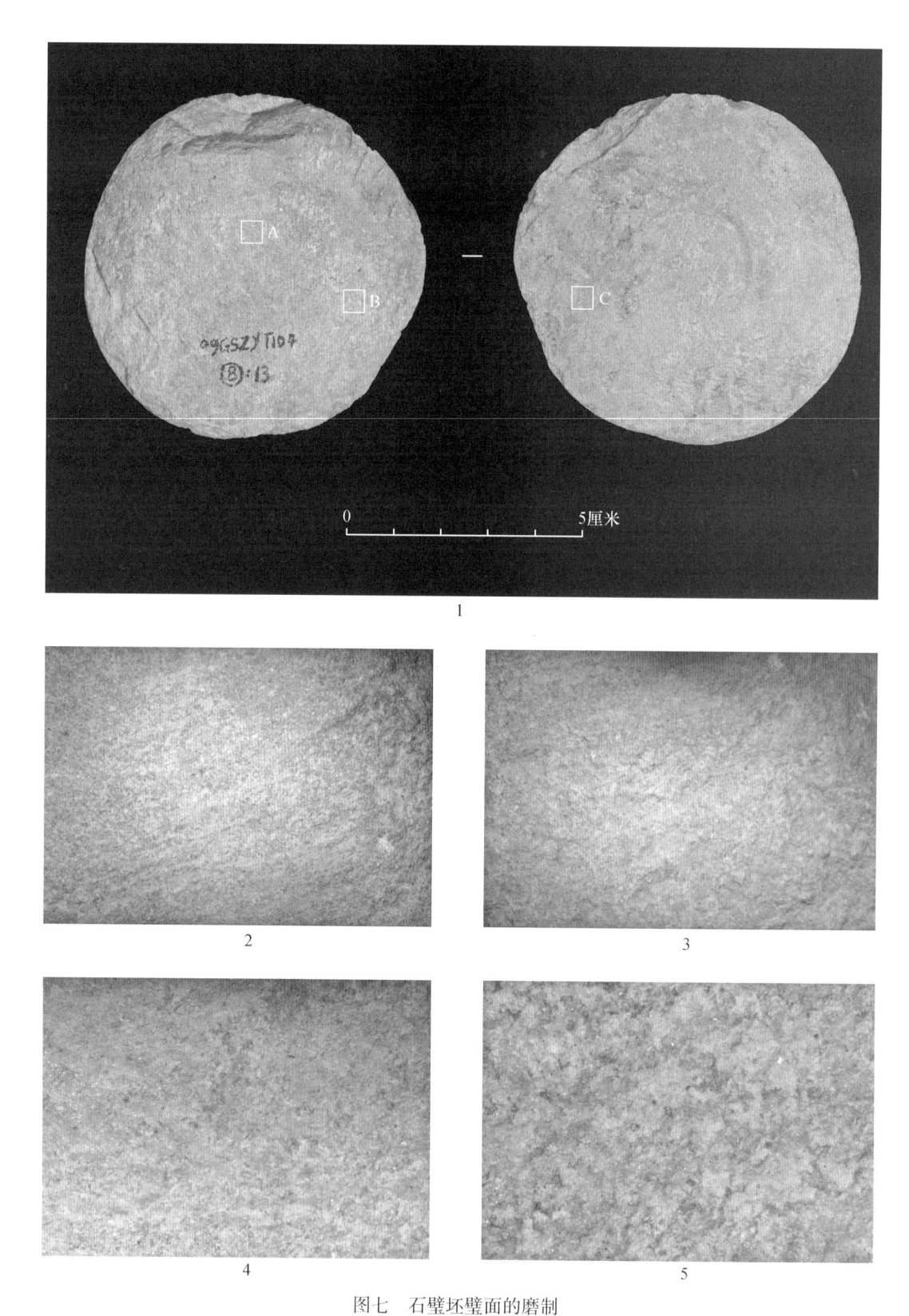

80　"茂县营盘山遗址与古蜀之源"学术研讨会论文集

图七　石璧坯壁面的磨制
1. 99GSZYT104⑧：13　2. 磨面与擦痕（A处，20倍）　3. 琢打痕（B处，20倍）　4. 擦痕与光泽（C处，50倍）
5. 擦痕与光泽（C处，200倍）

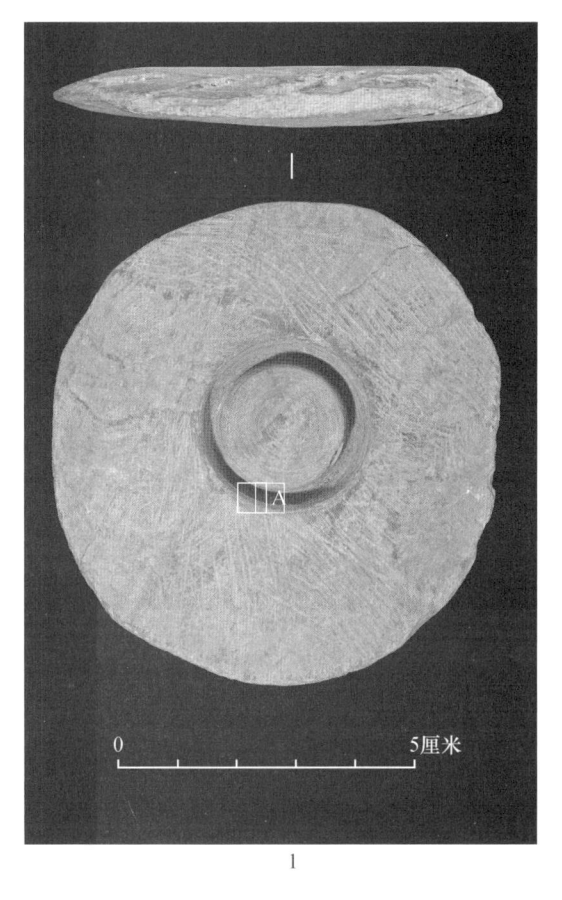

图八 石璧坯钻孔
1. 99GSZYT110⑲：13 2. 钻痕（A处，20倍）

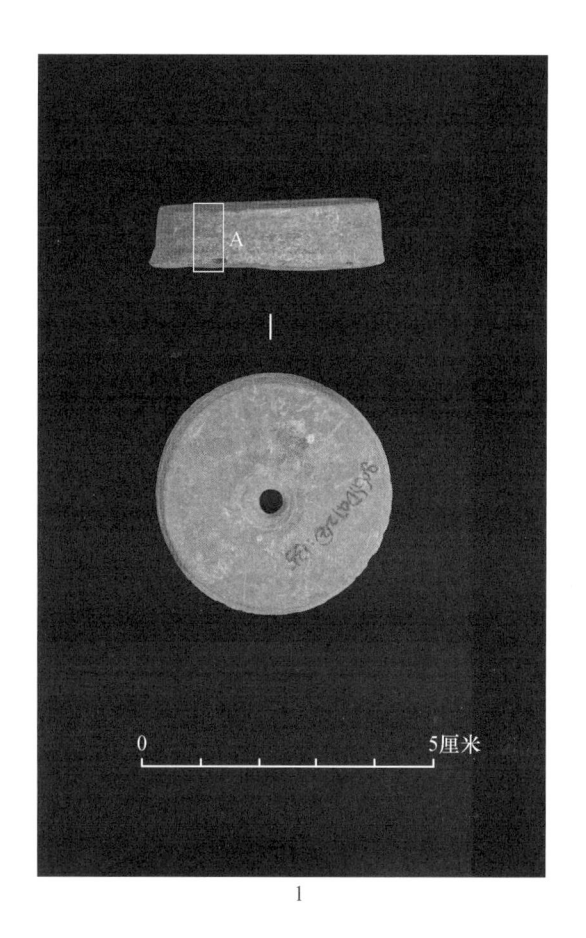

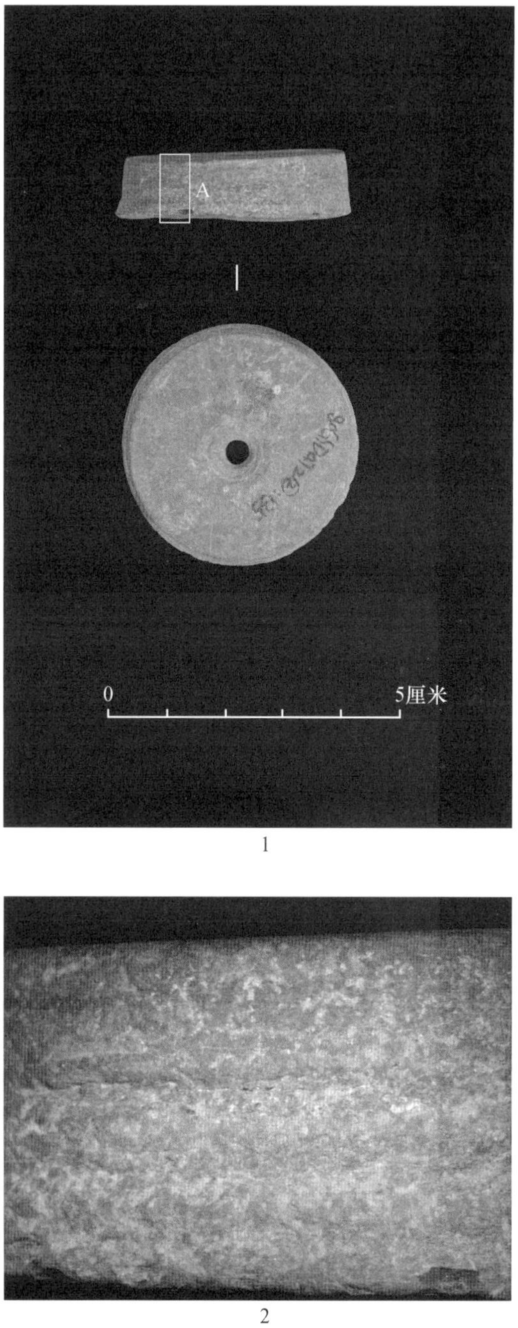

图九 璧芯外壁旋痕
1. 99GSZYT110⑲：10 2. 璧芯钻痕（A处，20倍）

2. 石斧

石斧间形态差异较大，正立面可分为梯形和正方形，横截面分为长方形、梯形和扁圆形，刃部分为平直刃、正弧刃和斜弧刃。这些区别没有固定搭配，较难依据形态做系统分类。总体看来，石斧的刃宽一般要稍大于顶宽，整体接近梯形。多数石斧横截面为两面微弧、两侧较直的长方形，只有少数小型石斧的横截面呈扁圆形。其中，最大的石斧长19、宽11.7、厚2.7厘米，最小的石斧不过5厘米，多数石斧的长度在8～12厘米。以砾石为素材，根据"中间产品"和成品表面残留的加工

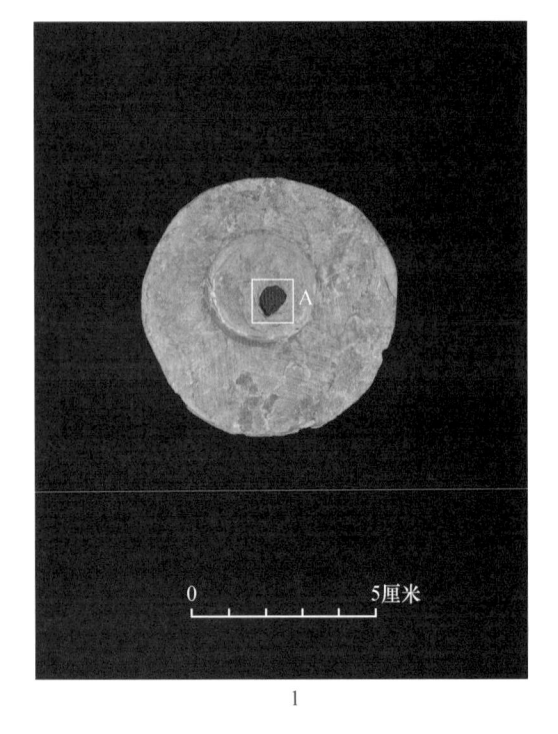

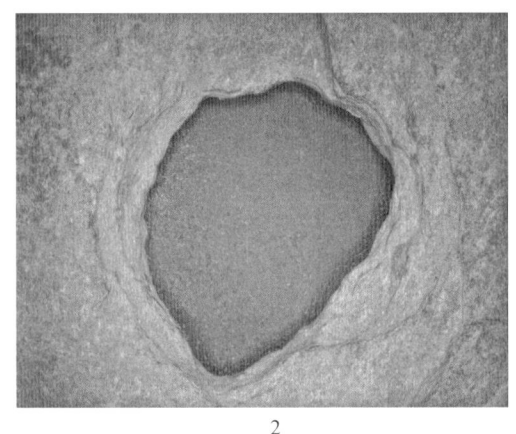

图一〇　石璧坯凿孔
1. 80GSDaT2②：135　2. 石璧坯内孔凿痕（A处，20倍）

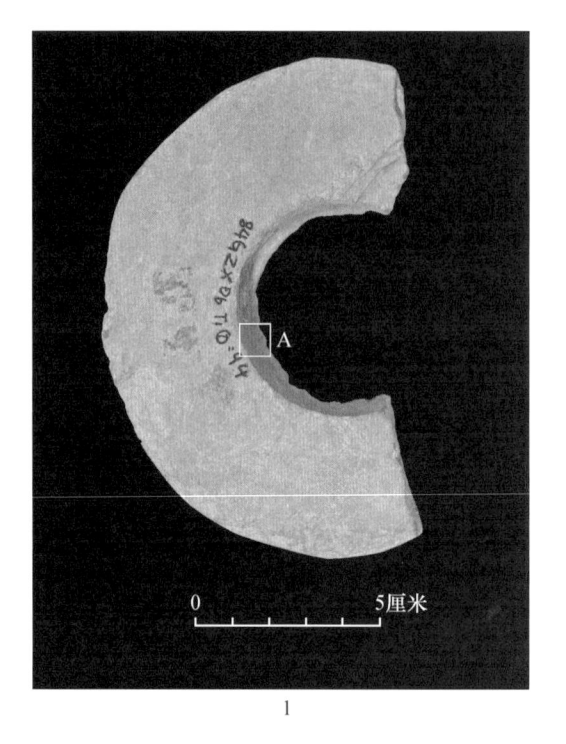

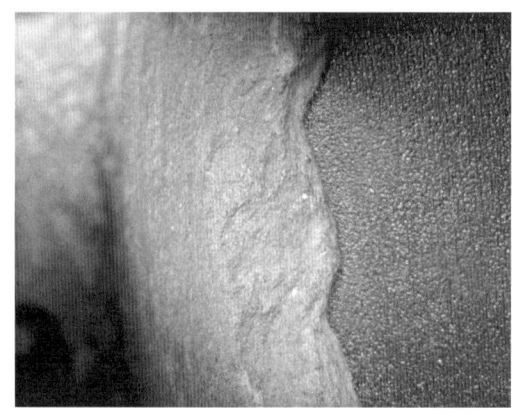

图一一　石璧内孔未钻及底
1. 84GZXDbT1①：94　2. 石璧内孔残茬（A处，20倍）

痕迹，石斧的制法应是先将砾石长径两侧打击去掉并琢平，使石料两侧相对窄长且规整，而后由两侧、顶端和底端打击石料的两面（图一二），形成"目标成品"的两面和刃部，在确认刃部没有因打击断裂或出现较大凹缺等明显失误后，直接磨光或琢平器体打击痕迹后磨光全身（图一三）。

3. 石锛

石锛按体量可分为中、小两型，其中中型锛一般长5～8厘米，小型锛多在5厘米以下。从正立面看，石锛具有梯形和条形两种形态，两者厚度差异不大，多在1厘米左右。大部分石锛以石片为素材（图一四、图一五），在修整边缘，向一面或两面打击出顶部后，利用石片边缘成刃部（图一四），一般刃部磨制较好，两面可能粗磨，不见琢制者。多数成品石锛都已磨制较好，如84GST104③：176（图一六）。这件石锛大部分磨光，只在顶部、侧缘和刃部可见少量打击形成的崩疤，从横截面十分扁薄的情况看，应该也是以石片为素材。

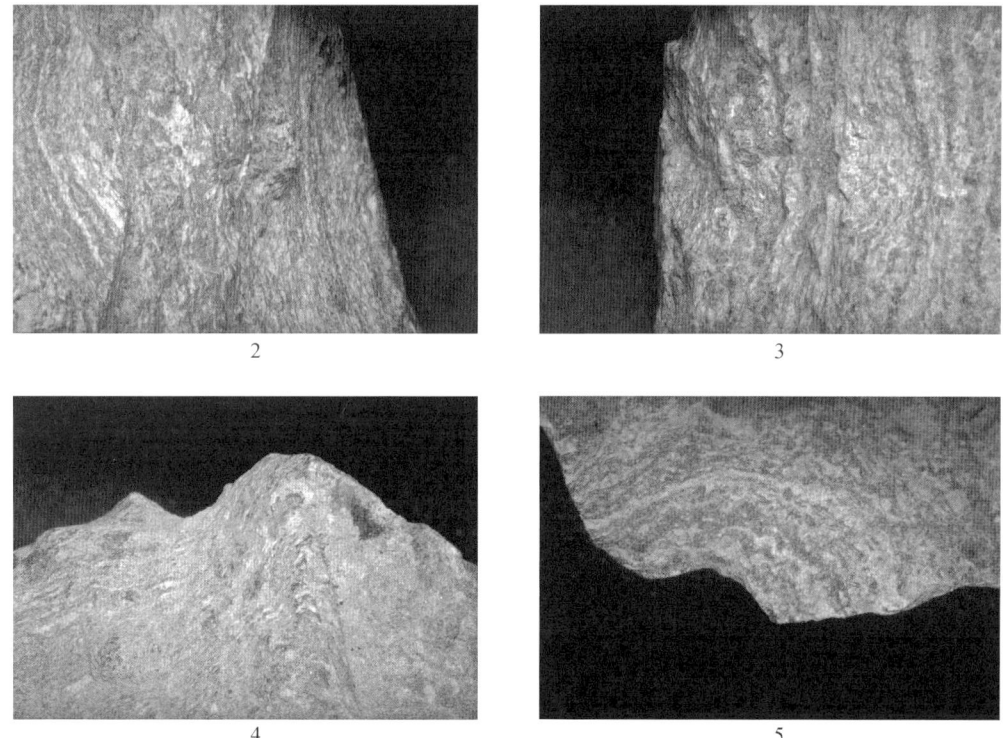

图一二 石斧坯

1. 2000GSGgT3208⑦∶7 2. 侧缘片疤（A处，20倍） 3. 侧缘琢痕（B处，20倍） 4. 顶端片疤（C处，20倍）
5. 底端片疤（D处，20倍）

图一三 石斧

1. 86GSⅡT12②：37 2. 斧体光泽（A处，200倍） 3. 刃面光泽（B处，200倍）

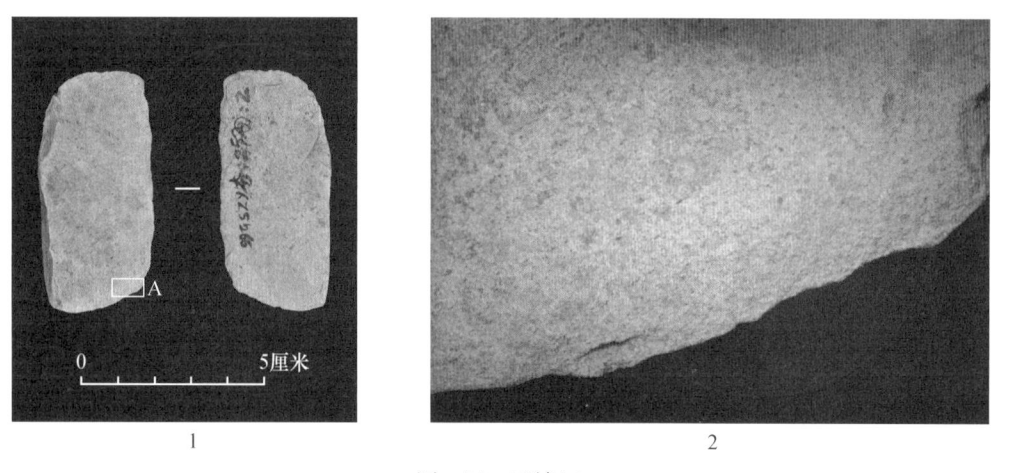

图一四 石锛坯

1. 99GSZY夯：252 2. 刃端修理片疤（A处，20倍）

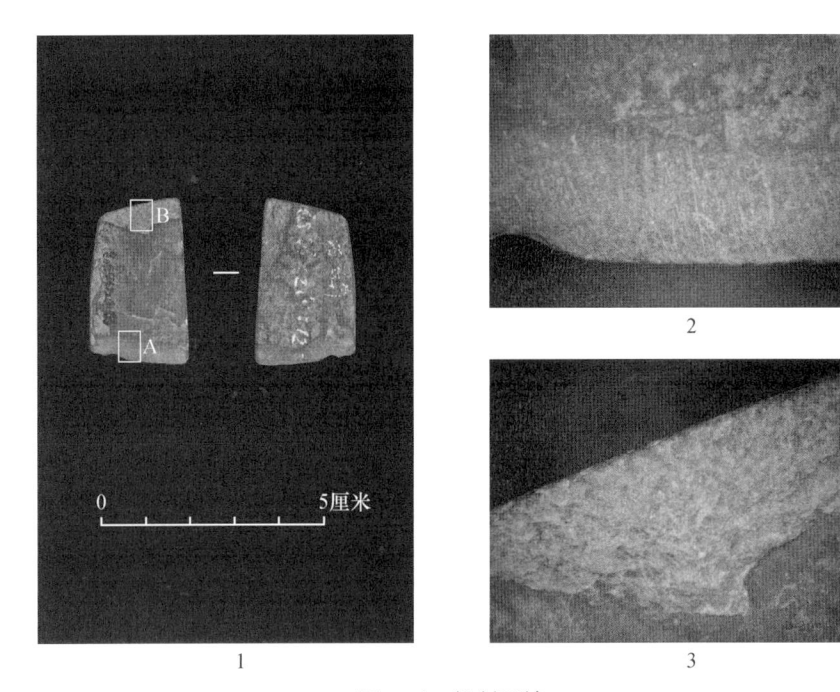

图一五 粗制石锛
1. 80GSDbT2①：125　2. 刃面擦痕（A处，20倍）　3. 顶端片疤（B处，20倍）

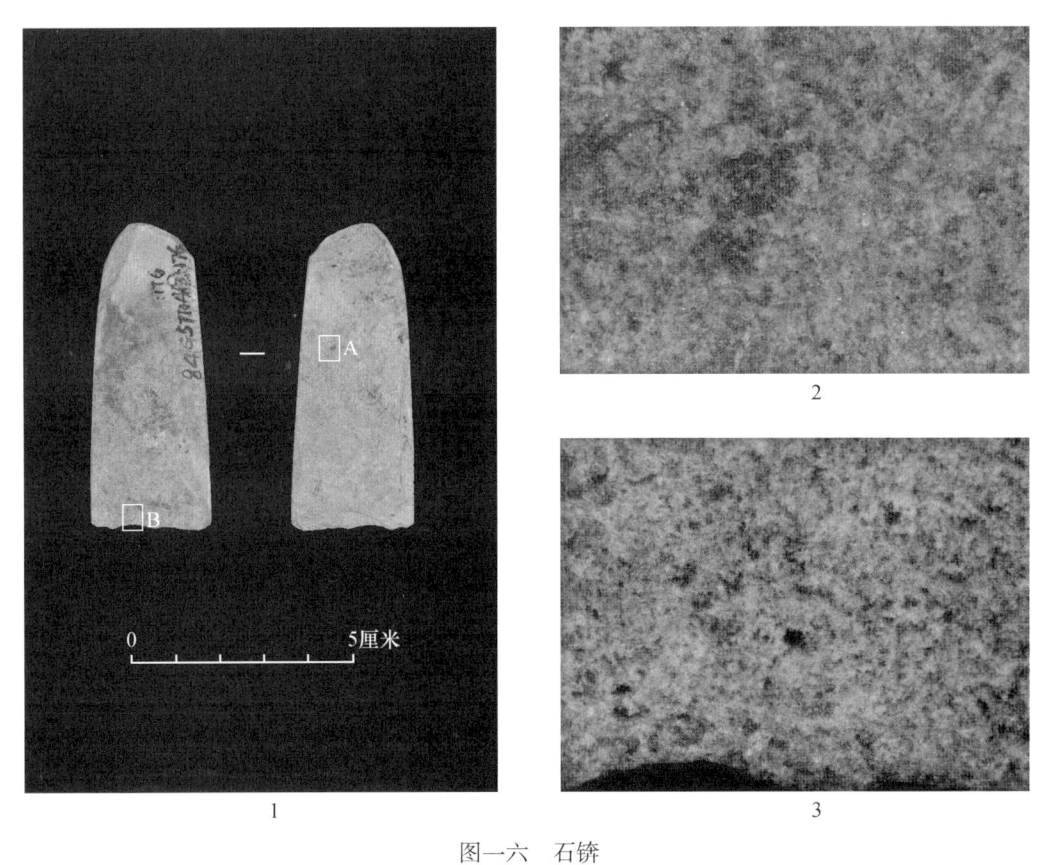

图一六 石锛
1. 84GST104③：176　2. 锛体光泽（A处，200倍）　3. 刃端光泽（B处，200倍）

四、结　　语

　　三星堆遗址发掘出土的1400余件石器大多属于石器废料和残次品，石器成品的数量相对较少，特别是数量最多的石璧，成品并不多见。次于石璧的器类是锛和凿，再就是璋、矛等，基本可将石器分为实用器和非实用器两类。这一石器构成的分野出现于三星堆遗址的第二期，从这一阶段开始石器种类和数量也显著增多。聚落考古的分析指出，三星堆在遗址第二期时成为成都平原唯一的大型城址[①]，此后城内西北青关山大型建筑的营建和器物坑内大量铜器、金器、玉器的埋藏，反映各类资源不断向三星堆汇聚，石器生产的迅速发展与此应存在密切关联。至少就产品构成和生产能力而言，三星堆的石器生产在遗址第二期时已发生不小变革。具体三星堆的石器生产在历时角度发生了怎样的变化，专业化水平呈现怎样的发展态势，它与三星堆遗址的社会复杂化到底有什么联系，这些问题还有待在未来做深入探讨。

　　另一方面，与三星堆遗址石器类似的组合还见于金沙、新药铺、波罗村、方池街、正因村等遗址，其中与金沙共性最强。此前，在分析金沙遗址出土的石跪坐人像时，王方已指出其造型"继承和沿袭了三星堆遗址石人的象征意义、艺术风格和造型特征"[②]，而后施劲松在系统梳理金沙祭祀区遗物时，又进一步指出金沙与三星堆出土的铜器、金器、玉器、石器等大多相似。基于三星堆和金沙两地的文化具有同一性和延续性，他认为可将三星堆文化和十二桥文化合并为同一文化，统称"三星堆—金沙文化"[③]。这一观点的提出并不意外，此前已有学者根据青铜人像发式提出"金沙遗址是三星堆族群南迁形成"，强调三星堆文化与十二桥文化一脉相承[④]。从上述对三星堆石器的分析看来，未来还可进一步从石器生产的角度，讨论三星堆和金沙在技术、组织和消费方面的联系与差异，对比观察这两个聚落如何控制利用资源，从手工业考古的角度理解成都平原先秦时代的变迁。

[①] 冉宏林、雷雨：《浅析成都平原先秦时期城址特征的变迁》，《四川文物》2014年第3期。

[②] 王方：《对成都金沙遗址出土石雕作品的几点认识》，《考古与文物》2004年第3期。

[③] 施劲松：《金沙遗址祭祀区出土遗物研究》，《考古学报》2011年第2期；施劲松：《三星堆文化与金沙文化存延续性》，《中国社会科学报》2016年1月8日第6版；施劲松：《三星堆文化的再思考》，《四川文物》2017年第4期。

[④] 孙华、苏荣誉：《神秘的王国》，巴蜀书社，2003年，第354页。

由兰苑地点遗存看金沙遗址的文化演进

冉宏林

（四川省文物考古研究院）

金沙遗址是成都平原继三星堆遗址之后又一处重要的商周时期大型遗址。自发现以来，学界关于金沙遗址早期遗存所属考古学文化存在着较大的分歧，多数学者认为金沙遗址自一开始就属于十二桥文化[1]，但亦有学者认为金沙遗址有属于三星堆文化的遗存，如黄尚明[2]、朱章义[3]、王涛[4]等。我们也曾认为金沙遗址有以郎家村地点遗存为代表的三星堆文化遗存[5]。由于郎家村地点遗存并非三星堆文化最晚阶段遗存，故其与金沙遗址大量存在的十二桥文化遗存之间似乎尚有缺环。尽管考古学文化与族属的关系尚属未解难题[6]，但考古学文化的演进过程是否连贯或多或少能够反映当时的人群变动情况。因此，金沙遗址中以郎家村地点遗存为代表的三星堆文化和十二桥文化之间是否有缺环是开展金沙遗址社会研究不可回避的问题。兰苑地点遗存[7]（图一）正好可以填补上述缺环。

在《金沙遗址分期再研究》[8]（以下简称《再研究》）中，我们已经将兰苑地点的商周时期遗存分为三期4段（图二）。以往多数学者将兰苑地点遗存归为十二桥文化，我们认为并非如此，分

---

[1] 江章华：《金沙遗址的初步分析》，《文物》2010年第2期；马兰：《金沙遗址郎家村"精品房"地点文化遗存初步研究》，《四川文物》2011年第3期；于孟洲、夏微：《三星堆文化向十二桥文化变迁的相关问题——从金沙遗址兰苑地点谈起》，《南方民族考古》（第七辑），科学出版社，2011年，第165～184页。

[2] 黄尚明：《蜀文化研究》，华中师范大学出版社，2007年，第32～37页。

[3] 成都文物考古研究所：《成都市金沙遗址郎家村"精品房"地点发掘简报》，《成都考古发现》（2004），科学出版社，2006年，第176～216页。

[4] 王涛：《成都平原先秦时期的文化发展与人地关系研究》，吉林大学博士学位论文，2015年，第53、54、83～99页。

[5] 冉宏林：《郎家村遗存再分析——兼谈三星堆文化在成都地区的分布》，《中国国家博物馆馆刊》2020年第6期。

[6] 李伯谦：《考古学文化的族属问题》，《考古学研究》（七），科学出版社，2008年，第454页。

[7] 成都市文物考古研究所：《成都市金沙遗址"兰苑"地点发掘简报》，《成都考古发现》（2001），科学出版社，2003年，第1～32页。以下所谓的"兰苑"地点遗存特指商周时期遗存，不包括新石器时代晚期的宝墩文化遗存。

[8] 冉宏林：《金沙遗址分期再研究》，《南方民族考古》（第二十三辑），科学出版社，2021年，第97～146页。

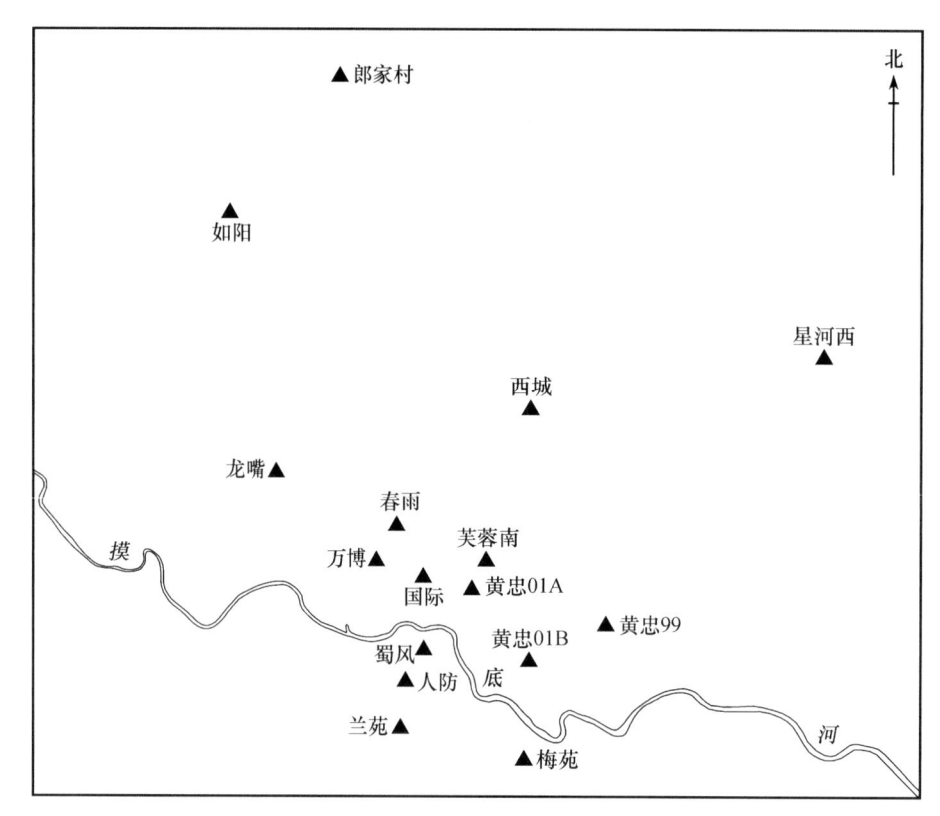

图一　兰苑地点位置示意图

析如下。

由考古学文化的定义可知，一组相对固定的器物是其成为考古学文化所必不可少的[①]。三星堆文化之名最早由三星堆遗址的发掘者提出[②]，根据陈显丹[③]、孙华[④]等的研究可知三星堆文化的典型器物包括小平底罐、高领罐、高柄豆、豆形器、敛口瓮、侈口缸、盉以及鸟头把勺等，以平底器居多，圈足器和三足器较少；以素面居多，但绳纹、凹弦纹、附加堆纹、刻划纹等亦较为常见。以此观之，兰苑一期遗存显然属于三星堆文化，理由有如下几点：

其一，从简报对于相关单位的介绍来看，出土器类除了见诸发表的小平底罐、高领罐、侈口缸以及盉外，还有敛口瓮、高柄豆，这些器类均是三星堆文化的典型陶器，未见明显不属于三星堆文化的陶器。

其二，已发表的9件兰苑一期陶器中，7件均素面无纹，另外2件分别饰绳纹和凹弦纹，与三星堆文化典型陶器的纹饰特征较为相似。

其三，陶器的形制特征与三星堆文化同类器基本一致，如小平底罐均为夹砂陶，整体宽扁，方

---

① 夏鼐：《关于考古学上文化的定名问题》，《考古》1959年第4期。
② 四川省文物管理委员会、四川省博物馆、广汉县文化馆：《广汉三星堆遗址》，《考古学报》1987年第2期。
③ 陈显丹：《广汉三星堆遗址发掘概况、初步分期——兼论"早蜀文化"特征及其发展》，《南方民族考古》（第二辑），四川科学技术出版社，1990年，第213~231页。
④ 孙华：《试论三星堆文化》，《四川盆地的青铜时代》，科学出版社，2000年，第138~178页。

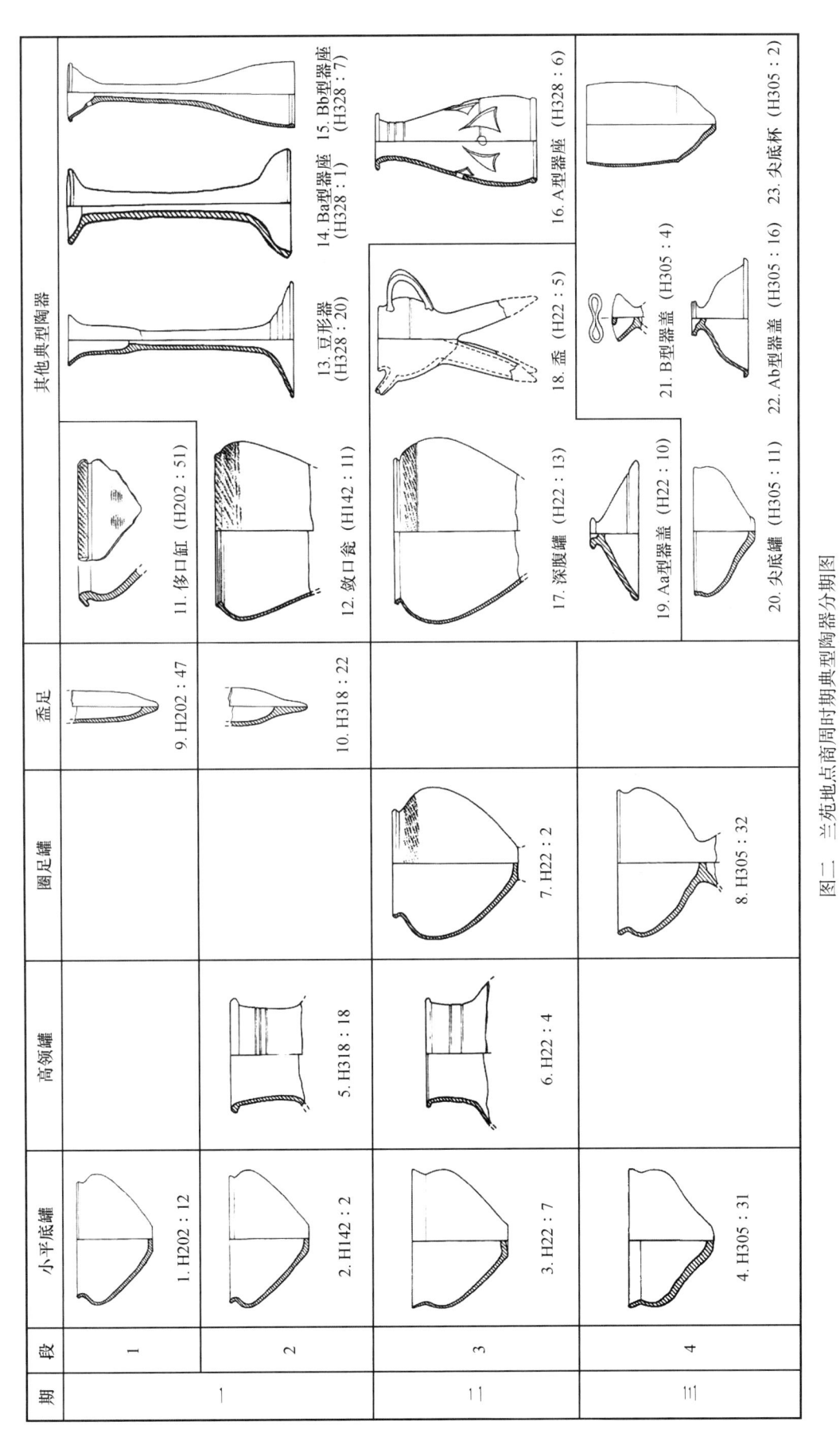

由兰苑地点遗存看金沙遗址的文化演进 89

图二 兰苑地点商周时期典型陶器分期图
[采自《金沙遗址分期再研究》，《南方民族考古》（第二十三辑），科学出版社，2021年，第105页，图三]

唇，耸圆肩，与三星堆文化第三期[①]和郎家村晚段的小平底罐[②]相似；盉足由上至下逐渐变细，至足跟部急剧收缩为锥状足，与三星堆文化第三期同类器相近。

兰苑三期遗存包含大量尖底陶器，属于十二桥文化[③]无疑。不过，与以往学者所划分的十二桥文化早期偏早阶段遗存相比，兰苑三期遗存显得更为单纯。不仅可归为三星堆文化的器类较少，而且形制、纹饰特征均与三星堆文化的同类器不同，如小平底罐变为泥质陶，唇部为尖圆唇；圈足罐的肩部不再饰绳纹；圆圈状盖纽的沿面斜直内凹，不再外卷。究其原因，除了每个遗址存在的个体差异之外，根本在于以往研究十二桥文化时主要参考的十二桥遗址本身是洪水过后形成的次生堆积[④]，各层出土器物原本就不单纯，混杂着十二桥文化器物和早于十二桥文化的三星堆文化器物[⑤]，以此为基础总结的十二桥文化面貌自然没有兰苑三期遗存单纯。

从出土陶器的组合及形制、纹饰特征可知兰苑二期遗存与新药铺遗址商代遗存（以下简称新药铺遗存）属于同类遗存（图三），年代相当于殷墟二、三期[⑥]。新药铺遗存与十二桥文化和三星堆文化均存在明显区别。

新药铺遗存与十二桥文化之间的区别主要有：其一，器类构成不同，新药铺遗存以小平底器和圈足器为主，尖底器极少，所占比例一般不超过1%，十二桥文化则以尖底器为主，小平底器和圈足器较少，只有敛口瓮、高领罐、豆形器和圈足罐等少数几种与新药铺遗存相同的器类，另外新增了厚唇瓮、簋形器、帽形器等；其二，相同器类的形制特征发生了明显变化，如十二桥文化的圈足罐较之新药铺遗存同类器口沿显著变高、肩部变窄，高领罐的领部明显变短变敛，敛口瓮的唇部突出似矮领；其三，纹饰特征差别较大，十二桥文化素面陶器所占比例比新药铺遗存更大，原本见于新药铺遗存圈足罐肩部、敛口瓮口肩部的绳纹均被素面取代，新出现了施于厚唇瓮肩部的菱形纹，保留自新药铺遗存的纹饰只有凹弦纹和镂孔，且只见于高领罐领部以及圈足罐肩部、圈足等少数部位。可见，新药铺遗存并不能直接归入十二桥文化。

新药铺遗存与三星堆文化也有较大的不同，表现在：其一，器类构成不同，与新药铺遗存相比，三星堆文化的陶器器类明显更加丰富，有前者没有的侈口瓮、矮圈足盘、尊形器、鬲形器和鸟头把勺等，新药铺遗存也有不见于三星堆文化的尖底杯、尖底盏和尖底罐等；其二，共有器类的形制特征有别，如三星堆文化的小平底罐为夹砂陶、方唇、溜肩或圆肩，新药铺遗存的小平底罐则多为泥质陶、尖圆唇、窄耸肩或窄溜肩，三星堆文化的豆形器盘腹明显大于新药铺遗存同类器，高柄豆的豆柄比新药铺遗存更粗，圈足罐、深腹罐的肩部也不如新药铺遗存那样圆鼓；其三，三星堆文

[①] 孙华：《四川盆地的青铜时代》，科学出版社，2000年，第96、143、148页。

[②] 冉宏林：《郎家村遗存再分析——兼谈三星堆文化在成都地区的分布》，《中国国家博物馆馆刊》2020年第6期。

[③] 孙华：《成都十二桥遗址群分期初论》，《四川考古论文集》，文物出版社，1996年，第123~144页；江章华、王毅、张擎：《成都平原先秦文化初论》，《考古学报》2002年第1期。

[④] 于孟洲、夏微：《成都平原商周时期考古研究的重要成果——〈成都十二桥〉读后》，《考古》2013年第6期；万娇：《成都十二桥遗址早期堆积的性质及成因分析》，《文物》2017年第12期。

[⑤] 冉宏林：《再论成都十二桥遗址的分期与年代》，《三代考古》（九），科学出版社，2021年，第354~382页。

[⑥] 四川省文物考古研究院：《四川广汉新药铺商代遗址发掘报告》，《考古学报》2017年第2期。

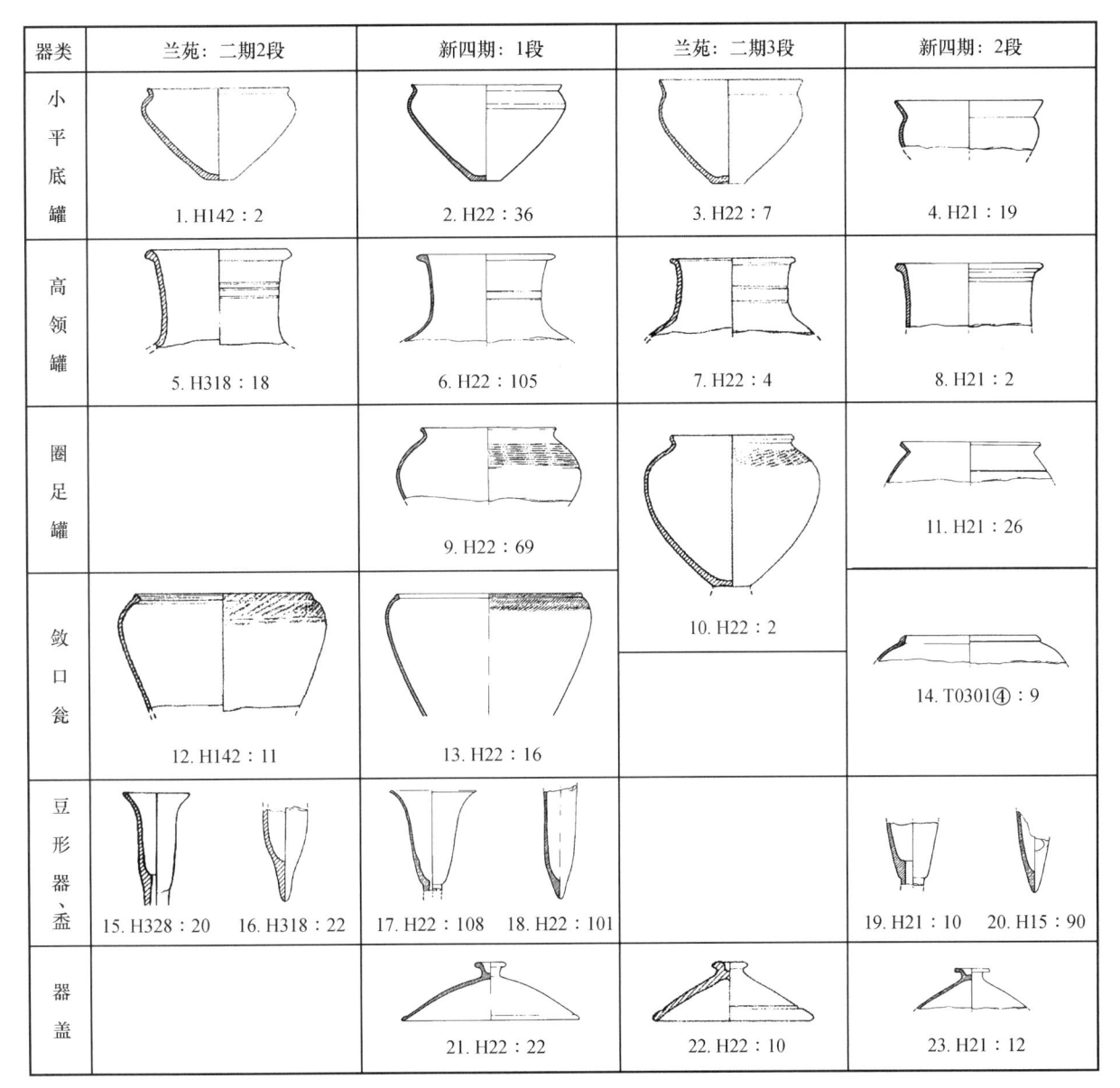

由兰苑地点遗存看金沙遗址的文化演进　91

器类	兰苑：二期2段	新四期：1段	兰苑：二期3段	新四期：2段
小平底罐	1. H142：2	2. H22：36	3. H22：7	4. H21：19
高领罐	5. H318：18	6. H22：105	7. H22：4	8. H21：2
圈足罐		9. H22：69	10. H22：2	11. H21：26
敛口瓮	12. H142：11	13. H22：16		14. T0301④：9
豆形器、盉	15. H328：20　16. H318：22	17. H22：108　18. H22：101		19. H21：10　20. H15：90
器盖		21. H22：22	22. H22：10	23. H21：12

注：图中"新四期"遗存的陶器均来自新药铺遗址

图三　兰苑二期与新药铺遗址陶器对比图（作者自绘）

化的陶器纹饰更加丰富，除了常见于新药铺遗存的绳纹、凹弦纹和镂孔之外，戳印纹、划纹所占比例也比新药铺遗存更大，另外还有新药铺遗存不见的云雷纹、变形羽纹等。因此，新药铺遗存也不能直接归入三星堆文化。

若将三星堆文化、新药铺遗存和十二桥文化进行整体对比，三者之间亦具有密切的关联。首先，三者均有一批共同的器类，如高柄豆、豆形器、圈足罐、敛口瓮、盉和器盖等，这批共有陶器的数量在三者陶器总量中所占比例逐渐减小；其次，三者共有器类的形制演变序列较为连贯，并无较大间隙，如圈足罐在三星堆文化中为斜肩，在新药铺遗存中则变为圆肩，至十二桥文化演变为耸肩，整体呈现出肩部逐渐圆耸的趋势，又如敛口瓮在三星堆文化中为圆肩、唇部不突出，在新药铺遗存中则变为耸肩、唇部微突，至十二桥文化演变为圆折肩、唇部明显突出，整体呈现出肩部逐渐高耸、唇部逐渐突出的趋势；第三，三者有共同的纹饰，如凹弦纹、镂孔等，且纹饰构成的变化趋势较为连贯，未见断隔，三星堆文化以素面多见，但施各类纹饰的陶器亦占较大比例，新药铺遗存素面陶器的比例上升，占陶器总数的绝大多数，纹饰种类开始变少，只保留少数几种，十二桥文化的素面陶器进一步增多，只有很少一部分陶器施纹，且纹饰种类只有凹弦纹、镂孔和菱形纹，整体上呈现出素面陶逐渐增多而纹饰逐渐减少的趋势；最后，三者在陶器之外的其他方面如聚落选址、建筑、铜器、金器和玉石器等都具有较多相似之处，已见诸前人论著[1]，不再赘言。

考虑到新药铺遗存的陶器特征和年代均介于三星堆文化和十二桥文化之间，且能从兰苑地点得到层位关系上的证据，可将兰苑二期遗存所属的新药铺遗存视为三星堆文化和十二桥文化之间的过渡阶段遗存。

综上所述，兰苑地点遗存分属三星堆文化、三星堆文化与十二桥文化之间的过渡阶段遗存以及十二桥文化，三类遗存依次叠压，无明显时间间隔，文化面貌的变化也较为连贯，中间没有隔断。

兰苑地点是金沙遗址的一部分，其反映的文化演进情况自然也可代表金沙遗址的文化演进情况。也即是说，金沙遗址在这一时期（即兰苑地点遗存所处时期）的文化演进也是连贯无间断的。

不仅如此，与兰苑地点各期相似的遗存在遗址内的数量呈现逐渐增多的趋势。与兰苑一期相似的遗存目前发现较少，只在强毅地点[2]有零星发现。与兰苑二期相似的遗存在强毅、01黄忠B[3]、人防[4]、如阳[5]、万博[6]、总装[7]、春雨[8]、阳光[9]和龙嘴[10]等地点均有发现。与兰苑二期一样，这些地点的遗存同样可以分为2段，其中第1段只在强毅、万博和春雨三个地点有分布，而第2段则在上述各地点均有发现。可见，遗址内的新药铺遗存不仅文化面貌上没有间断，遗存数量也是逐渐增加。

---

[1] 四川广汉三星堆博物馆、成都金沙遗址博物馆：《三星堆与金沙：古蜀文明史上的两次高峰》，四川人民出版社，2010年。

[2] 成都文物考古研究所：《金沙遗址强毅汽车贸易有限公司地点发掘简报》，《成都考古发现》（2007），科学出版社，2009年，第73~103页。

[3] 成都市文物考古研究所：《成都金沙遗址2001年黄忠村干道规划道路B线地点试掘简报》，《成都考古发现》（2002），科学出版社，2004年，第42~61页。

[4] 成都市文物考古研究所：《金沙村遗址人防地点发掘简报》，《成都考古发现》（2003），科学出版社，2005年，第89~119页。

[5] 成都文物考古研究所：《四川如阳实业发展有限公司商住楼地点古遗址发掘简报》，《成都考古发现》（2008），科学出版社，2010年，第194~205页。

[6] 成都市文物考古研究所：《成都金沙遗址万博地点考古勘探与发掘收获》，《成都考古发现》（2002），科学出版社，2004年，第62~95页。

[7] 成都文物考古研究所：《成都金沙遗址总装后勤部供应站地点发掘简报》，《成都考古发现》（2011），科学出版社，2013年，第196~234页。

[8] 成都文物考古研究所：《成都市金沙遗址"春雨花间"地点发掘简报》，《成都考古发现》（2004），科学出版社，2006年，第217~254页。

[9] 成都文物考古研究院、成都金沙遗址博物馆：《金沙遗址阳光地带二期地点发掘报告》，文物出版社，2017年。

[10] 成都文物考古研究所：《金沙遗址"龙嘴B延线"地点发掘简报》，《成都考古发现》（2008），科学出版社，2010年，第141~150页。

与兰苑三期相似的遗存相比兰苑二期遗存更为丰富，在星河西①、如阳、蜀风②、黄忠A③、01黄忠B、99黄忠④、万博、西城⑤、总装、春雨和阳光等11个地点均有发现。

然而，兰苑地点并不能涵盖金沙遗址所有时期的遗存。早于兰苑一期的三星堆文化遗存主要分布在郎家村地点，春雨地点也有少量发现，年代大致相当于二里头文化晚期至二里冈下层阶段⑥。郎家村遗存在三星堆遗址被兰苑一期遗存直接叠压，二者的年代前后相继，没有明显的间隔。由于发表的兰苑一期陶器仅有小平底罐、侈口缸和盉，整体文化面貌不清楚，暂时难以判断郎家村遗存与兰苑一期遗存之间在文化面貌上是否有明显区别，不过从二者的小平底罐来看似乎是连贯的。

晚于兰苑三期的遗存可以星河西地点为例予以说明。根据《再研究》的结论，星河西地点的商周时期遗存可分为三期5段（图四、图五），其第一期1段与兰苑三期属同类遗存，第二期与第一期的器类构成较为相似，均有高领罐、圈足罐、敛口瓮、尖底杯、尖底盏和器盖等，而且形制、纹饰特征没有很显著的差别，故星河西二期遗存所属考古学文化与兰苑三期遗存相同，即为十二桥文化，没有发生考古学文化的替换和突变现象。

星河西三期遗存与上述遗存则有明显区别，表现在：其一，主要构成器类不同，星河西三期常见的釜、敞口罐、盂、仿铜陶器以及柳叶剑、柳叶矛、戈和斤等铜器均不见于属十二桥文化的星河西一期和二期，即便共有器类尖底盏也有明显不同的形制特征；其二，遗存类型差别巨大，十二桥文化遗存中很少发现墓葬，而以灰坑、灰沟、房址和陶窑等居址遗存为主，这一点与三星堆文化是一脉相承的，但星河西三期遗存只有墓葬，明确的居址遗存相对较少。由此可见，星河西三期遗存所属考古学文化显然与十二桥文化不同，以往学者多称为晚期巴蜀文化⑦。

不过，应该看到的是，星河西三期与星河西二期之间还有着较大的年代间隔，或许年代介于二者之间的遗存所呈现出的文化面貌可以将十二桥文化与晚期巴蜀文化串联起来。国际地点遗存⑧正好可以解答这一问题。由《再研究》可知，国际地点遗存可以分为二期3段（图六），其中一期1段相当于星河西二期3段，属于十二桥文化遗存，一期2段的典型器物如高领罐、厚唇瓮、尖底盏、圈

---

① 成都文物考古研究所：《金沙遗址星河路西延线地点发掘简报》，《成都考古发现》（2008），科学出版社，2010年，第75~140页。

② 成都市文物考古研究所：《金沙遗址蜀风花园城二期地点试掘简报》，《成都考古发现》（2001），科学出版社，2003年，第33~53页。

③ 成都市文物考古研究所：《2001年金沙遗址干道黄忠A线地点发掘简报》，《成都考古发现》（2003），科学出版社，2005年，第44~88页。

④ 朱章义、刘骏：《成都市黄忠村遗址1999年度发掘的主要收获》，《成都考古发现》（1999），科学出版社，第164~181页。

⑤ 成都文物考古研究所：《成都市金沙遗址"西城天下"地点发掘》，《成都考古发现》（2005），科学出版社，2007年，第244~272页。

⑥ 冉宏林：《郎家村遗存再分析——兼谈三星堆文化在成都地区的分布》，《中国国家博物馆馆刊》2020年第6期。

⑦ 李复华、王家祐：《巴蜀文化的分期和内涵试说》，《巴蜀历史·民族·考古·文化》，巴蜀书社，1991年，第174~185页。

⑧ 成都文物考古研究所：《金沙遗址"国际花园"地点发掘简报》，《成都考古发现》（2004），科学出版社，2006年，第118~175页。

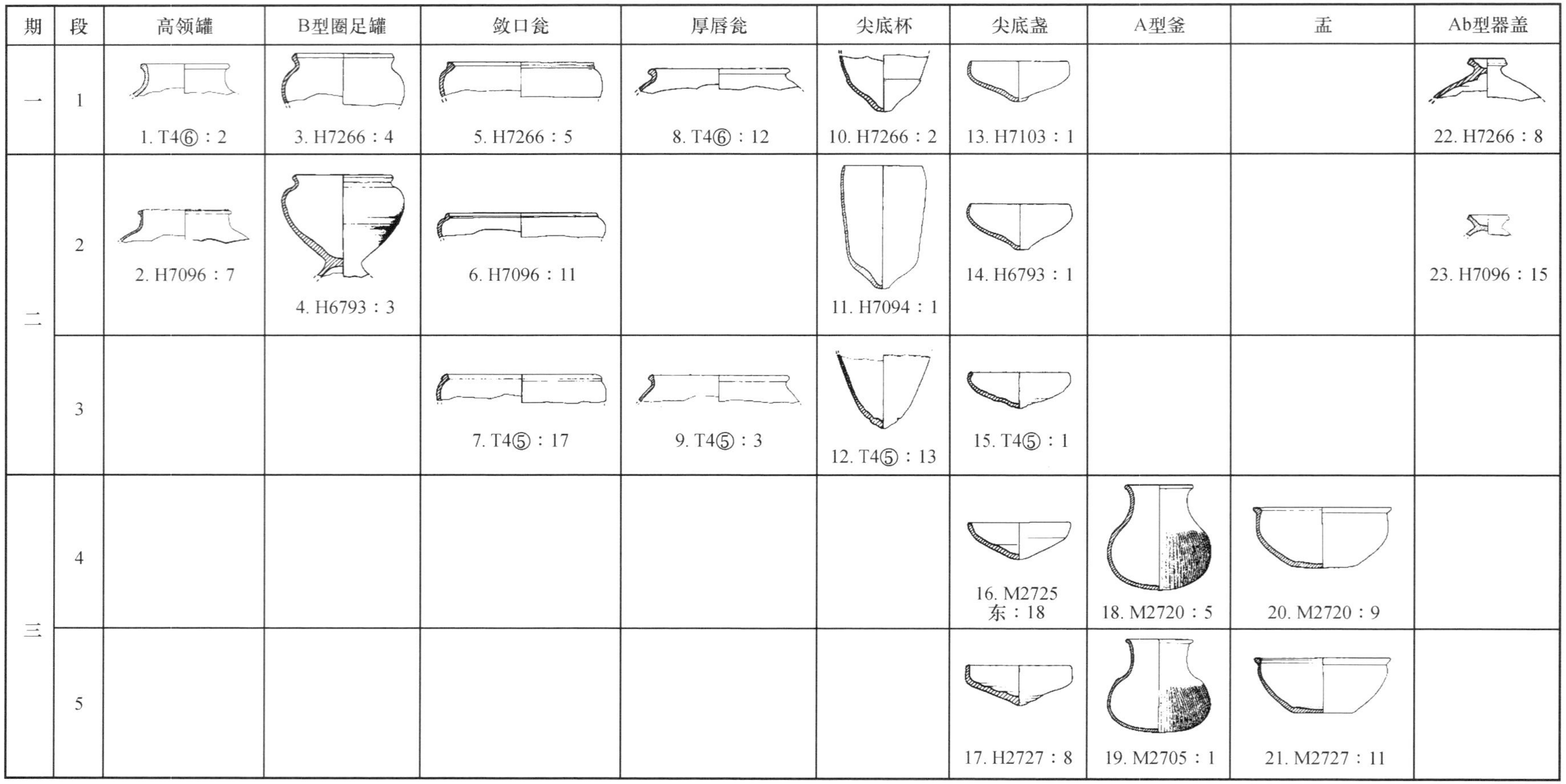

期	段	高领罐	B型圈足罐	敛口瓮	厚唇瓮	尖底杯	尖底盏	A型釜	盂	Ab型器盖
一	1	1. T4⑥:2	3. H7266:4	5. H7266:5	8. T4⑥:12	10. H7266:2	13. H7103:1			22. H7266:8
二	2	2. H7096:7	4. H6793:3	6. H7096:11		11. H7094:1	14. H6793:1			23. H7096:15
二	3			7. T4⑤:17	9. T4⑤:3	12. T4⑤:13	15. T4⑤:1			
三	4						16. M2725东:18	18. M2720:5	20. M2720:9	
三	5						17. H2727:8	19. M2705:1	21. M2727:11	

图四　星河西地点典型器物分期图

[采自冉宏林：《金沙遗址分期再研究》，《南方民族考古》（第二十三辑），科学出版社，2021年，第110页，图四]

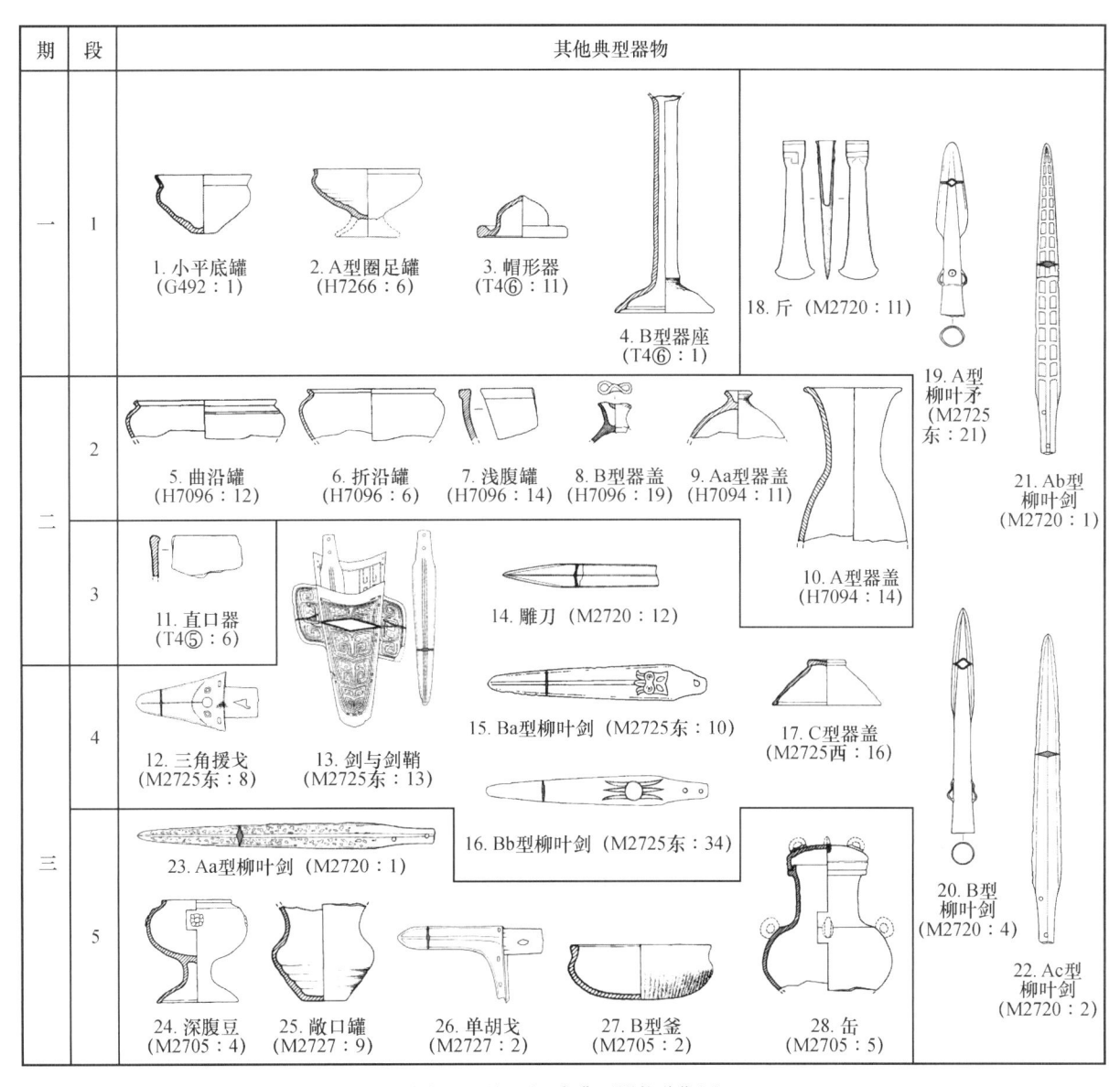

图五 星河西地点典型器物分期图

[采自冉宏林：《金沙遗址分期再研究》，《南方民族考古》（第二十三辑），科学出版社，2021年，第111页，图五]

足罐等均见于一期1段，形制、纹饰特征亦较为相似，很显然应该还是属于十二桥文化遗存。二期3段目前仅有墓葬，随葬器物仅有柳叶剑和三角援戈两种青铜兵器，从遗存类型和出土器物来看，二期3段的文化面貌与星河西三期更为接近，可归为晚期巴蜀文化。由图六可以很清楚地看出国际地点一期2段与二期3段之间仍旧有较为明显的区别，很难将二者视为文化连贯发展的两个阶段，也就是说，十二桥文化不会渐变为晚期巴蜀文化，二者之间存在着替换或突变，这一过程发生于国际地点一期2段和二期3段之间，大致相当于春秋早期[1]。

---

[1] 冉宏林：《金沙遗址分期再研究》，《南方民族考古》（第二十三辑），科学出版社，2021年，第97～146页。

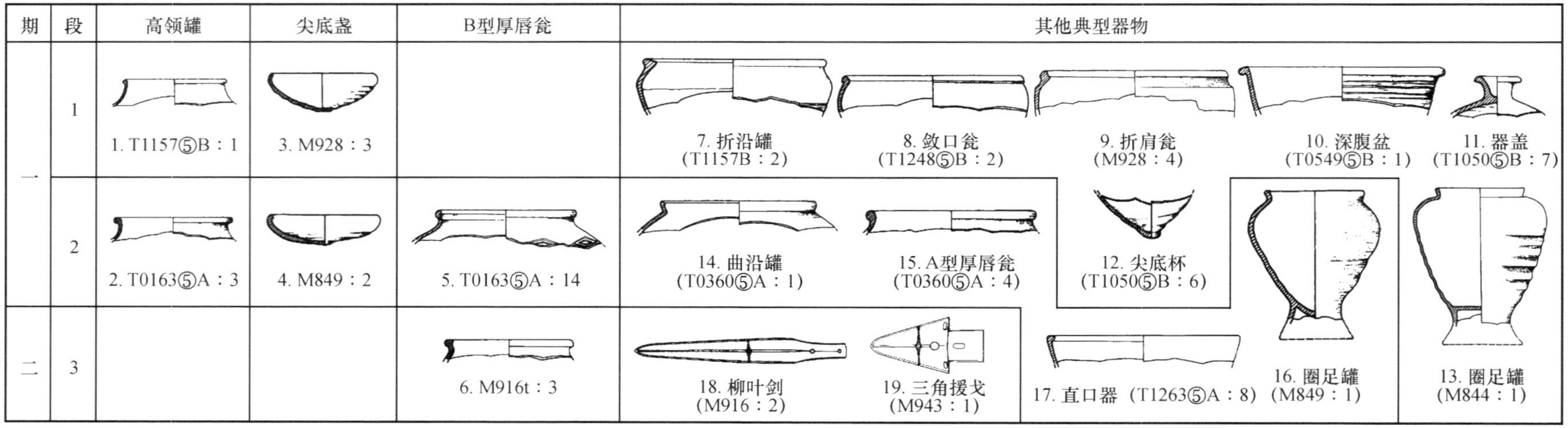

96　"茂县营盘山遗址与古蜀之源"学术研讨会论文集

图六　国际地点典型器物分期图

[采自冉宏林：《金沙遗址分期再研究》，《南方民族考古》（第二十三辑），科学出版社，2021年，第117页，图六］

根据上文分析，我们得知金沙遗址从二里头文化晚期开始经历了三星堆文化、十二桥文化和晚期巴蜀文化三个大的阶段。由于有新药铺遗存作为三星堆文化和十二桥文化之间的过渡阶段遗存，因此从三星堆文化演进为十二桥文化的过程较为连贯，其间不曾出现文化的断裂、替换或者突变。而在春秋早期，原来的十二桥文化被晚期巴蜀文化所取代。

根据文献记载，古蜀国经历了蚕丛、柏灌、鱼凫、蒲泽、开明等五个族群的统治。学者认为其中的开明族来源于楚地[1]，与蜀本地族群显然属于不同族群。开明取代蒲泽的年代有不同的观点，但都大致集中在春秋早中期[2]。也就是说，古蜀国所在的成都平原在春秋早中期有一次较大范围的人群变动。这或许是金沙遗址在春秋早期发生文化突变的主要原因。

附记：本文为国家社科基金重点项目"三星堆祭祀区资料整理与研究"（课题编号：22AKG006）的阶段性成果之一。

---

[1] 孙华：《蜀人渊源考》，《四川文物》1990年第4、5期。
[2] 陈云洪：《四川地区船棺葬的考古学观察》，《边疆考古研究》（第17辑），科学出版社，2015年，第241~268页。

试论金沙遗址出土的石跪坐人像

郑漫丽

（成都金沙遗址博物馆）

一、引　言

成都平原出土的石跪坐人像最早见于报道的是成都方池街遗址出土的1件，体形也最大，高度达50厘米[①]。三星堆遗址1984年也曾经出土2件，但具体信息不详[②]。另1件则藏于芝加哥艺术博物馆，早在1997年巫鸿已经注意到[③]，后又收入其文集[④]，两文详细介绍了这件艺术品的流传背景，并且认为它与成都平原出土的其他石跪坐人像的时代相同。而真正引起广泛关注的是自成都金沙遗址发现以来[⑤]，该遗址一共出土了12件石跪坐人像[⑥]，为研究商周时期成都平原的原始宗教与艺术、人群族属、社会阶层、等级制度提供了宝贵的资料。

二、时代与分类

在考察这些石跪坐人像的族属和身份之前，我们首先必须要清楚其年代。三星堆遗址西泉坎地点的2件标本从已经公布的报告来看，层位并不清楚，唐飞、孙华认为该雕像属于第三个时期即

[①] 吴怡：《成都方池街出土石雕人像及相关问题》，《四川文物》1988年第6期。
[②] 陈显丹：《广汉三星堆遗址发掘概况、初步分期兼论"早蜀文化"的特征及其发展》，《南方民族考古》（第二辑），四川科技大学出版社，1990年，第213~232页。
[③] Wu Hung, All about the Eyes: Two Groups of Sculptures from the Sanxingdui Culture, *Orientations*, Vol.28, No.8 (1997), pp.58~66.
[④] 巫鸿：《眼睛就是一切——三星堆艺术与芝加哥石人像》，《礼仪中的美术：巫鸿中国古代美术史文编》，生活·读书·新知三联书店，2005年，第70~86页。
[⑤] 成都市文物考古研究所、北京大学考古文博学院：《金沙淘珍——成都市金沙村遗址出土文物》，文物出版社，2002年，第116~181页。
[⑥] 王方：《对成都金沙遗址出土石雕作品的几点认识》，《成都考古研究》（一），科学出版社，2009年，第285~299页。

十二桥文化的可能性是很大的[①]，笔者同意这种看法。收藏于芝加哥艺术博物馆的标本出自三星堆遗址的可能性最大，因为该遗址在20世纪二三十年代就有玉器、石器流出。从成都方池街遗址第4b层出土的尖底盏、尖底杯、尖底罐来看，其时代当为西周早期[②]。在金沙遗址Ⅰ区"梅苑"东北部地点的发掘中，已发现20余处可能与宗教活动有关的遗迹，主要有坑状堆积和平面掩埋两种方式。如祭祀区L19号遗迹位于第12层之下，年代约当商代晚期之际[③]，该遗迹发现时已遭破坏，原形状不详，出土文物共计33件，包括石器18件、象牙器10件、兽骨1件、木条3件、陶器1件，其中以石跪坐人像、石虎、石蛇、石璧等最为重要。出土时，跪坐石人像与石虎并置一处，虎口正对人胸，这种摆放形式可能具有特殊的宗教含义[④]。由于其他的石跪坐人像等均是机械施工时出土的，已失去原有的地层单位，但我们可从金沙遗址"梅苑"东北部第2号遗迹来进行考察，寻找一些线索。该遗迹叠压于第6层下、第7层上，属于堆积遗迹，平面形状呈长条形，面积约300平方米，出土文物计有象牙1根、野猪獠牙上千枚、鹿角上千根、美石100余件、玉器43件、铜器14件以及一些陶器，不见石跪坐人像，时代为春秋早期[⑤]。由于第6层出土遗物较少，而第7层下的遗迹单位中发现了大量的金器、铜器、玉器、石器和象牙器，因此，笔者认为这批石跪坐人像出土于第7层以下的地层单位可能性最大。依据金沙遗址"梅苑"地点东北部发掘区的简报，该地点第5层时代约当春秋前期，第6层与十二桥二期文化相当，即西周后期至春秋前期，第7层时代当在西周时期，第8～12层出土陶器极少，时代约当商代晚期至西周初年，故"梅苑"东北部区域的时代在商代晚期至春秋前期[⑥]。因此，金沙石跪坐人像的年代为商代晚期至西周初年的可能性最大，当属于十二桥文化偏早阶段（一期）的产物[⑦]。

从目前公布的石跪坐人像资料来看，这些人像多头微向上仰，脸部较瘦，颧骨突出，双眼平视前方，身体前倾。发式中分，像一本书从中间翻开。长眉呈凸棱状，雕刻或图绘出眼睛。鼻子向前微凸，看不出鼻孔，嘴部扁平。挺胸直背，双手反绑于身后。双腿并拢，双膝跪地，臀部坐在脚跟之上，脚没有雕出脚趾，双脚微分，脚掌向后前趾着地。

依据已经公布的跪坐人像照片和线图，仔细比较它们之间的异同，笔者认为大体可以分为二型。

A型　顶发从中线向左右两边整齐平行梳理，脑后之发梳理成辫，耳垂有圆形穿孔，双手缚于身后，可见清晰均匀的8根手指。根据发辫的多少，分为二亚型。

[①] 唐飞、孙华：《石跪人像三》，《金沙淘珍——成都市金沙村遗址出土文物》，文物出版社，2002年，第174～178页。

[②] 徐鹏章、王毅：《方池街古文化遗址的出土文物》，《成都文物》1999年第2期；成都市博物馆考古队、成都市文物考古研究所：《成都方池街古遗址发掘报告》，《考古学报》2003年第2期。

[③] 王方：《对成都金沙遗址出土石雕作品的几点认识》，《成都考古研究》（一），科学出版社，2009年，285～299页。

[④] 金沙遗址博物馆遗迹馆第19号遗迹介绍。

[⑤] 金沙遗址博物馆遗迹馆第2号遗迹介绍。

[⑥] 成都市文物考古研究所：《成都金沙遗址Ⅰ区"梅苑"东北部地点发掘一期简报》，《成都考古发现》（2002），科学出版社，2004年。

[⑦] 江章华：《成都十二桥遗址的文化性质及分期研究》，《四川大学考古专业创建三十五周年纪念文集》，四川大学出版社，1998年，第146～164页；江章华、王毅、张擎：《成都平原先秦文化初论》，《考古学报》2002年第1期。

Aa型 脑后之发辫做四索两股，手腕被两道绳索并行捆绑。标本2001CQJC：716，原料为蛇纹石化橄榄岩，顶发从中线向左右两边整齐平行梳理，阴线细刻出双眼及口部，眼内虹膜及瞳孔呈同心圆状，凹处局部残留有朱色，左耳穿孔右耳未穿，双手后缚，右手压于左手之上（图一，1）。2001CQJC：717，原料为蛇纹石化橄榄岩，眼睛用彩绘形式描绘，外眼眶、眼仁利用石材本身纹理及颜色，分别呈墨色和白色，眼睑涂朱彩，左右耳垂均有尚未钻透的圆孔，双手被缚，左手压于右手之上（图一，2）。芝加哥艺术博物馆收藏的1件外形特征与成都金沙遗址出土的2001CQJC：716基本一致，顶发从中线向左右两边整齐平行梳理，左右耳垂均有钻透的圆形穿孔，眼部不见阴刻纹饰，当与标本2001CQJC：717一样运用彩绘表现眼睛，由于该标本现全身大部呈黑色而不能辨认，双手后缚，左手压于右手之上（图一，3）。后经过显微拉曼光谱（Raman microscopy）、X射线衍射（X-ray diffraction）、环境扫描电镜（ESEM）以及能量色散分析（EDX）等多种科技手段检测证明它的质地是绿泥石，并且通过实验证明石跪坐人像只有在成形后经过了烘烧、抛光或浸蜡等工艺表面才会呈现乌黑发亮[①]。从芝加哥艺术博物馆的这件标

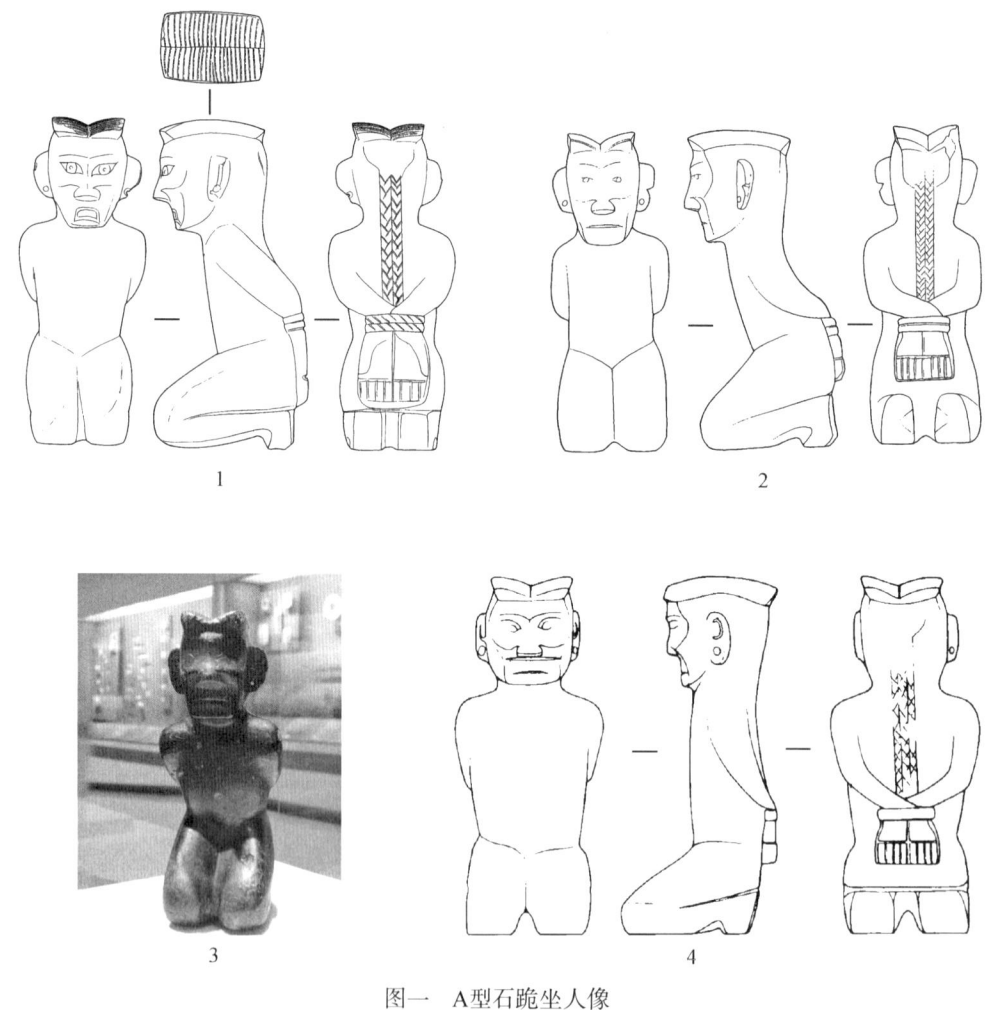

图一 A型石跪坐人像
1. 2001CQJC：716 2. 2001CQJC：717 3. 芝加哥艺术博物馆藏 4. 2001CQJC：212

---

① F. Casadio, J.Xu, E. Pearlstein, et al., A Stone Kneeling Figure in the Art Institute of Chicago: New Evidence from Scientific Investigations and Archaeological Finds in China, *Scientific Research on the Sculptural Arts of Asia: Proceedings of the Third Forbes Symposium at the Freer Gallery of Art*, London: Archetype Publications, 2007, pp.1~11.

本来看，金沙遗址出土的这2件有可能是尚未完成的作品，即2001CQJC∶716耳垂穿孔尚未完成，2001CQJC∶717顶发尚未阴刻左右两边平行发线。

Ab型　脑后之发辫作六索三股，耳垂有圆形穿孔，双手缚于身后，可见清晰均匀的8根手指，手腕被一周绳索捆绑。标本2001CQJC∶212，体形偏高，上身较直而平，脸部较Aa型宽扁，鼻翼与嘴之间有一道浅槽，双手后缚，左手压于右手之上（图一，4）。

B型　顶发从中线向左右两边整齐平行梳理，但脑后未刻画发式，耳垂不见穿孔，双手缚于身后，手指粗细长短不均匀且无定数，可见5或7根，阴线细刻捆绑的位置、方式与A型不尽一致，一道位于手腕，一道位于掌骨与指骨之间。标本2001CQJC∶159，原料为蛇纹岩，长眉用一道明显的凸棱来表现，眼眶、瞳孔分别用朱、白二色图绘，眼、耳、嘴多处残留有少量朱色颜料，右手压于左手之上，可见5根手指（图二，1）。2001CQJC∶166，原料为蛇纹石化大理岩，面部雕刻比较粗糙，用朱色涂目，嘴部残留少量朱色颜料，双手后缚，左手压于右手之上，可见7根长短不一致的手指（图二，2）。

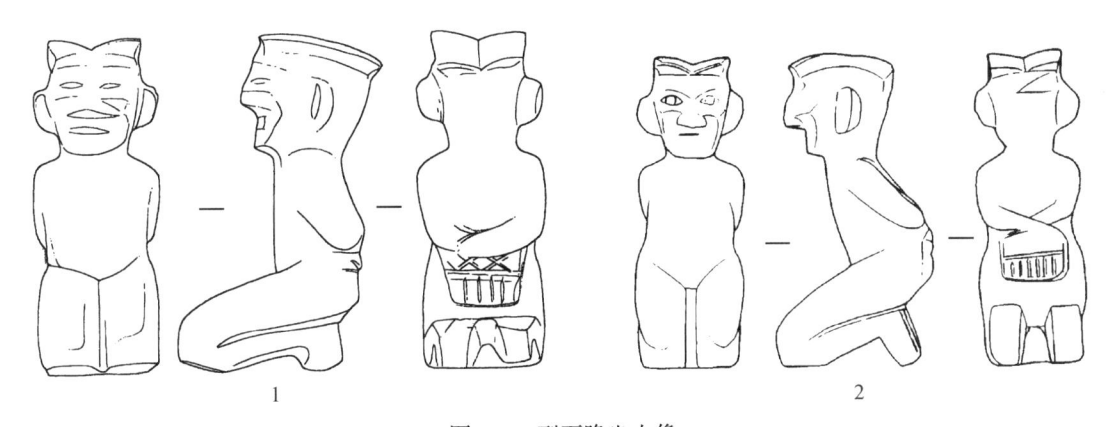

图二　B型石跪坐人像
1. 2001CQJC∶159　2. 2001CQJC∶166

除了以上描述的二型之间的差异外，我们还可以观察到A型明显比B型加工得要精致，这或许是身份等级、加工技术人员不一或B型加工得较仓促造成的，但结合其他地方已发现的石跪坐人像尤其是芝加哥艺术博物馆的这件看，加工仓促的可能性更大。

三、族群认同

三星堆祭祀坑、金沙遗址祭祀区均出土了多种人像图案的器物，比较二者之间的异同对我们辨识石跪坐人像的族群有很好的帮助。

金沙遗址出土的石跪人坐像的共性是显而易见的，也是可以与十二桥文化时期的人像轻易区别的，如金沙遗址出土的金面具（L8④∶58、2001CQJC∶465）、铜立人（2001CQJC∶17）和玉尖耳神人头像（2001CQJC∶167）、铜人头（L8①∶10、ⅠT8206⑨a∶1）、刻有肩扛象牙人物形象的玉璋（L63∶1）等。金沙遗址出土大金面具（L8④∶58）为三角形眼眶，长刀形眉凸起，三角形高鼻，大嘴，长方形耳，耳垂均有圆形穿孔，脸型较宽短[1]（图三，1）。从金沙遗址祭祀区的层位关系来看，L8叠压于第7层下，打破第8a层，为平面呈圆形的坑状堆积，面积约2平方米，坑内出土文物345件，分5层摆放，时代为晚商至西周早期[2]。小金面具（2001CQJC：465）为梭形眼眶，脸型较宽短，因为是面具未表现眼珠，新月眉，大嘴，耳垂有凹入但未贯通的穿孔（图三，2）[3]。金沙遗址铜立人头顶环形帽圈，十三道弧形芒沿帽环周缘呈逆时针旋转，犹若太阳的光芒，帽圈中空，露出了椭圆形头顶。脑后有隆起的发辫，辫子为并列的三股，垂至后背中部时三股束合为一，拖至臀部。脸型消瘦，方耳有穿孔，梭形眼眶，椭圆形眼珠，蒜头鼻，颧骨高凸，宽嘴微张，方颐较石人像长。身着衣袍，腰间束腰带一周，腰前斜插短杖一枚。左臂屈肘于胸前，右臂上举至与杖头齐平，两手指尖相扣，双拳中空[4]（图四）。玉尖耳神人头像为三角形眼眶，圆形眼珠，方耳中部略尖[5]（图五）。金沙祭祀区还出土2件小型青铜人头像，L8①：10，人头着冠，冠上两个圆形凸起，月牙形眉，圆眼睁开，鼻梁较高，嘴较宽大，大耳中部有缺。人面以浅浮雕的方式表现，较为抽象，下部有銎，可能插入某种介质[6]（图六，1）。另一件（ⅠT8206⑨a：1）与此相同，仅头顶两圆形凸起变为两近椭圆形的孔洞（图六，2）。两件高均仅约4.5厘米。两件形制相同的玉璋（L63：1、L10：16）的两面分别刻有两组图案，每组图案由一跪坐的人像、两道折曲纹、三道直线纹组成。折曲纹分布于直线纹上下。人像刻画不清晰，整体似高冠高鼻，方耳方颐，椭圆形眼，身着长袍，双膝着地，手持握肩上所扛象牙[7]（图七，1）。使用微痕拍照技术发现，其人面形象与大金面具的造型相似，更似一副戴着面具的样貌，眼部为梭形眼眶里刻划出圆形的眼仁[8]（图七，2、3）。金沙遗址还出土一件木雕神人头像（L58①：688），通体向前弯曲，犹如象牙的牙尖部分，分上下两节。头像雕刻在上节，上面分别涂有暗黄、红、黄、黑色四种颜料。神人表情狰狞，给人以威严、肃穆之感[9]。脸型瘦长，浓眉，大眼，眼眶及眼仁近长方形，大口微张（图八）。另外，在金沙遗址出土的金冠带（2001CQJC：688）还可见用圆圈和弧边长方形表现的抽象化人像图案[10]（图九）。

---

[1] 成都文物考古研究院、成都金沙遗址博物馆：《金沙遗址祭祀区出土文物精粹》，文物出版社，2018年，第100页。

[2] 金沙遗址博物馆祭祀区第8号遗迹介绍。

[3] 谢涛：《金人面像》，《金沙淘珍——成都市金沙村遗址出土文物》，文物出版社，2002年，第21、22页。

[4] 王方、周志清：《铜立人像》，《金沙淘珍——成都市金沙村遗址出土文物》，文物出版社，2002年，第43~47页。

[5] 张擎、孙华：《铜立人像》，《金沙淘珍——成都市金沙村遗址出土文物》，文物出版社，2002年，第80、81页。

[6] 成都文物考古研究院、成都金沙遗址博物馆：《金沙遗址祭祀区出土文物精粹》，文物出版社，2018年，第80、81页。

[7] 成都文物考古研究院、成都金沙遗址博物馆：《金沙遗址祭祀区出土文物精粹》，文物出版社，2018年，第154、164页。

[8] 王毅、邓聪主编：《金沙玉工Ⅰ——金沙遗址出土玉石璋研究》，四川人民出版社，2007年，第198、199页。

[9] 成都文物考古研究院、成都金沙遗址博物馆：《金沙遗址祭祀区出土文物精粹》，文物出版社，2018年，第312页。

[10] 四川省文化厅、四川省文物管理局：《天府藏珍——四川馆藏文物精华》，四川科学技术出版社，2009年，第36页。

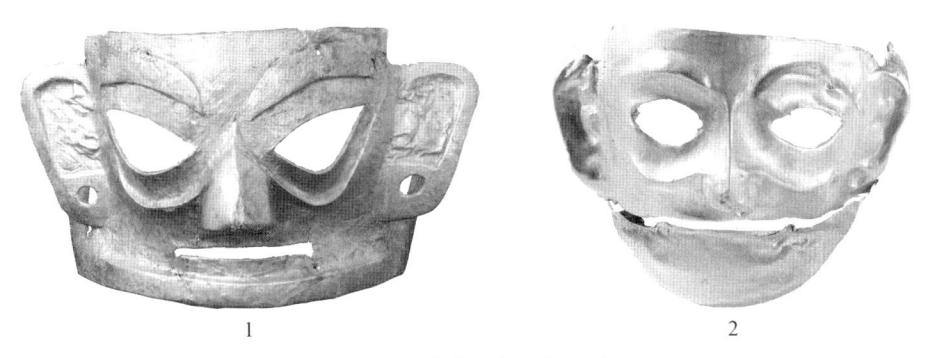

图三 金沙遗址出土金面具
1. L8④:58 2. 2001CQJC:465

图四 金沙遗址出土铜立人
（2001CQJC:17）

图五 金沙遗址出土玉尖耳神人头像
（2001CQJC:167）

图六　金沙祭祀区出土小型青铜人头像
1. L8①∶10　2. ⅠT8206⑨a∶1

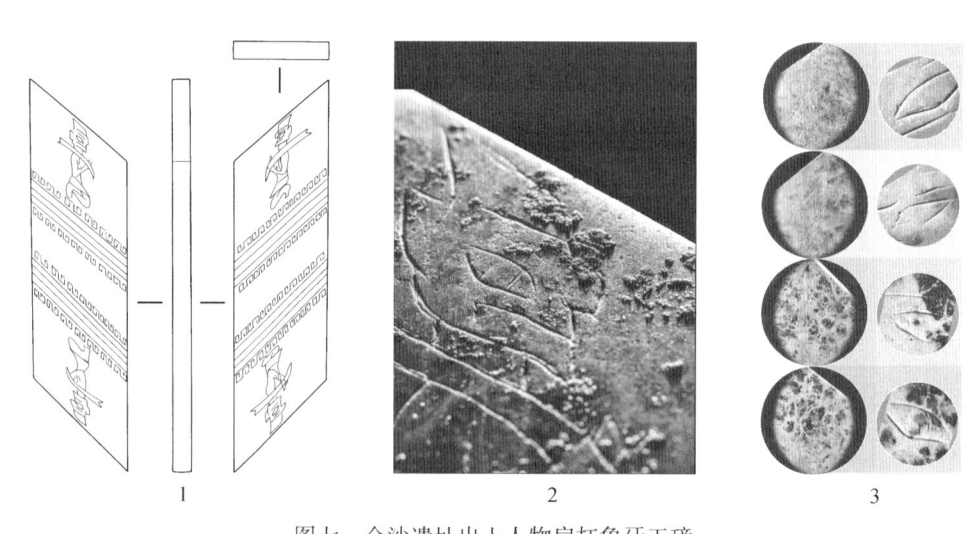

图七　金沙遗址出土人物肩扛象牙玉璋
（L10∶16）
1. 线描图　2. 玉璋局部　3. 玉璋刻画4个人像的眼睛细节

因此，金沙遗址至少出土有八种特征鲜明的人面像资料[①]。两件金面具、肩扛象牙人物形象的面部均较宽短，玉尖耳神人头像不仅面部宽短，且发饰与石跪坐人像区别明显。木雕神人头像表情夸张。其余人面像均为写实风格。铜人头与石跪坐人像在脸型上较为相近，但其发饰区别明显。铜立人与石跪坐人像同出于祭祀区，尽管五官的刻画并不能完全区分他们之间的差异，但另外两方面则差异明显。首先，石跪坐人像的发辫为脑后部分头发所编，顶发剪断向两边平梳，耳后部分似剃发；铜立人的发辫应当为所有头发所编。其次，石跪坐人像当为裸体像；而铜立人衣冠整洁，腰间佩有短杖类物，当为代表身份和权力的信物，一跪一立，对比鲜明，说明他们之间阶层关系的对立。

将石跪坐人像与三星堆祭祀坑出土的人像比较，我们可以清晰地看到三星堆祭祀坑的人像呈现出三种不同的类型。大多数人像为戴面具的形象，方耳或尖耳，多穿有耳洞；眼眶呈三角形，用一道横棱或矮圆凸柱表示眼珠；人头像多数脸型瘦长，人面像则多数脸型宽短，特征鲜明，它们构成

[①] 金沙遗址还出土了刻绘有人面像特征的玉璋及铜片，该形象似蝉纹。另出土了2件人形器，器物上端为圆弧形而无头，故不在本文的讨论范围。

试论金沙遗址出土的石跪坐人像　105

图八　金沙遗址出土木雕神人头像
（L58①：688）

图九　金沙遗址出土金冠带
（2001CQJC：688）

了祭祀坑人像的主体（图一〇）。例外的是三星堆一号坑中Aa型人头像面部未佩戴面具，但其眼眶为三角形，且用一道横棱表示眼珠。二号坑的B型跪坐人像（K2③：04），其眉、三角形眼眶、横棱眼睛及鬓部均涂有黑彩，而黑彩眼仁是圆形的[①]（图一一）。孙华将人头像按发饰分为辫发和非辫发。非辫发包括了笄发、盘发，发饰代表族群，面具似的五官则是为了突出其神性作用，三角形眼眶和横棱眼睛可能更多的是为了区分其社会职能[②]。无论如何，程式化的五官以及三角眼眶、横棱眼睛是这类人像最大的特点。第二种类型的人像五官为写实风格，仅有三种，数量很少，造

---

① 四川省文物考古研究所编：《三星堆祭祀坑》，文物出版社，1999年，第169、170页。
② 孙华、苏荣誉：《神秘的王国——对三星堆文明的初步理解和解释》，巴蜀书社，2003年，第196、197页。

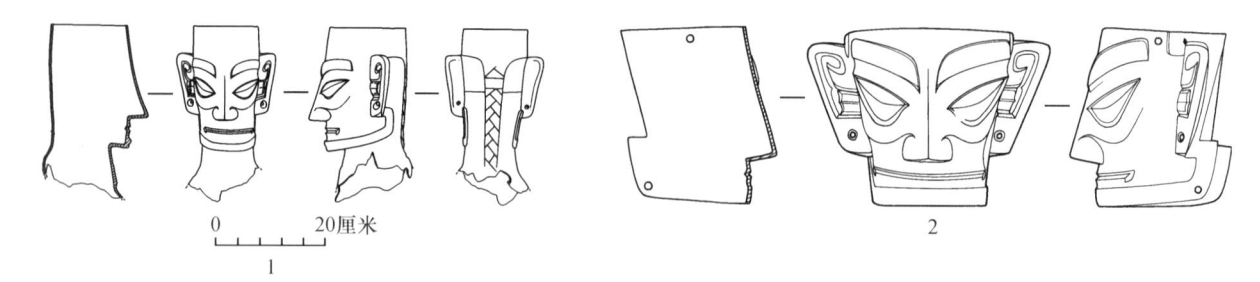

图一〇 三星堆遗址出土人头像和人面像
1. K1:72 2. K2③:119

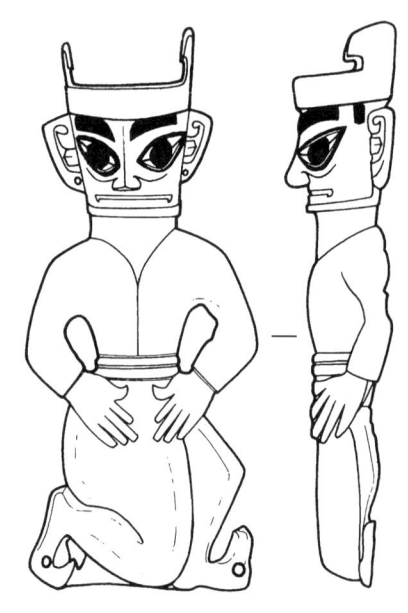

图一一 三星堆遗址出土跪坐人像
（K2③:04）

型不同各有1件，且均梭形眼眶。一是一号坑金杖（K1:1）上的人头像，为梭形眼眶，圆形眼仁[①]（图一二），嘴的表现方式与2001CQJC:716也基本一致，但脸型较宽短。二是一号坑的铜跪坐人像（K1:293），头发从前往后梳，再向前卷，挽成高髻，宽脸方颐，方耳穿孔，梭形眼眶，眼珠圆睁，张口露齿，穿右衽交领长袖短衣[②]（图一三）。三是二号坑Ab型玉璋（K2③:201-4）上阴刻的几组人像，均为梭形眼眶，眼珠表现得不是十分清楚，头戴穹隆形帽，帽上有刺点纹[③]（图一四）。但这三种梭形眼眶、圆眼珠人像的脸部均较宽短，有的近扁圆，与石跪坐人像瘦长的脸型差别很大。这三件梭形眼眶的人像与上述青铜人像之间最大的区别就在于他们有着较为写实的人物面部特征且表情丰富。最后一类就是圆形铜挂饰上抽象的人面形象（K2③:115-7），仅用圆圈和弧边长方形表现出了人面的眉、眼[④]（图一五）。

[①] 四川省文物考古研究所编：《三星堆祭祀坑》，文物出版社，1999年，第60、61页。
[②] 四川省文物考古研究所编：《三星堆祭祀坑》，文物出版社，1999年，第26～29页。
[③] 四川省文物考古研究所编：《三星堆祭祀坑》，文物出版社，1999年，第358～361页。
[④] 四川省文物考古研究所编：《三星堆祭祀坑》，文物出版社，1999年，第298～300页。

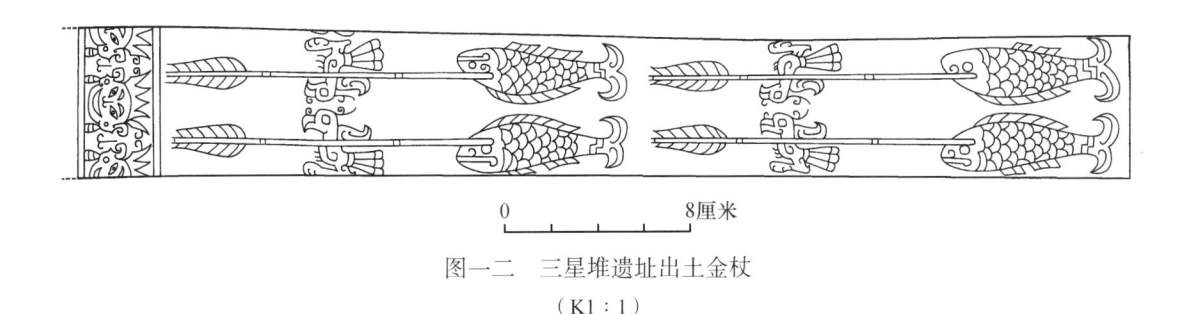

图一二　三星堆遗址出土金杖
（K1∶1）

图一三　三星堆遗址出土跪坐人像
（K1∶293）

不管是三星堆祭祀坑还是金沙遗址，各种质地人像的发式或头冠与石跪坐人像几乎都有所差异，或是不同族群的标识。童恩正认为在蜀国直接或间接统治的区域内，除了蜀族和一部分中原民族以外，其南部和西部的边缘地带还居住着众多的少数民族，但这一观点主要是利用汉代的资料来予以阐述的[1]。基于此，宋治民认为三星堆一、二号坑的人头像虽然没有身体，当然也没有衣服，但是它们的发型和冠饰的形状都是不同的，所以它们应是代表不同的民族或部族[2]。孙华也认为三星堆祭祀坑铜人像发式的差异应当主要还是族系上的差异而不是年代的差异，同时认为三星堆王国

---

[1] 童恩正：《古代的巴蜀》，四川人民出版社，1979年，第86页；蒙文通：《巴蜀古史论述》，四川人民出版社，2019年，第29~38页。

[2] 宋治民：《广汉三星堆一号、二号祭祀坑几个问题的探讨》，《南方民族考古》（第三辑），四川科学技术出版社，1991年，第69~84页。

图一四　三星堆遗址出土玉璋
（K2③：201-4）

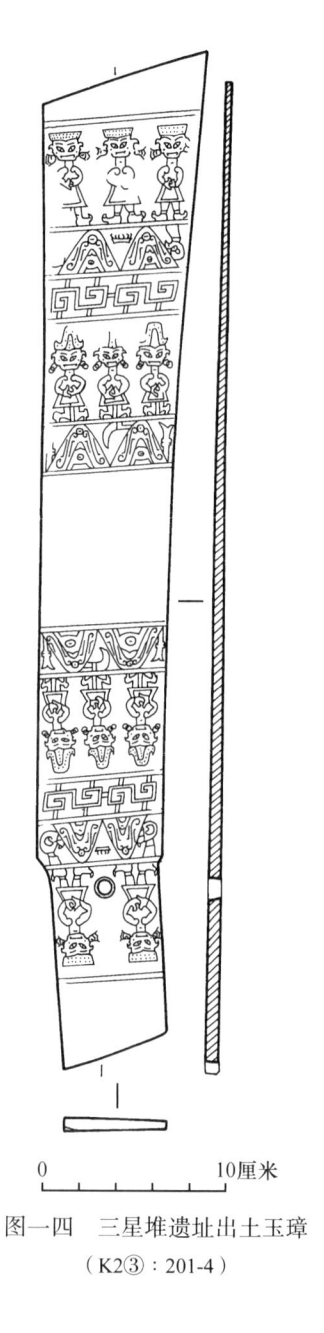

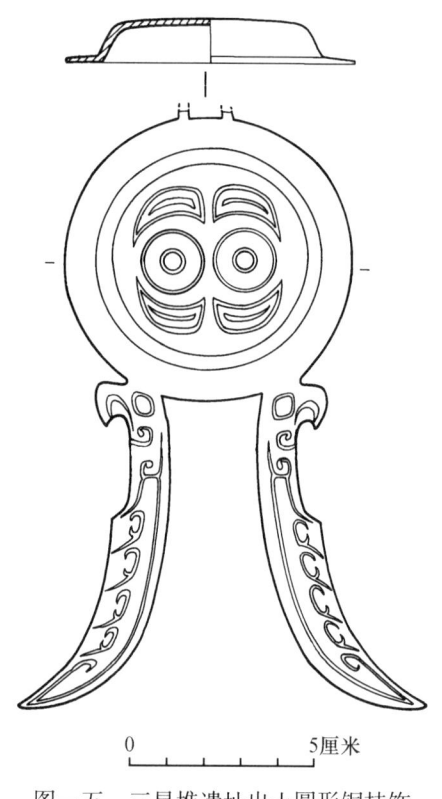

图一五　三星堆遗址出土圆形铜挂饰
（K2③：115-7）

的社会原本是由多级邑聚构成的政区体系，这个体系掌握在两个发式不同但却有密切关系的族群手中[1]。但是，在没有文字资料的情况下，要将考古学文化与族属对应是有相当难度的，一个考古学文化可能是某一族群的文化，也可能是几个氏族、民族的文化共同体。近年的考古发现证明三星堆文化、十二桥文化分布非常广泛，三星堆文化集中分布在鄂西、渝东及成都平原，十二桥文化的分布更是西抵四川盆地西缘青衣江流域的沙溪遗址[2]和乌江流域[3]，岷江上游的石棺葬也可见其影

---

[1] 孙华、苏荣誉：《神秘的王国——对三星堆文明的初步理解和解释》，巴蜀书社，2003年，第217～221页。

[2] 四川省文物管理委员会、四川省文物考古研究所、四川省雅安地区文物管理所：《雅安沙溪遗址发掘及调查报告》，《南方民族考古》（第三辑），四川科学技术出版社，1991年，第293～304页。

[3] 重庆市文物考古研究所、重庆文化遗产保护中心、四川大学历史文化学院考古学系：《酉阳清源》，科学出版社，2009年，第4页。

响[①]。在这广袤的区域当时一定分布着许多古代族群,要将这些族群与考古学文化一一对应目前显然是做不到的,因此我们只有另辟蹊径进行探讨。

四、政权分化

从三星堆祭祀坑到金沙遗址祭祀区,多种人像的延续情况可能反映出其所属族群地位的消长变化。金沙遗址出土大金面具的形制与三星堆一号坑出土的金面罩(K1:282)较为接近(图一六)。玉尖耳神人头像的造型特点与三星堆祭祀坑出土的铜神坛(K2③:296)上的扁平人头像几乎一致,均为长眉、大眼、直鼻、阔口,下颌凸出,头顶有似头发的饰物向前卷曲[②](图一七)。不同之处在于玉尖耳神人头像露齿。金沙遗址出土铜人头像与三星堆两个祭祀坑出土的圆顶笄发青铜人头像在发饰的处理上非常相近(图一八)。而金沙遗址金冠带上的人面形象与三星堆1号坑金杖(K1:1)的构图基本一致,均由人、箭、鸟、鱼组成[③],但其抽象化的人像与三星堆二号祭祀坑的圆形铜挂饰(K2③:115-7)构图近乎一致。从这些延续的人像分析,金沙遗址中写实的人面形象为祭祀的主体,这其中,又以梭形眼眶、圆形眼珠人像为主,同时保留的还有三角眼眶金面具和三角眼眶圆形眼珠人像。但是三星堆祭祀坑中常见的三角形眼眶、横棱状眼仁、面具式五官的青铜人像在十二桥文化时期的金沙遗址祭祀区则基本不见踪迹,相反却在成都平原其他几个遗址同时出现了先前没有的石跪坐人像。这些族群或阶层之间传承与变化的关系尚不能完全厘清,但这些人像的变化足以说明他们之间或许经历了剧烈的变革。

从祭祀方式来看,三星堆与金沙差别甚大,三星堆是平行坑状祭祀,而金沙遗址有坑状,也有堆积状祭祀;三星堆两个祭祀坑可能是一次性祭祀行为,而金沙遗址则持续到了春秋时期,是多次持续祭祀活动的结果,其祭祀的内容、对象以及具体事件应当是不同的。三星堆祭祀坑还有很多象牙、牺牲,可以说是倾其所有,是非常庄严、从容地举行仪式;而金沙遗址第7、8层则基本不见牺牲,实用器也少,甚至有尚未加工完成的作品,显得时间紧迫。若金沙遗址祭祀区以L19遗迹为代表的用石跪坐人像、石虎、石蛇、石璧等祭祀的场景与战争有

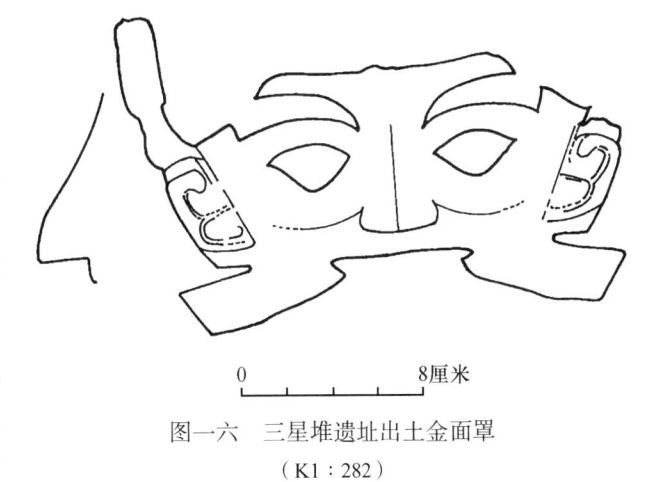

图一六 三星堆遗址出土金面罩
(K1:282)

---

① 徐学书:《岷江上游石棺葬文化综述》,《四川大学考古专业创建三十五周年纪念文集》,四川大学出版社,1998年,第222~245页。茂县营盘山石棺葬有十二桥文化的典型器物尖底杯等,资料现存成都文物考古研究院。
② 四川省文物考古研究所编:《三星堆祭祀坑》,文物出版社,1999年,第231页。
③ 孙华、谢涛:《金射鱼纹带》,《金沙淘珍——成都市金沙村遗址出土文物》,文物出版社,2002年,第23~26页。

图一七 三星堆遗址出土铜神坛上的神人头像
（K2③：296）

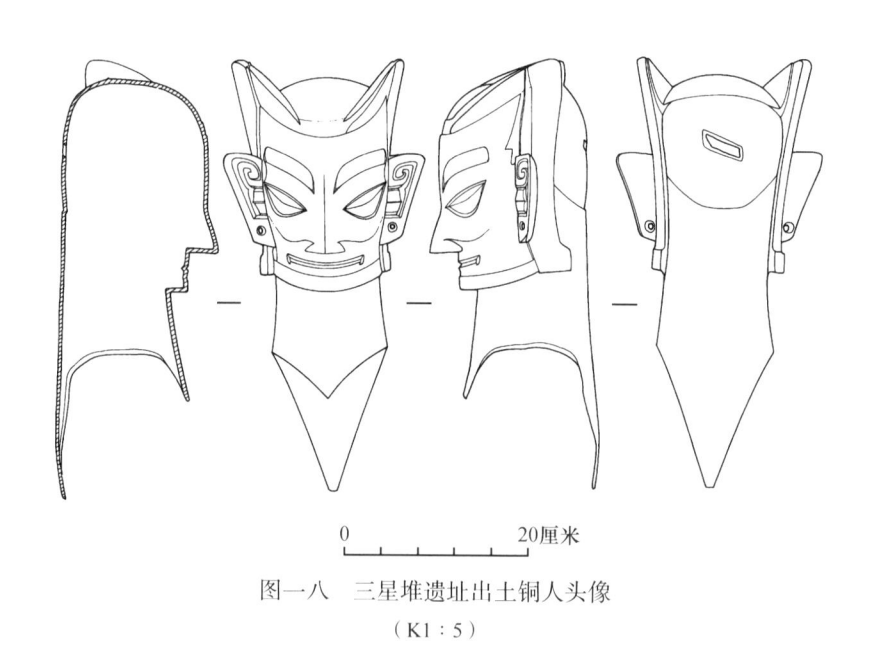

图一八 三星堆遗址出土铜人头像
（K1：5）

关的话[1]，那么石跪坐人像就当是交战的敌方、主要敌对族群或阶层，很可能是献俘告功祭祀仪式的替代品。

如此一来，这类石跪坐人像代表的族群在成都平原就当广泛存在。然而，我们也要注意到，三星堆祭祀坑中大量出现的某些族群在十二桥文化时期的金沙遗址消失了，这类处于祭祀主体敌对的

---

[1] 王方：《对成都金沙遗址出土石雕作品的几点认识》，《成都考古研究》（一），科学出版社，2009年，第285~299页。

族群或阶层也有可能是来自三星堆文化统治阶层中的一个族群，进入十二桥文化后其地位发生了根本的改变。

三星堆金杖上梭形眼眶、圆形眼珠人群的地位应当是被三星堆二号祭祀坑的圆形铜挂饰所代表的族群替代了，也有可能金沙遗址金冠带中的圆圈和弧边长方形抽象化的人像是其延续。三角形眼眶圆形眼仁人像、三角眼眶脸型较宽短的金面具也有传承、延续；而三星堆祭祀坑的三种梭形眼眶、圆眼珠的人像多为扁圆脸，脸型与瘦长的石跪坐人像差别很大，石跪坐人像与它们属于同一族属的可能性非常小。

三星堆祭祀坑中常见的三角形眼眶、横棱状眼仁、面具式五官的青铜人像的销声匿迹则可在石跪坐人像身上找到蛛丝马迹。孙华认为金沙村遗址有可能是三星堆古城的一部分人们在脱离三星堆古城以后建立的一个新城，这部分人有可能就是三星堆王国中执掌行政权力的脑后留着辫子的这个族群[1]。但仔细比较可以发现，金沙遗址祭祀区出土的青铜立人像无论是面部形象还是发饰冠戴都与三星堆遗址出土的辫发青铜人头像有明显的差异。首先，在金沙遗址，三角形眼眶、横棱眼睛的眼部特征已基本被祭祀主体舍弃，保留下来的是更为真实的梭形眼眶和圆形眼仁。其次，面具式的五官表情变得不再重要，写实风格的人面像成为流行。因此，从面部形象及表情上比较，三星堆辫发青铜人头像与金沙遗址铜立人完全不同，但同时要注意的是，这种风格上的变化并不能成为区分族群差异的关键。最后，从发饰上比较，三星堆辫发青铜人头像均戴冠，无法确认其顶部发饰，但其发辫确为脑后部分头发所编，辫发位置均开始于后脑勺以下，两边耳后部分似剃发；金沙铜立人的发辫则应当为所有头发所编，其辫发开始于冠饰以下，与三星堆辫发青铜人头像在发饰上有着根本的不同。而反观石跪坐人像，他们却有着高度的相似性。他们脸型瘦长，脑后部分辫发均从后脑勺以下开始，两耳后有剃发，很可能属于同一族属。发展到十二桥文化时期，主导祭祀的权力阶层舍弃了横棱状眼仁的表达方式，却使用石跪坐人像中写实风格的表达方式作为替代品。同时，金沙遗址不见脸型较瘦长的金面罩似乎也进一步说明三星堆二号坑这类脸型瘦长的辫发青铜立人像没有被金沙遗址所继承或接纳。若三星堆祭祀坑这类脸型瘦长的青铜人像与金沙遗址石跪坐人像共属同一族群，无疑说明从三星堆文化到十二桥文化是古蜀政权内部分化的结果，从三星堆祭祀坑到金沙遗址祭祀区是政治中心转移的标志。三星堆遗址的两个祭祀坑无疑也可以作为三星堆文化与十二桥文化之间的界标，祭祀坑中出现的尖底盏等属于十二桥文化时期的器物是这一政权分化、文化更替的物质化体现。

五、小　　结

本文从金沙遗址石跪坐人像的时代与分类入手，通过考察三星堆祭祀坑与金沙遗址祭祀区各种人像图案的异同与变迁，认为石跪坐人像很可能与三星堆祭祀坑中脸型瘦长的青铜人像属于同一族群。从三星堆文化到十二桥文化是古蜀政权内部分化的结果，从三星堆祭祀坑到金沙遗址祭祀区是政治中心转移的标志。

---

[1] 孙华、苏荣誉：《神秘的王国——对三星堆文明的初步理解和解释》，巴蜀书社，2003年，第179页。

浅析古蜀太阳崇拜文化源流

明文秀

（成都金沙遗址博物馆）

一、引　言

太阳崇拜是流行于世界各地早期人类历史的一个普遍现象，深刻地影响和渗透到人类的生产、生活、宗教、哲学、政治、审美、艺术创作，甚至情感之中。英国人类学家爱德华·泰勒曾说过："凡是有阳光照耀到的地方，均有太阳崇拜的存在。"然而不同的地理与人文环境又造就了太阳崇拜文化的多样性，反映了不同人群的心路历程，它们有的在文化交往中继续更新、融合或升华。

考古资料证实早在3000多年前，地处中国西南的古蜀人"对太阳的情感似乎最为真挚"[1]，他们创造了各种金、玉、铜、石、陶、木等质地的太阳神器及精美的太阳图案，表达了一个完整的"多元一体"太阳崇拜体系，是古蜀先民精彩奇幻精神世界中的一个极其重要的组成部分，也是古蜀文明区别于其他文明的重要标志，极大地延伸了太阳崇拜和太阳文化内涵。

以往，大多学者和民众对古蜀太阳崇拜的探讨多着眼于三星堆和金沙遗址所透露的历史信息，而体系化的太阳崇拜不可能是无源之水。武仙竹和马江波两位先生认为："太阳崇拜文化在三峡地区最初形成后（距今约8500～7800年），迅速向其他地区传播……在西南地区影响很大，并且形成多种有特色的文化传统。首先，通过尊崇神乌或凤凰来反映太阳崇拜的文化传统，在四川盆地得到极度夸张的体现。"[2]

笔者受以往各地太阳崇拜文化和成都平原先秦时期相关研究的启发，认为古蜀太阳崇拜相关内容还有进一步梳理的必要，现就其本源聊抒浅议，谨请大家批评指正。

二、蜀地太阳崇拜考古资料

纵观历史长空，太阳崇拜有文献、神话传说、文学、音乐、绘画、建筑、服饰、器物等多种表现形式，考古资料以太阳图案和器物居多，关联到世界上大多数国家、地区或民族。纹饰图案在

---

[1] 王仁湘、张征雁编著：《金沙之光：往古来今的太阳故事》，四川人民出版社，2008年，第28页。
[2] 武仙竹、马江波：《三峡地区太阳崇拜文化的源流与传播》，《四川文物》2019年第2期。

满足人类现实功能需要的同时，兼具了文化认同或族群审美、标识的功能，因而，它作为一种文化传统和精神信仰，较之器物的发展变化，更易于传承，即"其变化与器型的变化并不会完全同步"[①]。"（陶器上的图形）在满足功能需求的同时完成了精神层面的渴望。随着制陶术的发展与完善，一切重要事件和带来刺激的感知都会成为描述的对象与素材，将生活的很多方面进行再现，技法上的表现与组合也更加丰富多样。"[②]下面，笔者尝试选取蜀地代表性的考古资料去厘清蜀地太阳崇拜源头的历史信息。根据图像对太阳的表达，将其分为具象和关联物两大类。

第一类：具象类，即中间圆形是阳部，外围是线条状太阳芒纹。这是古蜀人"观物取象"对太阳的直接描摹，从新石器时代晚期延续至秦汉，也是太阳崇拜最直接的表达。根据芒纹形状分成五型。

A型　静态型。中间阳部凸起，外围是均匀分布的直线芒纹，一般是多个太阳纹组合。郫县李家院子十二桥文化遗址H2∶53带系罐，泥质灰陶，肩腹部刻划三角纹、菱形纹和弦纹组合图案。三角纹内饰戳印的麻点，菱形图案内刻划出太阳图案，图案布局严谨规整[③]（图一，6）。

B型　动态型。中间阳部不明显或靠外围芒纹围合而成，芒纹弯曲呈旋转状。宝墩遗址圈足（T2530⑦∶12），夹砂灰陶，圈足底饰旋转的射线，实为太阳纹[④]（图二，2）。三星堆遗址铜挂饰（K2②∶70-5）（图二，3）和铜神殿（K2③∶143-1）顶部[⑤]、金沙遗址太阳神鸟金饰[⑥]、祭祀区平底器（ⅠT7009-7110⑮∶62）[⑦]、郫县天台村遗址圈足（TN4W10⑥∶1）[⑧]（图二，4）等器物上的太阳纹均延续了其旋转动态的风格，仅旋转方向不尽一致。

C型　花瓣形，目前在蜀地仅见一例，中间为圆形，外围是短粗的芒纹，形似花瓣。汉源龙王庙新石器时代遗址陶片（T3349⑦∶12）[⑨]（图三，2），夹砂陶，太阳纹与网格纹、弦纹组合。

D型　星形。中间圆圈是太阳，外围芒纹呈连弧角状等分布局，有六角、八角、九角之分，学界一般将其统称为"八角星纹"。三星堆遗址铜挂饰（K2③∶39）（图四，3）、铜神殿（K2③∶143）顶部（图四，4）、铜耳（K2③∶193-62）[⑩]，金沙遗址万博地点陶纺轮

---

① 周丽：《成都平原史前文化陶器纹饰研究》，《江汉考古》2017年第1期。
② 王丽红：《浅析新石器时代彩陶图形中的设计意识》，《四川文物》2014年第2期。
③ 成都文物考古研究所：《四川郫县广福村李家院子古遗址发掘简报》，《成都考古发现》（2009），科学出版社，2011年。
④ 成都文物考古研究所、新津县文物管理所：《新津县宝墩遗址鼓墩子2010年发掘报告》，《成都考古发现》（2012），科学出版社，2014年。
⑤ 四川省文物考古研究所编：《三星堆祭祀坑》，文物出版社，1999年。
⑥ 成都文物考古研究所：《金沙——21世纪中国考古新发现》，五洲传播出版社，2011年，第21~24页。
⑦ 笔者在金沙遗址文物库房所见。
⑧ 成都文物考古研究所、郫县望丛祠博物馆：《郫县天台村遗址先秦文化遗存试掘简报》，《成都考古发现》（2010），科学出版社，2012年。
⑨ 四川省文物考古研究院、雅安市文物管理所、汉源县文物管理所：《四川汉源县龙王庙遗址2008年发掘简报》，《四川文物》2013年第5期。
⑩ 四川省文物考古研究所编：《三星堆祭祀坑》，文物出版社，1999年，第298、300、232、235、340、344页。

（T5240⑥：1、T5241⑥：18）①（图四，5、6）均有此种纹饰出现。虽说其解读尚有众多争议：有太阳、鱼纹、"巫"字、"贞"字、龟、式盘、织机、花蒂、九宫等，但大多均认定它与太阳有关，不仅是太阳的形象表达，还与以太阳定位的观念有关联。

E型　太阳形器，即仿太阳形的器物。三星堆遗址器物坑出土6件太阳形器②（图五，3），中间阳部凸起；最外围是晕圈；五芒呈放射状均匀分布，连接着阳部和晕圈。

第二类：抽象或关联物，主要有太阳鸟、太阳神、太阳神树、眼形器（天眼）。它们是商周时期古蜀人非凡的想象力和创造力的完美结晶，造型奇特，制作精美，诡谲玄幻，体现了古蜀先民以太阳确立最初的时空意识和思维结构，印证了《山海经》与《淮南子》两本奇书的相关记载，是古代人类太阳崇拜原始思维和神话故事的深层次表达。三星堆铜鸟（K2②：194-1）③（图六，5）与金沙太阳神鸟金饰，巧妙地将太阳与鸟结合，是古蜀人"神鸟负日"神话的思维载体。三星堆遗址神树（K2③：272）④（图六，4）将祭司、神树和太阳鸟三合为一，形象地演绎了"汤谷上有扶桑，十日所居……九日居下枝，一日居上枝"和"汤谷上有扶木，一日方至，一日方出，皆载于鸟"的奇幻场景。三星堆青铜立人的特殊冠式，兽面冠眉心正中饰"日晕"纹（图七，3），金沙青铜立人冠式则直接仿太阳旋转之状（图七，4），他们站立在高台上，身着华服，表情严肃，双手中空弯曲于胸前呈握物状，应该是古蜀太阳神的形象。王仁湘先生结合人类学和民族学材料，指出："（三星堆）立人冠的冠式当反映有太阳崇拜的古风。"在远古时代，人们认为太阳是天神的眼睛。他们创造了各种形象的眼形器物或图案以作为太阳的代表。这已在国内外众多神话故事中被提及，众多学者研究成果也推演了天神、太阳与眼睛三者之间的逻辑关系。王仁湘先生认同三星堆青铜立人兽面冠饰上日晕是太阳的象征，认为"太阳是为天眼，兽面的双目与太阳图像似应作一体观，所以可称为'天眼冠'或'天目冠'……眼睛崇拜在古代蜀人的精神世界中是一个核心所在。当然这种眼睛崇拜只是一个表象，人们崇拜的并不是单纯的眼睛，而是眼睛代表的另外的客体"⑤，这个客体有可能就是太阳。黄剑华利用文献和人类学等资料对三星堆众多神器进行了有意思的解读，认为"三星堆古蜀遗址出土的青铜神树与众多的铜鸟造型，便是十日神话和鸟崇拜观念的形象展现。显而易见，这种自成体系的十日神话和浓郁的鸟崇拜观念，并非来于殷商或东夷，而具有古蜀的显著特色……三星堆还出土了许多与太阳神话和太阳崇拜观念有密切关系的器物，比如青铜太阳轮形器，圆日形状的青铜菱形眼形器，四面坡状神殿屋盖上的圆日图像，胸前有圆日图案的人面鸟身像，等等。"⑥

---

①　成都市文物考古研究所：《成都金沙遗址万博地点考古勘探与发掘收获》，《成都考古发现》（2002），科学出版社，2004年。

②　四川省文物考古研究所编：《三星堆祭祀坑》，文物出版社，1999年，第235、238、239、247、248页。

③　四川省文物考古研究所编：《三星堆祭祀坑》，文物出版社，1999年，第219~221页。

④　四川省文物考古研究所编：《三星堆祭祀坑》，文物出版社，1999年，第221、226页。

⑤　王仁湘：《三星堆青铜立人冠式的解读与复原——兼说古蜀人的眼睛崇拜》，《四川文物》2004年第4期。

⑥　黄剑华：《三星堆太阳崇拜探讨》，《中华文化论坛》2001年第2期。

由此观之，古蜀先民太阳崇拜由来已久，可早到新石器时代晚期，距今4000多年。早期阶段，他们"观物取象"，进行具象描摹，已初步产生了太阳崇拜与太阳神话的思维体系；商周时期，他们创造了众多的神器或纹饰图案，太阳崇拜已进入一个高级阶段：表现形式多元化，内容体系化，异常绚丽多彩，"互渗"与"转形"的思维模式得以充分体现，形象具有多变性，太阳可以是光芒四射的本尊，也可幻化成鸟、眼睛或人形等，它可以居住在神树上，也可以坐在神鸟上翱翔于空中。

三、蜀地太阳崇拜探源

古蜀先民如此精彩的太阳崇拜，究竟是源自西北、东部、中原等地，还是本土呢？笔者结合相关的考古资料试着去探寻其源头。

第一类A型太阳纹目前在成都平原周边地区茂县营盘山[①]（图一，1）、茂县姜维城[②]（图一，2）、绵阳边堆山[③]、宣汉罗家坝遗址[④]、忠县哨棚嘴[⑤]（图一，3）、宜昌中堡岛[⑥]（图一，4）等新石器时代遗址中有零星发现，以营盘山和姜维城最早，二者皆为岷江上游营盘山文化的重要遗址，年代距今约5500～5000年。

此型太阳纹较早见于黄河中、上游地区，如中游的仰韶文化大河村类型遗址；上游甘青地区，其最早出现在大地湾一期文化，后在甘肃兰州（图一，5）等马家窑文化遗址，最后在青铜时代辛店文化达到鼎盛。依据伴出文化元素、时间顺序和地缘关系，我们推测蜀地多组太阳纹图案极有可能来自甘青地区，经过岷江上游传至成都平原，它们之间的微妙区别不排除是由文化传播的时空差异导致的。以营盘山文化为代表的岷江上游地区新石器时代文化，与甘南武都大李家坪新石器时代遗址等仰韶文化晚期遗存有较多的文化元素共性[⑦]。而"川东长江沿岸的新石器时代文化很大部分可能源于嘉陵江流域的原始文化，哨棚嘴文化中发现的与马家窑文化相似的因素当是通过白龙江与嘉陵江流域交流的结果。"[⑧]

[①] 成都市文物考古研究所、阿坝藏族羌族自治州文管所、茂县博物馆：《四川茂县营盘山遗址试掘报告》，《成都考古发现》（2000），科学出版社，2002年。

[②] 四川省文物考古研究所、阿坝州文物管理所、汶川县文物管理所：《四川汶川县姜维城新石器时代遗址发掘报告》，《四川文物》2004年增刊。

[③] 中国社会科学院考古研究所四川工作队：《四川绵阳市边堆山新石器时代遗址调查简报》，《考古》1990年第4期。

[④] 四川省文物考古研究院、达州市博物馆、宣汉县文物管理所：《四川宣汉县罗家坝遗址2015～2016年度新石器时代遗存发掘简报》，《四川文物》2018年第4期。

[⑤] 北京大学考古学研究中心、北京大学考古文博学院三峡考古队、重庆市忠县文物管理所：《忠县哨棚嘴遗址发掘报告》，《重庆库区考古报告集·1999卷》，科学出版社，2006年，第580、581页。

[⑥] 国家文物局三峡考古队：《朝天嘴与中堡岛》，文物出版社，2001年，第191、192页。

[⑦] 陈剑：《波西、营盘山及沙乌都——浅析岷江上游新石器文化演变的阶段性》，《成都考古研究》（一），科学出版社，2009年，第155页。

[⑧] 江章华：《岷江上游新石器时代遗存新发现的几点思考》，《四川文物》2004年第3期。

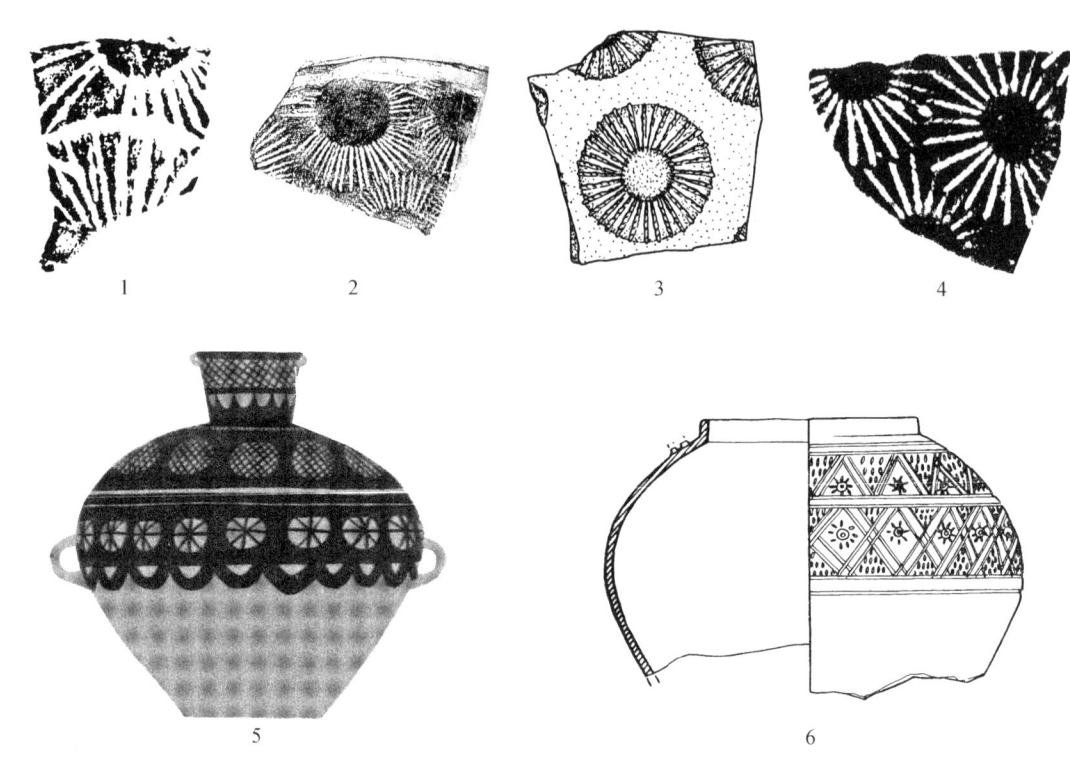

图一 第一类A型太阳纹

1. 茂县营盘山遗址陶片（T8③∶18） 2. 茂县姜维城遗址陶片（H30∶82） 3. 忠县哨棚嘴遗址 4. 宜昌中堡岛遗址陶片（99ZGST312⑯B∶11） 5. 甘肃兰州古遗址陶壶（采自《中国彩陶图谱》，图59） 6. 郫县李家院子遗址带系罐（H2∶53）

B型与A型太阳纹早期情况基本一致，只是缺乏岷江上游环节，估计是文化传播中人们主动选择的结果。甘青地区彩陶从大地湾仰韶文化中期开始流行旋转图案（图二，1）。这种旋转图案似在模拟太阳的旋转之状。

C型和D型太阳纹可能沿着长江沿岸从中游传入。其原始形态较早出现在湖南沅江上游高庙文化遗址（距今约7400～7100年）白陶上[①]（图三，3），后沿沅江传入三峡地区。其中C型太阳纹在三峡地区商周时期的万州塘坊坪遗址[②]、湖北巴东雷家坪遗址[③]（图三，4）、秭归王家坝遗址[④]中多有出现。D型太阳纹形制与中原安阳地区商代铜弓形器纹饰最接近，也不排除其受中原地区影响，抑或是二者文化交流的结果。甘肃永登杜家台（图三，1）、康乐县边家林遗址（图四，1）等马家窑文化遗址彩陶也有类似的图案，但从当地彩陶图案演变轨迹推测，其应为模拟植物花瓣，是否与太阳有关联尚需进一步讨论。

---

① 湖南省文物考古研究所：《湖南辰溪县松溪口贝丘遗址发掘简报》，《文物》2001年第6期；湖南省文物考古研究所：《湖南洪江市高庙新石器时代遗址》，《考古》2006年第7期。
② 陕西省考古研究所三峡考古队、重庆市文物局等：《万州塘坊坪遗址2001年考古发掘报告》，《重庆库区考古报告集·1997卷》，科学出版社，2001年，第489、494页。
③ 国务院三峡工程建设委员会办公室、国家文物局：《巴东雷家坪》，科学出版社，2009年，第49页。
④ 湖北省文物考古研究所：《秭归王家坝遗址发掘简报》，《湖北库区考古报告集》（第一卷），科学出版社，2003年，第728页。

浅析古蜀太阳崇拜文化源流 117

图二 第一类B型太阳纹
1. 甘肃秦安大地湾遗址陶钵（采自《中国彩陶图谱》，图89） 2. 新津宝墩遗址圈足器（T2530⑦：12） 3. 广汉三星堆遗址铜挂饰（K2②：70-5） 4. 郫县天台村遗址圈足器（TN4W10⑥：1）

图三 第一类C型太阳纹
1. 甘肃永登杜家台遗址束腰罐（采自《中国彩陶图谱》，图271） 2. 汉源龙王庙新石器时代遗址陶片（T3349⑦：12）
3. 湖南洪江高庙新石器时代遗址彩绘白陶片 4. 湖北巴东雷家坪遗址陶片（99BL404⑥）

图四　第一类D型太阳纹

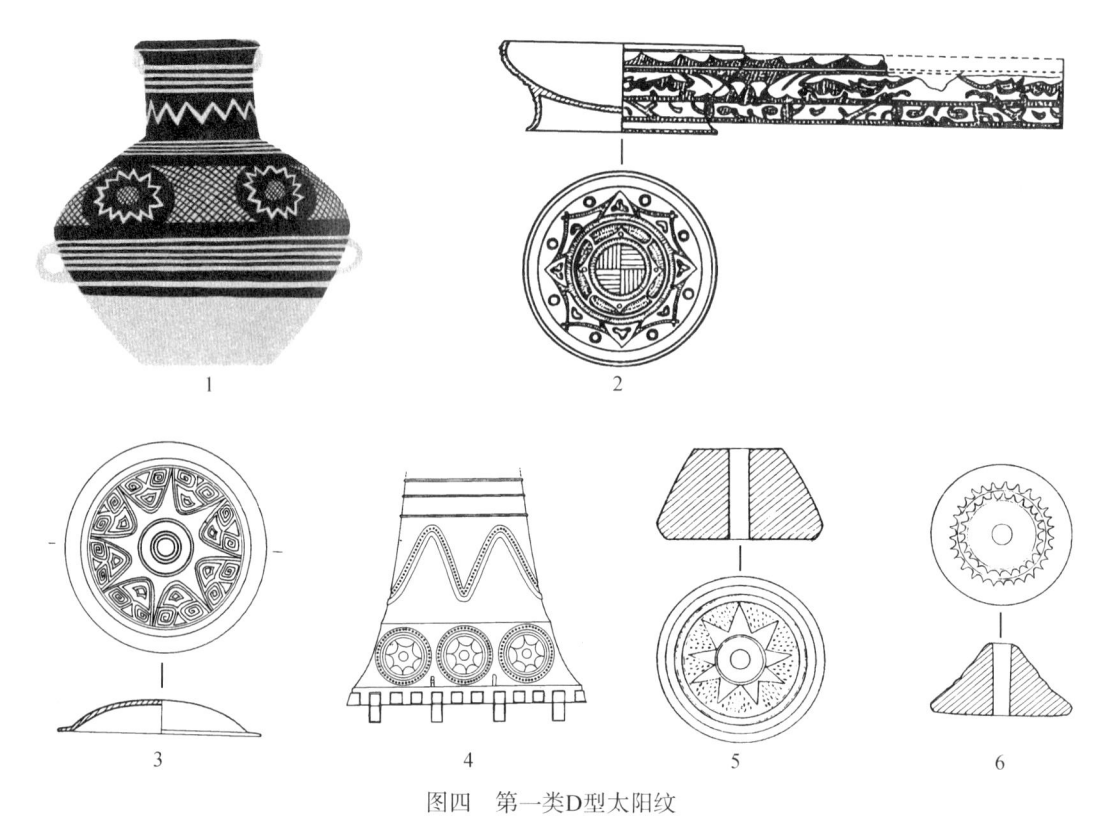

1. 甘肃康乐边家林遗址陶壶（采自《中国彩陶图谱》，图325）　2. 湖南辰溪县松溪口贝丘遗址陶盘（T1⑦：6）
3、4. 广汉三星堆遗址神殿屋盖（K2③：39、K2②：143）　5、6. 金沙遗址万博地点陶纺轮（T5240⑥：1、T5241⑥：18）

E型太阳形器形状与甘青地区彩陶文化有关，马家窑文化彩陶中常见一字形、Y字形、十字形分割圆圈的图案（图五，1）。另外，形制与重庆巫山大水田遗址[①]大溪文化遗存中的车轮状环形饰相似（图五，2），环形饰内部用一字形、Y字形、十字形隔断，实现二、三、四等分，时代距今6000～5000年。该遗址还出土泥质红陶面具形器、人面饰、鸟头形饰、人形饰等带有明显宗教含义的器物，与商周时期古蜀宗教祭祀文化可能存在某种关联。

第二类图案目前较早发现的有鸟纹和神人纹。草卉纹和变体鸟纹是营盘山文化彩陶主要纹饰，其中草卉纹（图六，3）应是写意化的鸟纹。甘青地区鸟纹较多，兰州王保保城（图六，1）、永登蒋家坪和秦安焦家沟（图六，2）彩陶中均有类似的图案。严文明先生认为："鸟纹经过一个时期的发展，到马家窑期即已开始旋涡纹化，而半山期的旋涡纹和马厂期的大圆圈纹，形象似拟太阳，可称之为拟日纹，当是马家窑类型的旋涡纹的继续发展。可见鸟纹同拟日纹本来就是有联系的。"[②]另外甘肃皋兰县糜地岘等遗址出土的马家窑时期鸟头把手勺[③]也是一个值得注意的现象，是否与成都平原鸟头形陶勺把手有关系呢？

---

① 重庆市文化遗产研究院、巫山县文物管理所：《重庆市巫山县大水田遗址大溪文化遗存发掘简报》，《考古》2017年第1期。
② 严文明：《甘肃彩陶的源流》，《文物》1978年第10期。
③ 张朋川：《中国彩陶图谱》，文物出版社，1990年，第276页，图322。

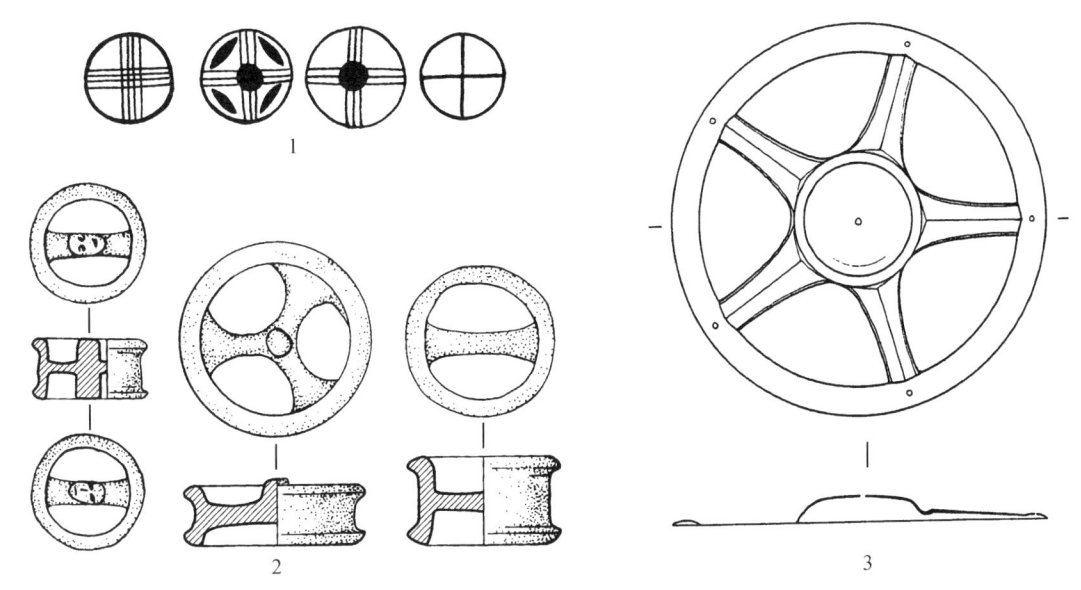

图五　第一类E型太阳纹

1. 甘青马家窑彩陶十字纹图案　2. 重庆巫山大水田遗址环形饰（T0912⑤∶1、M258∶4、H150∶4）
3. 广汉三星堆遗址太阳形器（K2③∶1）

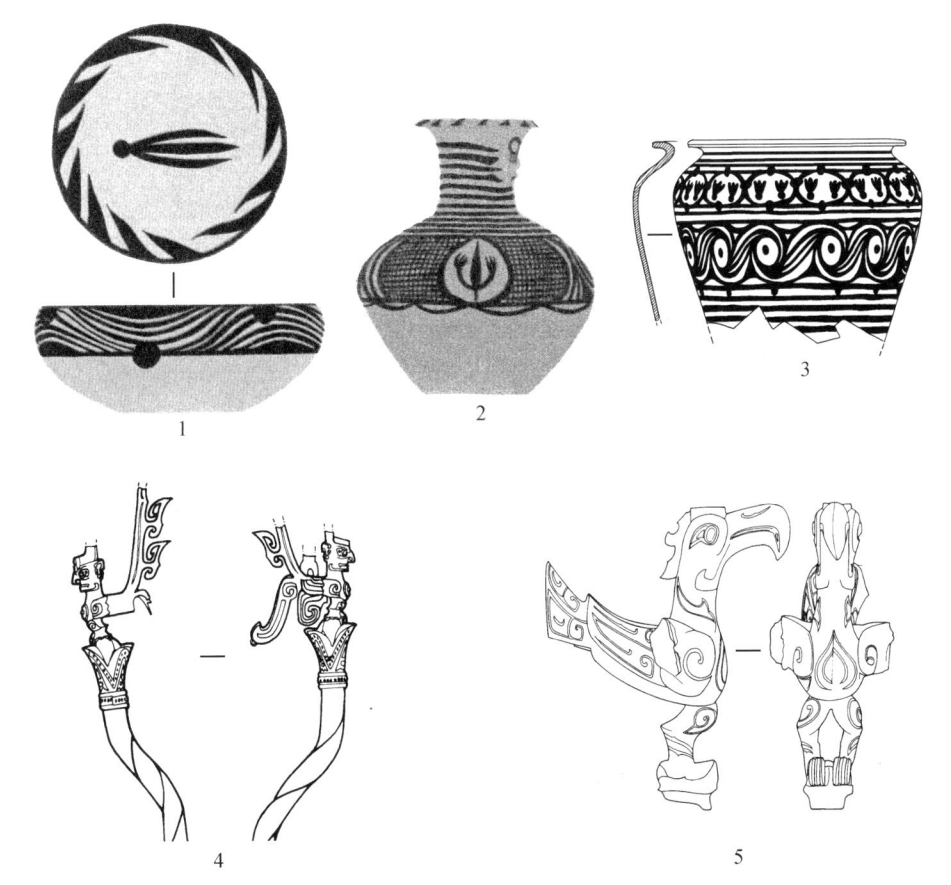

图六　太阳鸟与神树

1. 甘肃兰州王保保城遗址彩陶碗（采自《中国彩陶图谱》，图213）　2. 甘肃秦安焦家沟遗址彩陶瓶（采自《中国彩陶图谱》，图122）　3. 茂县营盘山遗址彩陶罐（H8∶1）　4. 广汉三星堆遗址神树（K2③∶272）　5. 广汉三星堆遗址太阳神鸟（K2②∶194-1）

甘肃会宁县牛门洞、康乐县清水、临洮县和兰州等半山类型的马家窑彩陶壶上常见一种半具象的神人纹[1]，圆形的头，上肢和下肢呈"W"状，身边是圆形或谷粒形图形，其解读有"蛙纹"[2]、"撒谷播种的神人"[3]、"男性先祖"[4]、"太阳神"[5]。其中康乐县清水地区彩陶瓶肩腹部有四组神人和四个圆圈二方连续图案[6]（图七，1），无独有偶，在三峡地区秭归东门头遗址采集了一块与此类似的神人石刻[7]（图七，2），在长条形砂岩上阴刻一组图案，中间为写意化的男性形象，其头顶有一条线指向顶部的太阳，太阳散发出数道光芒，男子腹部两侧有四个大小不一的圆形图案，应为星辰。整组图案将太阳与人结合，想必此人定非凡人，当是太阳神无疑。三星堆与金沙青铜立人形象的太阳神也许正是上述两地文化的延续。

综上所述，笔者斗胆推测古蜀太阳崇拜的文化传统并非单一来源，可能具有"多元化"特征，是古蜀与成都平原西北、东部等周边文化交流的结果，但主体可能还是来源于西北甘青地区，当同时也受到来自峡江地区新石器时代太阳文化传统的影响。首先是此地有延续时间较长的太阳崇拜实

图七　太阳神
1. 康乐县清水彩陶瓶（采自《中国彩陶图谱》，图719）　2. 秭归东门头太阳人（日采：127）　3. 广汉三星堆遗址青铜立人（K2②：149、K2②：150）　4. 金沙遗址青铜立人（2001CQJC：17）

---

[1] 张朋川：《中国彩陶图谱》，文物出版社，1990年，第276页，图322。
[2] 李湜：《彩陶蛙纹演变机制初探》，《美术史论》1989年第1期。
[3] 张朋川：《中国彩陶图谱》，文物出版社，1990年，第59页。
[4] 邱立新：《彩陶蛙纹、神人纹歧议评考》，《西北民族学院学报》（哲学社会科学版）1996年第3期。
[5] 刘铮：《甘青地区史前太阳神信仰初探》，西北师范大学硕士学位论文，2010年。
[6] 张朋川：《中国彩陶图谱》，文物出版社，1990年，第276页，图322。
[7] 国务院三峡工程建设委员会办公室、国家文物局：《秭归东门头》，科学出版社，2010年，第73、75页。

物材料；其次太阳崇拜作为一种精神文化，最大的可能性是随文化主人一同迁徙。现有考古资料显示，成都平原早期文化来自岷江上游的可能性极大。其迁移路线从甘青地区到岷江上游，再到成都平原，虽然其间还存在诸多缺环，但我们不能因为一种因素的缺环性而去否定三地之间文化上的传承关系[1]。"营盘山文化与白龙江流域新石器时代文化（以甘肃武都县大李家坪新石器时代遗址为代表）的第三期和第四期遗存之间存在一些相似的文化元素，他们的时代也不会相距太远。"[2]何锟宇认为"宝墩文化当主要源自川西北以姜维城、营盘山遗址为代表的马家窑类型以及稍晚的下关子遗存……同时，又吸收了来自长江中游的挖壕筑城、水稻种植技术和某些制陶工艺，以及四川盆地东部峡江地区的一些文化因素，从而独立发展成为一支龙山时代的新兴考古学文化"[3]。新石器时代古蜀文化尚且如此，更不用说其精神信仰。

商周时期，以三星堆和金沙文化为代表的蜀国太阳崇拜产生了明显的跳跃性发展：太阳崇拜在古蜀人整个原始宗教信仰里占据了极其重要的地位，与其他自然崇拜、图腾崇拜、祖先崇拜、巫祭集团共同构成了一个完整的原始宗教信仰体系，实现了神权与王权的有机结合，并成为上层维系古国统一稳定的强大精神支柱。这种变化背后最大的可能性是，当时以蜀王为首的古蜀国在继承自身信仰的基础上，吸纳融合了周边族群的信仰而进行了一次广泛的文化资源整合与提升，将太阳崇拜作为与周边其他族群进行有效交流的共同话题，并在交流中扩展自己的影响力，其目的就是为了维持古蜀国的生存和发展。

四、结　语

以金沙为代表的十二桥文化后，蜀地进入传说中的开明王朝时期。此后，我们还能从成都商业街大型船棺墓葬和青羊小区工地出土的狩猎纹铜壶上窥见蜀地太阳崇拜的孑遗。公元前316年，秦国强势并蜀，掩去了蜀地最后的太阳之光，古蜀国失国后部分遗民可能向西迁移又回到了祖居地——岷江上游地区，重新融入当地的古羌体系，部分地区保留了太阳崇拜习俗，并延续至今。《华阳国志·蜀志》载："其（望帝杜宇）相开明，决玉垒山以除水害。帝遂委以政事，法尧舜禅授之义，禅位于开明。帝升西山隐焉。"任乃强先生校注："西山，岷江西岸诸山之统称。羌氏民族所居，杜宇先世亦出于此。"[4]徐学书先生曾指出："今岷江上游的羌族与本土冉駹人存在重要渊源关系，而冉駹为古蜀人的后裔支系，因而今日羌族依然盛行与古蜀人、冉駹大体相同的自然崇拜和巫术就应源自本土古蜀人支系冉駹的文化。"[5]羌族释比经典《拍德直改·西啊日耶》记载

---

[1] 万娇、雷雨：《桂圆桥遗址与成都平原新石器文化发展脉络》，《文物》2013年第9期。
[2] 成都市文物考古研究所、阿坝藏族羌族自治州文管所、茂县博物馆：《四川茂县营盘山遗址试掘报告》，《成都考古发现》（2000），科学出版社，2002年。
[3] 何琨宇：《试论宝墩文化的源头》，《南方民族考古》（第十二辑），科学出版社，2016年，第23页。
[4] （晋）常璩撰，任乃强校注：《华阳国志校补图注》，上海古籍出版社，1987年，第118、122页。
[5] 徐学书：《略论羌族文化与古蜀文化的渊源关系——兼论羌族与黄帝的渊源关系》，《西南民族大学学报》（人文社会科学版）2012年第12期。

的20余位太阳神,"在一定的意义上,它是金沙太阳神的活态文本。"[1]羌族神话《月亮和九个太阳》、《太阳和公鸡》、《太阳》和《羌族为什么迁来四川》等记载了羌族太阳崇拜和羌蜀关系的族群记忆[2]。牟托一号石棺墓出土的罍、盏、戈、剑等铜器与成都平原战国中晚期墓葬中出土的同类器的形制、纹饰方面都有极大的相似性,表明二者之间应存在文化传承或交流现象。铜镈钟(M1∶88)钟面与铜戟(M1∶135)本部的太阳纹则是当时石棺葬主人太阳崇拜的印记[3]。

---

[1] 赵曦、赵洋:《拍德直改——羌族古经中太阳神族群考释——兼论古蜀太阳神族与太阳神祭祀的蕴含》,《中华文化论坛》2009年第3期。

[2] 周毓华:《羌族的族群记忆——以羌族神话和传说为例》,《文化遗产》2013年第6期。

[3] 茂县羌族博物馆、成都文物考古研究所、阿坝藏族羌族自治州文物管理所:《茂县牟托一号石棺墓》,文物出版社,2012年,第34、35、43页。

"巴蜀图语"蠡测

——以什邡出土战国青铜器为例

杨 剑 李 灿

(什邡市博物馆)

"巴蜀图语"是四川、重庆及其相邻地区出土的战国青铜器上模铸或刻划的图形符号，它与同期的中原纹饰、文字迥异。这些单个或成组的图形符号，无疑是巴蜀古族独有的语言。《蜀王本纪》言蜀之古代"是时人萌椎髻左衽，不晓文字"，这些图形符号不具备文字的要素，且与中原文字同期共存，有的是在铸好图形符号后又添加刻划文字，它不是传统意义上的文字，这与史籍记载相符；这些图形符号在器身排列随意，又不具备纹饰的纯装饰性美感特征，不是纹饰。目前，尚未对其有较系统的识别。

什邡出土战国青铜器上模铸或刻划的图形符号可分为三类。一是纯装饰性纹饰，如云雷纹、曲尺纹、乳钉纹、三角纹、虎斑纹、网格纹、菱状S纹带等。这些纹饰抽象规范，讲究对称均衡，用间隔连续、重叠反复、错综一致等一系列造成美的形式规律，施于器表给人以美的感受，起到装饰器物的作用。二是文字或类文字符号。文字出现在西汉早期土坑墓M103的两个长方形印章上，分别阴刻"王邦""车"二字。战国中后期墓葬出土的兵器、工具、印章上都有"王"字。"王"字在印章里出现多，笔者认为它可能是最早进入巴蜀地区的中原文字，它所表达的意义就是中原文字"王"的意义，表示首领的意思。此外，有一种具有文字特征的类文字符号，战国晚期土坑墓出土的铜钺（M17：3）上阴刻有" "" "（"开明"？），秦时期土坑墓出土的铜戈（M59：21）阴刻直行排列的字符六个。三是具有特殊语意的图形符号，即"巴蜀图语"，在兵器、工具、印章上都有出现，以兵器最多。什邡出现的"巴蜀图语"与四川、重庆地区战国墓葬出土青铜器上的"巴蜀图语"有相同之处，亦有独特之处。因什邡城关战国秦汉墓地的墓葬延续时间长、形制复杂、随葬器物丰富、文化因素多样，本文拟对什邡出土青铜器"巴蜀图语"的特点进行研究，以点带面，有助于我们对"巴蜀图语"有更深的认识。

一、"巴蜀图语"与器物类型的联系

什邡"巴蜀图语"绝大多数出现在铜兵器上，有少数出现在其他青铜器上。我们对"巴蜀图语"铸刻在不同器物类别上的组合特点进行分析，探究"巴蜀图语"与器物类型的关系，发现"图语"的内涵与器物的用途有关联。

（一）兵乐器上的"图语"

什邡市博物馆在师古镇红豆村征集到1件战国青铜虎纽錞于，在盘首上铸有两个图形符号，即心纹、四瓣纹（？）。錞于是指挥军队进退的兵乐器。这个四瓣纹笔者认为是四瓣耳纹。四瓣耳纹意即四面都能听到该乐器发出的声音，心纹应是用心之意。这两个符号组合一起似可解释为作战者专心听见来自四面八方的军号令之意。

（二）生产生活用具上的"图语"

生产工具铜斤（M10:17）刻划有手纹及"ᒣ"形符号（图一），刻划纹具有浅、细的手刻特征，应为临时加刻。该图形符号组合仅此一例。手纹常见，其意就是使用者使用该物件时能够顺手。另一个纹饰就是工具凿东西的一个形象纹饰。这个纹饰组合就是希望使用者使用这个工具时得心应手。生活用具鍪（M1:27）口沿阴刻"Y"符号，釜甑（M10:22）口沿阴刻"Y""∞""Y"符号。笔者认为"Y"可能是模仿炊器放在灶上的一种形象纹饰。

图一　铜斤（M10:17）

（三）印章上的"图语"

什邡城关墓地出土印章共8枚，有2枚是汉字印，前文已提及，其余为"巴蜀图语"印。方形印章2枚，其中1枚印面图案分上下两组，上组图案又依一对角线分左上和右下两小组，均为雷纹及曲尺纹，下组图案左侧为蠹，右侧为铎，中间以"ᒧ"符号间隔。背面符号分为四组，顺时针为"＋""ᗞ""⧢""工"（M33:4）（图二）。李学勤认为这些符号可能是中原文字，并推测为"十方王"[①]。在城关墓地出土一方铭文砖上有"十方作"。此二者相互印证，说明"十方"地名的存在。另一枚印面图案以"⌐""ᗞ""ᒧ""ᠮ"符号构成（M33:5）。长方形印章1枚，印面图案以"心""手""王"符号构成（M95:5）。圆形印章3枚，印面以卷云、蝉、蠹（？）及"∾""ᗞ""ᠮᠮ"等组成（M10:6）；印面以铎及"✶""工""ᠸ"等符号组成（M10:7）；

图二　铜印章（M33:4）

[①] 李学勤：《什邡馆藏文物集萃》序，四川美术出版社，1997年，第9页。

印面以"⬜"、"⬜"、"⬜"（月亮？）、"⬜"（奔兽）等符号组成（M54：18）。

从印章纹饰看，主要是手纹、心纹、月亮纹、太阳纹、花蒂纹、王以及象征权力的礼乐之器罍、铎等组成。

这里我们讨论一下印章的用途。有学者认为印章是首领的信物，有学者认为是商品的信物，在贸易中使用。我们不妨从印章"王邦"说起。该印章出自西汉墓，在荥经的一件漆圆盒（M1：13）上，"成亭"戳记上朱书"王邦"，有学者把"王邦"定为姓氏，"成亭"就是管理作坊的机构[①]。从这点可以看出，印章的确是具有商业性质的一种信物。在荥经出土较多的印章，因为荥经在当时是军事重地，更是商业交易的孔道。笔者认为印章不仅可以作商业信物，同时也是首领的信物，推测当时的社会状态应该是首领将宗教、行政、商业管理等职能集于一身。

（四）兵器上"图语"

什邡城关墓地的"巴蜀图语"集中铸饰或刻划在戈、矛、剑、钺这四种兵器上。其中，矛52件，数量最多且图形组合符号最为复杂；次为剑，有26件；第三为戈，有9件；最后是钺，有6件，钺的纹饰相对简单。我们按由少到多、由简单到复杂列举。

1. 钺之"图语"

6件钺的"图语"均为刻划，具有临时性的特征，纹饰简单线条化。有阴刻线状鸟纹（M7：7）；阴刻"⬜"纹（M98：3）；阴刻"⬜"符号（M49：26）；阴刻"⬜"符号（（M93：4）；阴刻"⬜""⬜"符号（M17：3）（图三）。这些简单的刻划纹说明钺与"图语"之间的关系不紧密。

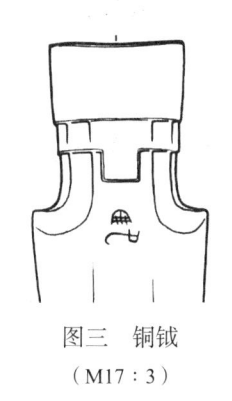

图三　铜钺
（M17：3）

2. 戈之"图语"

9件戈有"图语"，主要有变形蝉纹；变形凤鸟纹；虎头纹、手纹、心纹及奔虎的图形组合；手纹、心纹及奔虎图形组合；"⬜"、"⬜"、"⬜"（罍？）、"⬜"等图形组合（M90-2：6）；阴刻"⬜"、"⬜"及"⬜"图形组合（M1：14）；阴刻线状奔虎及"⬜""⬜"图形组合（M90-2：5）；阴刻6个具有文字特征的直行排列符号（M59：21）（图四）。需要说明的是铸有文字的戈还出土于郫都独柏树和张家碾、新都、万州、湖南常德等处，这些文字不属于中原文字系统，有可能是早期古蜀文字。此外，有一个类似三星堆铜人头像出现在戈上值得注意（M54：14）（图五），这种早期实物转化为后期图形的承继关系后文有详细论述。

---

① 李昭和：《"巴蜀"与"楚"漆器初探》，《巴蜀考古论文集》，文物出版社，1987年，第181页。

图四　铜戈
（M59：21）

图五　铜戈
（M54：14）

3. 剑之"图语"

26件剑铸有图语，主要有心纹；手纹；心纹、手纹组合；心纹、手纹、虎纹组合；几乎占据整个剑身的高浮雕状回首俯虎纹（M49：30）；阴刻的长嘴飞鸟（鱼凫？）（M92-1：2）及心纹、"∧"、"⋂"等图形组合；作屈蹲状、利爪、鹰嘴、长尾的獬豸纹（M3：4）；奔虎及"⌒"、"⋃"、"⋈"、"≋"、"⋔"等构成的图形组合（M16：7）；奔虎及"⋈"、"≋"、"⋔"等构成的图形组合（M38：30）；奔虎、蠹、"⋔"、"≋"等构成的图形组合（M38：29）；鹿、手纹、"⋈"、"≋"、"⊤"及"⊞"（印章？）等构成的图形组合（M45：4）；阴刻的"⋈"、"≋"及"⋓"符号（M50：20）。

剑上的动物纹主要是虎纹，鸟纹等偶见于组合图形中，其典型的"图语"是心纹、手纹组合图形及心纹、手纹、虎纹组合图形。

4. 矛之"图语"

52件矛铸有图语，主要有：单一的动物纹饰蝉纹、卧象纹、虎纹。这些纹饰都很具象，形态逼真，栩栩如生。典型的纹饰有虎面纹、虎面上下叠纹。典型的组合图形有：心纹、手纹组合；心纹、手纹、虎纹组合；心纹、手纹、蝉纹组合；独特的图语有：竹节纹和卧虎纹组合图案（M10：9）（图六）；奔虎纹和变形蝉纹组合图形（M90-2：2）；"⋈"、"⋏"、"⋈"、"⋈"、"⋔"、"⋈"等组合图形（M100：5）；一面饰"Y"（箭？）、"⌐"、"手"、"心"、双长柄短骹矛及双兽组合图案，另一面饰双长柄短骹矛、双兽等组合图形。两面的双矛均刺向兽头，应为狩猎图案（M23：8）（图七）；"⋎"、"⋈"、"≋"、虎头、奔虎、虫（蚕？）、"⋓"及佩戴（？）屈膝人像等构成的组合图形（M23：9，M14：2）（图八）。从屈膝人像来看，可能代表一个部族，笔者认为这一纹饰组合是叙述两个部族联盟打败一个部族的史实，类似于叙事诗；一只奔虎张口追逐撕咬一只受惊狂奔的回头小鹿，虎口已咬住鹿臀的图案似暗含一个部族吞并另一个部族的史实（M39：4）（图九），类似理念的表达还有铜剑上的虎食羊图案（M7：2）。

图六　铜矛
（M10：9）

图七　铜矛
（M23：8）

图八　铜矛
（M23：9）

图九　铜矛
（M39：4）

可以看出，图语的分布与器物类型有关，它会因器物类型的不同而有所区别。钺、戈、剑、矛各有自身的纹饰组合与表现风格，纹饰组合具有规律性，部分矛的组合纹饰较为繁复，但具有固定性，力图表现一种思想、一个故事或是一种情景，不是随意地堆砌。

应该说，铜矛是图语的主要载体。而且短骹矛的图语最多，图案组合最复杂。这些体量小、图语丰富的器物，可能不是实用兵器，而是专用于记事或祭祀的。

二、"巴蜀图语"与器物时代的联系

什邡青铜器"巴蜀图语"在战国早期早段的土坑墓中即已出现，随后在战国早期晚段的船棺墓中出现，其后在各期土坑墓、船棺墓中都有发现，至战国末期逐渐衰微，出现文字与图语并存，至秦汉基本消失。各期的"图语"时代特征明显。

什邡青铜器"巴蜀图语"在战国早期早段墓葬中出现，早期纹饰单一，动物用线状表现，写意特征明显，如线状兽纹（M25∶21剑），并出现了心纹、虎纹。早期晚段出现单个动物纹饰，如蝉纹（M70∶2矛）、卧象纹（M72∶6矛），写意特征明显的线状鸟纹（M69∶7矛）。蝉纹、卧象纹以及虎纹有一定的具象特征，但较之战国中期的此类纹饰而言，显得简略。蝉纹、卧象纹以及虎纹一直到战国晚期都存在，但早期和晚期的纹饰都较为简约，中期的纹饰形态生动，极富表现力。

战国早期出现了简单的纹饰组合，蝉纹与手纹、" "组合（M69∶7矛），手纹、心纹、虎纹组合。至战国中期早段，蝉纹与手纹组合增多（M30∶1矛，M90-1∶2矛，M90-1∶3矛，M91∶2矛，M69∶7矛），手纹、心纹、虎纹组合（M90-1∶10戈）与早期的组合（M69∶7矛）一致，没有变化。出现了手纹、心纹、虎面纹组合（M90-1∶1矛），这种组合成为典型的图案组合，在此后的矛、剑、戈上都有出现。在戈上出现单个的凤鸟纹（M30∶2戈），非常具象，与早期鸟纹已有很大差别，此后戈上的凤鸟纹基本没有改变。在矛上出现了单个的虎纹，饰满整个骹部两面，写实风格强烈，神态表现细腻（M90-1∶6矛），出现了具象的奔虎纹（M90-1∶3矛）。此期还出现了新的组合纹饰，由" "、" "、" "（蠢?）、" "、" "等构成的组合图案（M90-2∶1矛）。

战国中期晚段出现了高浮雕的奔虎纹，纹饰复杂，形态夸张（M1∶26矛）；出现了变形虎头纹（M1∶24矛）；出现了类似蚕的纹饰以及屈膝跪坐的单髻结人像（M23∶9矛）。此图案在时间稍后的M14∶1矛、M14∶3矛也出现，只是M14∶3矛出现了太阳纹和星座纹。

战国中晚期出现了单个纹饰獬豸纹（M3∶4剑）、长嘴飞鸟纹（可能是鱼凫纹）（M92-1∶2剑）。

我们认为在不同时期出现不同的动物纹以及动物纹的组合变化值得重视。动物纹与族属有关，下文会具体提及。动物纹在不同时期出现，说明了战国时期什邡乃至巴蜀地区各种部族的兴衰更替与文化融合，具体过程需要我们做进一步的研究。

总的说来，"巴蜀图语"具有前后的承继关系，由简到繁，在战国中晚期达到鼎盛，战国末期逐渐衰微，出现文字与图语并存，至秦汉就基本消失。

三、"巴蜀图语"与器物分布地域的联系

《什邡城关战国秦汉墓地》指出，墓地五类墓葬形制除各自有出现、流行的年代外，它们之间还彼此共存。这些共存时间较长，又拥有完全相同的随葬品以及完全相同的器物演变轨迹的不同形制的墓葬，应分别属于不同的族属，尤其是不同的族源。笔者赞同此说，并认为族属不同的先民经过一段时间杂居以后在物质方面（主要表现在随葬品方面）已完全趋同，同属巴蜀文化系统。在精神层面所表现的图语纹饰，船棺墓与土坑墓大部分近似或相同，而且在四川、重庆的多个地方战国时期墓葬出土器物纹饰都相近或相同，这种器物同模铸造或翻铸的现象说明，"图语"不是某一小族人的文化现象，而是由许多兄弟氏族融合而成的文化共同体。"图语"已形成独特的文化体系。但是，在宗教信仰方面仍保持了各民族原有的特点，不仅表现在是否使用船棺葬俗方面，也表现在图语方面。我们注意到，图语中的单个动物纹饰有卧象纹、蝉纹、凤鸟纹和虎纹，虎纹在船棺墓和土坑墓中都有出现，而且在纹饰组合中最常见，而卧象纹、蝉纹、凤鸟纹则仅在船棺墓中出现，土坑墓中未现，这种现象是否说明图语也有族属之别呢？

《什邡城关战国秦汉墓地》推测什邡城关墓地的船棺墓主人是什邡土著居民，土坑墓主人是移民。那什邡土著居民属于哪个民族呢？船棺墓中出现单个卧象、蝉、凤鸟动物图案应与什邡土著居民有着某种关联。《逸周书》卷七："成周之会，氐羌以鸾鸟，巴人以比翼鸟，方炀以皇鸟，蜀人以文翰"。这给我们两点启示：一是物与人相连，某族人献某物；二是所献的是其族人居住地的土产（方物）。卧象纹、蝉纹、凤鸟纹可能是什邡土著居民的"神奸"（族团的物象）。在三星堆、金沙等出现大量象牙，说明蜀地有象且有可能作为神物；凤鸟纹有可能是文献中提及的"鸾鸟"；蝉纹则是带翼昆虫之神，美国艾兰教授曾说，因为蝉有奇特的生命周期，所以是死亡和转化的自然象征。关于什邡土著居民的族属有可能是氐羌人，这与历史记载什邡有氐羌人相契合。

我们再讨论虎纹。虎纹在船棺墓和土坑墓中都有出现，而且在图形组合中最常见。虎是勇猛和力量的象征。巴人崇虎，《后汉书·巴郡南郡蛮传》卷一百一十六："禀君死，魂魄世为白虎，巴氏以虎饮人血，遂以人祠焉"；樊绰《蛮书》卷十也说"巴氏祭其祖，击鼓而祭，白虎之后也"。而蜀人亦有崇虎的习俗。从三星堆出土的青铜虎及金箔模压而成的虎，以及蜀开明氏在《山海经·海内西经》载"开明兽，身大类虎"，还有学者考证蜀开明氏先世为崇侯虎等均可说明蜀人崇虎。虎是百兽之王，虎声撼山川的气概是人们所景慕的，祭虎并将其形铸于兵器之上，正是体现了当时的巴人、蜀人的一种祭祀理念。值得一提的是，在什邡出土的一件剑上（M49：30），整个剑身饰高浮雕状回首俯虎，虎口大张，威猛异常。在茂县出土的形制与此基本相同的一件战国青铜剑剑身饰高浮雕蛇图案，表现风格与什邡出现的虎图案近似。这似乎说明两个不同族属的墓主人用同样的手法反映他们各自的"神奸"。

所以，笔者认为什邡战国青铜兵器的单个动物纹饰实际上是各族"泛神动物"崇拜的概括式图像化。它将各种远古始祖、守护神灵、民间群体的膜拜对象、自然神祇，即整个社会的宗教信仰集大成，进而赋予具体的视觉形体。龙形图案或虎形图案可视为走兽、爬行神灵的具象化。凤鸟形象

和蝉形图案则分别囊括了各个部族的灵鸟以及先前信奉的众鸟神。目的是怀念远祖、追记远古动物神灵崇拜。动物纹饰存在的区域或墓葬形制的不同，实际上反映了地区差异和族属差异。

四、"巴蜀图语"的源流蠡测

我们将四川、重庆地区出现大规模以船棺葬、土坑葬为代表的具有强烈地方特色的丧葬文化称之为"晚期巴蜀文化"，有学者通过进一步研究，又将其划分为晚期巴文化、晚期蜀文化[①]。"巴蜀文化"概念的提出，是20世纪40年代的事[②]。当时主要是指收集到的一批器形纹饰具有地方特色的青铜器而言。随着多年来在四川盆地及其附近地区考古工作的广泛开展，巴蜀文化的特点和面貌逐渐得以揭示，就现所掌握的材料分析，巴蜀文化是从距今4000年前到西汉时期，主要分布在四川盆地之内具有独特面貌的地方文化。在不同历史阶段，它又分别受到周围文化因素的一些影响，最后在统一的秦汉政权之下，逐步与兄弟民族文化融合，共同形成了高度发达的汉文化。在这漫长的历史之中，巴蜀文化各阶段的面貌不断有所变化，同时又保持着一脉相承的连续性，这种观点已为学界所认同[③]。所以对于晚期巴蜀文化中盛行的独特的"巴蜀图语"，也应从此前的巴蜀文化中去寻根溯源。笔者将"巴蜀图语"与早期蜀文化的代表——三星堆文化中出土的文物及其纹饰进行一番对比考察，初步发现这些符号有一些与三星堆出土文物和纹饰有联系。主要表现在以下几个方面。

（一）有些"巴蜀图语"图形符号与三星堆出土器物图形符号相似

"巴蜀图语"中的兽面纹、眼形纹、六角形纹、单椎髻人头像纹、鸟纹、戈纹、璋纹、虎纹等，这些图形符号与三星堆出土器物相似。

（二）有些"巴蜀图语"与三星堆出土器物的纹饰相似

在晚期巴蜀文化图形符号中有一些基本的装饰性纹饰，如铸于铜矛骹部的云雷纹以及图形符号组合中的波曲纹、旋涡纹、虎头纹、太阳芒纹、叶脉纹、花蒂纹等，这些纹饰与三星堆出土器物的纹饰相近，有明显的沿袭关系。

（三）三星堆文化早期蜀文化对晚期巴蜀文化的影响

三星堆文化对晚期巴蜀文化的影响，有学者曾有论述。陈显丹、陈德安在《三星堆遗址的文化特征》一文中认为："在纹饰符号上，三星堆遗址主要纹饰粗绳纹一直到西周、春秋战国时期的陶器上仍为主要纹饰之一，而鸟、花蒂、手心、虎、蟾蜍等纹饰、泥塑形象和'星月纹'在春秋战国

---

① 宋治民：《巴文化与蜀文化》，四川大学出版社，1998年。
② 《说文月刊》三卷第七期"巴蜀文化专号"，重庆版，1942年。
③ 赵殿增：《巴蜀原始文化研究》，《巴蜀考古论文集》，文物出版社，1987年，第2页。

时期的蜀兵器上更是常见,充分显示出同一文化的内在联系、传统关系和承袭因素,无疑春秋战国时期的蜀文化是继广汉三星堆早期蜀文化发展而来。"①(表一)

表一　三星堆器物及纹饰与晚期巴蜀文化图形符号对照图表

三星堆器物			晚期巴蜀文化器物		
器物名称	器物号	器物图(或拓片)	器物出土地	器物	器物图(或拓片)
铜兽面具	K2③:228		什邡城关	M54:14戈	
铜菱形眼形器	K2③:202		彭州红瓦村窖藏	矛(文物登记号001037)	
^	^	^	什邡城关	M33:5印章	
神殿屋盖（太阳芒纹）	K2②:143		什邡城关	M14:3矛	
^	^	^	荥经同心村	M24:24印章	
铜人头像	K1:293		什邡城关	M61:5矛	

---

① 陈显丹、陈德安：《三星堆遗址的文化特征》,《巴蜀历史·民族·考古·文化》,巴蜀书社,1991年,第329页。

"巴蜀图语"蠡测——以什邡出土战国青铜器为例

续表

三星堆器物			晚期巴蜀文化器物		
器物名称	器物号	器物图（或拓片）	器物出土地	器物	器物图（或拓片）
铜鸟	K2②：194-1		什邡城关	M68：1矛	
^	^	^	荥经同心村	M21-A：32剑	
^	^	^	涪陵小田溪	M9：9剑	
玉戈	K2③：164		巴县冬笋坝	M65	
玉璋	K2③：167		^	^	^
虎形金箔饰	K1：11-1		什邡城关	M38：3矛	
云雷纹玉璋	K2③：150		什邡城关	M38：22矛（铜矛骹部）	

续表

三星堆器物			晚期巴蜀文化器物		
器物名称	器物号	器物图（或拓片）	器物出土地	器物	器物图（或拓片）
叶脉纹铜箔饰	K2③:194-13		什邡城关	M1:25矛	
			荥经同心村	M1:2矛	
羊头纹铜圆尊	K2②:159		什邡城关	M38:17矛	
虎头纹铜圆尊	K2②:135		什邡城关	M23:9矛	
花蒂纹铜铃	K2③:78		荥经同心村	M21-B:9盆	
鱼纹、鸟纹金杖	K1:1		荥经同心村	M21-A:32剑	

目前，三星堆祭祀坑说已为大多数学者认同[1]。三星堆祭祀坑内埋藏的器物，均为宗教祭祀用品和礼器，其所表现的共同主题都是通过各种祭器礼器达到人与天地神灵的相互沟通。这种认为万物人神可以相互交往的宗教信仰，正是三星堆文化的重要特色。在晚期巴蜀文化的"巴蜀图语"中，面具纹、神树纹、眼形器纹、手形纹、心形纹、璋形纹、戈形纹等，这些在早期文化中具有祭祀功能的器物已转化为图形符号，那么这些图形符号也应该具有祭祀的基本功能，这些符号不能一个符号、一个图形的解读，只有当这些图形符号构成一组特定的"巴蜀符号"时，它们才有意义。

---

[1] 四川省文物考古研究所编：《三星堆祭祀坑》，文物出版社，1991年。

这些繁复的、内涵丰富的、带有某种祭祀性质的图形符号组合，不是一般人能够解读的，能胜任此项工作的应是巫师。在早期蜀文化的三星堆时期，宗教祭祀活动充满了"萨满教"色彩，被称作"巫师"或"祭司"的人主持和组织了宗教祭祀和巫术活动[1]。这种"萨满教"文化一直承袭下来，至晚期巴蜀文化时期仍然存在。

当然，这种充满"萨满教"文化色彩的宗教祭祀和巫术活动在不同时期的内容和形式也会出现变化，正如早期蜀文化中具有祭祀功能的器物到晚期蜀文化已转化为图形符号。我们推测在春秋战国时期，在由"巫师"或"祭司"主持和组织了宗教祭祀和巫术活动之后，即按照"巫师"或"祭司"的意图，统一在青铜器特别是在兵器上铸图形符号。从什邡城关、荥经同心村、巴县冬笋坝、昭化宝轮院以及其他一些地区出土的青铜器来看，所铸图形符号会因不同区域、不同时期、不同族属而有所区别，但图形符号组合仍具有固定的排列次序、组合方式，不是随意地堆砌。例如什邡城关和荥经同心村都出土一件虎纹矛，纹饰完全相同，只是荥经同心村的铜矛上另刻划"成都"的文字，以示地区性特征，这种在不同区域的器物上发现相同纹饰的情况还较多。这种现象说明了当时的巴、蜀人在"萨满教"文化色彩的宗教祭祀理念方面的一致性。

五、对什邡"巴蜀图语"性质的初步认识

什邡"巴蜀图语"有着明显的时代特色，它的发展轨迹与船棺墓的发展轨迹基本一致，在战国早期出现，由简单到复杂、由单一到多样、由抽象到具象，在战国中晚期繁荣，其后随着多种文化的融入，"图语"文化开始衰微，至秦汉时期汉文字的到来，图语结束了短暂的历史使命。

通过分析什邡"巴蜀图语"在器物上的分布关系，我们对"巴蜀图语"的性质有一个初步认识。应该说，器物的使用功能决定着"图语"的内涵。这种用图形表达语意的"图语"艺术风格可概括为两个方面，一是神权的、抽象的，如"王"、蠹、铎以及各种线条化图形；二是世俗的、写实的，追记先祖功德、虎食鹿、虎食羊、狩猎、农耕采摘等。不管哪种风格，它都起着祭祀、记录的作用，当时的巴蜀人有重大相关活动，就要由巫师主持祭祀活动，模铸或刻划动物神灵、先祖武功等纹饰组合，其用意大概是佑护使用者，给使用者以力量、勇气和智慧[2]。这种作用犹如当初殷人选择甲骨一样。

"巴蜀图语"在当时巴蜀之地普遍存在，不是某一小族人的文化现象，而是由许多兄弟氏族融合而成的文化共同体。"图语"形成了自己独特的文化体系。不过，因族属不同，宗教信仰各异，"图语"在有些方面如动物崇拜、祖先崇拜等保持了各民族原有的特点。

"巴蜀图语"没有转化为文字，是因为先进的汉文字的到来替代了它。笔者有一个大胆的推测，汉代四川出现的画像砖其实就是沿袭了此种图像化风格，画像砖的现实题材、神话仙人题材等，应从"巴蜀图语"反映现实、祭祀祖先神灵的文化传统中找到根源。即便到了蜀汉，根据《华

---

[1] 四川省文物考古研究所编：《三星堆祭祀坑》，文物出版社，1991年。
[2] 李复华、王家祐：《关于"巴蜀图语"的几点看法》，《巴蜀考古论文集》，文物出版社，1987年，第102页。

阳国志·南中志》载蜀汉时有"好譬喻物"之夷经图谱，也是带有巫术色彩的原始记事，这种夷经图谱也只有巫师释读，足见这一巴蜀文化特色的继承和延续，此种图语文化在蜀地顽强存留，独具魅力。

先秦时期岷江上游与成都平原文化互动的背景考察

李 俊

（四川省文物考古研究院）

一、问题的提出

岷江上游与成都平原地区山水相连，是长江上游重要的史前文明分布区域，属于典型的山地与平原文化交流区。自新石器时代晚期开始，两地间的考古学文化不断互动，频繁交流，促进了长江上游地区与黄河上游地区文明的交会。这种文化互动一直持续到秦汉时期，最终融合在了华夏一统的汉文化之中。

近年来，随着考古发现增多和研究的深入，岷江上游地区与成都平原地区之间的考古学文化交流和互动已经成为一个成熟的学术问题。在新石器时代晚期，岷江上游的营盘山文化是宝墩文化的主要渊源之一[1]。商周时期岷江上游石棺葬文化中成都平原蜀文化因素极为浓厚，其中中原文化、楚文化、西南夷文化因素也是通过成都平原的蜀文化作为媒介而传入，甚至于有些学者提出岷江上游的石棺葬文化应属于蜀文化系统的一种地方性文化分支[2]。秦灭巴蜀以后，两地的考古学文化逐步被汉文化所兼并，但部分石棺葬文化因素却被固执地保留了下来。显然，不同时期两地间文化互动方式和特点并不相同，反映出的社会背景理应也有所区别，值得梳理和探讨。

二、新石器时代晚期文化互动的社会背景

1. 文化的互动与方式

新石器时代晚期岷江上游地区与成都平原地区的考古学文化互动，就目前研究来看其实就是以营盘山、姜维城遗址为代表的川西北马家窑类型（或者称营盘山文化），以沙乌都、下关子遗址为

---

[1] 黄昊德、赵宾福：《宝墩文化的发现及其来源考察》，《中华文化论坛》2004年第2期。
[2] 茂县羌族博物馆、阿坝藏族羌族自治州文物管理所：《四川茂县牟托一号石棺墓及陪葬坑清理简报》，《文物》1994年第3期。

代表的川西北龙山时代遗存，以什邡桂圆桥遗址为代表的桂圆桥文化（或遗存），以宝墩遗址为代表的宝墩文化四者之间的文化互动关系。

陈剑认为："以茂县营盘山、汶川姜维城遗址为代表的岷江上游地区仰韶时代中晚期遗存，与黄河上游及中原地区的同时期考古学文化之间，存在较为密切的文化联系。而茂县沙乌都、白水寨等遗址为代表的岷江上游龙山时代早期遗存，则与四川盆地以及成都平原的宝墩文化等新石器时代文化遗存之间，不仅关系密切，而且属于同一文化系统"[1]。当然，也有学者认为宝墩文化是由营盘山文化发展而来的[2]。2009年，什邡桂圆桥遗址的发现和发掘[3]，为研究营盘山文化与宝墩文化之间的关联提供了新的材料和证据，发掘者认为桂圆桥遗址弥补了两者之间的缺环[4]。笔者认为何锟宇《试论宝墩文化的源头》[5]一文，对两地间上述四类考古学文化遗存之间的交流和互动提出了十分合理的推论，本文不再赘述。

然而，上述学者的不同观点都足以证明一点，两地之间新石器时代晚期的文化互动是传播式的。早期的茂县营盘山遗址到什邡桂圆桥遗址，晚期的沙乌都、下关子遗址到江油大水洞遗址、新津宝墩遗址，不论从考古学文化的年代来讲，还是各类器物的演变来看，这种互动是岷江上游地区的文化传播到了成都平原地区，但是成都平原的宝墩文化并未全盘接受，而是选择性地吸收。这种互动是从山谷到平原的顺河式传播，虽然近期茂县下关子遗址的植物考古发现了稻类遗存，但还不足以证明新石器时代晚期成都平原的考古学文化从平原向山谷逆流式地影响到了岷江上游地区。

2. 文化互动背景的考察

对于两地间早期文化互动的动因，陈剑认为这可能与蜀王先祖蚕丛故地位于以岷江上游为主的四川盆地西北部地区有关[6]。笔者认为，蚕丛一族由岷江上游迁徙至成都平原只能是依据古史传说的一种推测，缺乏依据，但是人群的迁移确是当时文化传播的主要背景。虽然目前并不清楚这种人群的移动是沿岷江而下，还是顺涪江（土门河）而下，究其原因，应该与公元前两千年的降温事件有关[7]，这种变化在相邻的甘青地区也同样出现[8]。随着气候的变化，岷江上游的高山峡谷地区气候逐渐变得寒冷干燥，原本丰富的动植物资源减少，气候也不再适宜旱作农作物的栽培，生活在当地的族群不得不迁往气候温暖湿润的成都平原地区。当然这种人群迁徙不是一蹴而就的，而是一个较为长期的过程，在迁徙过程中也不得不改变原有的生业方式，接受一些新的文化因素。这种族群的迁移恰好印证了原本距今5000年左右兴旺发达的营盘山文化和龙山时代遗存在公元前两千年以后的岷江上游地区消失殆尽，也印证了上文所述的四种考古学文化或遗存在年代上毫无缺环的紧密联系。

---

[1] 陈剑：《蚕丛故地龙山时代考古学文化遗存初析》，《中华文化论坛》2009年增刊。
[2] 黄昊德、赵宾福：《宝墩文化的发现及其来源考察》，《中华文化论坛》2004年第2期。
[3] 四川省文物考古研究院、德阳市博物馆、什邡市博物馆：《四川什邡桂圆桥新石器时代遗址发掘简报》，《文物》2013年第9期。
[4] 万娇、雷雨：《桂圆桥遗址与成都平原新石器文化发展脉络》，《文物》2013年第9期。
[5] 何锟宇：《试论宝墩文化的源头》，《南方民族考古》（第十二辑），科学出版社，2017年，第11~26页。
[6] 陈剑：《蚕丛故地龙山时代考古学文化遗存初析》，《中华文化论坛》2009年增刊。
[7] 吴文祥、刘东生：《4000a B.P. 前后降温事件与中华文明的诞生》，《第四纪研究》2001年第5期。
[8] 安成邦、冯兆东、唐领余等：《甘肃中部4000年前环境变化与古文化变迁》，《地理学报》2003年第5期。

三、商周时期文化互动的社会背景

1. 文化互动方式

商周时期两地间的考古学文化互动主要是成都平原蜀文化对于岷江上游地区石棺葬文化的影响。在岷江上游的各大石棺葬墓地中普遍出土了代表蜀文化因素的各类器物。在营盘山[①]、撮箕山[②]等石棺葬墓地和牟托一号石棺墓[③]中，随葬的尖底罐、尖底杯、簋、双耳壶、圜底罐等陶器，罍、戈、剑、矛等青铜器，斧、锛、凿等玉石器，都带有强烈的蜀文化因素。

早有学者提出，战国晚期之前两地的文化互动完全是一种单向输入式的[④]。与新石器时代晚期两地文化互动的方式截然相反，商周时期两地文化互动呈现出一种从平原向山谷逆流式的传播。虽然岷江上游地区的石棺葬随葬的双耳罐等器物在成都平原也有零星发现[⑤]，却也不足以推翻商周时期成都平原向岷江上游单向输入为主的文化互动方式。

2. 文化互动背景的考察

诚然，石棺葬文化也受到了北方草原文化和西北地区等青铜文化的影响，但都不如蜀文化对其影响那么强烈，其中必然存在其特定的社会背景。笔者认为，这与成都平原商周时期蜀文化的玉石器材料主要来源地是岷江上游有关。王方[⑥]、向芳[⑦]、陈剑[⑧]等学者的研究已经从历史文献学、考古学、地质学等方面证明岷江上游的龙溪玉是三星堆[⑨]、金沙等遗址出土玉石器的制作材料的主要来源。在崇尚祭祀的古蜀先民眼里，玉器是不可或缺的部分，甚至可能是一种战略性资源。那么通过贸易或者是占领来获得岷江上游的玉石资源是必然的。这种贸易或者是掠夺性的占领造就了商周时期两地文化的互动方式。从某种角度来看，这种文化互动其实是双向的，岷江上游向成都平原输入的是玉石器资源，而成都平原则向岷江上游地区输入的各类蜀文化器物。

[①] 成都文物考古研究所、阿坝藏族羌族自治州文物管理所、茂县羌族博物馆：《茂县营盘山石棺葬墓地》，文物出版社，2013年，第266页。

[②] 四川省文物考古研究院、阿坝藏族羌族自治州文物管理所、茂县羌族博物馆等：《1984年度茂县撮箕山石棺葬发掘报告》，《南方民族考古》（第九辑），科学出版社，2013年，第295～364页。

[③] 茂县羌族博物馆、阿坝藏族羌族自治州文物管理所：《四川茂县牟托一号石棺墓及陪葬坑清理简报》，《文物》1994年第3期。

[④] 张振刚、何锟宇、郑漫丽：《关于理县佳山石棺葬墓群的两个问题》，《江汉考古》2011年第1期。

[⑤] 周志清、邱艳、左志强：《成都十二桥遗址新一村新石器商周至隋唐时期遗址》，《中国考古学年鉴2012》，文物出版社，2013年；四川大学考古系、成都市文物考古研究所：《成都市新都区高家院子商周遗存的发掘》，《考古》2015年第4期。

[⑥] 王方：《金沙玉器制作工艺的初步观察》，《中原文物》2006年第6期。

[⑦] 向芳、王成善、杨永富等：《金沙遗址玉器的材质来源探讨》，《江汉考古》2008年第3期。

[⑧] 陈剑：《川西史前玉器简论》，《成都考古研究》（二），科学出版社，2013年，第51页。

[⑨] 杨骊、段宇衡：《三星堆及金沙玉器的玉源初探——四重证据法的实验》，《百色学院学报》2015年第28卷第3期。

3. 成都平原商周时期玉石器材料来源问题的探讨

成都平原的金沙遗址和三星堆遗址出土玉石器的材料来源于龙溪玉，目前质疑的声音主要聚焦于两个问题，一个是没有发现古玉矿洞，另一个是没有在岷江上游发现制玉作坊遗址。

就古玉矿洞而言，笔者认为岷江上游地处龙门山地震带，属于高山峡谷地区，因常年地震、洪水引发的山体垮塌和泥石流频发，古玉矿洞被掩埋的可能性很大。此外，岷江河谷的河床中也发现有龙溪玉籽料[1]，可能代表了古人采玉的另一种来源。

就目前考古发现来看，岷江上游地区的确未发现玉器作坊遗址，只是在早期的遗址和墓葬中发现了一些与蜀文化联系紧密的玉石器[2]。笔者认为成都平原的玉石器的制作地并非是在岷江上游。第一，金沙遗址已经发现了大量的玉器半成品和玉石原料，这表明玉器的制作应该是在成都平原[3]。第二，成都平原出土的玉璋、玉璧、玉琮，要么大而轻薄，要么笨重，都不易从岷江上游运输至成都平原，但玉料的运输则会便捷一些。第三，岷江上游自新石器时代晚期开始，制玉的技术和风格主要集中在斧、锛、刀、凿上，成都平原玉石器的制作技术和风格则多与长江下游的良渚文化有关，属于不同的玉器文化系统。因此，未在岷江上游发现制玉作坊和古玉矿洞也不足以否定成都平原蜀文化玉石器资源来源于岷江上游这一论断。

四、战国秦汉时期文化互动的社会背景

公元前316年，秦灭巴蜀，在岷江上游置湔氐道；汉武帝元鼎六年，在岷江上游设汶川郡。随着成都平原和岷江上游被纳入中央王朝的版图，两地间的文化互通更加频繁，文化更加趋同，岷江上游的典型器物双耳罐出现在成都平原的汉墓之中[4]。从成都平原秦汉时期的墓葬来看，成都平原的考古学文化（蜀文化）被汉文化逐步吞并[5]，最终融入汉文化体系。而以佳山石棺葬墓地为代表，岷江上游石棺葬文化中的蜀文化因素的主导地位被逐步瓦解，逐步融入汉文化系统之中[6]。此外岷江上游崖墓[7]和砖室墓[8]的出现，也体现了这种融合的变化。

---

[1] 丁一：《浅谈四川龙溪玉和软玉猫眼的对比及市场前景》，《中山大学研究生学刊》（自然科学·医学版）2011年第2期。
[2] 陈剑：《川西史前玉器简论》，《成都考古研究》（二），科学出版社，2013年，第51页。
[3] 施劲松：《金沙遗址祭祀区出土遗物研究》，《考古学报》2011年第2期。
[4] 成都市文物考古研究所、郫县博物馆等：《四川郫县古城乡汉墓》，《考古》2004年第1期。
[5] 颜劲松：《成都市郫县外南战国秦汉墓地分析》，《四川文物》2005年第1期。
[6] 张振刚、何锟宇、郑漫丽：《关于理县佳山石棺葬墓群的两个问题》，《江汉考古》2011年第1期。
[7] 阿坝州文物管理所：《杂谷脑河下游西汉岩墓调查简报》，《四川文物》1989年第2期。
[8] 徐学书：《岷江上游石棺葬文化综述》，《四川大学考古学专业成立三十五周年纪念文集》，四川大学出版社，1984年，第222~245页。

五、余 论

　　成都平原与岷江上游地理亲缘关系密切，是典型的山地与平原关系。地形地貌、气候、植被等地理环境差异较大，促成了两地先秦时期截然不同的考古学文化。在不同时期，两地考古学文化表现出了不同的互动关系，这源于不同时期的文化背景不同。此外，令人费解的是，在今天看来不论早晚，在两地接壤的汶川县绵虒镇到成都都江堰一带都未发现先秦时期的遗存，属于一种典型的"真空"地带，导致两地间的文化互动形成了一种"隔空、隔山（龙门山）而交"的怪相。笔者认为，这种怪相可能由于历史上岷江的改道或者是目前还未发现早期的文化通道而造成的。

略论岷江上游石棺墓中的鼎

蔡雨茂

（茂县羌族博物馆）

刘祥宇

（成都文物考古研究院）

岷江上游地区背靠青藏高原，面向四川盆地，同时又处于"我国从东北至西南的边地半月形文化传播带"（即"半月地带"）中段[1]。独特的自然、文化地理区位孕育了这一地区独特的文化面貌。这一区域曾发现大量随葬双耳罐、单耳罐、簋式豆等器物的石棺墓，在公元前一千年前后的东亚大陆显得独具一格。相较我国其他大部分地区，鼎在这一区域出现的时间较晚，数量也极少，属于异质的文化因素。本文尝试从这一地区所出鼎的自身特征及其出土背景出发，探讨这一异质文化因素背后反映的问题。

一、茂县牟托铜鼎

岷江上游地区的茂县牟托一号石棺墓及其旁的器物坑中曾出土大量青铜器，其中器物坑K3中出有一件平盖鼎（K3：1）[2]。平盖鼎在东周时期流行于山东地区和豫南鄂北地区，不过山东地区的平盖鼎腹多较浅，而豫南鄂北地区的平盖鼎则腹较深，差别明显[3]。牟托石棺墓所出的鼎（K3：1）形制为敛口、深腹，与春秋中晚期豫南鄂北地区的平盖鼎作风一致。具体来说，K3：1的器形和纹饰特征都较接近于南阳盆地的淅川下寺墓地所出春秋中晚期鼎（M7：6）[4]（图一）。豫南鄂北地区为楚文化核心地区之一，故K3：1应为一件较为明确的楚文化铜器。K3：1鼎盖上的铭文，更显示了其不应是岷江上游地区本地生产的产品，它的产地亦当在楚文化区。

---

[1] 童恩正：《试论我国从东北至西南的边地半月形文化传播带》，《文物与考古论集》，文物出版社，1986年。
[2] 茂县羌族博物馆、成都文物考古研究所、阿坝藏族羌族自治州文物管理所：《茂县牟托一号石棺墓》，文物出版社，2012年，第87～90页。
[3] 张昌平：《曾国青铜器研究》，文物出版社，2009年，第204、205页。
[4] 河南省文物研究所、河南省丹江库区考古发掘队、淅川县博物馆：《淅川下寺春秋楚墓》，文物出版社，1991年，第28、29页。

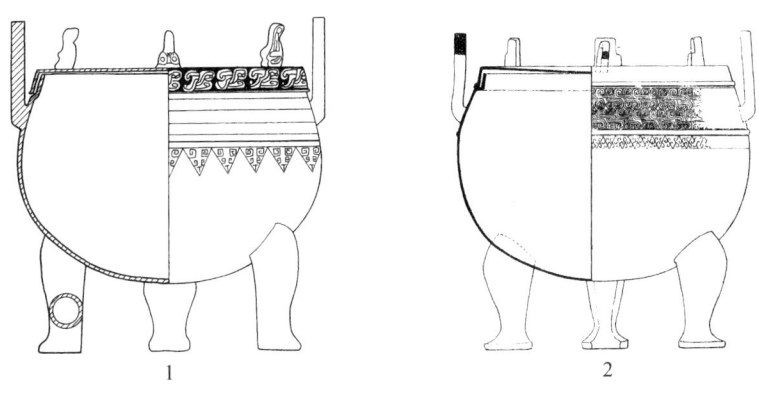

图一　牟托铜鼎与淅川下寺楚墓铜鼎比较图
1. 牟托K3∶1　2. 淅川下寺M7∶6

整体来看，这座墓葬及器物坑中还出有8件楚文化风格的盏，其数量远多于鼎。这与楚文化墓葬中盏一般只随葬一件①，而随葬的鼎的数量普遍多于盏的情况差别很大。但在成都平原地区的一些东周墓葬中，盏却有类似的地位，如金沙遗址"黄河"地点，该墓地有6座墓葬出有仿铜陶盏，却未出鼎②。另外，器物坑K3中的铜罍和楚式盖鼎以1∶1的比例出现，这种相同数量的楚式盖鼎和铜罍成组出现的情况除此处外也仅见于成都平原，如三洞桥青羊小区墓和新都马家木椁墓都随葬了相同数量的楚式盖鼎和铜罍③。同时，牟托一号石棺墓中还出土了为数不少的成都平原东周时期常见的青铜兵器如柳叶形剑、三角援戈、矛等④。以上应可说明，牟托一号石棺墓及器物坑受到了成都平原东周青铜文化的强烈影响，且牟托鼎K3∶1在使用方式层面更接近于成都平原地区而不同于楚文化地区。因此这件鼎极可能是得自成都平原，其虽为楚文化器物，却不能说明岷江上游地区与楚文化地区发生了直接关联。

二、理县佳山陶鼎

理县佳山石棺葬墓地是岷江上游地区一处战国秦汉时期的墓地⑤。该墓地中曾出有3件陶鼎，其中仅一件（ⅢM1∶15）发表了线图和照片（图二）。另外两件陶鼎据简报描述，与发表了线图和照片的ⅢM1∶15"形制相同"。ⅢM1∶15鼎身作釜形，足为略向外撇的长锥形足。据发表的照片观察，其鼎身下腹部饰有篮纹。

这种长锥形足的釜形鼎在巴蜀地区曾广泛流行于战国秦汉时期的墓葬和居址之中，如郫县（现

---

① 张闻捷：《楚国青铜礼器制度研究》，厦门大学出版社，2015年，第100~105页。
② 成都文物考古研究所：《成都市金沙遗址"黄河"地点墓葬发掘简报》，《成都考古发现》（2012），科学出版社，2014年，第177~217页。
③ 刘祥宇：《略论东周时期成都平原及其周边地区的双耳铜罍》，《考古与文物》2021年第5期。
④ 李仙登、杨英：《四川茂县牟托石棺墓的初步研究》，《中国历史博物馆馆刊》1998年第1期。
⑤ 阿坝藏族自治州文物管理所、理县文化馆：《四川理县佳山石棺葬发掘清理简报》，《南方民族考古》（第一辑），四川大学出版社，1987年，第211页。

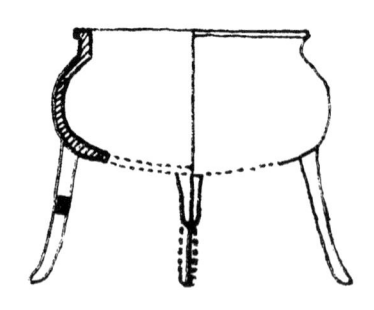

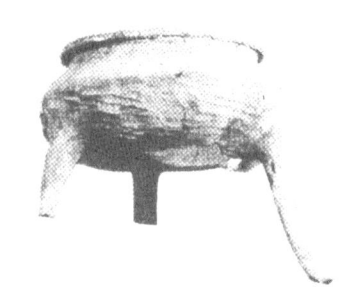

图二　理县佳山石棺墓陶鼎（ⅢM1∶15）线图、照片

成都市郫都区）风情园及花园别墅战国至西汉墓群的27座土坑墓[①]和郫县古城乡汉墓群14座汉代墓葬[②]中分别出有13件和3件此类鼎，另外成都十二桥遗址的战国秦汉地层中出有8件较为完整的长锥形足釜形鼎[③]，双流骑龙村"四川社会科学馆"西汉早期遗址出有此类长锥形足鼎11件[④]。岷江上游地区周边，只有巴蜀文化区较多地使用这种长锥形足釜形鼎，故这种鼎在岷江上游地区的出现应是受巴蜀地区战国秦汉时期物质文化影响所致。尤其值得注意的是，据简报发表的墓葬出土器物登记表，出有陶鼎的另外一座墓葬ⅣM1中共出有9件陶器、2件铜器、3件漆器。这些器物大多能在战国秦汉时期巴蜀地区墓葬中找到相似器，却无一件为岷江上游地区的土著器物。这提示我们ⅣM1的墓主可能是由巴蜀地区迁入岷江上游地区的移民。

三、理县佳山木鼎

理县佳山石棺葬墓群中还曾出有1件木鼎（ⅠM4∶11），底部已残[⑤]（图三，1）。木鼎在战国秦汉时期的岷江上游地区和巴蜀地区目前仅见此1件。木鼎髹漆后即为漆木器，其与木胎漆鼎的唯一差别即未髹漆，仍可归入漆木鼎一类。以往我国发现的战国至西汉时期漆鼎主要发现于战国楚地和西汉时期的原战国楚国疆域内[⑥]，因此可以推知，使用漆鼎是楚地风尚。不过目前已发现的漆鼎仍以陶胎漆鼎为主，木胎漆鼎仅在位于楚文化区的墓葬长沙马王堆汉墓M1和M3中有较集中的发现，两墓共出土木胎漆鼎13件[⑦]（图三，3、4）。理县佳山ⅠM4中还出有一件绳纹双耳罐（图三，2）。已有学者指出这种绳纹双耳罐在东周秦汉时期流行于河南南阳盆地、湖北、湖南、安徽等地

---

① 成都市文物考古研究所、郫县博物馆：《郫县风情园及花园别墅战国至西汉墓群发掘报告》，《成都考古发现》（2002），科学出版社，2004年。
② 成都市文物考古研究所、郫县博物馆：《四川郫县古城乡汉墓》，《考古》2004年第1期。
③ 四川省文物考古研究院、成都文物考古研究所：《成都十二桥》，文物出版社，2009年。
④ 成都文物考古研究所、双流县文物管理所：《双流县骑龙村"四川社会科学馆"汉代遗址发掘简报》，《成都考古发现》（2014），科学出版社，2016年。
⑤ 阿坝藏族自治州文物管理所、理县文化馆：《四川理县佳山石棺葬发掘清理简报》，《南方民族考古》（第一辑），四川大学出版社，1987年，第211页。
⑥ 王哲：《战国至西汉漆鼎研究》，中央美术学院硕士学位论文，2011年。
⑦ 湖南省博物馆、中国科学院考古研究所：《长沙马王堆一号汉墓》，文物出版社，1972年，第78页；湖南省博物馆、湖南省文物考古研究所：《长沙马王堆二、三号汉墓》，文物出版社，2004年，第118页。

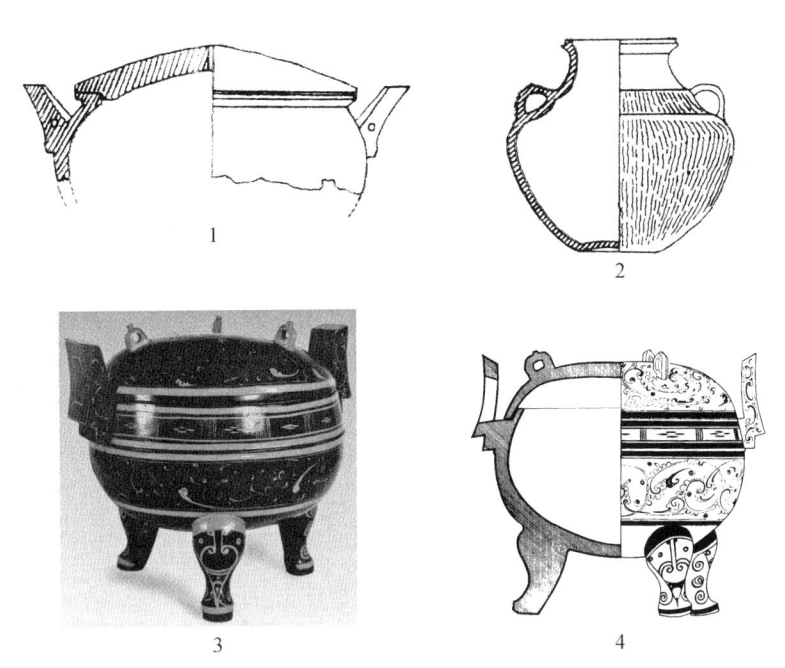

图三　理县佳山石棺墓ⅠM4出土遗物及马王堆汉墓出土漆鼎
1. 理县佳山ⅠM4：11　2. 理县佳山ⅠM4：19　3. 马王堆M3：东20　4. 马王堆M1：100

区①，而这些地区与漆鼎流行的区域大致重合，也都位于战国或汉代的楚地。

ⅠM4中出土的木鼎和绳纹双耳罐均非岷江上游地区和巴蜀文化区常见器物，却多见于楚文化区，且绳纹双耳罐为普通陶器，岷江上游地区本地居民不大可能通过交换等方式从遥远的楚文化区去获取一件并不珍贵的普通陶器。因此我们认为ⅠM4的墓主应为熟悉木鼎和绳纹双耳罐使用方式的楚人。

四、结　语

岷江上游地区的鼎数量虽少，却在某种程度上反映了这一地区文化因素的复杂性。以往我们通常认为石棺墓应为本地土著居民的墓葬，而通过上文的分析，出有鼎的理县佳山ⅣM1和ⅠM4都极可能为使用石棺墓埋葬方式的外来移民墓。这说明某种埋葬方式的使用既与族属有关，也可能与当地的自然环境、资源条件等有关②。

另外值得一提的是，据郑德坤记述，以往华西大学博物馆曾收藏一件出自岷江上游地区的陶"三足鼎式灶"，三足上均有汉隶"利后人"字样③。这件器物可能为鼎。但因其未发表任何图像资料，故本文暂不讨论。

---

①　徐承泰、蒋宏杰：《南阳秦汉考古学文化内涵及其历史诠释——以南阳丰泰墓地为个案进行的考察》，《江汉考古》2012年第1期；余静：《中国南方地区两汉墓葬研究》，吉林大学博士学位论文，2009年。

②　李水城先生曾对此有论述，见李水城：《石棺葬的起源与扩散——以中国为例》，《四川文物》2011年第6期。

③　郑德坤：《四川古代文化史》，华西大学博物馆专刊之一，1946年，第53~68页。

岷江上游石棺葬族属讨论

周志清

（成都文物考古研究院）

蔡　清

（茂县羌族博物馆）

长期以来，关于岷江上游地区石棺葬族属关系的讨论众说纷纭，莫衷一是。其中影响较大的有氐人说[1]，此观点认为岷江上游石棺葬的主人为冉駹，其族属为氐人，非羌人，可能来源于甘青地区先秦时期的居民。羌人说认为岷江上游地区石棺葬的主人是战国至西汉包括冉駹在内的羌人[2]。另外还有笮都和冉駹说[3]、蜀人说[4]以及"僰"人说[5]等。除了"僰"人说外，这些学者均认为岷江上游地区石棺葬主人与文献记载中的冉駹有关，尽管在族属认识上有所差异，但冉駹作为该区域主体居民是一共识。笔者认为要讨论岷江上游地区以石棺葬为代表的青铜时代文化遗存的主人，需要将其置身于西南地区这一广大的空间背景中予以长时段的历时性观察，以族群边界来认识特定考古学文化。

一、文献记载中的岷江上游古代居民

首先我们从古代文献记载中来认识该地区古代居民的地望、文化、社会结构等信息。《史记·西南夷列传》载："西南夷君长以什数，夜郎最大；其西靡莫之属以什数，滇最大；自滇以北君长以什数，邛都最大：此皆椎结，耕田，有邑聚。其外西自同师以东，北至楪榆，名为嶲、昆明，皆编发，随畜迁徙，毋常处，毋君长，地方可数千里。自嶲以东北，君长以什数，徙、笮都最

---

[1] 冯汉骥、童恩正：《岷江上游的石棺葬文化》，《考古学报》1973年第2期；林向：《羌戈大战的历史分析——兼论岷江上游石棺葬的族属》，《巴蜀文化新论》，成都出版社，1995年，第228~246页。

[2] 沈仲常、李复华：《关于"石棺葬文化"的几个问题》，《中国考古学会第一次年会论文集》，文物出版社，1980年，第249~257页。

[3] 宋治民：《川西和滇西北的石棺葬》，《考古与文物》1987年第3期。

[4] 徐学书：《岷江上游石棺葬文化综述》，《四川大学考古专业创建三十五周年纪念文集》，四川大学出版社，1998年，第222~245页。

[5] 曾文琼：《岷江上游石棺墓族属试探》，《中央民族学院学报》1984年第1期。

大；自筰以东北，君长以什数，冉駹最大。其俗或土著，或移徙，在蜀之西。自冉駹以东北，君长以什数，白马最大，皆氐类也。此皆巴蜀西南外蛮夷也。"①同书云："南越破后，及汉诛且兰、邛君，并杀筰侯，冉駹皆振恐，请臣置吏。乃以邛都为越嶲郡，筰都为沈犁郡，冉駹为汶山郡，广汉西白马为武都郡。"另据《华阳国志·蜀志》云："汶山郡，本蜀郡北部冉駹都尉。"②关于汶山郡的范围，《华阳国志·蜀志》如是说："汶山郡……孝武元封四年置（实为武帝元鼎六年置），旧属县八……南接汉嘉，西接凉州酒泉，北接阴平"。汉汶山郡所属八县中可考者有绵虒、湔氐道、汶江、蚕陵、广柔五县。据任乃强先生考证，绵虒故城在今四川阿坝藏族羌族自治州汶川县城，湔氐道在岷江二源汇流处之南、松潘之北地带，汶江故城在今茂县北二里，蚕陵即今茂县之叠溪，广柔故城当在今理县之薛城，此五县都位于岷江上游地区③。从上可以初步确认岷江上游地区在西汉时期的主要居民是以冉駹为主体的族群，其境内可能还分布着其他人群。西南地区地形复杂，人群分布呈犬牙交错之态，越嶲郡和沈犁郡与汶山郡地缘邻近，彼此之间人群互动频繁，造成了该地区居民复杂的文化面貌。

《汉书·武帝纪》："元鼎六年……定西南夷，以为武都、牂柯、越嶲、沈黎、汶山郡。"沈犁郡只设置了十四年，于武帝天汉四年"并蜀为西部，置两都尉，一居旄牛，主徼外夷。一居青衣，主汉人。"东汉顺帝阳嘉二年，又在沈犁郡故地置汉嘉郡，但汉嘉郡的辖地远小于沈犁郡。颜师古注《汉书·武帝纪》引《茂陵书》曰："沈犁郡，治筰都……领县二十一"，《后汉书·筰都夷传》："汉嘉郡，本筰都夷也。"《华阳国志·蜀志》亦云："汉嘉、越嶲曰筰"。西汉沈犁郡属县可考者仅四县：青衣、严道、徙、旄牛。任乃强先生考证，青衣故治在今雅安芦山，严道在今荥经，徙在今天全东三十里之始阳镇，旄牛县故址在今汉源大渡河南岸之大树堡一带④。任乃强先生还认为，除以上四县外，越嶲郡的定筰、筰秦、大筰、姑复四县也可能为沈犁郡所领。我们认为，越嶲郡与沈犁郡同置于武帝元鼎六年，不可能将越嶲郡所属的定筰四县同时又划归沈犁郡管辖。但任乃强先生认为"沈犁郡失名之十二县（应为十七县）皆当在今康定、九龙、乾宁、道孚、炉霍县内"⑤，则甚确。因沈犁郡北为汶山郡，南为越嶲郡，东为蜀郡，而青衣等四县又都位于沈犁郡东部，其余的县只能设置在西边了。由此可知，沈犁郡包含了雅砻江上游、青衣江上游和大渡河上中游地区，该地区居民可能主要是牦牛羌、青衣羌、筰人等。

越嶲郡置于武帝元鼎六年，所领十五县皆可考，即邛都、灵关道、台登、苏示、阑、会无、卑水、遂久、青蛉、三绛、灊街、定筰、筰秦、大筰、姑复。《史记·西南夷列传》集解引徐广曰："筰音昨，在越嶲"，《华阳国志·蜀志》云："汉嘉、越嶲曰筰"，明确记载越嶲郡有筰人分布。今人普遍认为越嶲郡主要指安宁河流域及其周边的部分地区，于是有研究者认为定筰即平定筰

---

① （汉）司马迁：《史记·西南夷列传》，中华书局，1982年，第2291页。
② （晋）常璩撰，刘琳校注：《华阳国志·蜀志》，成都时代出版社，2007年，第152页。
③ （晋）常璩撰，任乃强校注：《华阳国志校补图注》，上海古籍出版社，1987年，第145、184~188页。
④ （晋）常璩撰，任乃强校注：《华阳国志校补图注》，上海古籍出版社，1987年，第142~145页。
⑤ （晋）常璩撰，任乃强校注：《华阳国志校补图注》，上海古籍出版社，1987年，第140、144、145、195~204页。

人之意，其辖境略相当于今盐源、木里的部分地区[1]，笔者认为定筰即位于金沙江中游今四川盐源和云南宁蒗一带。颜师古注《汉书·武帝纪》引服虔曰："今蜀郡北部都尉所治本筰都地也。"说明汶山郡也有筰人的分布区。而筰人势力范围目前一般认为主要集中于以盐源为中心的滇西北和川西南的雅砻江流域[2]。

由上可知，西汉时期茂县地区属于古汶山郡，当时生活于此的居民是以冉駹为主体的族群，在其东北分布有白马，东南为蜀人，西南为青衣羌、牦牛羌、邛都等，西北为筰、徙等，由此我们可大致勾勒出冉駹的势力范围，他们应当是集中分布于岷江上游的茂县、汶川、理县等地，与其一同生活的还有筰都、徙、牦牛羌、青衣羌、蜀人等族群。交错杂居是西南古代族群的主要分布特点。西南夷中的族称，往往是多个民族的概称，简单地说某一地区居民属于某一民族，或某一族称为某单一民族都容易造成片面理解或错误。但各族群在杂居的情况下，彼此都各自有较为集中的聚居区和相对的地理边界，"大杂居、小聚居"是该地区居民自古以来一直存在的族群分布状态。

透过文献记载可以发现当时冉駹主要居住于半山地区，以石为主要的建筑材料。《汉书·冉駹夷传》载："……皆依山居止，垒石为室，高者数十丈，为邛笼。"它们过着定居的生活，农牧混合经济是其主要的经济形态，由于该区域地理环境垂直分布，耕地稀少，地势高峻，农业经济不发达，而广泛分布的高山草甸和草场为牧业经济的发展提供了重要条件。这种情况在古代文献中有着清晰的记载："土地刚卤，不生谷粟麻菽，唯以麦为资，而宜畜牧。有牦牛，无角，一名童牛，毛可为毦。出名马。有灵羊，可疗毒。又有食药鹿。"[3]牧业经济是其农牧经济的主要形态。由于地缘上的近邻关系，该地区古代居民深受蜀文化影响，他们冬则避寒入蜀，庸赁自食，夏则避暑返落，岁以为常[4]。牟托石棺葬中大量典型巴蜀青铜器的出现[5]以及营盘山石棺葬中尖底罐、尖底盏等典型蜀文化陶器的出土[6]显示二地之间文化关系紧密；西汉时期，岷江上游地区石棺葬中大量汉文化因素也是通过蜀地进入的[7]，表明蜀地在两地文化交流中扮演着重要角色。

二、考古视野中的岷江上游石棺葬

目前川西地区青铜时代石棺葬的发掘与研究表明，茂县地处川西高原石棺葬分布的核心区，茂

---

[1] （晋）常璩撰，任乃强校注：《华阳国志校补图注》，上海古籍出版社，1987年，第204～214页；石应平：《盐源地区的民族变迁与筰文化》，《中华文化论坛》2002年第4期。

[2] 凉山彝族自治州博物馆、成都文物考古研究所：《老龙头墓地与盐源青铜器》，文物出版社，2009年，第207～209页。

[3] （南朝宋）范晔：《后汉书》卷八十六《西南夷列传》，中华书局，1965年，第2858页。

[4] （晋）常璩撰，刘琳校注：《华阳国志·蜀志》，成都时代出版社，2007年，第152页。

[5] 茂县羌族博物馆、成都文物考古研究所、阿坝藏族羌族自治州文物管理所：《茂县牟托一号石棺墓》，文物出版社，2012年，第105、106页。

[6] 茂汶羌族自治县文化馆：《四川茂汶营盘山的石棺葬》，《考古》1981年第5期。

[7] 何锟宇：《岷江上游石棺葬的分期与年代》，《四川文物》2009年第4期。

县境内除了牟托外，在境内的别立卡花、勒石村[①]、撮箕山[②]、城关[③]、营盘山[④]、白水寨、宗渠、梨园、安乡、纳窝、波西等地也有大量石棺葬分布[⑤]。在茂县周边地区的理县佳山[⑥]、子达砦、龙袍砦[⑦]以及薛城区以西的蒲溪砦、塔思坝、老雅砦等地也有大量的石棺葬分布[⑧]，此外，在理县的桃坪乡[⑨]、西山、大坪、通化等地也有石棺葬分布[⑩]；汶川县的萝葡砦[⑪]、大布瓦砦[⑫]、昭店村[⑬]、克枯乡的河坝村和龙溪乡[⑭]以及无极黑、阳岭山、羊店等地也有石棺葬发现[⑮]。这些石棺葬有着相同的丧葬习俗，以石棺为葬具收敛死者，带耳陶器是其最具特质的随葬品。关于其文化面貌和特征多人亦有转述，在此不赘述。有学者认为岷江上游的石棺葬至迟在西周晚期就已经出现[⑯]，但从撮箕山墓地[⑰]和相关学者研究成果[⑱]看，如以石棺葬和流行双耳罐为其文化习俗特质来分析，笔者以为目前岷江上游石棺葬的时代上限可能在春秋战国之交，即公元前5世纪，石棺葬在该流域消失的时间大约在西汉晚期[⑲]，流行时间大约400年，在不同地区该葬俗的消解并不同时。由于岷江上游地区青铜时代遗存与发现的匮乏，导致了该流域青铜时代编年的空白，给研究带来极大困难。参照周边地区青铜时代的研究，川西南地区进入青铜时代的时间在距今3000年前后[⑳]，笔者认为该地区早期

[①] 茂汶羌族自治县文化馆：《四川茂县别立、勒石村的石棺葬》，《文物资料丛刊》（9），文物出版社，1985年。

[②] 四川省文管会、茂汶羌族自治县文化馆：《茂汶县撮箕山石棺葬墓地》，《中国考古学年鉴1985》，文物出版社，第210页。

[③] 四川省文管会、茂汶羌族自治县文化馆：《四川茂汶羌族自治县石棺葬发掘报告》，《文物资料丛刊》（7），文物出版社，1983年，第34页。

[④] 茂汶羌族自治县文化馆：《四川茂汶县营盘山的石棺葬》，《考古》1981年第5期。

[⑤] 国家文物局：《中国文物地图集·四川分册》，文物出版社，2009年，下册，第1064~1066页。

[⑥] 阿坝藏族羌族自治州文管所、理县文化馆：《四川理县佳山石棺葬发掘清理报告》，《中国西南地区石棺葬文化调查与发现（1938~2008）》，四川大学出版社，2009年，第139~163页。

[⑦] 李绍明：《四川理县石棺葬文化》，《文物参考资料》1955年第7期。

[⑧] D. C. Graham, An Archaeological Find in the Chiang Region, *Journal of the West China Border Research Society*, Vol.XV, 1944曾有报道；近年其他地亦出土此类墓中的铜器。

[⑨] 阿坝州文物管理所：《杂谷河下游西汉岩墓调查简报》，《四川文物》1989年第2期。

[⑩] 国家文物局：《中国文物地图集·四川分册》，文物出版社，2009年，下册，第1060、1061页。

[⑪] 冯汉骥、童恩正：《岷江上游的石棺葬》，《考古学报》1973年第2期。

[⑫] 冯汉骥、童恩正：《岷江上游的石棺葬》，《考古学报》1973年第2期。

[⑬] 叶茂林、罗进勇：《四川汶川县昭店村发现的石棺葬》，《考古》1999年第7期。

[⑭] 阿坝州文物管理所：《杂谷脑河下游西汉岩墓调查简报》，《四川文物》1989年第2期。

[⑮] 国家文物局：《中国文物地图集·四川分册》，文物出版社，2009年，下册，第1051、1052页。

[⑯] 成都文物考古研究所、阿坝藏族羌族自治州文物管理所、茂县羌族博物馆：《茂县营盘山石棺葬》，文物出版社，2013年，256页。

[⑰] 四川省文物考古研究院、阿坝藏族羌族自治州文物管理所、茂县羌族博物馆等：《1984年度茂县撮箕山石棺葬发掘报告》，《南方民族考古》（第九辑），科学出版社，2013年，第264~295页。

[⑱] 谢辉、江章华：《岷江上游的石棺葬》，《四川文物》2002年第1期；何锟宇：《岷江上游石棺葬的分期与年代》，《四川文物》2009年第4期。

[⑲] 何锟宇：《岷江上游石棺葬的分期与年代》，《四川文物》2009年第4期。

[⑳] 周志清：《中国西南早期青铜时代刍议》，《成都考古研究》（三），科学出版社，2016年，第133、134页。

青铜时代也可能与中国西南地区大致相近①。因此，需要将岷江上游不同时期的石棺葬进行区分，囿于目前该流域战国以前考古资料的限制，笔者认为讨论石棺葬的族属需要将其纳入特定的时空框架中方有意义。从目前石棺葬的研究看，岷江上游石棺葬在春秋以后的材料是相对清晰的，特别是秦汉时期，这给我们的讨论提供了重要的基础。司马迁笔下的西南夷中农耕族群（滇、夜郎、邛都等）有着相近的生产与生活习俗，其出现当有相应的时代背景，夜郎和滇人形成的时间大致在春秋战国之交②，岷江上游同时期遗存的主人应当与其相近。

在川西其他地区青铜时代亦有大量石棺葬发现，大渡河流域内如马尔康孔龙村③、金川县复兴④等；雅砻江上游的炉霍卡莎湖、雅江呷拉、甘孜吉里龙；青衣江上游宝兴的城关、瓦西口、陇东、汉塔山等地都有同类型的石棺葬发现⑤。该区域石棺葬均用石板构筑墓室，属于典型的石棺葬。川西高原石棺葬文化和岷江上游青铜文化有着较为明显的联系。如都使用双耳罐和单耳罐，典型的兵器有山字格剑、铜柄铁剑等，流行手镯、耳环、扣饰、泡饰等各类青铜饰物。川西高原石棺葬出土的山字格剑、铜柄铁剑和旋涡纹大双耳罐与岷江上游石棺葬的同类器物一致。雅砻江中上游的雅江⑥、吉里龙⑦石棺墓出土的双耳罐和单耳罐与岷江上游青铜文化中的部分双耳罐和单耳罐形制相近，但也有部分陶器的风格有着明显的区别。总的来说，岷江上游石棺葬文化与川西高原的石棺墓有相似的文化特质和相近的文化因素，但在不同地区其总体文化特征的差别还是非常明显的，该流域石棺葬具有特定的分布范围和独特的文化特征，是一支具有鲜明时代特征的考古学文化，代表了特定族群。

川西地区青铜时代的考古学特征之一是以石棺葬为主要埋葬形式（包括少量土坑墓），葬式以仰身直肢葬为主，墓葬中常用牲畜殉葬。出土器物以饰螺旋纹的大双錾耳罐、山字格铜剑、山字格铜柄铁剑、曲柄铜剑、双圆饼首铜短剑、带柄铜镜、马具和各式铜泡钉为主要组合。岷江上游地区

---

① 笔者认为岷江上游同中国西南其他地区的青铜文化有着相同的地理环境和文化背景，其早期青铜时代应当相近，但囿于当下的资料，目前尚难于进行描述，只能寄希望于该地区进一步的考古发现与研究。
② 周志清：《滇东黔西青铜时代的居民》，科学出版社，2014年，第224~227页。
③ 陈学志：《马尔康孔龙村发现石棺墓群》，《四川文物》1994年第1期。
④ 国家文物局：《中国文物地图集·四川分册》，文物出版社，2009年，下册，第1080页。
⑤ 冯汉骥、童恩正：《岷江上游的石棺葬》，《考古学报》1973年第2期；四川省文管会、茂汶县文化馆：《四川茂汶羌族自治县石棺葬发掘报告》，《中国西南地区石棺葬文化调查与发现（1938~2008）》，四川大学出版社，2009年，第93~123页；叶茂林、罗进勇：《四川汶川县昭店村发现的石棺葬》，《考古》1999年第7期；茂汶羌族自治县博物馆：《四川茂汶别立、勒石村的石棺葬》，《文物资料丛刊》（9），文物出版社，1985年；茂县博物馆、阿坝州文管所：《四川茂县牟托一号石棺葬墓及陪葬器物清理简报》，《文物》1994年第3期；甘孜藏族自治州文化馆、雅江县文化馆：《四川雅江呷拉石棺葬清理简报》，《考古与文物》1983年第4期；四川省文管会、甘孜藏族自治州文化馆：《四川甘孜吉里龙古墓葬》，《考古》1986年第1期；四川省考古所、甘孜藏族自治州文化局：《四川铲霍卡莎湖石棺墓》，《考古学报》1991年第2期；宝兴县文化馆：《四川宝兴县汉代石棺墓》，《考古》1982年第4期；四川省文管会、雅安地区文管所、宝兴县文管所：《四川宝兴汉塔山战国土坑积石墓发掘报告》，《考古学报》1999年第3期；四川省文物管理委员会、宝兴县文化馆：《四川宝兴陇东东汉墓群》，《文物》1987年第10期。
⑥ 甘孜藏族自治州文化馆、雅江县文化馆：《四川雅江呷拉石棺葬清理简报》，《考古与文物》1983年第4期。
⑦ 四川省文物管理委员会、甘孜藏族自治州文化馆：《四川甘孜县吉里龙古墓葬》，《考古》1986年第1期。

以石棺葬为代表的青铜文化具备了川西石棺葬青铜时代的基本文化特征，其居民与川西青铜时代居民之间有着非常密切的联系。

文献记载只提供给我们一个相对的地理方位，认识岷江上游地区青铜时代居民的文化归属，需将其置于西南乃至西北地区这一宏大的叙事背景中予以长时段观察。石棺葬是该区域青铜时代遗存共有的葬俗之一，随葬器物也有相同之处，如带耳陶器广泛盛行，青铜兵器和饰品以及动物杖首的流行，充分说明这些居民有着共同或相近的族群文化认同。石棺葬作为其族群集体记忆传统的一个组成部分被强化，随着时间与空间的变化而改变，或构建新的记忆传统或认同。石棺葬是中国西南与西北地区古代人群移动所带来文化碰撞的产物，是中国西南地区古代居民对其遥远族源记忆的片段回忆。甘青地区脆弱的生态环境使得当地定居生产与生活的稳定性和风险性不确定，对外迁移是维系生存与发展的重要手段，而其与川西地区毗邻的地缘优势以及横断山区便利的交通条件为西南与西北地区古代人群的移动提供了动力与条件。地处西北的甘青地区生态环境脆弱，容易受环境变迁的影响，距今5500年发生的降温及其带来的干旱导致了农业减产及风险的增加，加深了人地之间的矛盾，进而导致甘青地区部分人口的迁移，如高阶地或高台地向低阶地地带的纵向迁徙，由西北向东南的跨气候带方向的横向迁徙，这些迁徙导致了不同人群对资源的争夺。距今4500年左右的气候转变促进了甘青地区齐家文化的发展，随着距今4000年前后该地区全新世适宜期的结束及气候转变的幅度增大，环境的改变超越了当地人类与环境承受的极限，西北地区史前农业体系不可避免地崩溃和衰落[①]。人地之间的矛盾日益突出，为了生存与发展，甘青地区的人群被迫再次迁移，一部分人群横向迁徙至西南山地。这也是新石器时代甘青地区向西南地区最后一次大规模的人群迁移。

目前中国西北和西南地区的考古资料和研究表明，早在新石器时代晚期，随着北方地区气候的变化，居住在甘青地区以羌人为代表的西北族群就已经从甘青高原向西南地区迁徙。大约在商周之际，随着中原王朝势力的膨胀和对外扩张，西北地区游牧居民的生存空间日益缩小，更多的氐羌系人群通过横断山区迁徙到西南地区，这个迁徙活动过程随着华夏族系边界的变化而不断地持续。春秋至战国中、晚期，西北人群的迁移活动逐步归于寂静，大规模的人群移动逐渐减少。这个时期被西北人群涵化的西南夷进入了人们的视野，他们既有别于西北地区原生族群，又不同于当地土著族群，它们是特定时空下的新次生族群。目前广泛分布在该地区秦汉时期的文化遗存极可能是这些南下的氐羌系人和当土著部落融合后产生的新族群留下的，其文化面貌呈现出复杂多元的特征。

川西地区石棺葬主要流行于西周至西汉，战国中晚期至西汉是其发达时期，东汉初期消失。石棺葬是该区域居民传统的丧葬习俗，岷江上游石棺葬作为川西高原石棺葬文化一个组成部分，他们与西北地区古代居民有着密切的族源关系。

三、岷江上游石棺葬的族属

从目前西南地区的考古发掘与研究来看，司马迁笔下西南夷的地理位置和文化习俗、经济等方面的信息是大致符合秦汉时期中国西南地区夷人的。从司马迁的记述和目前考古研究看，该地区夷

---

① 吴文祥、周扬、胡莹：《甘青地区全新世环境变迁与新石器文化兴衰》，《中原文物》2009年第4期。

人的经济生业模式可分为四个大的系统：一为以滇、夜郎、邛都等以农耕为主的族群，他们主要分布于云贵高原中部的滇池区域、云贵交界的滇东黔西地区、川西南的安宁河流域；二为分布于滇西和滇西北地区以游牧为主的昆明、巂等族群；三为主要分布于川西北和川西南地区，以半农半牧为主要经济形态的白马、冉駹、徙、笮等族群；四为主要分布于滇东南、贵州西南部和广西西北部以农业为主、渔猎业发达，属于百越系统的句町、漏卧、且兰、同并等族群[1]。以徙、笮、白马、冉駹等为代表的族群主要居住于滇西北和川西南交界的地区以及川西北地区，由于这些地区独特的自然条件以及气候垂直差异显著，他们的生业模式较为复杂，呈多元化的形态，如既有农耕居民和游牧族群的杂处，还有半农半牧的族群生活于其中，其中有过着定居生活的居民，也有过着游牧生活习惯迁徙的人群，族群内部有君长。

自新石器时代晚期起，氐羌和濮越两大文化就源源不断地交会于中国的西南端，在漫长的族群交融与战争中，族群之间逐渐发生异化，最终形成了战国至秦汉时期喧闹一时的西南夷。西南夷地区位于氐羌和濮越两大族群交会线的端点之上，他们的文化因子在西南夷地区广大范围内均有分布。

川西至滇西地区石棺葬主要可分三大类型，即川西类型、滇西北类型、滇西类型。这些文化类型有着鲜明的地域性特征，分属不同族群的文化遗留。秦汉时期的"邛都""昆明""徙""巂""冉駹""青衣羌""哀牢"等广泛分布于川西及滇西地区，其分布呈犬牙交错的状态，"大杂居、小聚居"是该地区自古以来族群分布的特点。这些族群大都有着相同或相近的文化渊源关系，故文化面貌上总是呈现相同的文化因素。由于地区环境、发展机制以及文化变异等因素的存在，族群之间的差异性始终存在。这些夷人与古代西北地区的羌人之间有着紧密的联系，他们是今彝语支系各民族的先民[2]。岷江上游地区的青铜文化与川西石棺葬文化最为接近，它们是川西石棺葬文化的典型代表。岷江上游地区正好处于冉駹的主要分布区，这些石棺葬流行的时代主要为战国至西汉，时代上也较近，因此岷江上游石棺葬文化的主人可能是以冉駹为主的族群，他们已经出现明显的阶层分化，牟托一号墓的主人可能是战国晚期冉駹中的上层人物（亦可能为君长）。透过古代文献可以发现冉駹是岷江上游地区最频繁出现的族群，文献记载其在当地活动的时间与目前岷江青铜文化的时代大致接近；其活动空间范围也与目前当地青铜时代考古揭示的空间范围相近；其居民的生业模式和社会组织同文献记载的冉駹也有相似之处。因此，我们推测秦汉时期岷江上游石棺葬的主人与当时活跃于此的冉駹有密切的关系。

关于西南地区古代族群的族属目前有许多观点，有许多学者认为"自古以来，氐、羌就是关系密切的两个民族""古代的氐和羌都是西戎，都居住在西方，又同属于汉藏语系，关系密切自不待言，在汉文古籍中，经常以'氐羌'绵延的形式出现"[3]。但也有学者认为氐人和羌人是两个不同的民族，反对将氐羌并提[4]。部分学者认为西南地区的古代民族与氐羌系人群有着密切的联系，

---

[1] 周志清：《滇东黔西青铜时代的居民》，科学出版社，2014年，第176、177页。
[2] 蒙默：《试论汉代西南民族中的"夷"与"羌"》，《历史研究》1985年第1期。
[3] 马长寿：《氐与羌》，上海人民出版社，1984年，第9~22页。
[4] 胡昭曦：《论汉晋的氐羌和隋唐以后的羌族》，《历史研究》1963年第2期。

"古代居住在西南地区属于氐羌系统的部落，是分别发展为近代藏缅语系各兄弟民族的核心"[①]。"战国秦献公时，北方的一部分羌族南下到今大渡河、安宁河流域，与原来分布在这一带的氐羌族群会合，它们是今天藏缅语系各族的主要来源。"[②] 上述观点，虽然有分歧，但大家都认为西南夷与西北地区的古代族群有着紧密的联系。将当时生活于西南地区古代居民的族属无论归为"氐"或"羌"或"夷"，都是中原中心主义的华夏族对生活于西南和西北边缘地区异族的称呼，目前很难从具体的考古材料中辨认或释读以及确认其族群边界，但对其共同族源地的探讨或许能为我们了解西南地区古代居民的演化提供想象的空间。氐羌进入西南地区后不断地分化和融合，唐宋以后不见于文献记载，他们与目前分布于西南地区的羌、藏、彝等有着明显的渊源联系。西南地区新石器时代的考古研究表明，早在新石器时代，来自西北地区的古代文化就已经通过横断山区便利的通道深入了该地区，它们的到来深刻影响了当地古代文化，目前在滇西洱海地区、黔西地区、大渡河和岷江上游地区都发现了许多具有浓厚西北古代文化因素的遗存。西周以降，随着秦人的崛起和中原文化的扩张，原来生活于西北地区的古代族群加快了南迁的步伐，历经春秋时期的汉化，春秋战国之交，他们与当地土著居民共同创造了战国至西汉时期西南地区璀璨而多元的青铜文化，这些夷人文化具有明显西北地区古代文化的烙印[③]。族群边界是一个相对的地理和文化边界，体现在考古材料中则为不同的遗物组合。

族群有着明确的社会边界，它们通过一个人群强调其特定的文化特征，来限定我族的"边界"以排除他人[④]。"筰都""徙""邛都"构成了冉駹的西南边界，分布于洱海区域的"昆明""徙"人则构成其南部边界，冉駹东北部边界是白马，东南则是蜀。透过该族群分布的地理与文化边界，可以发现战国至西汉时期冉駹的活动范围大致在以今茂县为中心的岷江上游地区，这些居住于岷江上游的冉駹核心集团，其主体文化来源于甘青地区古老的氐羌人和当地土著人群，其族群含义随着时代的变化而动态发展，在秦汉时期形成了一支独具地域和民族特色的青铜文化。岷江上游地区以石棺葬为代表的青铜文化遗存基本包含了冉駹考古学文化的主要内涵，这是岷江上游地区以石棺葬为代表青铜文化是冉駹文化遗存的主要依据。岷江上游石棺葬的族属需要在长时段过程中予以观察，同一人群在不同时空里遗留的考古遗存有着不同形态，需要了解不同遗存堆积的形成过程，从而赋予其意义，以区分不同的族群。虽然目前岷江上游石棺葬，数量丰富，但缺乏有成效的研究。其中一些问题需要急切重视，如同一墓地形成的历时性过程分析，同一流域内不同墓地之间关联的分析。除了关注墓葬的时代或器物组合研究外，我们还应关注分布于不同地点的石棺葬考古材料表现形式的差异，其是否一定是不同人群遗留的问题？毕竟冉駹的经济形态属于半农半牧，当地位于西南地区典型的垂直海拔地区，不同海拔地区的人群亦可能是同一族群，但其墓葬习俗可能有着不同的表现形式，这是我们在做这个地区考古材料研究时需要加以关注的。单一墓地形成过程的观察是这一切研究的基础，也是解释考古材料的基本路径。

---

① 尤中：《中国西南民族史》，云南人民出版社，1985年。
② 马曜：《云南二十几个少数民族的源和流》，《云南社会科学》1981年第1期。
③ 周志清：《滇东黔西青铜时代的居民》，科学出版社，2014年，第171~175页。
④ 王明珂：《当代社会人类学的族群理论》，《华夏边缘：历史记忆与族群认同》，浙江大学出版社，2013年，第12、13页。

茂县牟托一号石棺墓葬出土战国青铜动物纹牌饰图像分析

李 明

（茂县羌族博物馆）

茂县地处岷江上游，是我国石棺葬分布的主要地区之一，20世纪90年代茂县牟托一号石棺墓及陪葬坑的发掘可以说是岷江上游石棺葬考古的一个重要里程碑，出土遗物不仅数量多，而且种类丰富，有陶器、玉石器、青铜器、木器、竹器等，器物组成也很复杂，包含了多种文化因素，其中出土的青铜动物纹牌饰堪称一件艺术珍品，具有浓郁的北方草原文化特色[1]。这件青铜牌饰为带框的有柄扇形，牌饰如倒风字形，边框饰有小乳钉，顶上铸造有八只相对而立的鸟，牌饰内有三层动物纹，从上到下依次为鹿纹、虎纹、蛇纹，每层动物间以同心圆泡为格（图一）。

图一 茂县牟托一号石棺墓出土青铜动物纹牌饰

以往的研究成果中，学者们对于牟托一号石棺墓的相关研究大多都集中在综合性的整体研究，较少对某一个具体器物进行深入研究。一件好的青铜器本身就是艺术与技术的结合，也是思想和文化的结晶，通过对动物牌饰图像进行深入挖掘，可以在研究牌饰图像的基础上深入探讨图像背后的深层意义，从而从图像学的视角来解读北方草原文化对石棺葬文化的影响以及南北文化之间的早期交流状况。

---

[1] 茂县羌族博物馆、阿坝藏族羌族自治州文物管理所：《四川茂县牟托一号石棺墓及陪葬坑清理简报》，《文物》1994年第3期。

一、动物纹牌饰图像描述

（一）造　　型

动物纹牌饰平面造型为带柄扇形，从上至下依次为扇头、扇腰、扇底和扇柄。扇头宽12.5厘米，呈弧线形中部略向上弧；扇腰宽9.5厘米，由扇头逐渐往内收至扇底部，形成两道内弧腰线；扇底宽7.7厘米，呈直线；扇柄长3.5厘米，略呈圆锥形。牌饰四周有边框，内部透雕动物纹。

牌饰为满幅充填式构图，工艺以透雕和浮雕相结合，造型由多体动物组合而成。我们可以看到造型的几个特点，首先牌饰里的纹样以不断重复来强化视觉效果以及整体的关系；其次，每个纹样之间用几何纹来做间隔和连接，使整个造型变得统一而规整，具有很强的整体性，图案对称，以最上层第4、5只鸟的中心与扇柄的连线为中心线，下面几层纹饰均以这条线为中轴左右排列。最后，所有动物在形的处理上，以外轮廓线来确定形象，忽略其细节特征，没有夸张的造型和过多的装饰，动物形象都比较贴近自然状态。总的来说，青铜牌饰具有草原文化自由的情趣和现实主义艺术的特点。在造型上，牌饰使用写实与程式化结合的手法，具有明显的时代特征和民族特定的审美意识与风格[①]。

（二）纹　　样

牌饰共铸有四层纹样（图二）。第一层的禽鸟和第二层的鹿形象体现出恬静亲和的美，第三层老虎和第四层蛇则充满勇猛与野性的美。多体动物纹样在草原青铜饰牌中的数量较多，内容也很丰富，不过像牟托动物纹牌饰这种纹样组合形式还是非常独特，目前还没有发现与之完全相同的组合纹样。

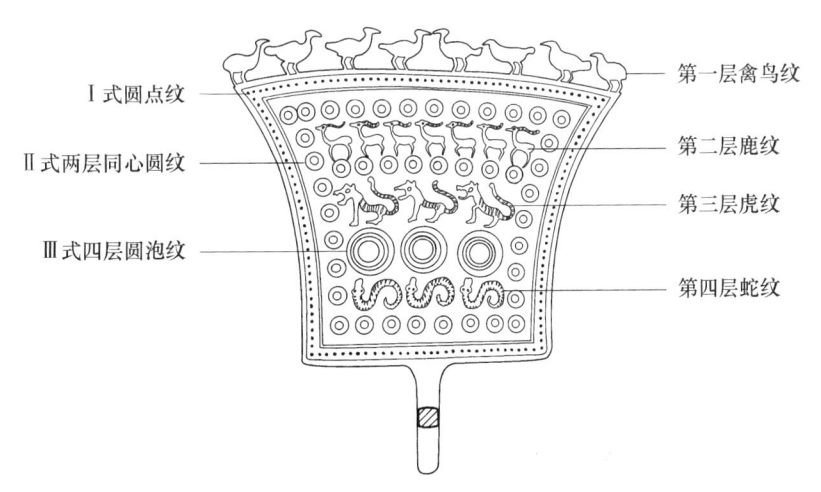

图二　青铜动物纹牌饰分层示意图

---

① 王宏伟：《草原青铜牌饰动物纹饰造型分析》，内蒙古大学硕士学位论文，2010年，第14页。

1. 禽鸟纹

牌饰第一层铸有八只相对而立的鸟，左边四只，右边四只，每只鸟的形象大致相同，且鸟的轮廓清晰。

2. 鹿纹

第二层铸七只鹿，鹿的形象写实逼真，七只鹿体态一致，以侧面形象出现，鹿头偏向左并微微向上扬，鹿角细长向上弯曲有分叉，鹿身圆润壮硕，前腿向前迈、膝盖向前弯，后腿似站立状关节向后微曲，鹿身没有明显斑纹，鹿眼目视前方，体态俊朗，鹿角华丽，整体呈闲庭漫步状。

3. 虎纹

第三层铸三只老虎，虎口大张，虎目圆瞪，呈坐立状，前腿直立，后腿微蹲，身体细长，背部腰线明显向下凹，臀部圆润向上翘，腹部圆鼓，尾巴细长上翘弯曲呈S形。虎的背部及尾部可见竖向斑纹。

4. 蛇纹

第四层铸三条蛇，蛇呈卷曲S形，蛇头向上，双眼圆瞪，蛇身粗壮，蛇身卷曲，蛇身两侧可见斑纹。

5. 圆形纹

动物纹牌饰每层纹样间以圆形纹相隔，圆形纹有三种形式：Ⅰ式呈圆形点状，以带状分布；Ⅱ式两层同心圆组成，带状分布；Ⅲ式四层同心圆组成，凸起呈圆泡状。Ⅰ式圆点纹分饰在牌饰边框一周，Ⅱ式两层同心圆位于鸟纹、鹿纹和蛇纹之间，Ⅲ式四层圆泡纹仅有三个，用于虎纹与蛇纹之间的间隔。圆泡纹在牌饰中主要起连接与隔断作用，并使图案形成秩序感，避免构图上的单调，除了圆产生的视觉变化，牌饰还运用一部分线条的穿插与连接来稳定画面，在第三层虎纹和第四层蛇纹间由于空间面积逐渐变小，动物数量减少，空白增多，空白处用类似树杈状的线条来进行连接，这些线条的使用起到稳定视觉的作用，让整体具有秩序的美感。牌饰纹样还运用繁简对比手法。繁，体现在几何纹样上，不断重复排列穿插的几何纹给人以密集繁复的感觉。简，体现在动物形象上，以简单的造型生动刻画动物的形体，并略去动物的细节。这种繁简对比手法具有丰富的层次感和趣味感，让人产生视觉上的愉悦。所以我们看到的青铜牌饰在线的运用上疏密得当、美观匀称，动物的形象生动紧凑，可以说，牌饰图像的视觉冲击力除了生动的动物形象，点与线的生动表达为牌饰的整体效果增添了浓厚的艺术气息[①]。这说明古代工匠在长期的实践过程中，能从复杂多变的客观事物中通过点、线、面的组合提炼出完美的艺术形象，他们对于纹样特点及规律的认识已经达到了相当高超的水平。

---

① 王宏伟：《草原青铜牌饰动物纹饰造型分析》，内蒙古大学硕士学位论文，2010年，第14页。

（三）工　艺

通过对茂县牟托一号石棺墓出土的青铜器中部分器物取样的金相分析可知，大部分青铜器的材质以铅锡青铜为主，其次有红铜、锡青铜等，而青铜牌饰是唯一一件含砷的铜器，这件器物砷的平均成分达2.7%，为砷铜二元合金。砷铜是中国古代铜合金的重要品种，一定比例的砷铜具有良好的延展性和热锻性[①]。且含砷的铜器颜色偏黄色。

目前关于牌饰的铸造工艺在《茂县牟托一号石棺墓》一书中有过介绍，牌饰通过痕迹观察为双合范铸造，不过通常范模铸造的青铜器表面粗糙，纹饰也不甚清晰，需要经过多次打磨与整修，才能成为一件精致的铜器，而牌饰的X射线影像显示没有合范痕迹也未见修补打磨痕迹。通过对牌饰仔细研究发现，牌饰工艺精致，未见打磨和修补痕迹，在牌饰背面第一层禽鸟纹下的边框上有较为清晰的编织纹，这些编织痕迹类似"麻布纹"的肌理。美国丹佛艺术博物馆的爱玛·邦克在对北方草原文化的透雕类饰片的制作方法做研究时发现，这些透雕饰物的背面有一些纵横交错类似网状的织纹，因此他认为这些饰片背面应该覆盖有纺织品，而正面用的是蜡。后来邦克将这种技法称为"失蜡与失织"[②]。由此推测牟托青铜牌饰的工艺可能是平面透雕工艺，这是一种整体成形的浇铸方法，即"失蜡法"，是一种先进的青铜铸造方法，主要制作不便于分块做范和形制复杂的器物。其主要工艺流程为：先要制模，用泥塑出青铜器的里范也就是内范，然后在内范上贴上蜡制成的蜡模，由于蜡容易雕塑和造型，所以纹饰要精细很多，待蜡模成形后留出浇铸口，然后再将泥浆反复涂抹在蜡模外，使之形成坚硬外范，待整体泥范都硬化后就进行焙烧，经过高温焙烧后的范模足够坚硬，就可以开始浇铸，随着高温铜液的浇铸蜡料熔化流出，最后冷却成形[③]。像这样的铸造工艺为了预防蜡在外力的作用下断裂，一般会在牌饰的背面覆盖类似"麻布"的织物，所以用这种工艺铸造的器物背面会留有织痕[④]。失蜡法铸造的器物玲珑剔透，有镂空的效果，牟托青铜牌饰造型小巧，纹饰精细复杂且有大面积镂空浮雕，这样的青铜器不便于做范，故青铜动物牌饰更符合"失蜡法"的铸造特点，所以推断这件牌饰应该是运用失蜡法的工艺所铸造。

二、牟托石棺葬动物纹牌饰图像分析

（一）动物纹牌饰图像源流分析

牟托一号石棺墓葬出土以鸟为主题纹饰的青铜器共有3件。一件是青铜鸟，鸟冠夸张高耸，冠尾向上弯曲呈钩状，嘴向下弯曲，长尾、巨爪，鸟翅尖向上翘起，鸟身羽饰皆为阴线，装饰性极

---

① 茂县羌族博物馆、成都文物考古研究所、阿坝藏族羌族自治州文物管理所：《茂县牟托一号石棺墓》，文物出版社，2012年，第146~149页。
② 谭德睿：《中国早期失蜡铸造问题的考察与思考》，《南方文物》2007年第2期。
③ 王宏伟：《草原青铜牌饰动物纹饰造型分析》，内蒙古大学硕士学位论文，2010年，第14页。
④ 王宏伟：《草原青铜牌饰动物纹饰造型分析》，内蒙古大学硕士学位论文，2010年，第14页。

强。一件是铜戈，在援部两面皆饰一长喙展翅鸟，鸟头向上昂，鸟喙长而直，翅膀宽大呈展开状，尾巴短，类似鹳的形象。这两件器物上的鸟图案化特征很明显，造型夸张，装饰性强，而青铜牌饰上的鸟形态很写实，体形圆润，鸟喙较大，有粗壮的跗跖，尾羽较短。在巴蜀青铜器中有鹿纹的器物还是比较少，但在北方草原文化青铜牌饰中鹿的形象较多，特别是奔鹿的形态较多。牟托牌饰上的鹿形态安静，昂首挺拔，四肢纤长，尾较短，鹿角华丽而逼真，共有四个分叉，角的主干向上弯曲，略呈半弧形，鹿背部没有明显的斑纹。虎是一种凶猛有力量的动物，在北方草原文化中，这种带有力量的动物纹应用较为广泛。牟托牌饰上的虎为侧身坐立虎，虎头较大，虎身细长，虎口张开，后腿屈蹲呈坐立状，尾巴向背部弯曲，充满了野性的力量感[1]。纹牌饰上的蛇为群体造型，蛇身盘曲呈S形，反映出现实生活中蛇蜷曲的状态，蛇身较粗短，两侧有纹理。以上是对动物牌饰图像的基本分析，从以上分析可知牌饰有以下特点：①动物形象完整，写实性强；②造型简洁，突出动物轮廓；③动物形象具有卷曲特点；④动物纹以浮雕、透雕、圆雕、阴刻等多种雕刻手法；⑤纹样重复。牟托青铜动物牌饰上的这些动物图像特点可以在北方夏家店上层文化动物牌饰中找到，其与夏家店上层文化老哈河中上游地区出土动物纹牌饰存在许多共性。夏家店上层文化繁荣时期的动物纹装饰非常发达，按功能可以分为实用器上动物纹和展示型动物纹，前者如刀、剑的柄部，后者以牌饰为主，且装饰主题以豹、鹿、虎、鸟、马、蛇、羊等动物形象为主，这些动物纹的共同特点就是写实性很强。尤其是对鸟的刻画，重点突出鸟的整体造型，忽略细节描绘；虎纹、鹿纹这些动物题材也是夏家店上层文化中运用较为广泛的野生动物题材，其中鹿纹、蜷曲动物纹是欧亚大陆草原早期"野兽纹"的主要母题之一。牌饰中的蛇呈盘曲状，这类蜷曲动物纹是欧亚大陆草原分布广泛、最具代表性的纹样[2]。这一时期还流行立体圆雕、平面浮雕或者透雕的单体动物纹，如鸟、虎、羊、蛇等形象。另外，同一种动物浮雕成排组合也是这一时期较为独特的风格，而牟托动物纹牌饰的组合形式也以单体重复排列为主要特征[3]。以上对比可以发现茂县牟托出土的青铜牌饰与夏家店上层文化动物牌饰的动物形象相似，而夏家店上层文化动物纹饰在我国古代北方动物纹饰的发展历程中占有重要的地位。茂县牟托出土的青铜牌饰与夏家店上层文化动物纹文化属性的相似性，证明了牟托石棺葬动物纹牌饰图像与北方草原文化有着密切关系和渊源。

（二）动物纹牌饰图像所反映的北方草原文化南渐分析

1. 北方草原文化南渐路线分析

在岷江上游石棺葬文化地区有很多带有北方草原文化元素的器物出土，说明岷江上游地区与北方草原地区之间存在着长期而密切的文化交流。自仰韶文化时期起西北草原文化就持续对岷江上游地区产生影响，特别是茂县、理县、汶川等地石棺墓葬中出土的大量旋涡纹双耳罐、铜管珠、铜

---

[1] 梁丽娜：《夏家店上层文化动物纹饰研究——以老哈河中上游地区为核心》，内蒙古师范大学硕士学位论文，2014年，第30页。

[2] 梁丽娜：《夏家店上层文化动物纹饰研究——以老哈河中上游地区为核心》，内蒙古师范大学硕士学位论文，2014年，第30页。

[3] 邵会秋、杨建华：《从夏家店上层文化青铜器看草原金属之路》，《考古》2015年第10期。

泡饰等器物都有北方游牧文化的因素。而牟托石棺墓葬中除了动物纹牌饰外，还出土了其他一些与北方草原文化风格相似的器物，如曲柄铜剑、铜铃、铜箭镞、宽首剑等。从考古资料看众多的石棺墓葬主要分布在一条重要走廊上，即费孝通先生最早提出来的"藏彝走廊"，位于我国北方和云贵高原之间，是我国三大民族走廊之一[①]。在这条走廊间还存在一个南北走向的山脉，地理学上称为"横断山脉"地区，这一区域内河流均呈南北走向。有六条河自北向南流经该区域，故该区域也叫作"六江流域"，这六条河流开辟了一条南北走向的天然河谷通道，在历史上是众多族群间频繁交流往来迁徙的重要路线，也是古藏缅语民族从青藏高原东进南下的通道[②]。随着对这条走廊的深入研究发现，此民族走廊有着特殊的历史文化价值，对"中华民族多元一体格局"的形成有着重要的意义，特别是生活在走廊核心区域的羌族，自汉代以前就有大量古羌族沿着这条路线大规模南下，并在西南地区广泛分布。《后汉书·西羌传》所载公元前370年左右古羌的一支"将其种人附落而南，出赐支河曲数千里，与众羌绝远，不复交通。其后子孙分别，各自为种，任随所之"便是明证。所以后来的学者将其命名为"藏羌彝走廊"。无疑各民族相互交往、交流、交融促成了各民族文化的共同繁荣，也为北方草原文化的南渐提供了重要传播路线，而石棺葬也恰好分布于"藏彝羌走廊"上，其中以岷江上游茂县分布最为密集。这说明从青铜时代始，游牧民族在北方地区长期大范围活动所形成的众多游牧文化通过藏羌彝走廊等途径对川西及云贵高原的青铜文化产生了强大的辐射力，所以在石棺葬文化中出现的大量北方草原文化因素，也就是北方草原文化向南渐进的结果。

2. 北方草原文化南渐的主要原因分析

（1）气候原因

中国近五千年来的气候变迁存在着明显的周期性，寒冷期与温暖期交替出现，与之相对应的是北方游牧民族族群生活的不稳定性。在温暖时期，气温较高，降水丰沛，有利于农牧业生产，整个社会经济比较繁荣，政治也趋于稳定，北方游牧民族既没有大规模南下的必要，又没有大规模南下的可能。而在气候寒冷期，气温要比温暖期低1~2℃，降水明显减少，温带草原要向南移动200千米左右，北方游牧民族为了生存，必然随草原的南移而大规模南下。距今4000多年前的降温事件，使得西北地区原本比较稳定发达的农耕文明开始土崩瓦解[③]，随后由于气候的变化，生存压力加大，部族与部族间、部族与王朝间的战争开始频繁，政局的动荡和王朝的扩张，使得这些人群开始万里南下，所以来自西北的草原文化因素也源源不断地进入岷江上游地区。

（2）战争原因

长期以来，关于岷江上游地区石棺葬族属问题的讨论众说纷纭，近年比较能获得共识的观点

[①] 费孝通：《关于我国民族的识别问题》，《中国社会科学》1980年第1期。
[②] 星星：《论"民族走廊"及"一纵三横"的格局》，《中华文化论坛》2005年第3期。
[③] 水涛：《论甘青地区青铜时代文化和经济形态转变与环境变化关系》，《中国西北地区青铜时代考古论集》，科学出版社，2001年，第125页。

是，岷江上游地区石棺葬主人是战国至西汉包括冉䮾在内的羌人[1]。羌族在漫长的历史进程中饱受战争之苦，羌族"以战死为吉利，病终为不详"[2]。战争一直伴随着羌族的历史，从殷商王朝开始，羌、商经常处于敌对状态，战争频繁。甲骨文卜辞中有很多商王朝对羌征伐的记录，"乙亥卜贞，伐羌""翌丁巳伐羌""勿登人呼伐羌"，等等；在晚商时期，周人与羌人常常联盟与商王朝发生战争，周武王讨伐商王时的反商联军中，羌人是最重要的组成部分[3]；公元前659年（春秋早期），秦穆公向西扩张，生活在渭水一带的羌人首先受到威胁，面对秦的扩张，羌人被迫两次迁徙；西汉初年，汉王朝与匈奴同时兴起，而匈奴成为汉王朝最大的边患威胁，此时羌族生存在两个强大的民族之间，毫无悬念地被卷入战争之中。《后汉书·西羌传》有言"至于汉兴，匈奴冒顿兵强，破东胡，走月氏，威震百蛮，臣服诸羌"[4]。由于统治阶级的不断压迫，生活在西北的羌人在东汉时期举行了几次大规模起义；到了唐代，由于唐与吐蕃的对峙，常常发生战争，而在唐与吐蕃的战争中，羌兵是唐朝队伍中最主要的武力。凡此种种，由于长年不断的战争，羌族原本是一个活跃于我国西北极其繁盛的少数民族，在战争的屠戮和奴役下，生存空间受到极大挤压，大部分羌族融入汉族，一部分西迁、北迁和南下，南下的羌族沿着长江上游的众多支流进入川西和滇西等地区。族群大规模的迁徙不仅带动了各民族间文化的交流与融合，也是北方草原文化南渐的重要原因。

三、小　　结

茂县地处横断山脉中部东沿的横断山区，是中国西部半月形文化传播带的重要组成部分，北接中国西北和北方草原，南连云贵高原，自古以来便是一条南北文化互动走廊。石棺葬是中国西南与西北地区古代人群移动所带来文化碰撞的产物。茂县牟托出土的这件带有游牧文化因素的青铜动物纹牌饰就是石棺葬先民对其遥远族源的记忆，也是北方草原文化南渐的例证，说明石棺葬文化具有多元文化因素，这些文化因素的产生与各族文化的交流互动有关，也与历史上北方氐羌民族南下有关。通过对青铜动物纹牌饰图像的研究，探讨了北方草原文化对石棺葬文化的影响以及南北文化之间早期交流的状况。

---

[1] 沈仲常、李复华：《关于"石棺葬文化"的几个问题》，《中国考古学会第一次年会论文集》，文物出版社，1980年，第253~255页。

[2] 梁庚尧：《中国社会史》，东方出版中心，2016年，第49页。

[3] 郑姣：《五彩丝线上的历史记忆——以茂县黑虎寨典型羌绣为例》，《装饰》2018年第7期。

[4] （南朝宋）范晔：《后汉书》卷八十七《西羌传》，中华书局，1965年，第2876页。

岷江涪江上游地区军事考古研究刍议

陈 剑

（成都文物考古研究院）

陈学志

（阿坝藏族羌族自治州文物管理所）

蔡 清

（茂县羌族博物馆）

一、引 言

多学科交叉性研究的不断涌现是考古学发展的重要标志之一。考古学与其他学科的交流融合，产生了一些新兴学科如动物考古学、植物考古学、冶金考古学、地震考古学、天文考古学、分子考古学、盐业考古学等。军事考古学即是其中之一，它在揭示、复原中国古代军事发生与发展的历史方面具有特殊的作用。军事考古学作为考古学的分支学科，具有多学科交叉的特点，其基本理论来源于考古学的相关理论，并吸纳人文社会科学领域相关理论诸如系统论、中层理论、场域理论、历史想象理论等理论思想；研究方法得益于考古学基本方法的发展成熟，如考古地层学、考古类型学与文化因素分析等。军事考古学的研究对象十分广泛，凡与古代军事有关的遗址、遗物，都是军事考古学的研究对象，概括起来主要可分为遗址、遗物和考古出土的军事文献及文字资料三类[①]。

遗址包括城防遗址，主要是指长城、海防筑城遗址等；城池遗址，主要指具有政治中心性质的城池等，除国都、陪都外，并有方国城、列国城以及郡、县、州、府城等；军事交通遗址，主要包括各种军用道路和烽燧、驿站遗址、遗迹等，还有用于军事的水上交通要道；军事基地与军事重镇、关塞遗址，由于抵御或进攻的需要，古代在一些军事要地和地势险峻之处设兵驻扎和把守，多

[①] 赵丛苍：《军事考古学初论》（上），《中国文物报》1999年11月10日第3版；赵丛苍：《军事考古学初论》（下），《中国文物报》1999年11月17日第3版；魏佳、杨鹏：《发展军事考古学 深化古代军事研究》，《人民日报》2012年5月3日第7版；赵丛苍：《军事考古学理论与方法体系论纲》，《宝鸡文理学院学报》（社会科学版）2015年第4期；赵戈、冉万里：《古代战争遗存的考古学研究现状与思考》，《西北大学学报》（哲学社会科学版）2016年第1期。

筑有城、寨，即所谓军事重镇和关隘要塞；兵器制造工场遗址，兵器制造由于一直很受统治阶级重视而将其作为官营手工业部门；战场遗址及埋葬遗迹等。

岷江涪江上游地区因为其独具特色的自然地理环境条件，多民族交错群居的人文条件，形成了地域历史文化源远流长、传统文化内容多样化、考古学文化演变历程复杂化的特点，从而造就了该地区内涵丰富多彩的军事文化遗产，使得开展军事考古学工作的条件得天独厚，军事考古调查发掘研究工作大有可为。

二、岷江涪江上游地区开展军事考古研究的必要性与可行性

世界上各国家、各民族的历史，总是与战争紧密相连，没有一种人为景观像军事文化遗产那样和人类社会发展的漫漫历史血肉相连；也没有一种遗产类型像军事文化遗产那样意义深远，带给民族的是整体思考及反省。大型军事文化遗产往往是一个国家或民族军事战略思想的物化体现，融合政治、经济、技术等方方面面因素。毋庸置疑，军事文化遗产是人类生存与发展过程中的伟大创造，它体现着一个民族的军事战略思想和文化基因。例如长城，作为冷兵器时代最浩大的线式防御工程体系，既是人类历史上构筑物的伟大奇迹，也是汉民族传统重防甚于重攻的战略思想指导下的产物以及农耕文明的体现。军事文化遗产是由过去的人创造的，虽然是不同利益集团对抗的产物，然而积淀下来的智慧、技术、力量和精神，既是一个民族重要的基因和财富，也是全人类的宝贵经验。

2004年在国际古迹遗址保护协会ICOMOS文件中第一次界定了14种文化遗产的类型。这14类中既包括考古遗产、历史建筑物及建筑群等传统类型遗产，也包括文化线路等新型遗产，其中还有一类是受到较少关注的军事文化遗产。对《世界遗产名录》所有项目进行的"类型"统计分析可以看出，军事文化遗产的数量明显低于平均水平。世界遗产中心2009年的数据中有69个文化景观，在这69个文化景观中缺乏军事类文化景观。《中国世界文化遗产预备名单》类型统计表也显示军事类文化景观为空白，军事文化遗产的研究与保护工作应该予以重视和加强[①]。军事文化遗产的研究与保护需要军事考古工作奠定坚实的基础，这也充分表明开展军事考古调查发掘研究工作是势在必行和大有可为的。

岷江涪江上游地区处于青藏高原与四川盆地的过渡地带，从地理位置来看是重要的节点地带。本地区还是重要的民族走廊，目前主要为羌族聚居区，还有部分藏族居住区，历来是人群及族群间交往互动和迁移的重要场所，也是战争行为频繁发生的地带。这是该地区开展军事考古学工作的重要基础和条件。

尽管岷江涪江上游地区与军事考古有关的实物资料非常丰富，但军事考古学的研究成果并不多

---

① 奚江琳：《军事区域遗产价值认知》，《中国文物报》2011年2月18日第4版。

见，尤其是还缺乏系统的综合性研究[①]。故有必要在该地区开展系统性的军事考古学研究工作。

岷江涪江上游地区开展军事考古研究、保护军事文化遗产具有重要的学术价值和现实意义。首先，有利于深入研究该地区的地域历史文化。作为文化遗产重要组成部分的军事文化遗产，具有文化遗产的普遍价值，是人类智慧与进步的结晶，同时由于军事本身就是人类社会的特殊活动，使得军事文化遗产所体现的价值更具特殊性。岷江涪江上游地区的军事文化遗产是该地区历史文化资源的主要内容和不可忽略的地域特色。

其次，丰富了该地区考古工作的内涵，拓展了考古学调查发掘研究的范围，有助于该地区的文化遗产保护工作的开展。军事文化遗产的价值并不是每个人都能理解的，只有通过专业人员的深度研究，再以合理、科学的方式展现出来，才能使其价值达到最大化，从而让更多的社会公众参与到文化遗产的保护事业当中。

最后，岷江涪江上游地区开展军事考古研究、保护军事文化遗产有助于该地区的文化旅游融合工作，对于乡村振兴战略的实施也有积极的促进作用。军事文化遗产的经济价值是与文化遗产的经济价值相对应的。当前，文化遗产的开发与利用已经成为社会热点话题，以金钱衡量文化遗产的价值是一种普遍存在的现象，对军事文化遗产的经济开发即是挖掘其经济价值的过程，这是毋庸讳言的。

此外，岷江涪江上游地区开展军事考古研究、保护军事文化遗产也是现状的客观和急迫要求。近年来，当地的水电站、高速公路、铁路等基本建设工作如火如荼，对系列军事文化遗产造成的影响不可避免；同时，在全球气候变化等大背景下，该地区的地震、洪水、泥石流等自然灾害的爆发频率加大，对军事文化遗产的破坏越来越严重，甚至是毁灭性的灾难。因此，加强该地区军事文化遗产的保护研究工作称之为刻不容缓也不为过。

三、岷江涪江上游地区军事文化遗产概况

军事考古学的研究对象可以称之为军事文化遗产，随着军事考古学的不断深入发展，丰富的军事文化遗产得到较为充分的揭示和研究。军事文化遗产是历代人们在军事活动中形成的与军事活动有关的遗迹、遗物及其历史发展的全过程。中国的军事文化遗存可以划分为五个部分：其一，军事

[①] 初步的检索结果，仅有一些不多的个案研究成果，如罗胜利：《北川明代军事设施关、堡、墩初探》，《四川文物》2000年第6期；文齐国、邓天富：《北川明永平堡遗址》，《四川文物》1991年第2期；陈良伟：《丝绸之路河南道》，中国社会科学出版社，2002年；陈良伟：《松灌丝道沿线的考古调查——丝绸之路河南道的一支》，《中国社会科学院研究生院学报》1996年第6期；中国社会科学院考古研究所四川工作队：《丝绸之路河南道沿线的重要城址》，《考古学集刊》（13），中国大百科全书出版社，2000年，第238~268页；四川省文物考古研究院：《汶川县姜维城汉明城墙遗迹》，《四川文物》2007年第3期；四川省文物考古研究院：《汶川县姜维城汉明城墙遗迹》，《四川文物》2007年第3期；冉光荣：《略述明代在松潘藏区的统治》，《中国历史博物馆馆刊》第8期，1986年；邹立波：《明代川西北的卫所、边政与边地社会》，《西藏大学学报》（社会科学版）2012年第27卷第1期；郑芹、刘灵：《松茂古道沿线聚落探析》，《四川建筑》2012年第32卷第3期。此外，李绍明、蓝勇先生对岷江涪江上游古代交通（包括军事交通遗址）的研究，郭声波先生对本地区历史地理及沿革建制的研究等，也可以视为军事考古学的研究内容。

防御体系，如城防遗址类的长城、关隘、烽火台、城垣、壕沟、栅栏、营堡、屯堡、海防筑城等，军事交通类的道路、运河遗址等；其二，军事装备类遗存，如原始社会的石球、石刀、石矛等石兵器，历史时期的剑、刀、矛、弓箭等铜铁兵器和战车、战船、火药等；其三，军事名人遗迹，如军事将领、起义领袖、战斗英雄的印章、墓葬、居所等；其四，其他战场遗址、战争掩埋遗迹以及与军事有关的兵书、文献资料、器物铭文等；其五，与军事活动相关的口头文学、歌曲、舞蹈、传统手工艺等非物质文化遗存[1]。军事文化遗产是历史的产物，具有较强的时代性与地域性，同时，作为文化遗产的一部分，其也具有独一性、不可复制性与不可再生性等特点。

军事考古学是根据实物史料研究人类在历史长河中军事领域内的活动的一门学科，是军事历史学与考古学的边缘学科。它采用考古学的方法，如考察、地下及水下发掘、打捞等，借助一系列历史学和军事科学的资料进行研究。军事考古学的内涵非常丰富，但凡与古代军事活动有关的遗迹、遗物，都是军事考古学的研究对象[2]。军事文化遗产是军事考古学研究的重要内容，军事文化遗产保护离不开军事考古学研究。尽管随着军事考古学的不断深入发展，丰富的军事文化遗产得到了充分的揭示和研究，但其作为文化遗产的价值还有待进一步地挖掘。这就要求军事考古学在理论、方法及实践方面不断拓展深度与广度。

总体来看，岷江涪江上游地区的军事文化遗产大概包括以下三个类别。

第一类是不可移动文物（遗址类）：包括古代城址、堡垒、关隘遗址、战场遗址、军事建筑设施遗址等，种类丰富，数量众多。其中，古代城址以松潘县松州古城、若尔盖县潘州古城、汶川县威州古城、平武县龙州古城遗址为代表。

古代碉楼也是本地区较为常见的军事建筑设施，如汶川县的布瓦黄土碉楼及石构碉楼，汶川县龙溪乡的阿尔石碉楼，茂县黑虎乡的鹰嘴河碉楼群，理县杂谷脑镇的八角石碉楼，理县维关的石碉楼等。包括本地区碉楼在内的"藏羌碉楼和村寨"是我国西南地区规模布局最宏大、保存状况最完整、文化内涵最丰富、遗产环境最优美的文化景观类遗产。碉楼的建筑历史至少可以追溯至东汉时期，体现了高超的砌筑技艺，是先民与自然的和谐创造。藏羌碉楼在四川省甘孜、阿坝地区分布广泛，包括理县桃坪羌寨、茂县黑虎羌寨、丹巴县碉楼、汶川县布瓦黄土碉楼等。藏羌碉楼及村寨已多次被国家文物局列入《中国世界文化遗产预备名单》。

本地区的战场遗址多为红军战斗遗存，如若尔盖县求吉乡包座战场遗址、汶川县马岭山红军阻击战场遗址等。北川禹里镇、敦上乡、安州区高山乡、茶坪乡，都是红四方面军于1935年春天长征打响千佛山战役的发生地，至今仍留下了不少战斗遗址。北川红四方面军总医院旧址也位于北川羌族自治县马槽乡境内，是一处重要的军事文化遗产。

第二类是可移动文物（遗物类）：包括兵器、战争生活遗物、武士俑类以及与军事相关的其他遗物。其中兵器是实施军事手段最基本的物质条件，中国古代兵器数量巨大、种类繁多，是军事考古研究的重要内容。考古发现证明，最早的兵器系从原始社会中晚期带锋刃的生产工具中分化而来。随着生产力的发展和战争的需要，兵器不断发展变化。中国古代兵器的发展，或可概分为冷兵

---

[1] 赵丛苍、张朝：《军事文化遗产的价值阐释》，《文物春秋》2020年第3期。
[2] 奚江琳：《军事区域遗产价值认知》，《中国文物报》2011年2月18日第4版。

器时代（约自公元前22世纪～公元10世纪）和火器与冷兵器并用时代两大阶段，其中冷兵器时代占去其3/4以上的时间。古代冷兵器依材质可分为石、骨、蚌、青铜、钢铁以及竹、木、皮革等多种，按用途可分为进攻性兵器（如用于格斗的戈、矛、大刀等，远射兵器弓箭，卫体兵器短剑、匕首）和防护装具（甲、胄、盾、马具装）两大类。此外还有攻、守城器械云梯、巢车、铁蒺藜以及战车、战船（沿用至火器时代）等。古代火器主要有火枪、火炮、火箭、弹雷类等[①]。

战争生活遗物指用于古代行军作战时的生活器具。如曾被秦人普遍用作行军水壶的茧形壶，常见于战国秦汉时期的铜鍪、釜及其后代的镰斗等行军打仗所用炊器等，诸如此类的战争生活遗物，对于了解古代的战争情况是不可或缺的。与军事相关的其他遗物种类丰富，如用于调发军队的信物——虎符，标明古代军队各级职衔的玺印，还如用于古代行军和战争中指挥进退的钲、錞于等青铜乐器，以及铸刻有"水陆攻战"类图纹的青铜器和体现有关军事内容的画像砖、画像石、铜镜、石刻、帛画等。

岷江涪江上游地区最为常见的可移动类军事文化遗产，首先是各种类别、各个时代的武器。从新石器时代的玉石箭镞、斧、刀、石球（弹丸），到各类金属兵器如剑、刀、戈、钺等，乃至近现代枪炮、手雷等，还发现了红军传单、标语等珍贵文物。

第三类是出土及发现的军事文献及文字资料。

考古发掘出土有关古代军事方面的文字资料相当丰富。如商周甲骨文、金文，东周、秦汉时期的简牍帛书以及各代石刻及砖刻（包括大量墓志）、陶文等，大量记载和反映了古代的战争、军事情况，其中不少内容为传世古代文献所未见。通过这些资料可以直接了解有关当时战争、军事方面的情况，从而弥补古籍文献的不足。考古出土的军事著作还可起到"证经补史"的作用。

岷江涪江上游地区考古发现最具特色的军事文献及文字资料，就是发现及确认了多处石刻题记文字资料，分布于理县、松潘县、北川县等地。

朴头山隋唐石刻题记位于理县杂谷脑镇西2.5千米之朴头山古栈道旁石壁上，石刻题记共两通。右为隋开皇九年（589年）之《通道记》，左为唐开元十五年（727年）之战事题刻。其中隋《通道记》记载自三国姜维开凿朴头山栈道以来，因年久道路荒废，会州刺史须达派人重治旧道事。其内容为："自蜀相姜维尝于此行，尔来三百余年更不修理。山则松草蔓蔓，江则讼沤出岸，猿怯高拔，鸟嗟地险，公私往还，并由山上，人疲鸟乏，筋力顿尽。"题刻面积为80厘米×50厘米。《通道记》是目前国内发现的文字最多的民族地区交通题记。

唐碑高0.5、宽0.6米，隶书竖刻8行，字径0.04米。内容为："朝散大夫检校维州刺上柱国焦淑，为吐蕃贼候坝并董敦义役番聚结逆徒数千骑，淑领羌汉兵及健儿等三千余人讨除，其贼应时败散。开元十五年九月十九日记。典施恩书"。这是迄今发现的反映唐朝与吐蕃在川西北地区近百年军事对峙历史的唯一一处文字题刻。

近年，在松潘县小姓乡碑子寺村狮头山古道旁新发现唐代题记一处，形制为竖长方形，高50、宽25厘米。其内容为："开州健儿陈山于此守捉：岁岁长征战，年年更捷报。公夫无不得，虚作健

[①] 赵丛苍：《军事考古学初论》（上），《中国文物报》1999年11月10日第3版；赵丛苍：《军事考古学初论》（下），《中国文物报》1999年11月17日第3版。

儿名。"另一处唐代"移县记"题记也位于松潘县小姓乡碑子寺村狮头山古道旁，与"开州陈山于此守捉"题记相距仅3米。其年代为唐开元廿九年（741年），形制亦为竖长方形，高60、宽25厘米。其内容为："开元廿九年六月，奉使移县，记令王公。"

又如《修复高屯堡赞》位于松潘县安宏乡云屯村贾国友家，刻于明正德己卯年（1519年），形制为竖长方形，高150、宽65、厚7厘米。其文字内容为："呜呼！此屯堡之修复，固由有感于激者，而然实天地鬼神尤握，固松潘，驯诸番，用肇我国家亿万年太平之基也钦！激修而成之者，何年月日？皇明正德己卯八月四日也。督修者何官（？）、何舍（？）、指挥张俊、袁松、荣卷；百户王斌、韩启、谢启、潘林、范伏三、钱镛、高魁、丁松、韩成、袁启、吴政、桂峙；官舍胡永吉、永贵、永太；史实杜瑀、□资；总小旗张圣、林彪、李四儿；小旗王明、萧鸾、覃公望、马义。架梁、采木、盖皮，军竖坛帐，同心同济，修复至功。完者则番僧喃哈□、橡子喇嘛林洞、小弯卜图头儿上乘芭喇嘛等番也盛矣卦。"

在涪江上游北川县的小坝羌族乡境内，也发现了元至元二十七年（1290年）七月二十七日摩崖石刻题记一方，记录了当时地方政府与当地少数民族之间的一次盟誓，是不可多得的历史文物。此石刻题记在清乾隆三十三年（1768年）修《石泉县志》、道光十年（1830年）修《石泉县志》及1933年修的《北川县志》均未著录。小坝元代摩崖石刻位于北川县北部小坝下场口桥西侧岩壁上，小坝为该县白草河中游之一重要场镇，现为小坝羌族乡政府及小坝区署之所在地。题记高106、宽114厘米，碑文系真书竖行，共15行，每行多为9～18字，最少一行仅4字，全文共208字。摩崖题记所言之"盐茶道路"当指自北川治域羌族乡（元石泉县治），沿白草河而上，经小坝、片口，以至松潘白羊乡之古道。白羊乡以上沿白羊河，通过镇江即达松潘。汉藏民族之间，历史上即形成了茶马互市的依存关系，迄至元代这一关系仍在继续发展。现今的松潘，当时为松州的州治，同时为松潘宕迭威茂等处军民安抚司的治所，是川北的政治军事重镇，是汉地供应藏区盐茶之主要据点，由内地至松潘的古道，有由今茂县、平武、北川及甘肃文县通往的道路数条[①]。

这些实物文字不仅是川西北地区古代民族交往、交通路线的第一手文字记载资料，也是古代军事文化遗产的重要组成内容。

四、岷江涪江上游地区军事考古研究的技术路线与方法

军事考古学具有多学科交叉的特点并与相关学科有着密切的联系，它与考古学、军事学、军事史、军事地理学、人类学及自然科学诸学科之间都存在各种各样的关系。军事考古学隶属于考古学，其研究对象是与古代军事有关的所有遗迹、遗物，来源于各类考古遗存。考古学所具备以实物资料为主要研究手段的学科属性，使其在真实再现古代军事情况、揭示与复原中国古代军事发生与发展的历史及其规律性诸方面，有着其他研究方法与手段不可替代的特殊作用。军事考古学和考古学研究的基本任务一致，即根据古代人类通过各种活动遗留下来的物质资料，以研究人类古代社会的历史，只是二者的研究范围不同，后者研究的目的在于了解更多过去社会以及人类发展的事实，

---

① 李绍明：《北川小坝元代至元石刻题记考略》，《四川文物》1989年第2期。

而前者更多关注过去军事史实的重建和解读[①]。

考古学发展至今,已有一套成熟的研究方法和技术,如地层学、类型学、埋藏学、文化因素分析法、区系类型、考古学文化、聚落形态等方法以及物理勘探、化学勘探、科技测年和理化分析、模拟实验等技术手段。这些方法和手段是发现和发掘军事考古遗存的有效途径,尤其可以借鉴聚落形态的研究思路来分析不同的军事文化遗存之间的组织关系和结构。随着考古学的发展,学者们已经从其他学科吸收和借鉴了许多理论和方法,更为细致、精准地解读考古材料,注重文化形成过程、人类生存环境、社会如何组织等方面,这些对于军事考古学的研究至关重要;而众多的考古学理论流派,更丰富和促进了军事考古学的研究。

基于此,在岷江涪江上游地区开展军事考古学工作,首先是开展田野考古调查、勘探及发掘。需要对岷江上游干流及其主要支流黑水河、杂谷脑河、渔子溪等,以及涪江上游干流及其主要支流湔江(土门河)、火爆溪等流域进行拉网式普查,广泛收集实物资料,对重要遗址进行相关的勘探发掘,确定其年代和性质。田野工作是军事考古学的基础和立足点。

其次,室内资料整理与研究,重点是对田野考古实物资料进行分类描述、辨析、探究,再进行深入的解读、考证、总结。

再次,需要进行相关的文献资料收集整理工作。如本地区红色军事文化遗产的考古学研究宜加强延伸性挖掘展示,不断拓展红色主题文化的内涵和外延,争取得到本地区文史专家的大力支持,进一步搜集各种史料,丰富相关纪念馆、博物馆的展陈内容,同时注重将红色题材和历史元素融入环境建设之中,打造整体红色印记。

最后是进行整合研究,尤其是提炼出该地区军事文化遗产的价值,形成相关学术成果。

五、岷江涪江上游地区军事考古遗存的特点

如前所述,岷江涪江上游地区军事考古发现的遗址包括城、堡、关、墩、哨、烽火台、碉楼、军事交通遗存、战场遗址、会议遗址等。出土遗物包括兵器、与军事活动相关的其他遗物等。发现的军事文献及文字资料以碑刻资料为主,如都江堰紫坪铺汉代题刻、理县朴头隋唐题记、北川县小坝元代至元石刻题记、新发现的松潘县唐代碑刻等。

岷江涪江上游地区处于历代成都平原政治中心与周边少数民族聚居区过渡的中间地带,是藏羌彝走廊和民族走廊的重要组成部分。地理位置属于关键的节点,其军事文化遗产的地域性特征非常明显。

例如岷江上游的松潘地区历史上一直是地处边陲的军事重镇,自汉唐以来,此处均设关尉,屯有重兵,并在各处交通要道设立关隘,修筑城池。明代在松潘各地建筑卫所关堡驻兵防守,在有的关堡内还附设驿站,以传送消息、转输粮饷。如永乐四年设松潘卫镇夷关,天顺元年设镇夷堡,天顺九年设平夷、靖夷、普安三堡。这种建筑关堡的活动,到明代后期仍不断进行。在松潘地区建筑的关、堡、墩台共八十七处,戍守官兵达一万一千六百八十四名。至明代中叶,松潘地区逐渐形成

[①] 赵丛苍:《论军事考古学与其他学科的关系》,《西北大学学报》(哲学社会科学版)2015年第6期。

了以松潘城为中心的关、堡、屯、墩为系列的严密防卫体系。据《大明统一志》《四川通志》和民国版《松潘县志》记载，明代松潘地区的关、堡、墩可考的达80余处。在一县之地，分布着如此之多的关、堡、屯、墩，其数量之多、分布之密集，在整个川西北都属罕见，也由此可以看出松潘在历史上的重要军事和政治地位。这些关、堡、屯、墩在岷江和涪江上游构成了一个完整的关堡防卫体系，也基本奠定了明清时期松潘地区的政治、军事格局。

松州古城城池的营建始于洪武年间，为徐凯建造。城高二丈六尺，周九里七分，原系土墙。该城曾多次扩建。正统时，御史寇深拓城，城跨崇山（即西岷顶），"垣周九里七分三丈五尺，隆深一丈九尺，广三丈。开五门：东曰觐阳，南曰延熏，西曰威远，西南曰小西门，北曰镇羌。嘉靖时，总兵何卿复于城南建外城二里七分，计四百二十四丈七尺，高一丈八尺。门二：西曰临江，南曰安阜。"（民国《松潘县志·城池》）。外城又曰新城，驻扎守备官军，旧城则住本卫官军[1]。松州古城城垣壮观而坚固，一直保存至今，是明代的重要历史文物。

明代治理川西北的施政框架奠基于明初。明代在川西北施政的基本框架：卫所与本土政教势力是明代构建川西北统治体系的主要依托。川西北卫所的设置始于洪武年间，宣德以后渐趋完备。卫所下辖的关、堡、墩、台随形势演变设于险要隘口，扼守藏羌各部出入要道。依据地理位置的不同，明代川西北卫所防务区域可分作松潘、威茂、安绵。明人论川蜀边防，视三者休戚相关如一身："松茂威叠，大势如一身，然松潘，首也；叠溪，项与喉也；茂州，腹也；东之土门，西之威与汉保，其手足也"（顾炎武《天下郡国利病书·四川二十三》）。威茂卫所设立最早[2]。

明代自洪武年间在松潘设卫所，在逐渐完成对岷江上游一带的行政建制与军事控制后，明中央着手加强对岷江上游藏区的治理。明中央以武力为后盾，"招抚向化"为中心的政策在川西北岷江上游藏区，尤其是在松潘地区得以充分体现。推行土司制，抚谕少数民族；采取经济措施，贡赏与互市；发展当地文化教育事业；修建交通设施；等等。随着卫所制度的完善，明中央对松潘卫及其管辖藏区的治理不仅维护了明朝在当地的封建统治，也把先进的生产技术和文化传入藏区，客观上促进了藏区的经济发展和汉藏文化交流。明中央对松潘卫及其藏区的治理是有成效和可借鉴性的，它为松潘藏区的政治、经济、文化发展和汉藏之间的民族融合奠定了坚实的基础，也为后世对该地区的治理起到重要的示范作用[3]。

又如涪江上游的北川地区既为松潘、茂县羌藏区和安、绵汉区的中介地带，又是封建王朝向松、茂"番区"运送粮饷、调动军队的重要干线和必经之地。所以，松茂重镇的安全很大程度依赖于北川通道的顺畅。北川明代关、堡、墩等军事设施均有定制和规模，关以险据，堡为中坚，墩为报信。关、堡、墩相互依赖，相互联系，构成了一个严密的军事防御网。"按诸关堡为备番筑，关广于堡，堡大于墩，每关堡各有城，城各有楼。楼中有署、有厢、有堂、有宅、有营房，有守备军，有召募乡勇，大者数百名，小亦数十名。其墩亦各有守兵，络绎布置，以振番隘"（清道光版

---

[1] 冉光荣：《略述明代在松潘藏区的统治》，《中国历史博物馆馆刊》第8期，1986年。

[2] 邹立波：《明代川西北的卫所、边政与边地社会》，《西藏大学学报》（社会科学版）2012年第1期。

[3] 王蕾：《明中央对川西北岷江上游藏区的治理》，中央民族大学硕士学位论文，2005年；陈晨：《明代松潘卫研究》，青海师范大学硕士学位论文，2011年；殷叔鹏：《明代松潘卫研究》，西北民族大学硕士学位论文，2012年。

《石泉县志》）。松潘总兵何卿平息了"白草番民暴乱"后，为防止白草羌民继续闹事，保证其通往松潘、龙州的交通安全，于嘉靖二十六年，重新修建了北川地区明代最大的军事设施——永平堡。永平堡总面积2万余平方米，分为上、中、下三城，利用山势分别建于三面山上，居高临下，俯视整个白草河流域，扼守通道，防止少数民族南下，上下两城分别筑于山顶和山麓，中城居山腰，为指挥和屯兵中心。三个城堡顺次而上，互相呼应，成为易守难攻之城堡[1]。永平堡周围还有墩九个，分布于三个城堡的南、北两面。永平堡遗址是目前发现的川西北地区较大的明代军事遗址，它对于研究川西北少数民族的政治、军事，明王朝对少数民族的管理、统治等方面都有其重要的意义。

总体看来，基于其独特的自然地理环境和历史人文背景，岷江涪江上游地区的军事文化遗产具有如下一些特点：

第一，岷江涪江上游地区的军事文化遗产数量众多、种类丰富，尤其是松潘、北川地区等重点区域分布更为密集。

第二，层级分明，体系完备，系统性特征明显。形成多层次、立体化、网络化的军事防御体系。重点地区如以松潘县的松州古城为中心，构建起了严密的军事防御网。

第三，由于地处川西北高原山地，岷江涪江上游地区的军事考古遗迹如城址等具有规模小、设计精细、与地理环境融为一体、注重联动性等特征。

第四，该地区的红色军事文化遗产尤其是红军长征军事文化遗产的种类及数量均极其丰富和独具特色。长征中的中国工农红军自1935年4月至翌年8月在岷江上游及涪江上游为主的川西北地区往返、停留达16个月。红一方面军大部分部队由南向北，用3个月时间穿越了雪山草地；红二方面军用了1个多月时间自西向北走出了大片沼泽的茫茫草地；红四方面军历经曲折，自东向西，折而向北，复由北向南，折而向西，最后才由西向北再次穿越雪山草地离开川西北地区继续北上。当年红军长征的脚印，遍布岷江涪江上游地区。红军长征在阿坝藏族羌族自治州停留一年零六个月，留下了具有历史意义的中共中央政治局两河口会议、芦花会议、沙窝会议、毛尔盖会议和巴西会议会址，土门战役、包座战役、绥崇丹懋战役遗址等，以及存留的58篇有关决议、指令等历史文献，600余条标语，38首歌曲，72首歌谣，27篇故事和传说，建立了少数民族最早的革命政权——格勒德沙共和国中央革命政府，以及坐落在大九寨国际旅游区内的红军长征纪念总碑。红军长征为阿坝留下了宝贵的红色文化遗产。阿坝州13县（市）、114个乡（镇）被命名为革命老区，占乡镇总数的66%，有烈士陵园21个、战斗遗址33个、会议遗址13个、革命领导故居10个、人物活动纪念地41个、爱国主义教育示范基地40个，成为红色文化资源最富集的地方。拥有不可移动革命文物99处135个点（全国重点文物保护单位2处12个点，省级文物保护单位17处40个点，州级文物保护单位12处15个点），收藏可移动革命文物457件套（一级文物7件套、二级文物17件套、三级文物269件套），建成红军长征主题博物馆、纪念馆13个。

---

[1] 罗胜利：《北川明代军事设施关、堡、墩初探》，《四川文物》2000年第6期；文齐国、邓天富：《北川明永平堡遗址》，《四川文物》1991年第2期。

六、岷江涪江上游地区军事考古研究的意义与价值

军事考古学在揭示、复原中国古代军事发生与发展的历史方面具有特殊的作用,能为军事历史研究提供更加确切的依据。提倡和推动发展我国的军事考古学,对于诸多方面都具有积极的意义:拓展考古学研究领域,促进和深化古代军事研究;全面认识古代军事遗存的丰富内涵,研究、认证中国古代历史地理与军事地理客观史实;总结中国古代军事战略思想、重大战争事件、军队防卫配置体系以及军事防御技术等成就;分析、探讨一定历史条件下战争表象萌芽、战斗历程、战场遗存等沿革状况,研究其战略战术及各种作战方法、样式的产生与发展及其所发挥重要作用的主客观因素;揭示战争、军队、军事与当时社会政治、经济结构及人类社会进步之间的必然联系等;同时为当今社会发展提供有益借鉴[①]。

具体来说,在岷江涪江上游地区开展军事考古学研究,无论是在学术研究方面,还是在当代政治经济社会建设方面,均有着重要的意义与价值。

第一,有利于扩大岷江涪江上游区域考古学文化的内涵,提升发掘研究的深度,完善该地区的专题性考古发掘研究工作。尤其是对红色军事文化遗产进行的考古学调查、发掘研究工作,延展了考古学研究对象的下限,拓展了考古学研究的广度和深度。

第二,将对本地区历史文化的深入探讨工作产生积极作用,有助于保护该地区底蕴丰厚的文化遗产资源。考古工作可以弥补古代历史文献记载内容的不足。四川地区尤其是岷江涪江上游地区在内的川西北高原山地、川西高原及川西南山地的历史,在古代文献的记载中大多数时期是一片空白,或者是寥寥数语。开展包括军事考古在内的考古工作,可以用实物资料再现本地区波澜壮阔、内容丰富的历史场景,对历史文献记载的相关内容进行补充、实证,甚至重新书写历史。

第三,岷江涪江上游地区开展军事考古学研究有助于推进爱国主义教育。军事考古学成果可以激发中华民族的自信心。军事文化遗产是一个民族、一个社会、一个国家实力、精神面貌的集中体现,伴随人类文明进程不断发展完善,对个体人来说感受军事文化遗产的经历是欣赏、升华的成长,更是审视历史、反思顿悟的蜕变。现代浮华的物质世界更容易让人迷失,军事文化遗产传递的是一种力量、一种坚毅不屈的阳刚之气。军事文化遗产的生命力还在于它的现代教育意义。军事文化遗产是当时军事战略思想指导下的产物,是伴随着战争而生的,它既具有历史意义,是古代军事思想的载体、古代军事行动的反映、古代军事科学技术的见证,同样也具有现代意义,能在当代社会发挥国防教育价值,有利于民族精神的培育。保护与合理利用军事文化遗产一定会同爱国主义教育、国防教育结合起来,实现它今天的使命。

第四,岷江涪江上游地区开展军事考古学研究有助于探讨各民族交流交往交融的历史过程,铸牢中华民族共同体意识。岷江涪江上游地区生活着藏羌回汉等多民族,在这片土地上,各族群众亲如一家,共同创造了美好的生活。历史上,更是重要的民族走廊和文化走廊所在。一部中国史,就是一部各民族交融汇聚成多元一体中华民族的历史,就是各民族共同缔造、发展、巩固统一的伟

---

① 赵丛苍:《论军事考古学的现实意义》,《中国文物报》2013年8月16日第6版。

大祖国的历史。党的十九届四中全会从13个方面系统总结了我国国家制度和国家治理体系的显著优势，一个重要方面就是"坚持各民族一律平等，铸牢中华民族共同体意识，实现共同团结奋斗、共同繁荣发展的显著优势"。实现中华民族伟大复兴的中国梦，就要以铸牢中华民族共同体意识为主线，把民族团结进步事业作为基础性事业抓紧抓好，促进各民族像石榴籽一样紧紧拥抱在一起，推动中华民族走向包容性更强、凝聚力更大的命运共同体。本地区的多数军事文化遗产尤其是红色军事文化遗产同时也是爱国主义教育基地，不仅是传承红色基因、赓续红色血脉的重要阵地，也是筑牢中华民族共同体意识的重要基地。

第五，军事考古学的发展有利于本地区军事文化遗产旅游价值的开发，促进文化与旅游融合，促进地方经济建设。经济价值是文化遗产经济属性的反映，文化遗产所具有的独一性和不可复制性造就了其所具有的非凡的经济价值。虽然文物及传统工艺并不能以金钱作为衡量价值的标准，但目前文化遗产在经济发展中有着重要的作用，而且随着经济结构的不断完善，文化遗产的经济价值会得到进一步的挖掘。军事文化遗产的经济价值是与文化遗产的经济价值相对应的。当前，文化遗产的开发与利用已经成为社会热点话题，以金钱衡量文化遗产的价值是一种普遍存在的现象，对军事文化遗产的经济开发即是挖掘其经济价值的过程。军事考古遗存旅游的开发，除了长城、兵马俑等享誉世界的重大军事建筑工程之外，古关隘、城堡、战场等军事文化旅游资源也是极具开发潜力的经济资源。军事文化遗产的开发需要建立在保护的基础之上，科学合理的保护是文化遗产经济价值得以保值和升值的基础。要塑造特色品牌还有赖于军事考古学的发展，通过对军事文化遗产的深入研究，发掘其精髓，用丰富的文化内涵塑造产品形象，从而得到旅游消费者的认同和接受。

第六，本地区内涵丰富、独具特色的红色军事文化遗产是一本鲜活的革命教科书，是一座珍贵的历史博物馆，也是弘扬社会主义价值观的宝贵资源。保护好、传承好、利用好红色军事文化遗产，需群策群力，多方合力，全民动员，让红色军事文化遗产"红起来""活起来""火起来"，共同继承好这一宝贵文化遗产和精神财富。传承好、保护好、利用好红色军事文化遗产，让它"红起来""活起来""火起来"，对于研究革命历史、传承革命精神都具有极为重要的现实意义和深远意义，也可以成为促进地方转型发展、打造文化产业的"新名片""新品牌"。

川西高原史前农业初探

万　娇

（四川省文物考古研究院）

一、引　　言

　　从考古发掘获得的土样，经过标准浮选程序进行土样信息采集和浮选。经过水的分选，获得比水轻的包含炭化植物种子、植物根茎、动物残骸等的轻浮部分，和比水重的包含石块、陶片、较大的动物骨骼等的重浮部分。轻浮部分带回实验室，从中挑选出木炭、植物种子、炭化植物种子等。对其中的炭化植物种子进行鉴定、统计，通过对其中与人类活动尤其相关的栽培作物种子的分析，获得来自古代的农业信息。

　　四川省植物考古由于种种原因，研究现状相较于其他地区比较滞后，川西高原的植物考古起步虽早，但是研究现状并不乐观。作为农业研究基础的动植物考古简报和报告的公布情况严重滞后，使得川西高原史前农业研究工作无法有实质性的推进。

　　部分学者在梳理大量川西地区早期遗址后，对川西高原史前农业的分析仍然需要大量借助周边地区的动植物考古研究成果才能进行。

　　所以，本研究在设立之初，就决定以浮选、植物种子鉴定和植物种子数据库建设等基础性工作为主要内容。以实实在在的基础研究加深对川西史前农业的了解。

二、研　究　概　述

　　川西高原位于横断山脉东段，处于青藏高原与四川盆地之间，由第一台阶向第二台阶的过渡地带，从地貌上可分为川西北高原和川西山地两部分。川西高原与成都平原的分界线从北往南为龙门山脉—邛崃山脉。从行政辖区来看，川西高原大部分位于阿坝藏族羌族自治州、甘孜藏族自治州、凉山彝族自治州境内。

　　川西高原位于横断山脉藏彝羌迁徙走廊北段，历来是学术研究的热点。川西高原史前农业的传播和变化，不仅仅涉及川西高原史前社会的生业形态和生活方式，还折射出早期人群的迁徙流动和文化间的交流交融。川西高原史前农业的研究虽然重要，但目前尚处于初始阶段，这表现在以下几个方面：

（1）基础研究数据薄弱。川西高原的动物骨骼和炭化植物种子遗存的资料整理和公布还处于起步阶段。

（2）考古调查多发掘少。本区备受关注，调查、试掘较多。由于本区海拔较高，气候严寒，发掘条件艰苦，发掘较少。

（3）本区域地表生态脆弱、地质灾害频发，较少有延续时间较长的遗址发现。

目前，川西高原已发表史前农业相关基础性研究集中在两个地区，一是凉山，一是阿坝。由于成都文物考古研究院近几年在凉山的考古发掘工作的推进和植物考古工作的跟进，目前凉山已经成为除成都外，四川植物考古工作和研究进行较多的地区。阿坝的动植物考古工作开展较早，如茂县营盘山[①]、马尔康哈休遗址[②]。但是甘孜基本没有做过系统的浮选。甘孜的考古主要集中在石棺葬，目前除了丹巴中路罕额依遗址堆积较厚、延续时间较长外，尚无发掘过的遗址。但由于罕额依遗址发掘时间较早，没有进行浮选。所以在川西高原的早期农业探讨中，甘孜基本是处于空白地带。

2014年，李映福教授通过对川西高原已发现的新石器时代至早期铁器时代的200处聚落遗址的分析[③]，将川西高原分为三大区，分别是以岷江上游、大渡河上游和青衣江上游为主要分布区的粟、黍旱作农业经济区，以阿坝藏族羌族自治州若尔盖、红原、壤塘至甘孜藏族自治州道孚、理塘、白玉一线以北的狩猎—畜牧经济区，以及大渡河中游支流青衣江流域的农牧混合经济区。搜罗遗址完备，但唯一的遗憾是直接的基础资料相对薄弱，也是因为当时很多遗址的浮选资料分析鉴定尚在进行中，还没有发表。

近年来，西昌横栏山遗址[④]、冕宁高坡遗址[⑤]、盐源皈家堡遗址、盐源道座庙遗址[⑥]等浮选获得的植物遗存简报相继发表。实验室关于茂县下关子遗址的浮选分析也已经成文，研究川西高原的农业面貌有了相对丰富的基础资料，正可以进行深入的讨论和分析。

[①] 赵志军、陈剑：《四川茂县营盘山遗址浮选结果及分析》，《南方文物》2011年第3期。

[②] 何锟宇：《马尔康哈休遗址史前文化与生业——兼论岷江上游地区马家窑类型的生业方式》，《考古》2015年第5期。

[③] 李映福：《川西高原区新石器时代至早期铁器时代生业经济的考古学观察》，《西南民族大学学报》（人文社会科学版）2014年第11期。

[④] 姜铭、胡婷婷、补琦等：《西昌市横栏山遗址2011年及2013年浮选结果简报》，《成都考古研究》（三），科学出版社，2017年；姜铭、闫雪、刘祥宇等：《西昌市横栏山遗址2014年浮选结果及初步研究》，《成都考古发现》（2014），科学出版社，2016年。

[⑤] 姜铭、耿平、刘灵鹤等：《冕宁县高坡遗址2011年度浮选结果鉴定简报及初步分析》，《成都考古发现》（2011），科学出版社，2013年。

[⑥] 闫雪、姜铭、刘祥宇等：《2015年盐源县皈家堡遗址、道座庙遗址出土植物遗存分析报告》，《成都考古发现》（2014），科学出版社，2016年。

三、川西高原史前农业面貌

在川西高原区，以哈休遗址早期遗存为代表的新石器晚期文化年代在距今5500～5300年，以哈休遗址晚期遗存、营盘山遗址为代表的新石器晚期文化年代在距今5300～4800年。哈休遗址试掘的灰坑土样送到中国社会科学院考古研究所鉴定，目前尚无正式报告发表，但研究者提到其中确定有粟等作物品种[1]。哈休遗址能确认为家畜的只有狗一种，最多的动物骨骼是鹿科动物，肉食来源主要是狩猎经济[2]。营盘山遗址发现的动物骨骼以家养为主，包括猪、狗，可能还有黄牛，其中猪占主导地位。营盘山遗址以家养动物为主体，但仍以狩猎为补充，狩猎对象中，鹿科动物同样占据主导地位[3]。

营盘山遗址经赵志军对浮选所获的植物遗存鉴定，认为是以黍、粟为主的旱作农业结构，并且黍、粟在生业结构中所占比重差不多。并且浮选出较多的藜科种子，对藜科是否仅作为杂草存在于遗址中，提出疑问。

茂县下关子遗址地理位置距营盘山遗址不远，但是其作物结构已经出现了变化。下关子遗址粟作比例约70%，占据了绝对的优势，黍作约30%，也占据比较重要的地位。在遗址中发现了极少量的水稻、大麦和小麦，很难说当时的下关子遗址已经开始种植水稻、大麦和小麦，尤其是大麦，仅在一个单位中出土，很有可能为扰动所致。下关子遗址水稻可能来自交换，下关子遗址的年代约距今4400～4250年，下关子的水稻是否和成都平原的以稻作为主的宝墩文化有关，这是一个值得考虑的问题。根据赵志军的分析，认为小麦是由西亚经中亚传入中国，在中国为从西北向南、向东传播。目前山东胶州赵家庄遗址出土小麦测年数据距今（3905±50）年，校正年代距今4450～4220年，而下关子遗址小麦出土最多的H20，测年数据距今（4005±40）年，校正年代距今4600～4400年，略早于赵家庄遗址。为了准确地探究这批小麦和大麦的年代，特意挑选了出土于H20的两粒小麦种子和1粒大麦种子送北京大学碳十四测年实验室测定准确年代。两粒小麦的测年数据比较接近，为距今（2545±25）和（2595±25）年，校正年代在公元前800～前750年，大麦的测年数据为距今（2295±25）年，校正年代在公元前400～前370年。看来小麦和大麦还是分两次扰入H20。这也说明微小遗存很可能由土壤的空隙、空洞漏入更早的地层，使用时最好对其进行测年，以更明确其年代归属。

大渡河上游的麦坪遗址土样植硅石分析显示，麦坪遗址在距今4700～4500年的遗存中存在水稻[4]。

---

[1] 陈剑、陈学志：《大渡河上游史前文化寻踪》，《中华文化论坛》2006年第3期。

[2] 何锟宇：《马尔康哈休遗址史前文化与生业——兼论岷江上游地区马家窑类型的生业方式》，《考古》2015年第5期。

[3] 何锟宇：《马尔康哈休遗址史前文化与生业——兼论岷江上游地区马家窑类型的生业方式》，《考古》2015年第5期。

[4] 黄翡、郭富、金普军：《麦坪遗址新石器时代晚期水稻植硅体的发现及其意义》，《四川文物》2011年第6期。

同时期西昌横栏山遗址发现炭化黍、粟和水稻种子。2014年浮选中新石器遗存共发现39粒种子，占炭化种子总数的1/10弱。粟11粒，黍仅1粒。水稻的数量最多，占据绝对优势。并且藜科的数量很少，仅2粒。从文化面貌上看相当于横栏山遗址晚期的盐源皈家堡遗址，则完全不见水稻，而是以黍、粟为主，二者比例相当。

更晚一些的会理莲塘遗址浮选出的植物种子并不多，数量没有统计意义。种类包括黍、粟、水稻和小麦。水稻的数量最多，但也不过12颗。莲塘遗址浮选出黍、粟、水稻和小麦。对出土的黍、水稻和小麦进行了测年，黍和水稻的年代相近，在距今4160～3960年范围内，但小麦显示出较大偏差，小麦的测年显示出较大偏差，表明可能为后期扰入。小麦仅1个单位出土，并且仅出土了2颗。稍后的会理唐家坡遗址作物种子仅出土了2颗水稻，对水稻做了测年，为距今3730～3610年，表明当时的唐家坡遗址确有水稻。

高坡遗址从文化面貌上看，年代应该是商末周初，发现种子的数量不多，作物有黍和水稻，而以水稻占据优势地位。

西昌沙坪站遗址发现了粟和水稻，水稻以95%的比例占据了绝对优势。沙坪站遗址一共7个测年数据，集中在距今2950～2750年，约相当于中原的西周。均是由炭化的水稻种子测出，基本反映沙坪遗址人群食用水稻的经历。有意思的是，最早的测年数据和最晚的测年数据都出现在F5中，最早为商代初年，最晚为西周晚期，两者相隔了约700年，但是对于当时的建筑来说，存在700年绝对是不可能的事，F5中年代较早的水稻种子应该来源于遗址的其他位置，人类活动将它带到了700年后的F5中（图一）。

汉代已非史前，但试掘的大山包遗址、团山包遗址和道座庙遗址的浮选结果都不太理想，很难据此去判断生业结构的特征。大山包遗址农作物中包含了黍、水稻和小麦，团山包遗址农作物为大麦和小麦，道座庙遗址发现黍和水稻。

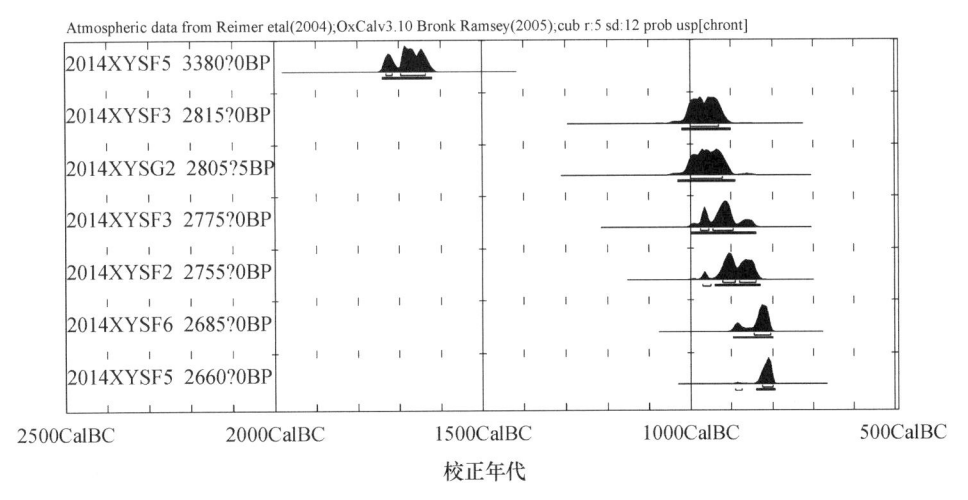

图一 西昌市沙坪站遗址水稻碳十四年代校正图

四、分析与小结

综合上文分析来看，川西高原在农业的扩散和传播研究中处于一种特殊的地位。因其地理条件的复杂多变，导致其生业模式同样出现不稳定的状态。生业形态的差异可能更多由地貌差异和水热条件决定。

川西高原山高谷深，海拔高差大，植被立体分布特征明显，同一区域内的不同地点可能水热条件完全不同。在各种农作物传入后，当地居民可能会因地制宜选择适宜的农作物进行种植。虽然如此，川西高原的生业形态仍然是有规律可循的，川西高原的农业来源于甘青地区人群沿横断山脉向南迁徙，最初由他们带入川西高原的农业品种是黍和粟，人群经历了与当地环境的适应与磨合，逐渐发展出适应环境特征的农业结构，比如在早期是粟、黍比例的优化和调整。河谷湿热的气候适宜水稻的生长，所以水稻传入川西高原后，也成为川西高原主食的重要来源之一。

关于水稻在川西高原传播的途径，是由西北传入还是由成都平原传入，还是两边都曾经影响到川西高原农业结构的变化？甘肃西山坪遗址发现了水稻植硅体，并且对水稻炭化种子的测年显示，西山坪在距今5070年已经种植水稻[1]。黄翡等通过对麦坪遗址水稻植硅石的检测和研究，认为麦坪的水稻有可能经西北传入[2]。但从下关子遗址看，下关子遗址的水稻更可能是从同时期成都平原宝墩文化传播过来。下关子遗址之后，远在凉山的莲塘遗址、唐家坡遗址均发现水稻炭化种子遗存。横栏山遗址比较特殊，年代较早，但以水稻为主的农业结构异于同时期其他遗址，而年代相近的皈家堡遗址则完全没有发现水稻遗存。横栏山、麦坪年代相近，都发现水稻遗存，说明川西地区大约在距今4700～4500年这一时间范围，水稻的种植可能是受到了西北地区的影响。但水稻真正在川西高原发扬光大，可能来源于水稻种植技术更为成熟的成都平原的影响。

---

[1] 李小强、张宏宾、周新郢等：《甘肃西山坪遗址5000年水稻遗存的植物硅酸体记录》，《植物学通报》2008年第1期。

[2] 黄翡、郭富、金普军：《麦坪遗址新石器时代晚期水稻植硅体的发现及其意义》，《四川文物》2011年第6期。

附表 川西地区遗址农业结构简表

遗址名称	Panicum miliaceum 黍		Setaria italica 粟		Oryza sativa 水稻		Hordeum vulgare 大麦		Triticum aestivum 小麦	
哈休遗址	?		炭化种子	5500~4800						
营盘山遗址	炭化种子	5300~4600	炭化种子	5300~4600						
麦坪遗址					植硅石	4700~4500				
横栏山遗址	炭化种子	4700~4500	炭化种子	4700~4500	炭化种子	4700~4500				
皈家堡遗址	炭化种子		炭化种子							
下关子遗址	炭化种子	4400~4250	炭化种子	4400~4250	炭化种子	4400~4250	炭化种子	2450~2420	炭化种子	2850~2800
莲塘遗址	炭化种子	4100~3970			炭化种子	4160~3960			炭化种子	1480~1650
*唐家坡遗址					炭化种子	3730~3610				
*高坡遗址	炭化种子	商末周初			炭化种子 基盘	商末周初				
沙坪站遗址			炭化种子		炭化种子	3000~2800				
*大山包遗址	炭化种子	西汉			炭化种子	西汉	炭化种子	西汉	炭化种子	西汉
*闭山包遗址									炭化种子	
*道座庙遗址	炭化种子	汉代			炭化种子	汉代				

注：遗址名加粗表明该遗址经过系统浮选，浮选数据可供分析。带星号者表明该遗址仅为试掘，采集土样不多，浮选到的植物种子亦不丰富，仅供参考。表格边框用双线间隔，说明二者处于不同的时代。鉴定栏下，字体加粗的表明该种作物为优势作物。如果炭化种子后面跟的年代不一致，表明这是用这种作物直接测出的年代，如果一致，说明是遗址综合考虑各因素之后的判定的年代。

试论新石器时期粟作农业在四川地区的扩散

——从营盘山遗址植物大遗存浮选结果谈起

姜 铭

(成都文物考古研究院)

近年来，四川境内的成都平原、横断山区和川西北高原地区开展了不少植物考古工作，并公布了10余处遗址/地点的浮选结果，让我们对四川境内各区域的史前农业概况有了初步了解，但对于农业在四川境内的传播路径及原因，我们仍不十分明了，本文尝试对新石器时期粟作农业（本文所称"粟作"包含粟和黍两种谷类）在四川境内的扩散情况作一番探讨。

新石器时期四川境内各遗址（图一）中粟作农业的概况如下。

（一）川西北高原

目前有两处地点的植物考古材料的报道。

1. 哈休遗址

位于阿坝藏族羌族自治州马尔康市，地处大渡河上游脚木足河一级支流茶堡河北岸，包含有本土土著文化、仰韶晚期文化、马家窑文化三组文化因素，年代范围为距今5500~4700年[1]。在2006年试掘提取的浮选样品中，经初步鉴定发现有粟[2]，结合所处的考古学文化范围、地理环境以及它东南160余千米外营盘山遗址的浮选结果[3]推测，哈休遗址在新石器时期很可能是纯粟作的农业形态。

2. 营盘山遗址

位于阿坝藏族羌族自治州茂县，地处岷江东南岸三级台地上（图二），遗址年代范围为距今

---

[1] 阿坝藏族羌族自治州文物管理所、成都文物考古研究所、马尔康县文化体育局：《四川马尔康县哈休遗址2006年的试掘》，《南方民族考古》（第六辑），科学出版社，2010年。
[2] 陈剑、陈学志：《大渡河上游史前文化寻踪》，《中华文化论坛》2006年第3期。
[3] 赵志军、陈剑：《四川茂县营盘山浮选结果及分析》，《南方文物》2011年第3期。

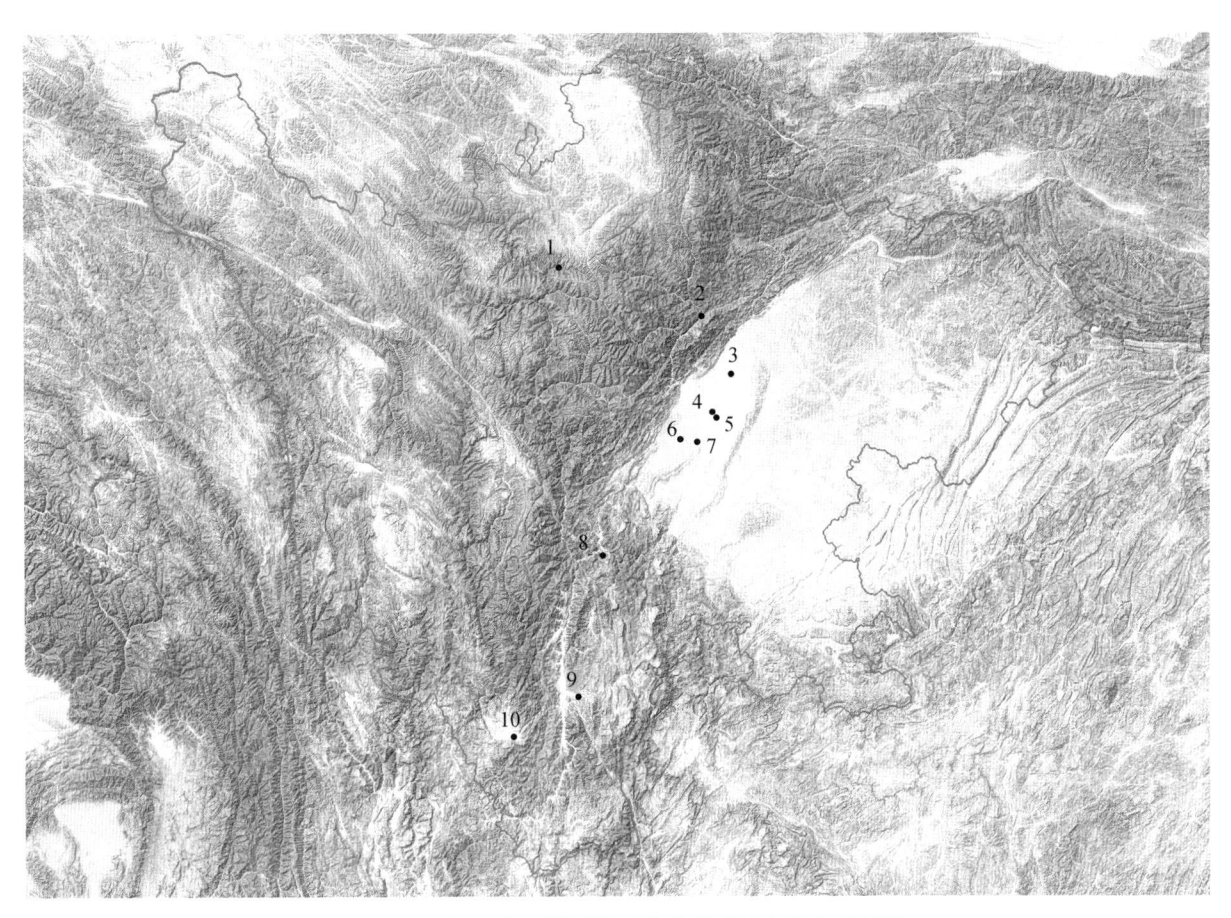

图一　四川地区新石器时期粟作农业遗址点分布示意图

1. 哈休遗址　2. 营盘山遗址　3. 桂圆桥遗址　4. 中海国际社区地点　5. 金沙遗址祭祀区地点　6. 高山古城遗址　7. 宝墩古城遗址　8. 麦坪遗址　9. 横栏山遗址　10. 皈家堡遗址

5300～4600年[①]。在2003年的发掘中，浮选出土的可食性植物种子有粟、黍、野大豆、紫苏、葡萄属、桃、梅、杏等，农作物中以粟和黍为大宗，分别占种子数量的29.4%和27%，粟作占有绝对优势，为典型的北方纯旱作农业形态[②]。

（二）横断山区

近年来有较多的遗址进行了植物考古工作，发现有粟类作物的新石器时代遗址有以下3个。

1. 皈家堡遗址

位于凉山彝族自治州盐源县，地处雅砻江下游西岸的盐源盆地（图三），年代范围为距今5000～4000年。2015年的浮选结果中，农作物仅发现粟和黍，二者在数量上各占约一半。在后续年度的浮选中，发现有少量距今4800年的稻谷。以当前资料而论，皈家堡遗址的农业形态可能最初为

[①] 蒋成、陈剑、陈学志：《四川茂县营盘山遗址试掘报告》，《成都考古发现》（2000），科学出版社，2002年；赵志军、陈剑：《四川茂县营盘山浮选结果及分析》，《南方文物》2011年第3期。

[②] 赵志军、陈剑：《四川茂县营盘山浮选结果及分析》，《南方文物》2011年第3期。

图二　营盘山遗址外景

纯粟作，稍晚时兼种稻谷，但长期仍以粟作为主[①]。

2. 麦坪遗址

位于雅安市汉源县，地处大渡河中游南岸二级台地上，年代范围为距今4700～4500年。2006年采集农作物样品的鉴定结果显示，H9中发现有较多的栽培稻植硅体，另有黍属稃片植硅体。推测麦坪遗址已经存在稻作农业经济，兼种有黍属作物，因无具体数据，粟作的重要性暂时难以推测[②]。

3. 横栏山遗址

位于凉山彝族自治州西昌市，地处雅砻江下游左岸最大支流安宁河流域的河谷地带兴仁寺河旁（图四），与邛海隔山相望，年代范围为距今4500～4200年。该遗址历经多次发掘，并开展了浮选

---

① 成都文物考古研究所、凉山彝族自治州博物馆、盐源县文物管理所：《2015年盐源县皈家堡、道座庙遗址出土植物遗存分析报告》，《成都考古发现》（2014），科学出版社，2016年。

② 黄翡、郭富、金普军：《麦坪遗址新石器时代晚期水稻植硅体的发现及其意义》，《四川文物》2011年第6期。

图三　皈家堡遗址外景

图四　横栏山遗址外景

工作。在2011和2013年度的样品中,稻谷、粟和黍三种农作物的数量百分比分别是67.7%、23.5%和8.9%,出土概率分别是86%、57%和29%;2014年样品中,三者的数量百分比分别为53.8%、42.3%和3.9%,出土概率分别为83.3%、50%和33.3%。无论是数量百分比还是出土概率,横栏山遗址的农业结构都是以稻谷为主、兼种粟黍的局面,粟的重要性较高,黍的重要性较低[①]。

(三)成都平原

成都平原有5处植物考古的材料报道。

1. 桂圆桥遗址

位于德阳市什邡市,包含新石器时期、商、西周等时期遗存。其中,新石器时代遗存可分为三期:桂圆桥一期,距今5100～4600年;桂圆桥二期,距今4600～4300年;桂圆桥三期,距今4300～4000年。桂圆桥一期发现的农作物遗存仅有黍和粟,以黍为主;第二期出现了水稻,是稻作与粟作兼种的混合农业模式;第三期则以水稻为主,兼种少量的粟和黍。总体而言,桂圆桥遗址的农业模式有一个明显的转变过程,可能从纯粟作农业转变为以稻谷为主、兼种粟黍的局面[②]。

2. 高山古城遗址

位于成都市大邑县,包含新石器时期和商周时期遗存,新石器时期遗存年代范围为距今4500～4200年。2013年度样品的浮选结果中,新石器时期的农作物有稻谷、粟、黍和大豆属。其中,稻谷260粒,粟9粒,黍3粒,大豆属1粒,四者的出土概率分别为91.7%、20.8%、8.3%和4.2%,其农业结构以稻谷为主,兼种粟、黍,粟和黍的重要性较低,另外,可能还有对大豆属的零星利用[③]。

3. 宝墩古城遗址

位于成都市新津区,包含新石器时期和汉代遗存,新石器时期遗存年代范围为距今4500～3700年。在2009年度试掘样品的浮选结果中,发现炭化的农作物种子仅有稻谷和粟,两者数量百分比96.5%和3.5%,出土概率分别为100%和64%;在2013年冬至2014年春的发掘过程中,在多个地点采集了浮选样品,其中,田角林地点H313发现的农作物有稻谷、粟和黍,三者数量百分比分别为89.5%、10.2%和0.3%;鼓墩子地点发现的农作物有稻谷、粟和黍,三者数量百分比分别为87.2%、12.2%和0.6%。总体而言,宝墩遗址新石器时期的农业形态是以稻谷为主、兼种粟黍,粟的重要性

---

① 姜铭、胡婷婷、朴琦等:《西昌市横栏山遗址2011年及2013年度植物浮选结果报告》,《一个考古学文化交汇区的发现——凉山考古四十年》,科学出版社,2015年,第696～708页。
② 四川省文物考古研究院:《四川什邡市桂圆桥遗址浮选结果与分析》,《四川文物》2015年第5期。
③ 姜铭、闫雪、周志清等:《大邑县高山古城遗址2013年度植物遗存浮选结果及分析》,《成都考古发现》(2016),科学出版社,2018年。

较低，黍的地位几乎可忽略不计[①]。

4. 中海国际社区地点

位于成都市金牛区，该区域共发现4处新石器时代至商周时期的遗址点和1处晋代墓地。其中，新石器时期遗存属于宝墩文化晚期，从两个灰坑中发现的农作物有稻谷164粒、粟38粒、黍2粒，可认为该地点新石器时代晚期的农作物结构是以稻谷为主，兼种粟黍，粟、黍的地位较低[②]。

5. 金沙遗址祭祀区地点

位于成都市青羊区，含新石器时代晚期、商周时期遗存，其中，新石器时代晚期年代范围为距今4000~3900年。浮选结果发现，新石器晚期的谷物有稻谷、粟和黍，三者数量百分比分别约为92%、6.9%和1.1%，出土概率分别为100%、50%和40%。另外发现有零星的绿豆和葫芦。新石器时代晚期，金沙遗址祭祀区地点的农业结构为以稻谷为主，兼种粟和黍，粟作的地位较低[③]。

总体而言，距今5300~4600年，营盘山遗址呈现出粟作占绝对优势的纯旱作农业形态，在其西北约160千米处比它更早的哈休遗址（距今5500~4700年），很可能处于纯粟作农业阶段；而在其南边约70千米之遥的桂圆桥遗址，在经历了最初（距今5100~4600年）可能是纯粟作的农业形态之后，在第二期（距今4600~4300年）转向了稻作、粟作兼有的农业形态，由此拉开了成都平原以稻为主、兼种粟黍的农业形态的序幕。在距离营盘山遗址更遥远的南边，盐源县皈家堡遗址在距今5000年时为纯粟作的农业形态，在距今4800年前呈现出以粟作为主、兼种稻谷的农业形态，在距今4500年前后，川西横断山区也进入了以稻作为主、兼种粟黍的农业形态。

在川西北高原和横断山区，主要是因为地理的阻隔，迫使人群的迁徙或交流沿着河流南北向进行，从而导致粟作农业的扩散呈现出南北向多路传播的态势；而在成都平原地区，虽然地理的阻隔消失，但水患严重，古蜀先民积累了丰富的治水经验后，才从山地向平原腹地进发，从而导致粟作农业的扩散呈现出山地向平原腹地进行的态势。而人群转移到山间坝子、平原地带附近后，因为微地貌环境适宜种植高产农作物稻谷，促使粟作的地位一落千丈，但仍然扮演着不可或缺的角色，而皈家堡遗址可能因为地处水量不那么充沛的高海拔盆地中，导致它长期依赖以粟作为主的旱作农业。

---

① 姜铭、玳玉、何锟宇等：《新津宝墩遗址2009年度考古试掘浮选结果分析简报》，《成都考古发现》（2009），科学出版社，2011年。

② 闫雪、周志清、姜铭：《成都市中海国际社区遗址浮选结果及初步分析》，《成都考古发现》（2012），科学出版社，2014年。

③ 姜铭、闫雪、周志清等：《金沙遗址祭祀区植物大遗存浮选结果报告及分析》，《金沙遗址——祭祀区发掘报告》，文物出版社，2022年，第1483~1529页。

茂县营盘山遗址祭祀坑出土人骨研究

原海兵

（四川大学考古学实验教学中心）

陈　剑

（成都文物考古研究院）

何锟宇

（成都文物考古研究院）

一、引　言

　　营盘山遗址位于四川省阿坝藏族羌族自治州茂县凤仪镇，地处岷江东南岸三级台地上，地理位置为东经103°51′、北纬31°41′。平面约呈梯形，东西宽120～200米，南北长约1000米，总面积近15万平方米。遗址东面临深谷阳午沟，东北面、北面、西面均为岷江所环绕，东距茂县县城约2.5千米，海拔1650～1710米，高出岷江河谷约160米，表面地势略呈缓坡状。成都文物考古研究所、阿坝藏族羌族自治州文物管理所、茂县羌族博物馆于2000年调查时发现，2000年、2002年对其进行试掘，2003年、2004年、2006年进行了正式发掘。该遗址发现的新石器时代遗迹有房屋基址、墓葬、人祭坑、灰坑、灰沟、窑址以及灶坑等，出土陶器、玉器、石器、细石器、骨器、蚌器等各类遗物总计近万件，是岷江地区新石器时代最重要的中心聚落遗址之一，是该地区目前已经发现的面积最大的新石器时代文化遗址，也是迄今为止岷江上游地区考古工作规模最大、发现遗迹最为丰富的遗址，鉴于其独特的文化特性，学者将其命名为"营盘山文化"[①]，并进一步阐释为是一种具有自身特色的、以本土文化因素为主体成分，同时吸收了多种外来文化因素的地方文化类型[②]。也

[①] 成都市文物考古研究所、阿坝藏族羌族自治州文管所、茂县博物馆：《四川茂县营盘山遗址试掘报告》，《成都考古发现》（2000），科学出版社，2002年；陈剑、陈学志、范永刚：《岷江上游新石器时代文化遗址调查及营盘山考古试掘综述》，《阿坝师范高等专科学校学报》2004年第4期。

[②] 陈剑、陈学志、范永刚等：《营盘山遗址——藏彝走廊史前区域文化中心》，《阿坝师范高等专科学校学报》2005年第1期。

有学者提出不同的看法①。营盘山遗址经北京大学考古文博学院加速器质谱实验室碳十四年代测定，BA03280（2000SMYT10H8）测年为距今（4390±60）年，BA03281（2000T12⑥）测年为距今（4170±60）年。经中国社会科学院考古研究所碳十四测年，数据分别为距今（4416±31）、（4274±31）、（4419±32）年，树轮校正后的年代范围为距今5300～4600年②。营盘山遗址是西南地区重要的史前遗址。在史前以及历史时期，营盘山遗址所在的岷江上游地区一直是黄河流域与长江流域之间的一条非常重要的人群流动、文化交流互动的走廊和通道。

在该遗址的发掘中，还出土了保存较好的古代人骨。2013年9月，笔者前往茂县，对保存于茂县羌族博物馆的营盘山遗址新石器时代祭祀坑人骨进行了初步鉴定和提取，并将人骨标本运至四川大学考古学实验教学示范中心人类学实验室，在室内对其进行了人类学的观察与鉴定。报告如下。

二、人骨保存状况及观察标准

1. 保存状况

营盘山祭祀坑人骨标本整体保存相对较好，但由于受埋藏环境以及保存状态的影响（图一、图二），现在骨骼大部分酥脆残损。例如，颅骨骨骼大部分保留，但均有不同程度碎裂分化；长骨大部分保留，但两端大多残损；其肩胛骨、肋骨、椎骨、手骨、足骨等其他骨骼也存在不同程度的分化残损，为测量研究带来了一定困难。

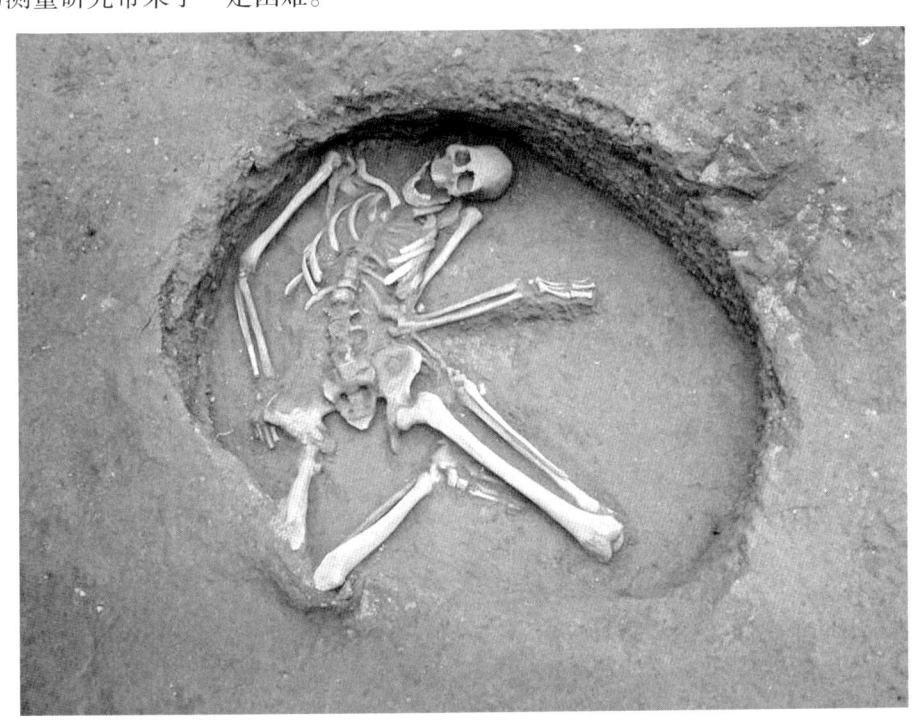

图一　2003SMYM32

---

①　江章华：《岷江上游新石器时代遗存新发现的几点思考》，《四川文物》2004年第3期；陈卫东、王天佑：《浅议岷江上游新石器时代文化》，《四川文物》2004年第3期。

②　中国社会科学院考古研究所考古科技实验研究中心碳十四实验室：《放射性碳素测定年代报告（三一）》，《考古》2005年第7期。

图二　2003SMYM40

2. 观察标准

下文对古人骨标本性别及年龄的观察与鉴定主要依据吴汝康等在《人体测量方法》[①]、邵象清在《人体测量手册》[②]中提出的相关参照标准。性别鉴定主要依据骨盆及颅骨的性别特征；年龄鉴定主要依据耻骨联合面形态、骨化点的出现与骨骺的愈合、颅骨骨缝的愈合以及牙齿的萌出与磨耗等情况综合判定。此外，笔者还采用肉眼与放大镜、显微镜观察相结合的方式对标本进行了病理、创伤和异常形态的检查，并用测骨盘对其长骨进行了测量。

三、性别与年龄

2003SMYM32：根据该个体骨盆整体形态较高较窄、两侧髋骨坐骨大切迹内收以及颅骨枕外隆突发育程度、眉弓发育等综合判定其应当为男性个体。另根据其牙齿萌出与磨耗的整体情况，如两侧上下颌第一臼齿磨耗已达三级，两侧上下颌第二臼齿磨耗已达二级的情况，综合判定其死亡年龄大致在30～35岁。

2003SMYM40：根据该个体两侧髋骨的坐骨大切迹内收形态、颅骨枕外隆突发育粗壮、眉弓明显发育、股骨发育粗壮以及其他骨骼的发育情况综合判定该个体当为男性。另外从该个体的牙齿萌出与磨耗来看，臼齿已经全部萌出，其上下颌两侧的第一臼齿磨耗均达三级，左侧下颌第二臼齿磨耗偏重已达四级，右侧上颌第二臼齿磨耗达三级，右侧下颌第二臼齿磨耗相对较轻为二级，综合判定其死亡年龄在35～40岁。

---

① 吴汝康、吴新智、张振标：《人体测量方法》，科学出版社，1984年，第11～24页。
② 邵象清：《人体测量手册》，上海辞书出版社，1985年，第34～56页。

四、颅骨观察及形态特征

营盘山两例祭祀坑的人颅骨均不同程度残损，但经过拼对、粘接还是可以看出其基本特征，经过初步观察可见其颅骨形态特征主要表现为颅型偏长，伴有高颅型和偏狭的颅型，中等面宽，较高的面型，中等眶型以及狭鼻型等特点。这种体质特征多见于亚洲蒙古人种，且与现代东亚蒙古人种中的华北类型最为接近。与邻近的西北地区的古代人群相比较，如青海乐都柳湾墓地的半山文化、马厂文化和齐家文化人群，青海民和阳山墓地的半山文化人群，甘肃玉门火烧沟墓地、酒泉干骨崖墓地和民乐东灰山墓地的早期青铜时代人群，青海民和核桃庄墓地的辛店文化人群、循化阿哈特拉山墓地的卡约文化人群、西宁陶家寨汉代人群[①]等表现出较强的一致性，应当属于同一个人群类型，即"古西北类型"。该类型的先秦时期人群主要分布在黄河流域上游的甘青地区，向北可扩展到内蒙古额济纳旗的居延地区，向东渗透进陕西省的关中平原及其邻近地区[②]。从营盘山祭祀坑颅骨反映的情况来看，早在新石器时代中期，该类型人群就已经存在于我国西南山地的岷江上游地区，并与当地人群交流互动，对横断山区藏彝走廊的古文化产生了重要的影响。

五、古病理观察

2003SMYM40：存在于该个体骨骼上的病理改变主要有左侧肱骨外科颈周围发育异常（图三）。主要表现为左侧肱骨头外侧向内侧扭转，并导致其左侧肱骨整体外侧向内侧扭转，扭转变形主要集中于外科颈周围，这种骨骼变形可能引发左侧上肢外观及行为改变；病变部位完全愈合，

图三　2003SMYM40左侧肱骨外科颈周围发育异常

并未明显影响其正常生活；病变原因不详，可能与病变部位的微骨折损伤相关，但观察不到骨折裂痕和愈合痕迹。如果是骨折损伤，其愈合形态与正常骨骼形态应有较大差异，可能当时人们对骨折的认知和处理能力均较差。但该标本未见明显骨折裂痕和愈合痕迹，不排除先天骨骼畸形的可能。

六、长骨测量及身高推算

根据营盘山遗址祭祀坑人骨的实际保存情况，依据人体测量学方法，用测骨盘测量了其股骨、

---

① 张敬雷：《青海省西宁市陶家寨墓地人骨人类学研究》，科学出版社，2016年，第167、168页。
② 朱泓：《中国西北地区的古代种族》，《考古与文物》2006年第5期。

胫骨的最大长，左、右侧分别测量。采用莫世泰[①]男性股骨、胫骨最大长推算身高的一元回归方程来计算，然后再平均两侧身高值得出其最终身高值。如下：

男性推算公式为"身高=1.85×股骨最大长+81.58±3.74厘米"

"身高=2.10×胫骨最大长+86.53±3.82厘米"

经测量，2003SMYM32个体的左侧股骨最大长约为48.3厘米，推算身高值大致为170.94厘米，而左侧胫骨最大长约为39.8厘米，推算身高值大致为170.11厘米，2003SMYM32平均身高约为170.53厘米；2003SMYM40个体的左侧股骨最大长约为45.7厘米，推算其身高值大致为166.13厘米。总之，营盘山新石器时代男性人群平均身高约为168.33厘米。

七、小　结

通过观察和鉴定营盘山新石器时代祭祀坑的两例人类骨骼标本，我们大体有如下认识：

第一，两例均为男性，2003SMYM32死亡年龄大致在30～35岁；2003SMYM40死亡年龄在35～40岁。

第二，营盘山两例祭祀坑的人颅骨形态特征主要表现为颅型偏长，高颅型和偏狭的颅型，中等面宽，较高的面型，中等的眶型以及狭鼻型等特点。这些特征与先秦时期广泛分布于甘青地区的"古西北类型"人群的颅面形态最为相似。从本文颅骨反映的情况来看，或许暗示出早在营盘山文化所处的新石器时代，该类型人群就已经存在于我国西南山地的岷江上游地区。

第三，本文所见骨骼病理改变主要是存在于2003SMYM40左侧肱骨外科颈周围的发育异常，导致该个体左侧肱骨整体外侧向内侧扭转，病变部位完全愈合，病变原因可能与病变部位的微骨折损伤有关，也不能排除先天骨骼畸形的可能。

第四，经测量和推算，营盘山遗址2003SMYM32个体的平均身高大致为170.53厘米，2003SMYM40的身高值大致为166.13厘米，营盘山新石器时代男性人群平均身高值约为168.33厘米。

附记：本研究得到国家哲学社会科学基金重大项目（编号：11&ZD182）、国家社会科学基金项目（编号：12CKG005）、四川大学中央高校基本科研业务费哲学社会科学研究专项（编号：skqy201353）的资助。此外，在标本提取过程中，还得到四川茂县羌族博物馆蔡清等同志的协助，在此一并致谢！

---

① 莫世泰：《华南地区男性成年人由长骨长度推算身长的回归方程》，《人类学学报》1983年第1期；莫世泰：《〈华南地区男性成年人由长骨长度推算身长的回归方程〉一文的更正》，《人类学学报》1984年第3期。

岷江上游战国秦汉时期的动物遗存研究

何锟宇

（成都文物考古研究院）

一、引　　言

依据岷江干流的地理特点，一般将都江堰市以上称为岷江上游地区，该区域位于东北—西南走向的龙门山西北侧，为南方农牧交错带的一部分，属青藏高原向四川盆地的过渡地带，而岷江河源则溯至松潘县岷山。岷江上游地区自西周开始出现石棺葬遗存，春秋之后数量明显增多，战国时期至汉武帝之前达到顶峰，但与石棺葬同时期的文化遗存特别是居住址则基本没有发现。笔者曾对岷江上游的石棺葬进行过分期和年代研究[①]，虽近年新材料不断增加，但原有的分期和年代判断大致不误。值得注意的是茂县营盘山石棺葬墓地新发现了一批西周至春秋时期的石棺葬[②]，但这一阶段的墓葬均未发现随葬动物遗存，说明岷江上游石棺葬随葬动物遗存有一个从无到有的过程，应该是接受相邻地区丧葬习俗的影响而产生的。本文研究的随葬动物遗存主要包括两类，一是随葬肉食（可称"祭肉"，多为容器装盛切碎的肉食），二是骨、角、牙质器及装饰贝类等。

二、战国时期的动物遗存

岷江上游发现的战国时期考古遗存主要为石棺葬墓地，且石棺葬中随葬动物遗存的较少，仅茂县营盘山、别立、牟托一号墓有少量发现。

1. 茂县营盘山石棺葬墓地

营盘山石棺葬墓地位于岷江东岸北距茂县县城5千米的台地上，海拔1300多米，墓地高出岷江河床约100米。1979年茂汶羌族自治县文化馆前后两次清理了10座石棺葬，均不见随葬动物肉食的现象，仅少量春秋中晚期战国早期墓随葬有骨质、牙质工具或装饰品，计骨锥1件（M8∶6）、牙

---

① 何锟宇：《岷江上游石棺葬的分期与年代》，《四川文物》2009年第4期。
② 成都文物考古研究所、阿坝藏族羌族自治州文物管理所、茂县羌族博物馆：《茂县营盘山石棺葬墓地》，文物出版社，2013年。

耳饰1件（M5∶2）、骨管饰34件（M4∶5）[1]。2000~2006年成都文物考古研究所等单位联合对茂县营盘山遗址进行了六次发掘，清理石棺葬、器物坑近200座，墓葬年代从西周晚期至战国晚期，亦未发现随葬动物肉食的现象，仅出土由27枚骨管珠组合成的项链状串饰1件，以及贝甲（注：为海贝）、牙类4件[2]。

2. 茂县别立石棺葬墓地

别立石棺葬墓地位于茂汶县南新公社别立大队，地处岷江东岸，距离茂汶县城20千米，别立墓地与岷江的垂直高度约900余米。别立石棺葬墓地仅亚垭口上战国中晚期石棺葬BM9出土骨珠1件（BM9∶5），其他16座墓均不见随葬动物肉食和骨制品[3]。

3. 茂县牟托一号石棺墓

牟托一号石棺墓位于茂县新南乡牟托村，坐落在岷江西岸二级台地上，海拔1702米。1992年茂县羌族博物馆等单位清理石棺葬1座以及陪葬器物坑3座，发掘者认为1号墓及1、2号坑的年代应为战国中晚期之际[4]。该墓随葬大量陶器、青铜器、玉石器和竹木器，3个器物坑也有大量的青铜器和玉石器。发掘报告将其年代定为战国晚期，认为墓主人当具有特殊的身份，可能为其社会结构中的大巫师"君长"[5]。随葬器物中，陶器大多置于头箱，少数置于椁室北部，部分陶簋、陶罐内分别装有已炭化的动物肉、粟以及植物根、果等。青铜礼器、乐器置于棺北部左右两侧，鼎及敦形器内分装肉类和麦类食物，纽钟纽部以竹索相连。墓中随葬的青铜兵器多为巴蜀兵器，时代早晚不一，早的与彭州竹瓦街窖藏等早期巴蜀兵器相似，也有含"巴蜀图语"的晚期巴蜀兵器和地方特色的铜柄铁剑；另外，又有一组春秋到战国早期的楚式青铜器，总的来说该墓随葬的青铜器组成比较复杂。出土青铜器产地和年代上的差异正反映了墓主生前对贵重金属器物的珍惜，而这恰恰只有身份显赫的社会高层才能做到，也就是说到战国晚期，岷江上游与四川盆地的交流主要限于岷江上游的社会高层。

岷江上游地区发现战国时期石棺葬墓地的还有茂县勒石村[6]、汶川昭店村[7]、茂汶撮箕山早中

---

[1] 茂汶羌族自治县文化馆：《四川茂汶县营盘山的石棺葬》，《考古》1981年第5期。
[2] 成都文物考古研究所、阿坝藏族羌族自治州文物管理所、茂县羌族博物馆：《茂县营盘山石棺葬墓地》，文物出版社，2013年，第42页。
[3] 茂汶羌族自治县文化馆：《四川茂县别立、勒石村的石棺葬》，《文物资料丛刊》（9），文物出版社，1985年。
[4] 茂县羌族博物馆、阿坝藏族羌族自治州文物管理所：《四川茂县牟托一号石棺墓及陪葬坑清理简报》，《文物》1994年第3期。
[5] 茂县羌族博物馆、成都文物考古研究所、阿坝藏族羌族自治州文物管理所：《茂县牟托一号石棺墓》，文物出版社，2012年。
[6] 茂汶羌族自治县文化馆：《四川茂县别立、勒石村的石棺葬》，《文物资料丛刊》（9），文物出版社，1985年。
[7] 叶茂林、罗进勇：《四川汶川县昭店村发现的石棺葬》，《考古》1999年第7期。

期①和茂县城关石棺葬墓地早期墓葬②等，但这些墓葬均不见随葬动物遗存。这一时期岷江上游石棺葬的随葬品主要有铜器、陶器、石器、骨器、牙器等。铜器主要为剑、矛、戈、钺等兵器，削、斧等工具，以及牌饰、管、泡、发簪等装饰品，目前仅有高等级墓牟托一号墓随葬有鼎、罍、敦等礼器和钟、铃等乐器。陶器主要有双耳罐、单耳罐、侈口罐、豆、杯、器盖、纺轮等。石器则多为斧、锛、凿、刀、纺轮等工具。骨、牙器种类主要有锥、管（含串饰）、珠、耳饰等，值得注意的是牟托一号墓不见骨器、牙器。随葬植物食品的仅有牟托一号墓容器盛装的粟、麦和植物根、果等。各墓主身上多有绢、麻织品，有些随葬兵器上还裹有丝织纱绢。这一时期仅茂县营盘山石棺葬墓地随葬少量海贝。

从目前发现的考古遗存来看，岷江上游地区先秦时期有一个比较明显的文化"断裂"现象。在距今5000~4000年该区域的史前文化还非常发达，以波西、营盘山、沙乌都为代表③，而此之后距今4000~3000年则基本未发现考古遗存，直到相当于成都平原十二桥文化偏晚阶段才出现了以营盘山遗址为代表的石棺葬遗存，而且墓葬数量也不多。这种文化"断裂"当与环境的剧烈变化有关，还需要做大量的研究工作，而原有的岷江上游先民可能迁徙至东边的四川盆地和其他地区。这种文化"断裂"现象在岷江上游以西一直到西藏昌都地区（大体相当于横断山区或藏彝走廊北段）均有发生，从目前的考古调查、发掘情况来看，仅部分地区有少量关于齐家文化遗存的零星报道，但均未见于正式报告。

鉴于岷江上游地区先秦考古遗存的发现和研究现状，仅靠石棺葬随葬的动物遗存难以复原当时的动物资源分布和利用状况。发掘者对距今5000年前后营盘山遗址的出土动物遗存做了比较系统的收集和研究，当有一定的借鉴意义，特别是对野生动物资源的复原可做参考。营盘山遗址出土的动物遗存中哺乳动物的种类有兔子、竹鼠、斑羚、黄牛、水鹿、斑鹿、麂、家猪、黑熊、狗、猪獾和藏酋猴等12种；鸟的种类有石鸡、环颈雉和大䴉。动物群以家养动物为主，野生动物数量较少，按最小个体数统计家养动物占总数的65.09%（含黄牛），野生动物占34.81%。家养动物的种类有猪、狗，可能还有黄牛，猪占主导地位，猪的可鉴定标本数占总数的64.27%，最小个体数占总数的54.08%，这些都与农业定居社会驯养动物的特征相似④。营盘山遗址浮选出土的农作物包括粟和黍两个谷物品种，浮选结果所反映的农业生产特点应该属于典型的北方旱作农业⑤。从牟托一号墓随葬的粟、麦来看，也当为旱作农业。由于岷江上游战国时期随葬肉食保存状况太差，不能鉴定出具体的动物属种，但牟托一号墓随葬的一件双面牛头纽盖漆绘罐（M1:45）呈现的是牦牛头部形象

---

① 四川省文物考古研究院、阿坝藏族羌族自治州文物管理所、茂县羌族博物馆等：《1984年度茂县撮箕山石棺葬发掘报告》，《南方民族考古》（第九辑），科学出版社，2013年，第295~364页。

② 四川省文物管理委员会、茂汶县文化馆：《四川茂汶羌族自治县石棺葬发掘报告》，《文物资料丛刊》（7），文物出版社，1983年，第45~48页。

③ 陈剑：《波西、营盘山及沙乌都——浅析岷江上游新石器文化演变的阶段性》，《考古与文物》2007年第5期。

④ 何锟宇：《马尔康哈休遗址史前文化与生业——兼论岷江上游地区马家窑类型的生业方式》，《考古》2015年第5期。

⑤ 赵志军、陈剑：《四川茂县营盘山遗址浮选结果及分析》，《南方文物》2011年第3期。

（注：角的形态与现生牦牛相近）[1]，这一阶段的牦牛是否已驯化还需要更多证据。综合战国时期石棺葬随葬的动植物遗存、各种质地器物、地貌环境和区域经济传统来看，岷江上游地区当时的生业模式主要以旱作农业为主，畜牧对象推测主要为山羊、黄牛、猪、狗等。《华阳国志》所述"以汶山为畜牧"也说明当时汶山一带或为蜀王朝重要的畜牧区。当然，狩猎、采集经济在岷江上游也占有一定的比重，作为生业方式的补充手段。

三、秦汉时期的动物遗存

秦汉时期，岷江上游地区的石棺葬分布范围有所扩大，不仅局限于茂县、汶川，理县等地也多有发现。除了发现各类墓葬之外，也有一些居住类遗址，如九寨沟阿梢垴遗址[2]；在石棺葬墓地附近也有居址，如理县佳山寨[3]、汶川布瓦砦[4]等。这说明秦汉时期该地区先民的栖居形态、生业方式与战国时期相比有了重大变化。

1. 茂汶城关石棺葬墓地

茂汶城关石棺葬墓地位于阿坝藏族羌族自治州茂汶羌族自治县县城东北，于1978年曾进行两次发掘，共清理墓葬46座。这批墓葬排列密集均匀，未发现叠压打破现象，墓向基本一致[5]。该墓地早期为战国晚期，中晚期为西汉早期。报告称很多墓中出土粮食和兽骨，多放在容器中，也有放在墓坑头端，根据AM8～AM11统计，每座墓中盛放粮食和兽骨的器物各2～4件。随葬有海贝260枚，出于第Ⅱ类墓中，每墓5～43颗不等。背上一端钻有小孔，由绳串起，出土时均在胸前，可能为项饰。此外，尚有螺壳、兽骨（绝大部分是羊骨）和谷物（经鉴定是皮大麦，放在釜、鍪、罐内）等。墓葬年代当为战国后期至汉武帝以前，主体年代集中在西汉早期。

2. 茂县撮箕山石棺葬墓地

撮箕山石棺葬墓地位于茂县城北岷江东岸凤仪大坝北端，海拔约1700米，1984年四川省文物管理委员会等单位对该墓地进行发掘，清理石棺葬62座，墓地延续的时间较长，从春秋晚期至西汉

---

[1] 茂县羌族博物馆、阿坝藏族羌族自治州文物管理所：《四川茂县牟托一号石棺墓及陪葬坑清理简报》，《文物》1994年第3期。

[2] 吕红亮、李永宪、陈学志等：《汉代川西北高原的氐人聚落：九寨沟阿梢垴遗址考古调查试掘的初步分析》，《藏学学刊》（第6辑），四川大学出版社，2010年；四川大学考古系、四川省阿坝藏族羌族自治州文物管理所、九寨沟管理局科研处：《四川阿坝州九寨沟阿梢垴遗址的调查与试掘》，《考古》2017年第10期。

[3] 阿坝藏族羌族自治州文物管理所、理县文化馆：《四川理县佳山石棺葬发掘清理报告》，《南方民族考古》（第一辑），四川大学出版社，1987年，第211～236页。

[4] 汶川县文管所、成都文物考古研究所、阿坝藏族羌族自治州文管所：《四川汶川县布瓦石棺葬2009年的调查》，《成都考古发现》（2008），科学出版社，2010年。

[5] 四川省文管会、茂汶县文化馆：《四川茂汶羌族自治县石棺葬发掘报告》，《文物资料丛刊》（7），文物出版社，1983年。

晚期或东汉初期①。东周时期（第一、二期）的墓葬没有发现随葬动物肉食和骨器、海贝等现象，但第三期（西汉至东汉早期）石棺葬有少量墓葬随葬有骨珠和海贝，如M30、M25各随葬海贝1件（M30：14、M25：6），M33随葬22颗管状中空的骨珠。

3. 理县佳山寨石棺葬墓地

佳山石棺葬墓地位于阿坝藏族羌族自治州理县东部桃坪羌族乡，地处岷江上游支流杂谷脑河南岸。1984年阿坝藏族羌族自治州文物管理所及理县文化馆清理了15座石棺葬和1座祭祀坑。墓葬分布密集，排列整齐，发掘者认为其是按家族、时代下葬，位于山上部的墓葬时代较早，越往山下时代越晚，多头向山顶脚向山麓。另外，墓地附近发现的居住址很可能与石棺葬同时。发掘者认为早中期墓葬已有不少汉式或受汉族文化影响的器物，而晚期则基本上是汉式器物②。随葬动物肉食方面，ⅠM2发现有羊骨、野鸡及鸟骨。其中发现的羊骨、野鸡骨散见于墓内头端的地上、器物内、器身上等，鸟骨则出土于一陶罐中。另外，在ⅠM2、ⅠM4中均发现有少量植物根，ⅠM2发现于豆中，ⅠM4盛于铁釜内。早在20世纪40年代，中央研究院历史语言研究所与中央博物院就在佳山清理过10余座被盗掘的残墓，随葬的动物骨骼遗存有贝珠和贝币③，从形制上看，贝珠与撮箕山骨珠一致，贝币实为穿孔海贝。

4. 理县子达砦石棺葬墓地

子达砦位于理县薛城区杂谷脑河的支流孟董沟西岸，距薛城约13千米，高出河谷约100米，1964年四川大学历史系在子达砦清理石棺葬23座④。该墓地上限为战国末期至秦汉之际，主体年代为西汉时期。其中SZM3随葬的高领罐（SZM3：1）中似盛有某种肉汤，罐内壁中部尚留有一圈脂肪结成的干垢，罐底有一些碎骨。单耳杯内亦有碎骨，可能同样盛了某种食物。

5. 汶川萝葡砦石棺葬墓地

萝葡砦位于汶川县城以北约10千米的雁门乡，地处岷江东岸，高出河谷约800米，1964年四川大学历史系在萝葡砦清理石棺葬3座，年代为西汉早期⑤。其中SLM1随葬野猪牙3件和骨饰（或工具）1件，SLM3随葬有粟稷属农作物。

6. 九寨沟阿梢垴遗址

阿梢垴遗址位于九寨沟尖盘寨附近，地势北高南低，两侧均为溪流深沟，海拔2600米。2008年

---

① 四川省文物考古研究院、阿坝藏族羌族自治州文物管理所、茂县羌族博物馆等：《1984年度茂县撮箕山石棺葬发掘报告》，《南方民族考古》（第九辑），科学出版社，2013年，第295～364页。

② 阿坝藏族羌族自治州文物管理所、理县文化馆：《四川理县佳山石棺葬发掘清理报告》，《南方民族考古》（第一辑），四川大学出版社，1987年，第211～236页。

③ 凌曼立：《四川理番县佳山寨史前拾遗》，《考古人类学刊》第21-22期合刊，1963年（台湾）；转引自《中国西南地区石棺葬文化调查与发现（1938-2008）》，四川大学出版社，2009年，第15～54页。

④ 冯汉骥、童恩正：《岷江上游的石棺葬》，《考古学报》1973年第2期。

⑤ 冯汉骥、童恩正：《岷江上游的石棺葬》，《考古学报》1973年第2期。

5~8月阿坝藏族羌族自治州文物管理所与四川大学考古系等单位对该遗址开展调查并进行了小规模试掘。试掘发现了一组房屋建筑遗存（F1），揭露出两个相连的单间，建筑为典型的夯土墙与木框架的混合结构，墙体采用木板夯筑。F1内圆形窖穴（F1H1）的标本测年大致在西汉前期。遗址汉代遗存的出土器物有陶器、铁器、石器、竹器、骨质装饰品、动物骨骼和植物种子[①]。从遗址出土的陶器来看，其与平武水牛家寨[②]、马儿康石达秋[③]、宝兴雅尔撒[④]遗址的陶器类型和纹饰相近，但不见带足双耳罐、橄榄口单耳罐，其年代大致为西汉中晚期，但不排除遗址年代上限更早，沿用时间更长。发掘报告称F1内出土动物骨骼861块，可鉴定标本114件，代表最小个体数43个，家养动物有牛、羊、马、猪，野生动物有鹿、兔、中华竹鼠、雉鸡等。F1延续时间可能较长，居民当以定居畜牧为主，狩猎作为补充肉食资源的手段。另外，在F1、F1H1发现较多植物种子，以青稞和小麦为主，也有亚麻种子[⑤]。

秦汉时期岷江上游发现的石棺葬墓地还有理县龙袍砦[⑥]、理县桃坪[⑦]、汶川大布瓦砦[⑧]、汶川布瓦砦[⑨]、茂汶别立[⑩]等，仅别立墓地发现有随葬动物肉食。据报告介绍，在别立墓地黄角树地点清理的西汉时期石棺葬BM1随葬陶器内均盛有羊骨，而该墓地战国时期仅随葬有骨珠1件，不见动物肉食[⑪]。西汉中晚期开始出现类似四川盆地的独木棺墓[⑫]、崖墓[⑬]和砖室墓[⑭]，东汉早期之后基本不见石棺葬了。这一时期，墓地的附近就有遗址分布，如理县佳山石棺葬墓地附近就发现有石砌房址等遗存，与九寨沟阿梢垴遗址发现的房址相似，当时的栖居形态当为定居生活。岷江上游石棺葬随葬品组合在两汉时期发生了很大的改变，随葬器物主要有铜器、陶器，石器、骨器则明显较东周时

---

① 吕红亮、李永宪、陈学志等：《汉代川西北高原的氐人聚落：九寨沟阿梢垴遗址考古调查试掘的初步分析》，《藏学学刊》（第6辑），四川大学出版社，2010年。

② 黄家祥、任银、黄家全：《四川平武县白马藏区水牛家寨遗址》，《考古》2006年第10期。

③ 阿坝藏族羌族自治州文物管理所、成都文物考古研究所、马尔康县文化体育局：《马尔康县石达秋遗址出土动物骨骼报告》，《成都考古发现》（2012），科学出版社，2014年。

④ 四川省文物考古研究所、雅安市文物管理所、宝兴县文物管理所：《四川宝兴硗碛水电站淹没区考古发掘报告》，《四川文物》2004年增刊。

⑤ 四川大学考古系、四川省阿坝藏族羌族自治州文物管理所、九寨沟管理局科研处：《四川阿坝州九寨沟阿梢垴遗址的调查与试掘》，《考古》2017年第10期。

⑥ 冯汉骥、童恩正：《岷江上游的石棺葬》，《考古学报》1973年第2期。

⑦ 阿坝藏族羌族自治州文管所：《理县桃坪大石墓调查简报》，《四川文物》1992年第3期。

⑧ 冯汉骥、童恩正：《岷江上游的石棺葬》，《考古学报》1973年第2期。

⑨ 汶川县文管所、成都文物考古研究所、阿坝藏族羌族自治州文管所：《四川汶川县布瓦石棺葬2009年的调查》，《成都考古发现》（2008），科学出版社，2010年。

⑩ 茂汶羌族自治县文化馆：《四川茂汶别立、勒石村的石棺葬》，《文物资料丛刊》（9），文物出版社，1985年。

⑪ 茂汶羌族自治县文化馆：《四川茂汶别立、勒石村的石棺葬》，《文物资料丛刊》（9），文物出版社，1985年。

⑫ 阿坝藏族羌族自治州文物管理所、理县文化馆：《四川理县佳山石棺葬发掘清理报告》，《南方民族考古》（第一辑），四川大学出版社，1987年，第211~236页。

⑬ 阿坝州文物管理所：《杂谷河下游西汉岩墓调查简报》，《四川文物》1989年第2期。

⑭ 赵殿增、高英民：《四川阿坝州发现汉墓》，《文物》1976年第11期。

期减少，铁器开始流行，也新出现了漆器、木器。铜器除战国时期的兵器、工具、装饰品外，增加了容器特别是炊煮器，如釜、鍪等。铁器中既有釜、鍪等容器，也有兵器、工具及农具，铁器技术全面应用于日常生产、生活和军事上。陶器继承了双耳罐、单耳罐等标志性器物外，汉式器物不断增加，鼎、釜、豆、钵所占比例越来越多。石器的种类依然为小型工具及装饰品，数量变少，增加了璧等礼仪性器物。骨器主要为骨珠等装饰品，不见战国时期骨锥等工具，另随葬野猪牙。流行用容器装盛动、植物食品随葬，动物肉食主要为羊，可能有猪，也有少量鸟类。海贝串饰或单个穿孔海贝在多个墓地均有发现，随葬数量也远比战国时期多。《史记·西南夷列传》："西南夷君长以什数，夜郎最大；其西靡莫之属以什数，滇最大；自滇以北君长以什数，邛都最大；此皆椎结，耕田，有邑聚。其外西自同师以东，北至楪榆，名为嶲、昆明，皆编发，随畜迁徙，毋常处，毋君长，地方可数千里。自嶲以东北，君长以什数，徙、筰都最大；自筰以东北，君长以什数，冉駹最大。其俗或土著，或移徙，在蜀之西。自冉駹以东北，君长以什数，白马最大，皆氐类也。此皆巴蜀西南外蛮夷也。"[1] 综合岷江上游考古发现特别是动植物遗存、居住址来看，生业方式以定居农业和饲养家畜为主，与文献记载基本吻合。旱作农业栽培种类有青稞（裸大麦）、大麦（皮大麦）、小麦、粟黍属等农作物，畜牧对象则以马、黄牛、山羊、猪为主，墓中则主要随葬羊肉。同时，狩猎鹿、野猪、野鸡、野兔、竹鼠、鸟类，捕捞淡水鱼、蚌、螺，也采食植物根茎，呈现出食物资源的多样化，但各自所占比重应有多寡之分。

四、动物遗存的阶段性特征

岷江上游地区西周至春秋时期的石棺葬数量较少，也不见随葬动物遗存，战国时期开始出现随葬骨器、动物肉食。骨、牙器的种类有骨锥、管（含串饰）、珠，牙器主要为耳饰等，多出现于等级一般的墓葬中，相反，高等级墓葬（指牟托一号墓，下同）中不见随葬。随葬动物肉食和植物食品仅出现在高等级的墓中，应该是受到了来自四川盆地东周时期葬俗的影响[2]。战国时期随葬海贝的数量很少，仅在茂县营盘山墓地发现几枚。

秦汉时期，该区域的文化遗存发生了重大的变化，除了墓葬外，出现了不少遗址，而且是居住址，有些遗址还出土了不少动物骨骼，对了解这一时期的动物遗存有很大的帮助。秦汉时期随葬的骨器种类减少，仅有骨珠和作为装饰品的野猪牙；海贝则远比战国时期普遍。墓葬随葬的动物遗存一般具有比较强的选择性，多个墓地出现用容器装盛动物肉食随葬，而且集中于某些特定属种，主要为羊。居住址出土的动物种类则远比同时期墓葬丰富，如九寨沟阿梢垴遗址F1内出土动物骨骼代表的属种有家养动物牛、羊、马、猪，野生动物则有鹿、兔、中华竹鼠、雉鸡等，这也恰说明了墓葬的随葬肉食是有选择性的。从随葬的动物肉食来看，山羊与岷江上游石棺葬墓主的关系当最为亲近。从遗址发现的牛类骨骼来看，岷江上游地区秦汉时期饲养的牛主要为黄牛，但从牟托一号墓随葬陶罐上的彩绘图案来看，不排除岷江上游在战国晚期开始出现了牦牛。《后汉书·南蛮西南夷列

---

[1] （西汉）司马迁：《史记》卷一百一十六《西南夷列传》，中华书局，1975年，第2991页。
[2] 何锟宇、颜劲松、陈云洪：《成都市商业街船棺墓葬出土动物骨骼研究》，《四川文物》2006年第6期。

传》："冉駹夷者，武帝所开，元鼎六年，以为汶山郡。至地节三年，夷人以立郡赋重，宣帝乃省并蜀郡为北部都尉。其山有六夷七羌九氐，各有部落。其王侯颇知文书，而法严重。贵妇人，党母族。死则烧其尸。土气多寒，在盛夏冰犹不释，故夷人冬则避寒，入蜀为佣，夏则违暑，反其邑。皆依山居止，累石为室，高者至十余丈，为邛笼。又土地刚卤，不生谷粟麻菽，唯以麦为资，而宜畜牧。有旄牛，无角，一名童牛，肉重千斤，毛可为毦。出名马。有灵羊，可疗毒。又有食药鹿，鹿麑有胎者。其肠中粪亦疗毒疾。又有五角羊、麝香、轻毛毷鸡、牲牲。其人能作旄毡、班罽、青顿、毞毲、羊羧之属。特多杂药。地有咸土，煮以为盐。麢羊牛马食之皆肥。"[1]《汉书》中有关西南夷的记载与《史记·西南夷列传》基本相同，而《后汉书·南蛮西南夷列传》与《史记·西南夷列传》关于冉駹夷的记载有了两点非常大的变化。一是 "以邛笼为室"，与九寨沟阿梢垴等遗址的建筑遗迹相吻合；二是开始出现了有关牦牛的记载，说明牦牛出现在岷江上游应当比黄牛晚，而冉駹夷饲养牦牛可能受到了来自南方 "牦牛夷" 的影响。

另外，通过观察秦汉时期随葬品的变化，我们发现自西汉早期到晚期从四川盆地输入岷江上游地区的各种器物主要是日常生活用品，如陶器中的圆肩罐、圜底罐、折腹钵、豆、鼎、瓮和甑等，铜器中的釜、鍪、带钩、钱币等。另外，还有铁器和漆器也多是日常生活用品。这一阶段与四川盆地的交往相对稳定及普遍，与战国晚期仅限于社会高层贵重金属器物交流有着本质的差异，显示了秦汉文化进一步对岷江上游石棺葬文化的同化[2]。至西汉晚期到东汉早期，岷江上游石棺葬文化中仅保留有双耳罐等少数本土文化特色，整体上已经融入汉文化体系。也正是因为与外界特别是四川盆地交往的畅通，加速了汉化进程，栖居形态、生业方式也受益于先进技术和生产力的影响。石砌房址的出现，家畜、农作物品种的增多均表明秦汉时期的生业方式远比东周时期稳定和进步，适应环境和利用环境的能力增强。同时，该区域丰富的野生动植物资源一直是先民食谱的重要组成部分，狩猎野生动物、捕捞淡水食物、采食植物根茎是重要的生计策略。

岷江上游地区这种栖居形态、生业方式的转变不是孤立的，相邻的大渡河上游地区也呈现出类似景象。大渡河上游发现的汉代石棺墓地有马尔康孔龙村[3]、丹巴罕额依[4]等，遗址有马尔康木尔溪[5]、石达秋[6]等。

木尔溪遗址位于四川省阿坝藏族羌族自治州马尔康县梭磨乡木尔溪一组。遗址地处大渡河一级支流——梭磨河北岸二级台地，高出河床20米，海拔2835米。发掘者认为木尔溪的文化性质应是与

---

[1] （南朝宋）范晔：《后汉书》卷八十六《南蛮西南夷列传》，中华书局，1973年，第2857、2858页。
[2] 何锟宇：《岷江上游石棺葬的分期与年代》，《四川文物》2009年第4期。
[3] 陈学志：《马尔康孔龙村发现石棺葬墓群》，《四川文物》1994年第1期。
[4] 四川省文物考古研究所、甘孜藏族自治州文化局：《丹巴县中路乡罕额依遗址发掘简报》，《四川考古报告集》，文物出版社，1995年，第59~77页。
[5] 阿坝藏族羌族自治州文物管理所、成都文物考古研究所、马尔康县文化体育局：《四川马尔康县木尔溪遗址试掘简报》，《成都考古发现》（2005），科学出版社，2007年。
[6] 阿坝藏族羌族自治州文物管理所、成都文物考古研究所、马尔康县文化体育局：《马尔康县石达秋遗址出土动物骨骼报告》，《成都考古发现》（2012），科学出版社，2014年。

大渡河上游地区石棺葬时代相当的地方土著文化遗存①。遗址发现有用石片及卵石砌筑的石结构房屋基础，未用泥土粘连，空隙处垫支小石块，出土的动物遗存有鹿角、山羊角、骨梳、角杵等。

石达秋遗址位于四川省阿坝藏族羌族自治州马尔康县松岗镇石达秋村，地处马尔康县城以西15千米，东接马尔康镇，南邻党坝乡，西与白湾乡相接，北邻脚木足乡。境内地形险峻，东高西低。遗址处于梭磨河下游，地理坐标为东经102°06′、北纬31°55′，海拔2500米左右，梭磨河在松岗汇入脚木足河。发掘者认为从考古学文化因素、地理位置、生业方式（畜养豕）观察，本地区的人群与族属是非常复杂的，结合相关文献记载内容，石达秋遗址所对应的主体人群最大可能应该为包括冉、駹在内的夷系族群。但以石达秋遗址为代表的文化类型出土典型的汉式器物数量甚少，仅陶釜与汉式器物稍似，却不见五铢钱等遗物，也未见巴蜀文化风格的青铜兵器、陶器等。表明石达秋及木尔溪一类遗存受汉文化及蜀文化的影响很少。这与同一地区年代相近的石棺葬文化遗存存在明显的差别。石达秋遗址所对应的族群并未完全在汶山郡的控制之下②。石达秋遗址出土的动物种类比较单一，均为哺乳动物，仅有偶蹄类和食肉类两种，以偶蹄类为主，有家猪、鹿、黄牛、山羊4种，食肉类有熊。在148件NISP中山羊72件，占48.65%；猪52件，占35.14%；黄牛20件，占13.51%；鹿4件，占2.7%。两种野生动物的比例非常低，表明石达秋先民无疑是以饲养家畜作为获取肉食资源的主要途径，狩猎仅是补充③。从遗址出土的石结构建筑来看，石达秋先民当时依山而居，农牧兼营，采取的是既放养山羊、黄牛等食草动物，又兼顾饲养家猪的半牧半农生业方式，狩猎野生动物也可作为获取肉食资源的补充。

大渡河上游地区在秦汉时期的栖居形态、生业方式与岷江上游地区类似，均以旱作农业和定居畜牧为主。但是这种景象在雅砻江、金沙江上游表现得却并不明显，这两个区域暂时没有秦汉时期的遗址，均为石棺葬遗存，与东周时期基本一致。雅砻江—金沙江上游石棺葬随葬的骨器种类和数量较岷江上游—大渡河上游丰富，主要有管、针、锥、纺轮、珠等工具和装饰品；流行随葬完整的马头、蹄和肢骨，也有牛羊骨骼，当属"割体"殉牲。不论是随葬骨管、骨针等骨器，还是以马头、蹄、肢骨等为代表的殉牲习俗都应该是受到了北方文化因素的影响，但两者有先后之分、来源之别。骨管、针、锥、纺轮等小型工具明显与纺织衣物有关，常见于甘青地区青铜时代遗存。李水城认为川西北石棺葬流行随葬一种骨管，有的表面刻划简单几何纹，管内常常装入骨针，此即北方草原地区早在新石器时代就广为流行的骨针筒，后来亦常见于甘青地区的四坝文化、齐家文化、卡约文化和寺洼文化中④。随葬马头、马蹄则明显受北方草原文化的影响，这一葬俗在内蒙古、青海、宁夏、甘肃、陕北等地广泛流行，最直接的源头或为主要分布于宁夏中南部、甘肃东南部的杨郎文化。岷江上游—大渡河上游与雅砻江上游—金沙江上游栖居形态、生业方式的差异说明南方农

---

① 阿坝藏族羌族自治州文物管理所、成都文物考古研究所、马尔康县文化体育局：《四川马尔康县木尔溪遗址试掘简报》，《成都考古发现》（2005），科学出版社，2007年。
② 阿坝藏族羌族自治州文物管理所、成都文物考古研究所、马尔康县文化体育局：《四川马尔康县石达秋遗址试掘报告》，《成都考古发现》（2015），科学出版社，2007年。
③ 阿坝藏族羌族自治州文物管理所、成都文物考古研究所、马尔康县文化体育局：《马尔康县石达秋遗址出土动物骨骼报告》，《成都考古发现》（2012），科学出版社，2014年。
④ 李水城：《石棺葬的起源与扩散——以中国为例》，《四川文物》2011年第6期。

牧交错带在秦汉时期不断向西推移，南方农牧交错带西移的过程实质上是秦汉时期农业不断发展的结果，究其原因，当与汉化进程的加速、铁器使用的推广、旱作农业和畜牧业的发展等有关。

五、小　　结

本文对岷江上游地区战国秦汉时期出土动物遗存的阶段性特征进行了简略总结，认为秦汉时期石棺葬随葬的动物遗存远较战国时期普遍，且秦汉时期在石棺葬墓地附近开始出现居住址，栖居形态发生了重要变化。这种早晚阶段性差异主要与先民的生业方式变化有关，生业方式的最大变化在于旱作农业和畜牧业的稳定发展。

从合金技术角度探讨牟托一号石棺墓青铜器文化多因素问题

杨颖东

（成都文物考古研究院）

蔡雨茂

（茂县羌族博物馆）

蔡　清

（茂县羌族博物馆）

周志清

（成都文物考古研究院）

一、引　　言

茂县牟托一号石棺墓，自1992年被发掘出土以来，就被多位历史、考古方面的学者关注，并进行深入的研究和讨论[1]，取得了丰硕的研究成果。其中关于该墓葬出土文物，特别是青铜器所包含文化因素复杂多样是大家的共识。以往对该批器物的研究，多集中在考古类型、历史文献等方面，工艺技术方面的研究尚不多见，随着科技考古的发展，无损分析技术近年来被普遍应用，这让一些文物，特别是一些完整器或不可取样的文物被科学检测，进而获得科学数据为研究者提供参考成为可能。因此，越来越多的以前尚未被发现的特别有价值的信息被揭示出来，成为新的学术研究增长点。本文利用现代科技考古分析手段，主要使用X射线荧光成分检测，结合部分金相、铅同位素分析的科学手段，从合金技术角度，探讨一下牟托一号石棺墓出土青铜器文化因素复杂性的问题。

---

[1]　茂县羌族博物馆、阿坝藏族羌族自治州文物管理所：《四川茂县牟托一号石棺墓及陪葬坑清理简报》，《文物》1994年第3期；宋治民：《四川茂县牟托1号石棺墓若干问题的初步分析》，《宋治民考古文集》，科学出版社，2004年，第225~240页；江章华：《关于岷江上游石棺墓的两个问题》，《南方民族考古》（第七辑），科学出版社，2011年，第201~210页。

二、合金配比

我们知道，古代铜器大多都是由多种金属元素组成的合金，合金配比是合金技术的直接反映。为了探讨文化因素与合金配比之间的关系，根据已出版的考古报告《茂县牟托一号石棺墓》[1]及清理简报[2]公布的器物情况和部分已知相关研究数据[3]，本文进行进一步阐释、归纳和提炼。首先，我们对这批铜器中具有明显不同文化因素的器物进行选择，然后将戈、矛、剑三种接近平面的小件兵器各自分类[4]，再将具有立体结构的大件钟鼎礼乐器、生活器分为一类。大致共分成四类：

（1）戈，全部为巴蜀式，共13件，编号为K1：12、K1：13、K1：15、K2：10、K2：15、M1：93、M1：108、M1：111、M1：116、M1：125、M1：129、M1：164、M1：159。

（2）矛，巴蜀或中原式，4件，编号为K2：16、M1：114、M1：143、M1：165。

（3）剑，巴蜀式，4件，编号为K1：18、K2：18、M1：4、M1：153；石棺葬式，2件，编号为K1：10、K1：11；北方草原文化，1件，编号为M1：152。

（4）盏、鼎、罍、编钟，楚式，5件，编号为盏K1：6、盏K2：1、盏M1：71、鼎M1：67、甬钟K1：4；中原式，2件，编号为罍K3：6、鼎K3：1；越式，3件，编号为镈钟M1：88、镈钟M1：124、镈钟M1：133。

对以上分类所涉及的器物，大部分完好器利用便携式X射线荧光能谱仪（NITON XL3T950型）分析，少部分可以取样的器物使用Eagle-3型能量色散X射线荧光光谱仪进行成分检测，前者为无损表面成分检测，后者通过取样偏重基体成分检测。每件器物至少检测2个点位以上，元素含量数据取平均值作为该件器物的成分含量，然后对这些结果进行研究。结果见表一～表四，对不同文化因素的剑和钟鼎礼乐器合金成分制作柱状图加强直观对比，见图一、图二。

以上数据，首先需要说明的是：①兵器戈、矛、剑主要通过便携式能谱仪进行检测，这种检测方式产生的数据与器物检测点表面有无锈蚀和干净程度关系较大。由于牟托这批兵器保存完整，多数无法取样，检测工作又不能破坏或改变器物表面状况（包括不能除锈），因此，序号带（*）的器物检测结果可能与基体有较大差异，在此罗列出来仅供参考。其他结果则能够较为准确地反映器物元素含量情况。②表面检测不同于对器物取样断面基体检测，表四钟鼎礼乐器通过取样检测，全部为铜质，相比较而言，结果更能准确代表器物基体合金配比情况。

---

[1] 茂县羌族博物馆、成都文物考古研究所、阿坝藏族羌族自治州文物管理所：《茂县牟托一号石棺墓》，文物出版社，2022年。

[2] 茂县羌族博物馆、阿坝藏族羌族自治州文物管理所：《四川茂县牟托一号石棺墓及陪葬坑清理简报》，《文物》1994年第3期。

[3] 杨颖东、罗武干、王宁等：《牟托一号墓出土青铜器的成分分析与金相考察研究》，《茂县牟托一号石棺墓》，文物出版社，2022年，第136～149页；崔剑锋、杨颖东、周志清等：《牟托一号墓出土青铜器铅同位素比值分析》，《茂县牟托一号石棺墓》，文物出版社，2022年，第131～135页。

[4] 另一个原因是兵器在数量上相对较多，细分类有助于发现不同的问题。

表一 戈主成分元素平均含量（wt%）

序号	文化因素	编号	Cu	Sn	Pb	合金类型
01*	巴蜀	K1：12	65.65	11.00	20.13	铅锡青铜
02*	巴蜀	K1：13	69.08	6.01	22.58	铅锡青铜
03	巴蜀	K1：15	87.17	9.87	0.71	锡青铜
04	巴蜀	K2：10	87.68	9.83	0.25	锡青铜
05*	巴蜀	K2：15	83.76	6.39	9.08	铅锡青铜
06*	巴蜀	M1：93	87.63	2.23	8.60	铅锡青铜
07	巴蜀	M1：108	89.57	6.76	2.76	铅锡青铜
08	巴蜀	M1：111	82.51	9.53	7.01	铅锡青铜
09*	巴蜀	M1：116	76.13	9.00	12.73	铅锡青铜
010	巴蜀	M1：125	73.25	12.60	12.30	铅锡青铜
011	巴蜀	M1：129	74.09	16.60	7.64	铅锡青铜
012*	巴蜀	M1：164	93.27	1.27	0.73	红铜
013	巴蜀	M1：159	78.53	12.40	7.43	铅锡青铜

注：序号带"*"表示该件器物检测点表面有或多或少的铜锈，结果可能与器物基体成分含量有较大差异，仅供参考

表二 矛主成分元素平均含量（wt%）

序号	文化因素	编号	Cu	Sn	Pb	合金类型
01	巴蜀或中原	K2：16	76.15	10.50	11.97	铅锡青铜
02	巴蜀或中原	M1：114	78.5	20.3		锡青铜
03	巴蜀或中原	M1：143	77.67	11.90	8.74	铅锡青铜
04	巴蜀或中原	M1：165	76.60	15.05	6.60	铅锡青铜

表三 剑主成分元素平均含量（wt%）

序号	文化因素	编号	Cu	Sn	Pb	合金类型
01	巴蜀	K1：18	82.83	14.77	0.90	锡青铜
02	巴蜀	K2：18	76.00	13.79	8.53	铅锡青铜
03	巴蜀	M1：4	79.20	15.90	1.07	锡青铜
04	巴蜀	M1：153	74.67	17.77	5.94	铅锡青铜
05	石棺葬	K1：10	57.40	12.53	27.77	铅锡青铜
06	石棺葬	K1：11	63.90	13.78	19.70	铅锡青铜
07	北方草原	M1：152	74.30	16.70	7.21	铅锡青铜

注：3号剑M1：4检测部位为表面黄亮处（银亮处成分与此点不同）

表四　钟鼎礼乐器主成分元素含量（wt%）

序号	文化因素	名称、编号	Cu	Sn	Pb	合金类型
01	楚	盏（K1:6）	71.18	13.26	14.82	铅锡青铜
02	楚	盏（K2:1）	68.96	11.02	19.25	铅锡青铜
03	楚	盏（M1:71）	65.95	22.15	11.90	铅锡青铜
04	楚	鼎（M1:67）	64.43	12.37	21.60	铅锡青铜
05	楚	甬钟（K1:4）	71.59	12.19	15.22	铅锡青铜
06	中原	罍（K3:6）	74.26	14.02	10.97	铅锡青铜
07	中原	鼎（K3:1）	78.22	11.83	9.03	铅锡青铜
08	越	镈钟（M1:88）	82.05	15.09	0.84	锡青铜
09	越	镈钟（M1:124）	85.13	8.38	5.56	铅锡青铜
010	越	镈钟（M1:133）	77.38	13.58	7.67	铅锡青铜

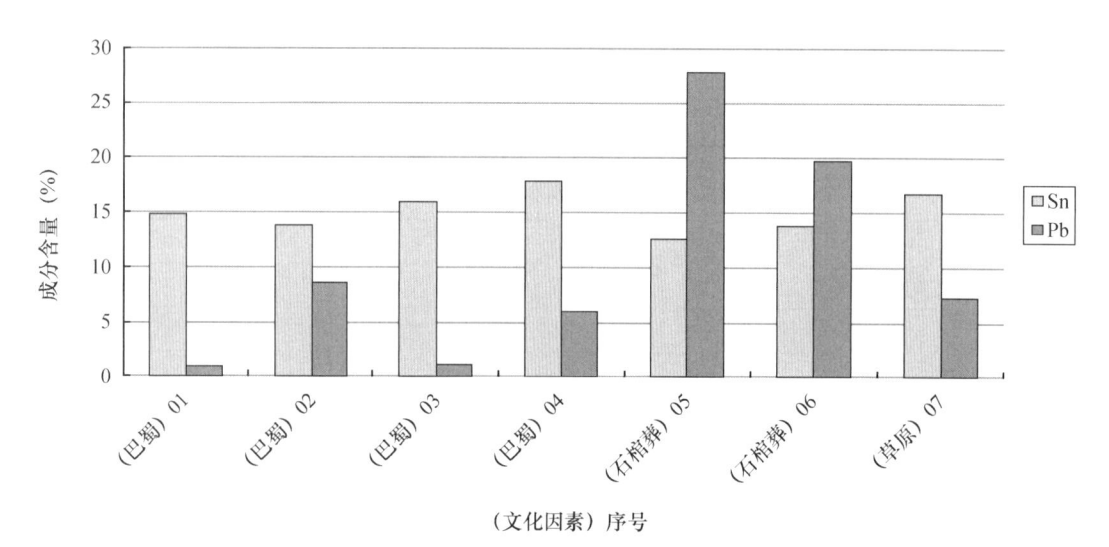

图一　巴蜀、石棺葬、草原式剑的Sn-Pb含量对比柱状图

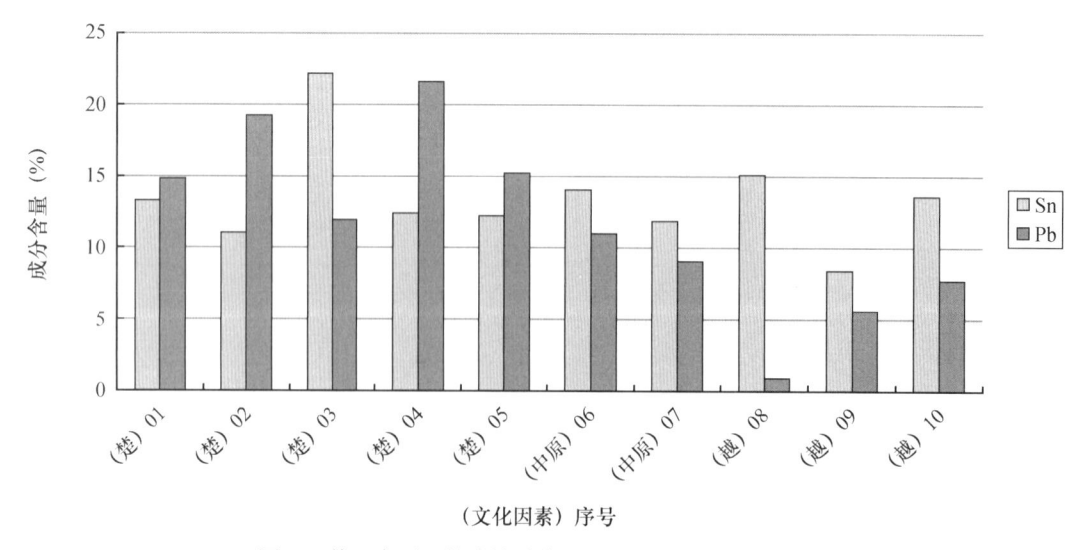

图二　楚、中原、越式钟鼎礼乐器Sn-Pb含量对比柱状图

三、文化因素分析

铜Cu、锡Sn、铅Pb三种元素的含量可以直接反映铜器合金的配比情况。通过以上数据，并结合金相学、铅同位素分析的一些结果谈以下几点认识。

1. 这批青铜器的制作水平相对较高，合金配比比较科学合理

合金配比方面，这批铜器材质主要是铅锡青铜，少量为锡青铜和红铜。从戈、矛、剑、钟鼎礼乐器不同类器物之间铅锡含量对比及同类器物的铅锡含量上发现，合金配比较合理、科学。如对硬度要求相对较高的小件平面兵器，如戈、矛、剑类适当提高锡含量，而减少或控制铅含量。对硬度要求不高，而对铸造满型率要求较高的大件立体造型的钟鼎礼乐器，则大幅度提高了铅的含量。我们知道，青铜器Cu-Sn-Pb三元合金中，纯铜中加入铅锡元素，除降低冶炼熔点外，锡含量还影响硬度，铅含量影响铸造性能。因此可以看出，在春秋战国时期的牟托，当地工匠对合金配比规律具有清楚的认识。当然合金配比只是铸造器物很重要的先决条件，而器物的加工技术如何？我们通过金相分析，发现牟托的铜器中存在多种加工制作方式，有铸造（图三）、冷加工（图四）、冷加工+热处理（图五）、热锻+局部冷加工（图六）等。我们还发现，这些加工方式是根据器物的类型和功能要求而进行。因此，这批器物总体合金配比及制作是比较严谨的。

2. 不同文化因素的器物，合金配比差异较为明显

（1）13件巴蜀式铜戈中，除去6件表面有锈的检测结果仅供参考，不计入数据统计之内，其余7件的铜、锡、铅含量范围为Cu 73.25%～89.57%，Sn 6.76%～16.6%，Pb 0.25%～12.3%（表一），与前人所检测巴蜀戈成分（Cu 75.5%～88.178%，Sn 6.6%～16.8%，Pb 0～17.7%）[1]一致，牟托石棺墓中青铜器大多为蜀式器，兵器又是该石棺墓所出铜器数量最多、保存情况好、具有代表性的一类器物。因此丰富的兵器及其与成都平原等地出土铜戈合金配比相同的特点，说明两地之间的文化有紧密关系，也从此角度印证了发掘者所认为"岷江上游的石棺葬文化应属蜀文化系统的一种地方性分支文化"的观点[2]。

（2）剑的合金配比与文化因素之间的关系更为明显，特别是铅、锡在含量上的对比。通过表三和图一不难看出，4件巴蜀式剑的锡含量明显高于铅含量，而两件当地石棺葬文化的剑情况正好相反。草原文化的剑铅锡含量似乎介于二者之间。这说明当地的合金技术具有自身特点。

（3）具有立体造型的10件钟鼎礼乐生活器，也表现出了合金配比与文化因素之间的紧密关系，这同样反映在锡、铅的含量对比上（图二；表四）。5件楚式器，除1件铜盏M1∶71之外，其他4件都含有较高的铅，特别是鼎M1∶67，铅含量高达21.6%，这件楚式器，其高铅特点具有显著

---

[1] 何堂坤：《中国古代金属冶炼和加工工程技术史》，山西教育出版社，2009年，第170页。
[2] 茂县羌族博物馆、阿坝藏族羌族自治州文物管理所：《四川茂县牟托一号石棺墓及陪葬坑清理简报》，《文物》1994年第3期。

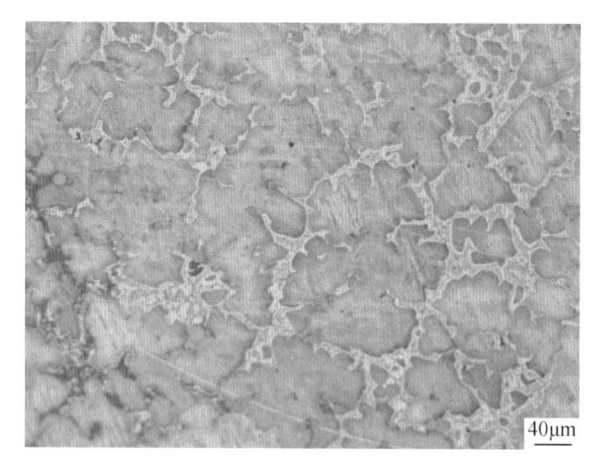

图三 镈钟（M1∶88）的铸造组织
[α固溶体树枝晶偏析+网状（α+δ）共析体]

图四 盾饰（M1∶136）冷加工组织
（α固溶体沿加工方向变形，可见晶内滑移，灰色夹杂）

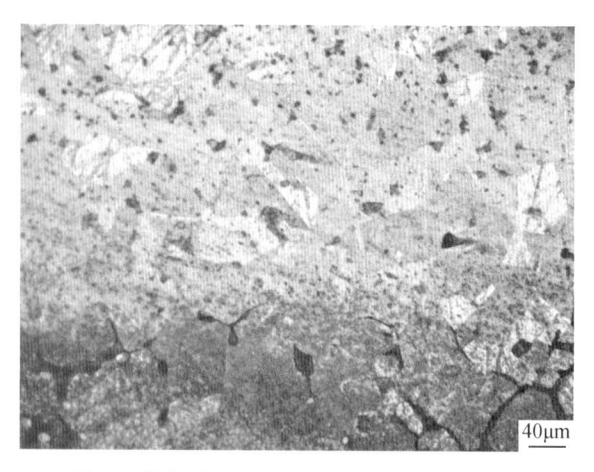

图五 护臂（M1∶170）冷加工+热处理组织
（α固溶体等轴晶及孪晶组织，可见较多孔洞沿加工方向变形）

图六 戈（M1∶108）刃部热锻+局部冷加工
（α固溶体沿加工方向变形，可见晶内滑移、灰色夹杂，边缘部分固溶体已加工成流线型，中心部分为固溶体等轴晶及孪晶晶粒，晶内有滑移）

的楚国容器特点[1]，另外崔剑锋等通过稳定铅同位素研究，认为这件铜盏的矿料来源很可能为以长沙为中心的楚国南部[2]。尽管牟托和楚地相距甚远，但这件盏的外在器形和内在材质合金特点，都表明楚文化对岷江上游牟托石棺葬文化的影响。中原风格的两件器物罍和鼎与楚式不同，锡含量高于铅，但铅锡二者相差不大。越式镈钟，锡含量整体明显高于铅，铅的含量跳跃较大，非常不稳定。

---

[1] 罗武干：《古蜀地出土青铜器初步研究》，中国科学技术大学博士学位论文，2008年，第53～70页。
[2] 崔剑锋、杨颖东、周志清等：《牟托一号墓出土青铜器铅同位素比值分析》，《茂县牟托一号石棺墓》，文物出版社，2022年，第131～135页。

3. 特殊合金技术、装饰工艺的指示作用

（1）从某些器物具有的特殊工艺上也能看出该地与周围文化的交流情况。如剑M1∶4，在这件器物上，黄亮处（Sn 15.9%）和银亮处（Sn 22.3%）锡含量差别较大，表面银亮的地方为镀锡所致（图七）。这种装饰工艺在巴蜀兵器上很常见，即与虎斑纹工艺相似，经姚智辉等研究认为虎斑纹是热镀锡及随后的退火工艺形成[1]。这种兵器风格和其制作装饰工艺的相似性特点，能够鲜明地反映出地处岷江上游的茂县牟托应与蜀文化的中心区域——成都平原有密切的联系或渊源关系，在技术上可能存在先后传承关系。

（2）牟托铜器中发现一件具有显著草原文化风格特征的砷铜器物——铜牌饰M1∶65（图八），平均成分为Cu 95.7%、As 2.7%[2]。这件器物图案构成元素为鹿、虎、蛇，这些图案形象是北方草原文化中常见的动物装饰题材，其形象在欧亚大陆草原随处可见，在川、滇西部也有此类动物形象的发现。砷铜是中国古代铜合金的重要品种，早期砷铜主要出土于中国新疆哈密地区公元前2000～前200年的遗址以及青海、甘肃河西走廊的齐家文化、四坝文化遗址。中原地区龙山文化和二里头文化遗址有少量发现。商代汉中地区砷铜也有所发现[3]。商周时期的成都金沙遗址前些年也发现一件Cu-Sn-As三元合金的璧环形器（As 5.9%）[4]，近两年又发现了几件含砷铜器[5]。春秋战国时期云南有铜鼓和其他类型器物由砷铜制成，近年在江苏等地也有发现。直至唐、宋时期还有砷铜器物出现[6]。含砷铜器有何优点？一定砷含量的铜，具有良好的机械性能，如固溶强化和加工硬化

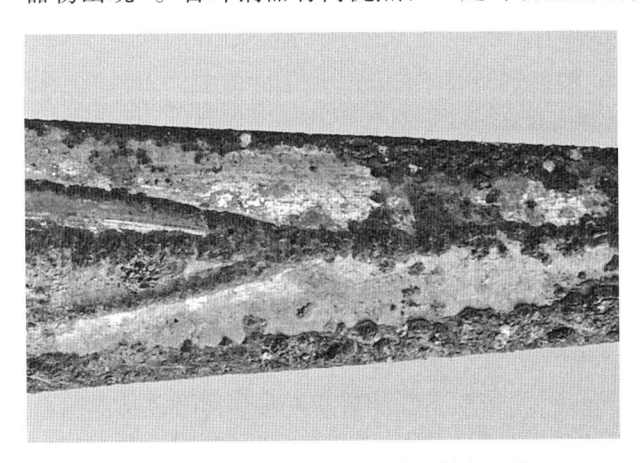

图七　剑（M1∶4）表面银亮处镀锡工艺　　　　　图八　草原文化风格铜牌饰（M1∶65）

---

[1] 姚智辉：《晚期巴蜀青铜器技术研究及兵器斑纹工艺探讨》，科学出版社，2006年，第49～82、109页。
[2] 杨颖东、罗武干、王宁等：《牟托一号墓出土青铜器的成分分析与金相考察研究》，《茂县牟托一号石棺墓》，文物出版社，2022年，第136～149页。
[3] 孙淑云、韩汝玢、李秀辉编著：《中国古代金属材料显微组织图谱·有色金属卷》，科学出版社，2011年，第120页。
[4] 肖璘、杨军昌、韩汝玢：《成都金沙遗址出土金属器的实验分析与研究》，《文物》2004年第4期。
[5] 杨颖东、周志清、王占魁：《金沙遗址祭祀区出土铜器科技分析报告》，《金沙遗址祭祀区发掘报告》，文物出版社，2022年，第4册，第1444～1462页。
[6] 孙淑云、韩汝玢、李秀辉编著：《中国古代金属材料显微组织图谱·有色金属卷》，科学出版社，2011年，第120页。

性能、优秀的延展性能、良好的热锻性能。这件动物纹牌饰为平面形状，呈扇形、短柄，周缘装饰有一圈圆形小乳钉，顶部雕有八只相对而立的禽鸟，中间以同心圆泡区隔分为三层，从上至下依次雕有鹿、虎、蛇。观察发现，虽然这件牌饰为一次性铸成，但是各雕饰部件镂空较多，衔接过渡处较细，整件牌饰厚度亦较薄，作为有柄器物，可能是插在其他器物上作为装饰之用，要求其自身具有一定的强度和硬度。另外颜色方面，砷的加入，在含量低于10%时，铜器颜色发黄，因此砷铜可以改变红铜质地较软、颜色偏红的特征。当时人们是否也认为黄色是非常高贵的颜色，是否明确认识到砷铜可以改变红铜颜色这一点我们不得而知，但不管当时出于何种原因选择使用这件砷铜牌饰，都说明砷铜技术在牟托出现过，哪怕只是路过。茂县地处西北甘青、陕南和川滇中间位置，自古就是民族迁徙的重要站点，再参考砷铜制品出现的时间先后，我们更倾向砷铜技术是由西北传入，经甘孜阿坝藏族羌族自治州，沿岷江向下往成都平原及更远的南方传播。纵观这条含砷铜器技术传播路线，有理由认为这件牌饰很可能是由西北草原民族传入。

4. 牟托铜器的制作地问题

稳定铅同位素比值研究，可以初步确定这些不同文化因素的铜器是在当地直接铸造还是从外地流入的问题。铸造铜器的矿料如果是本地产，则表明这件器物在当地铸造的可能非常大，如果不是本地产的矿料，有可能是外来流入的器物。当然也不排除一些特殊情况，如将其他地域的器物熔掉作为原料在当地重新浇铸，但这种情况相对较少。通过对10件巴蜀、中原、楚、越文化的戈、盏、鼎、编钟的研究，结果表明只有1件（楚式鼎M1∶67）可能来自外地，其余都可能是在当地制作[1]。这说明当时牟托当地存在多种合金制作技术，能够根据器形采用相应的合金配比工艺进行铸造。由于这些器物中存在外来器物，因此可能是在当地仿制。这些技术的传入是随人口迁徙带入还是通过战争、贸易引入的问题有待继续研究。

四、结　　语

牟托一号石棺墓青铜器不同文化因素的器物铜锡铅合金配比差别明显，从巴蜀式兵器和楚式礼乐生活器、草原文化的铜牌饰等合金技术特点来看，都基本与各自文化类型的中心区域类似或一致。这说明春秋战国时期巴蜀、楚、越、草原、中原地区的合金技术向牟托的扩散和传播。在合金技术上，则更多体现了与巴蜀和楚文化的紧密性，同时中原和北方草原文化的技术痕迹也有所体现，这种南北方技术在此交汇杂糅的现象，充分体现了岷江上游的茂县牟托在民族迁徙之路、南北文化走廊上的重要站点性质。

牟托青铜文化多因素现象的产生，离不开当地多种合金技术的有力支持。如果说不同风格因素的器物是不同地域民族文化思想的体现，那么这些不同特点的合金技术便是让这种思想变为现实的软实力保证。牟托青铜器，绝大多数在当地制作完成，技术上存在仿制的可能。技术的传入方式有待继续考证研究。

---

[1]　崔剑锋、杨颖东、周志清等：《牟托一号墓出土青铜器铅同位素比值分析》，《茂县牟托一号石棺墓》，文物出版社，2022年，第131~135页。

石亭江上游区域考古调查主要收获及初步认识

刘章泽　何　普

(德阳市文物考古研究所)

一、调查背景

三星堆遗址地处成都平原，与平原上的其他史前城址群和商周遗址群有着重要联系。三星堆遗址群是以三星堆城址为中心，辐射周围比较大的区域，包括若干相同时期的大中小遗址，所构成地域文化的生态结构与政治结构是一个有机体系。

2016年10～12月，受四川省文物考古研究院委托，德阳市文物考古研究所、什邡市文物管理所开展了鸭子河、石亭江上游（什邡）区域的考古调查工作。2017年10～12月，为摸清绵远河、石亭江上游（绵竹）区域地下遗存情况，以及相关遗存与桂圆桥以及三星堆的关系，德阳市文物考古研究所、四川师范大学课题组、绵竹市文物管理所联合开展了绵远河、石亭江上游（绵竹）区域考古调查。此次调查是该区域第一次全覆盖的考古调查工作（图一）。

二、调查成果

通过两次调查工作，在什邡区域共发现商周遗址11处、采集点2处，绵竹区域共发现商周遗址10处、采集点2处（图二）。

从遗存的空间关系来看，商周遗址主要分布于石亭江南、北两岸和鸭子河北岸，集中在什邡马祖镇、南泉镇和绵竹新市镇三个区域。什邡两处采集点均为河流冲积堆积，分布在山前地带石亭江出水口附近。从采集和钻探出的标本来看，绝大多数的年代相当于三星堆遗址第三、四期（表一、表二）。

现将调查发现的重要遗存基本情况简介如下。

1. 洛城村采集点

该采集点位于什邡市洛水镇洛城村六组，东北距石亭江南岸约800米，北邻利森水泥厂，西邻沿山路。地理坐标为东经104°2′14.55″、北纬31°15′25.98″，海拔672.1米（图三）。

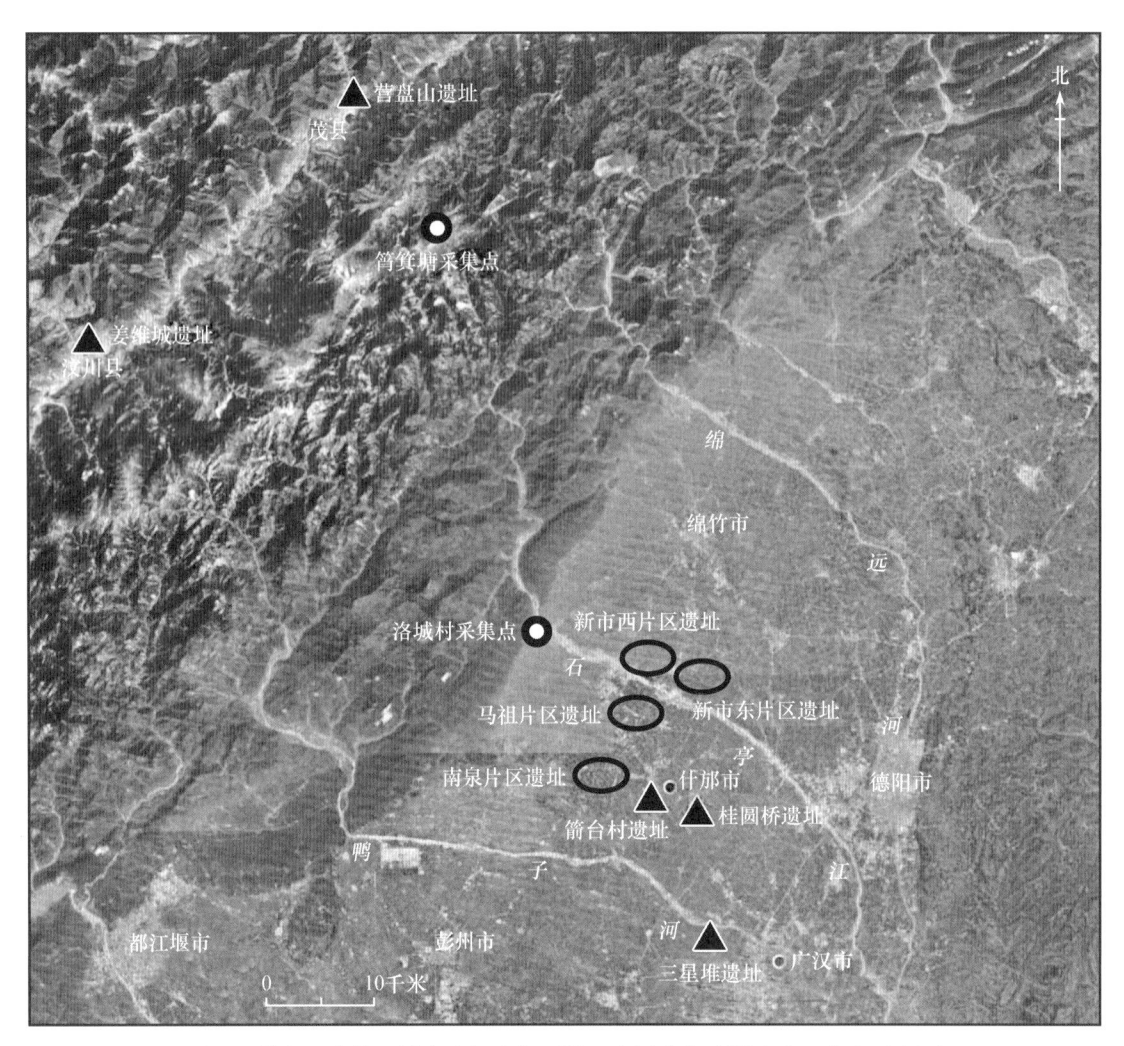

图一　什邡、绵竹区域考古调查新石器至商周遗存及周边遗址分布示意图

经勘探与试掘，该采集点无明显文化层堆积，根据地层堆积情况推测为河流冲积形成。在村民挖掘土坑浮土中采集到夹粗石英砂红褐陶一片（桂圆桥时期）（图四、图五），试掘中在第5层出土夹粗石英砂红褐陶一片（桂圆桥时期）、夹细砂绳纹黑皮陶一片（三星堆三期）（图六）。

地层堆积情况如下（图七、图八）：

第1层：耕土层，厚15～20厘米，北部较薄，南部较厚。该层下有一近代灰坑（H1），打破第2、3层，分布于西北大部，灰坑内填土为黄黑色花黏土，包含物为植物根茎以及近代瓷片、瓦片等。

第2层：灰褐色沙土，深20厘米，厚20厘米。土质较疏松，包含少量炭粒。

第3层：黄褐色黏土，深40厘米，厚45厘米。土质较致密，包含大量褐色颗粒。

第4层：黄灰色细沙层，深85厘米，厚0～15厘米。仅分布于探方西北，质疏松，较纯，无包含物。

第5层：浅黄褐沙土，深100厘米，厚55厘米。土质较疏松，包含零星夹粗石英砂红褐陶片、夹细砂绳纹黑皮陶片。

第5层下即为砂石层。

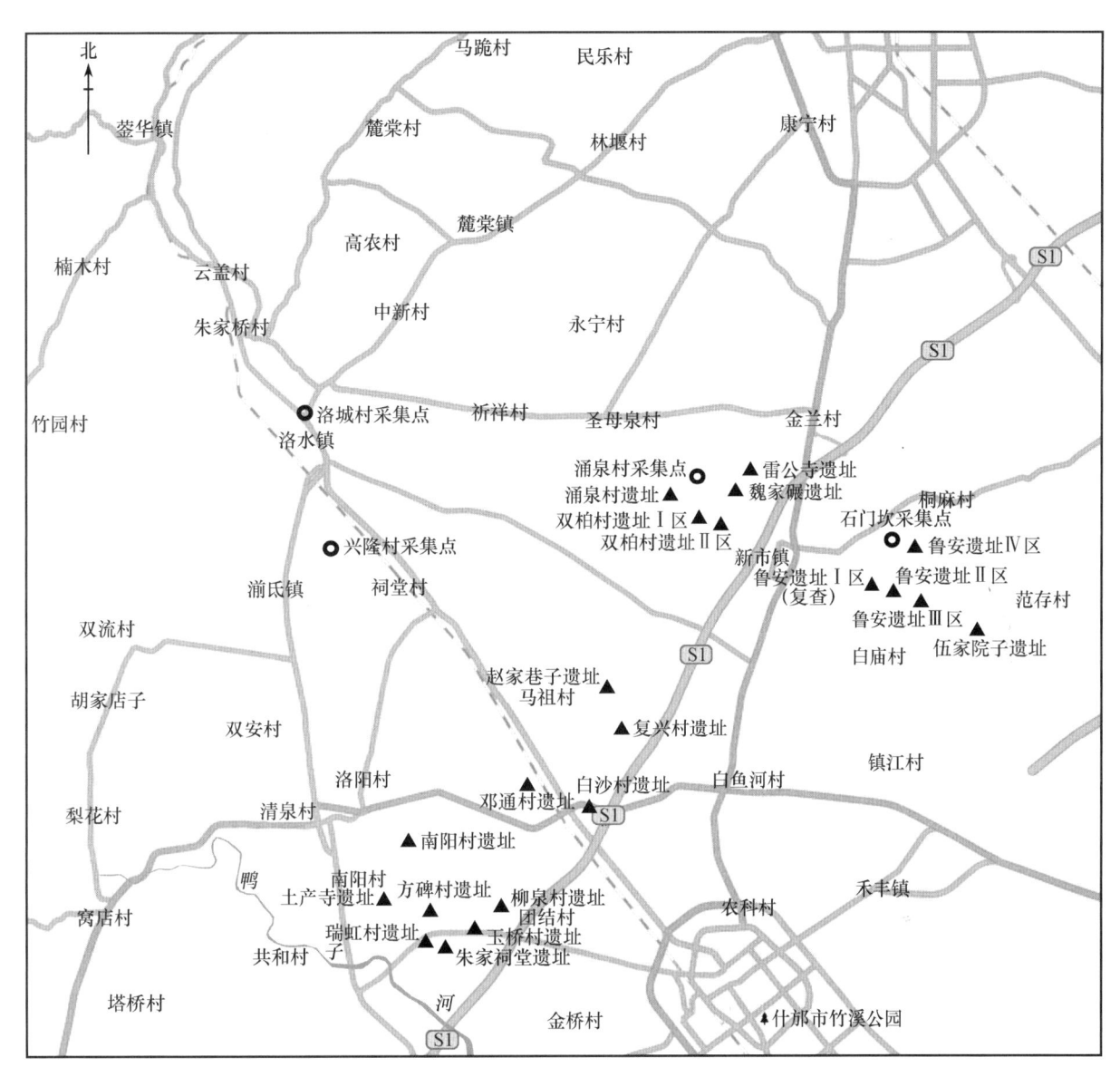

图二 什邡、绵竹区域考古调查遗存分布图

2. 复兴村遗址

该遗址位于什邡市马祖镇复兴村十五组，西北距人民渠约300米，东距成绵复线约1000米。遗址中心地理坐标为东经104°07′46.99″、北纬31°10′38.41″，海拔560米（图九）。经勘探，该遗址有文化层分布的区域不规则，东西宽约50米，南北长约100米，面积约5000平方米。

由于该遗址主要区域位于民宅下，破坏较严重，外围区域文化层厚20~40厘米，包含物较丰富。经调查发现有夹砂红陶、灰褐陶以及泥质陶片。地表采集到豆形器柄、圈足罐口沿，初步判断时代为商周（图一〇~图一二）。

据典型探孔，该遗址地层堆积分3层：

第1层：耕土层，厚10~20厘米。

第2层：灰褐色土层，深10~20厘米，厚40厘米。土质较疏松，含沙。包含物为商周时期夹砂红陶片、炭粒。

表一 什邡区域考古调查遗存一览表

区域(类型)	序号	名称	位置	中心地理坐标	面积(平方米)	文化层堆积	遗物	时代	备注
马祖片区遗址	1	复兴村遗址	马祖镇复兴村十五组	东经104°10'38.41"，北纬31°10'46.99"，海拔560米	5000	深20厘米，厚20～40厘米	夹砂红陶，灰褐陶，泥质褐陶	商周（圈足罐口沿为三星堆遗址四期，豆形器为三星堆遗址二期）	
	2	赵家巷子遗址	马祖镇马祖村十组	东经104°11'21.7"，北纬31°10'22.9"，海拔562米	1500	深15厘米，厚10～30厘米	泥质褐陶，夹砂黑皮褐陶	商周	
	3	白沙村遗址	马祖镇白沙村十三组	东经104°09'14.08"，北纬31°07'10.36"，海拔540.4米	3200	深20厘米，厚30～65厘米	夹砂褐陶，泥质陶	商周	
	4	邓通村遗址	马祖镇邓通村六组	东经104°09'50.39"，北纬31°06'06.77"，海拔566.2米	20000	深35厘米，厚30～50厘米	夹砂褐陶	商周	复查点
南泉片区遗址	5	柳泉村遗址	南泉镇柳泉村四组	东经104°07'57.90"，北纬31°05'50"，海拔546.7米	3000	深20厘米，厚20～40厘米	夹砂红褐陶，黑皮陶	商周	
	6	方碑村遗址	南泉镇方碑村四组	东经104°07'51.30"，北纬31°04'22.61"，海拔540米	1500	深20厘米，厚20～60厘米	夹砂褐陶	商周	
	7	土产亨遗址	南泉镇方碑村四组	东经104°08'0.27"，北纬31°03'49.03"，海拔549.2米	600	深30厘米，厚10～30厘米	夹砂褐陶	商周	
	8	玉桥村遗址	南泉镇玉桥村七组	东经104°07'42.14"，北纬31°05'17.58"，海拔545.6米	5000	深45厘米，厚10～30厘米	夹砂红褐陶，夹砂黑皮褐陶	商周	
	9	瑞虹村遗址	南泉镇瑞虹村十组	东经104°07'29.03"，北纬31°04'13.46"，海拔543.6米	600	深30厘米，厚10～30厘米	夹砂褐陶，夹砂黑皮褐陶	商周	
	10	朱家祠堂遗址	南泉镇瑞虹村八组	东经104°07'22.43"，北纬31°04'26.88"，海拔542米	9000	深30厘米，厚20～75厘米	夹砂灰褐陶	商周	复查点
	11	南阳村遗址	南泉镇南阳村十七组	东经104°08'54.08"，北纬31°03'55.57"，海拔563.2米	1500	深35厘米，厚10～30厘米	夹砂褐陶	商周	
采集点	12	洛城村采集点	洛水镇洛城村六组	东经104°2'14.55"，北纬31°15'25.98"，海拔672.1米			夹粗石英砂红褐陶，夹细砂绳纹黑皮褐陶	夹粗石英砂红褐陶为桂圆桥时期，夹细砂陶为三星堆三期	河流冲积堆积
	13	兴隆采集点	湔氐镇兴隆村十三组	东经104°2'47.26"，北纬31°13'10.6"，海拔612.5米			夹砂褐陶	商周	河流冲积堆积

表二 绵竹区域考古调查遗存一览表

区域（类型）	序号	名称	位置	中心地理坐标	面积（平方米）	文化层堆积	遗物	时代	备注
新市东片区遗址	1	鲁安遗址Ⅰ区（复查）	新市镇鲁安村八组	东经104°12′0.6″，北纬31°12′37.8″，海拔533米	3000	深20厘米，厚40~80厘米	夹砂红褐陶、夹砂灰褐陶、夹砂灰陶	商周	复查点
	2	鲁安遗址Ⅱ区	新市镇鲁安村八组	东经104°12′19.5″，北纬31°12′33.94″，海拔526米	3000	深20厘米，厚20~50厘米	夹砂红褐陶	商周	
	3	鲁安遗址Ⅲ区	新市镇鲁安村七组	东经104°12′40″，北纬31°12′28″，海拔521米	2000	深30厘米，厚20~60厘米	夹砂红褐陶	商周	
	4	鲁安遗址Ⅳ区	新市镇鲁安村四组	东经104°12′40.57″，北纬31°13′08.34″，海拔529米	1000	深30厘米，厚10~30厘米	泥质褐陶、夹砂灰皮褐陶	商周	
	5	伍家院子遗址	新市镇火石村十一组	东经104°13′49.66″，北纬31°12′2.03″，海拔522米	3000	深30厘米，厚30~70厘米	烧土颗粒	商周	
	6	雷公寺遗址	新市镇蒲泉村十一组	东经104°09′58.58″，北纬31°14′1.66″，海拔559米	2100	深15~20厘米，厚10~40厘米	夹砂红褐陶、泥质灰陶	商周	
新市西片区遗址	7	涌泉村遗址	玉泉镇涌泉村六组	东经104°08′35.05″，北纬31°13′52.71″，海拔568米	1500	深25厘米，厚20~70厘米	夹砂红褐陶、夹砂黑皮褐陶、泥质灰陶	三星堆四期~汉代	
	8	魏家碾遗址	新市镇涌泉村一组	东经104°9′40.82″，北纬31°13′52.26″，海拔565米	5000	深15厘米，厚10~15厘米	夹砂褐陶	商周	
	9	双柏村遗址Ⅰ区	新市镇涌泉村十六组	东经104°9′19.91″，北纬31°13′23.93″，海拔563米	3000	深15厘米，厚10~30厘米	夹砂褐陶、夹砂红褐陶、泥质灰陶	商周	
	10	双柏村遗址Ⅱ区	新市镇涌泉村十七组	东经104°9′10.28″，北纬31°13′24.52″，海拔555米	1000	深30厘米，厚20~50厘米	夹砂褐陶	商周	
采集点	13	石门坎采集点	新市镇鲁安村三组	东经104°12′26.78″，北纬31°13′13.87″，海拔526米			夹砂黑皮褐陶、夹砂红褐陶、泥质黑皮陶	桂圆桥二期、西周、三星堆四期	
	14	蒲泉村采集点	新市镇涌泉村五组	东经104°9′07.32″，北纬31°13′59.38″，海拔569米			夹砂红褐陶	三星堆四期	

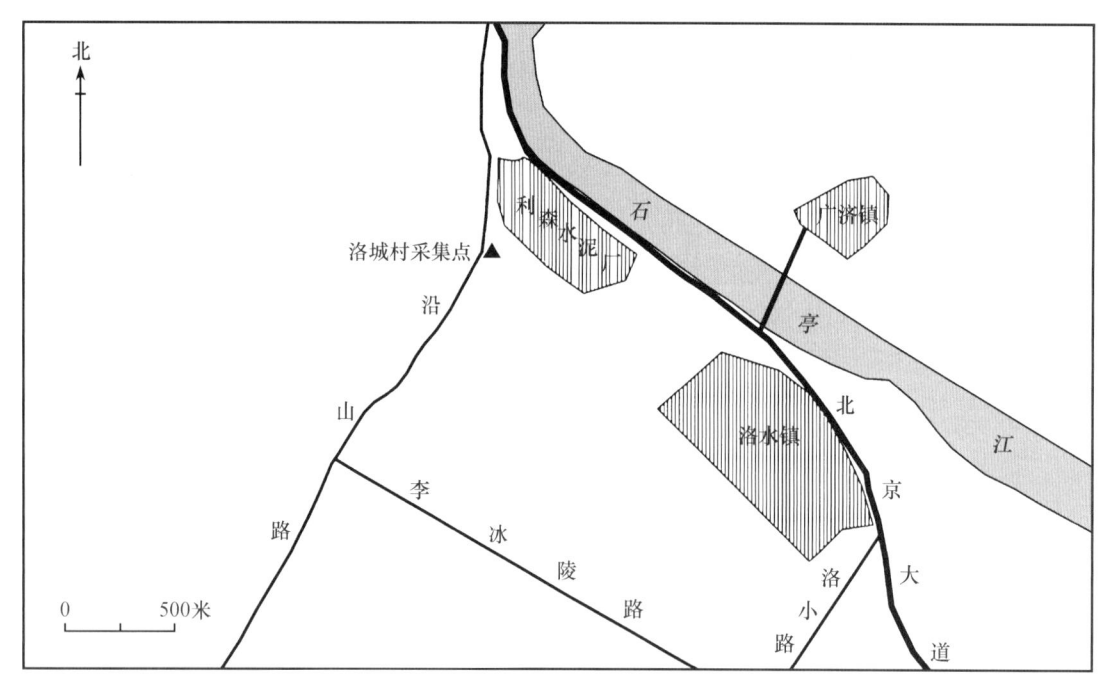

图三　洛城村采集点位置图

图四　洛城村采集点桂圆桥时期陶片（正面）

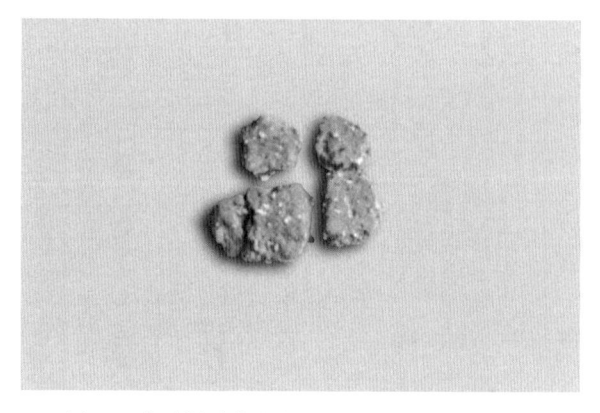

图五　洛城村采集点桂圆桥时期陶片（背面）

图六　洛城村采集点三星堆遗址三期陶片

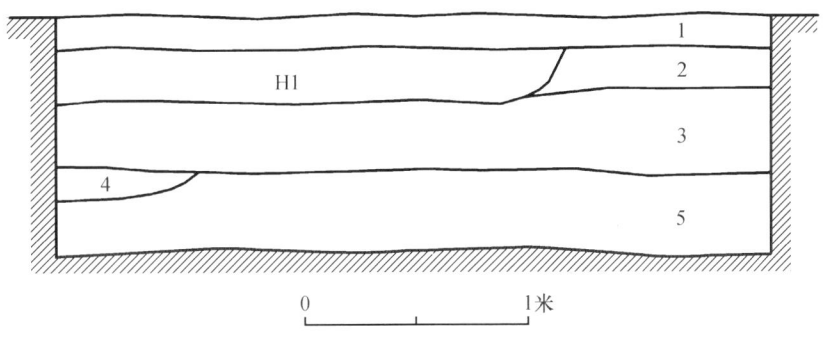

图七　洛城村采集点试掘坑东壁剖面图

图八　洛城村采集点试掘坑东壁剖面

第3层：黄灰色沙土层。深60厘米，厚40厘米，无包含物。

第3层下为砂石层。

3. 鲁安遗址Ⅱ区

该遗址位于绵竹市新市镇鲁安村八组。中心处地理坐标为东经104°12′19.5″、北纬31°12′33.94″，海拔526米。经勘探，该遗址有文化层分布的区域面积约3000平方米。

该遗址堆积中部较厚，四周较薄，深20厘米，厚20～50厘米。包含物较少，勘探所出陶片有夹砂红褐陶，均为腹片，无可辨器形，初步判断遗址时代为商周。

据典型探孔，该遗址地层堆积可分3层。

第1层：耕土层，厚10～15厘米。

第2层：灰黑色黏土，深10～15厘米，厚40厘米。土质较疏松，包含少量炭屑、烧土颗粒、夹砂红褐陶。

第3层：黄褐色沙土层，深55厘米，厚20厘米。土质较致密，含沙量较大。

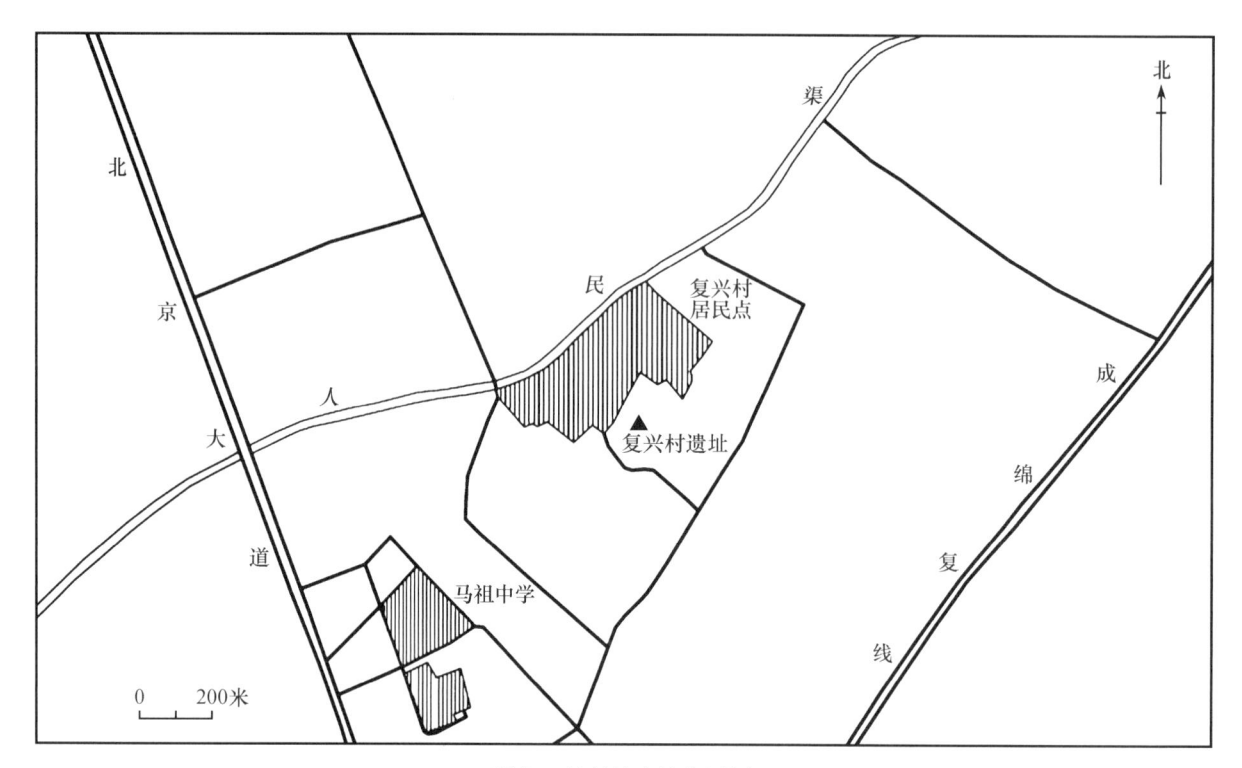

图九　复兴村遗址位置图

图一〇　复兴村遗址采集陶片

图一一　复兴村遗址陶豆形器柄

图一二　复兴村遗址陶圈足罐口沿

第3层下为砂石层。

2018年10月，在调查的基础上对该遗址开展试掘工作。清理灰坑4处、灰沟1条、柱洞5个（图一三）。出土一批石器和陶器，主要器形有石锛、石斧、石核，陶罐、盆、盘、豆、纺轮等，初步认定该遗址时代为鱼凫村三期，相当于三星堆文化一期至二期之间（图一四、图一五）。

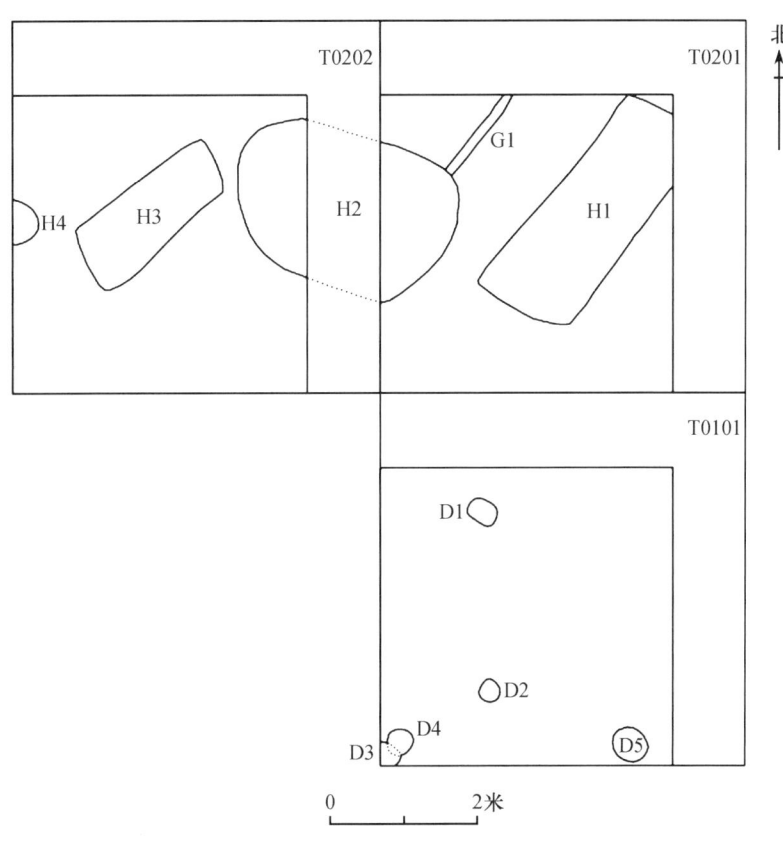

图一三　鲁安村遗址Ⅱ区第3层下遗迹面图

4. 双柏村遗址Ⅱ区

该遗址位于绵竹市新市镇蒲泉村十七组。西距双柏村遗址Ⅰ区约350米。中心处地理坐标为东经104°9′10.28″、北纬31°13′24.52″，海拔555米。经勘探，该遗址有文化层分布的区域面积约1000平方米。

该遗址堆积较薄，文化层厚20～50厘米。包含物较少，勘探发现的陶片有夹砂褐陶和少量炭粒。陶片均为腹片，无可辨器形，初步判断遗址时代为商周时期。由于距离双柏村遗址Ⅰ区较近，或有一定关联。

据典型探孔，该遗址地层堆积可分3层。

第1层：耕土层，厚15厘米。

第2层：黄褐色黏土层，深15厘米，厚15厘米。土质较疏松。

第3层：灰褐沙土层，深30厘米，厚50厘米。土质较疏松，内含少量夹砂褐陶片及炭粒。

第3层下为生土。

2018年11月，在调查的基础上对该遗址开展试掘工作（图一六、图一七）。清理灰坑2处，出土一批石器和陶器，主要器形有石锛、石凿、石核，陶小平底罐、瓮、瓶、豆等（图一八），初步认定该遗址时代主要为三星堆文化第四期。

图一四　鲁安村遗址Ⅱ区试掘现场

图一五　鲁安村遗址Ⅱ区部分出土器物

5. 石门坎采集点

该采集点位于绵竹市新市镇鲁安村三组，南距鲁安村村委会约850米。地理坐标为东经104°12′26.78″、北纬31°13′13.87″，海拔526米。

石门坎采集点采集到较多陶片，有夹砂黑皮褐陶、夹砂红褐陶、泥质黑皮陶等。但未发现文化层堆积，或因文化层已被破坏，仅存1个灰坑（图一九）。时代主要为三星堆四期，仅发现一片桂圆桥二期陶片（图二〇）。

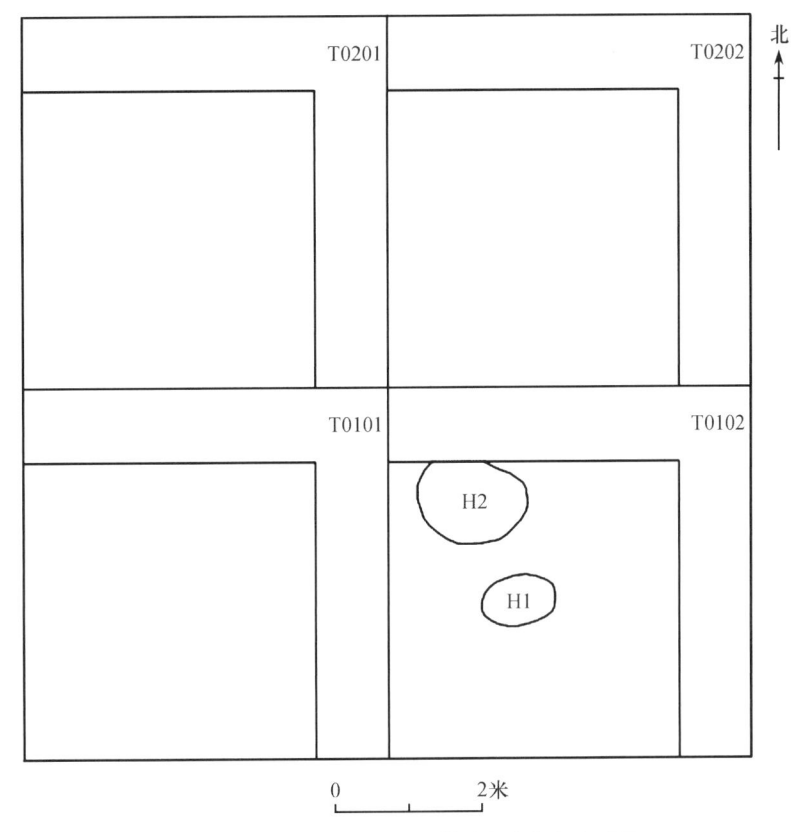

图一六　双柏村遗址Ⅱ区第3层下遗迹平面图

图一七　双柏村遗址Ⅱ区试掘现场

图一八　双柏村遗址Ⅱ区部分出土器物

图一九　石门坎采集点断面

图二〇　石门坎采集的桂圆桥二期陶片

三、调查成果的初步认识

此次调查是该区域第一次全覆盖的考古调查工作。通过调查队员认真踏实的工作取得了较大的成果，基本实现预期的工作目标。桂圆桥遗址、箭台村遗址等一系列发现表明，什邡是成都平原新石器时代晚期至古蜀文化最具延续性、时代跨度最长的地区，这次调查再次证明了什邡地区在古蜀文明形成与发展中的重要地位。绵竹紧邻什邡，也是古蜀文明形成发展的重要区域。

从调查发现遗存的空间关系来看，遗址主要分布于石亭江南、北两岸。遗址集中分布区域以西的山前地带或为洪水泛滥区域，未有发现，洛城村采集点为河流冲积堆积，这种空间分布情况可能和古河道变迁有关。曹学佺《蜀中名胜记·什邡县》载："古碑云：江水出高境关大郎庙前始大放，分流十支。又云：自章山内合五溪，而总名洛江，出章山分洛江为十河，县之名即由此也。"[①]桂圆桥遗址、箭台村遗址均发现古河道的存在。从我们在绵远河流域所做的工作来看，绵远河河道

---

① （明）曹学佺著，刘知渐点校：《蜀中名胜记》，重庆出版社，1984年，第139页。

变迁频繁，河流两岸洪水泛滥区域较大，此次调查未发现汉以前的文化遗存。

由于该区域地势平坦，没有太多断坎，调查所采用的方法是踏勘和钻探并行，能够采集的遗物极为有限。由于调查工作以发现为目的，不是对整个调查区域进行普遍钻探，也可能遗漏掉部分遗址。此次发现的商周遗址分布面积均不大，以小遗址为主，面积1000~5000平方米，文化层厚度10~80厘米。除采集到特征明显遗物的点和开展试掘工作的遗址外，其他遗址时代很难作出准确判断。

根据调查、试掘的总体情况，我们对这片区域遗址的时代、范围等情况形成初步认识：①调查发现的遗址绝大多数的年代相当于三星堆遗址第三、四期。②由于调查的大部分遗址未开展进一步试掘工作，不排除发现更多如鲁安村遗址Ⅱ区这样相对早期的遗址，或许可找到更多桂圆桥时期遗址。③从邻近的马祖静安村遗址、南泉星星村遗址的发掘情况来看，不排除我们认为的晚期遗址下层存在三星堆一期或更早时期的堆积。④对遗址分布范围、面积的初步认识，与实际分布状况可能存在误差，个别紧邻的遗址或为一个大遗址的不同区域，需要今后持续开展工作不断认识。

洛城村采集点河流冲积地层中发现桂圆桥时期和三星堆遗址三期陶片，说明石亭江上游峡谷地区可能存在相关遗存，为研究桂圆桥文化的来源路径和三星堆文化的分布提供了重要线索。什邡、绵竹地区是蜀人从山区走向平原到三星堆立国的前进地，桂圆桥、箭台村及这次调查发现的遗址把桂圆桥一期文化、三星堆一期文化、三星堆文化直接联系起来，形成一个较完整的地区性文化发展序列，为三星堆文化的起源和发展演变研究提供了重要资料，有助于推动对三星堆文化的认识和研究。

西昌新庄墓地相关问题讨论

李默然

（中国社会科学院考古研究所）

葛　魏

（常州市金坛区博物馆）

近年，安宁河流域先秦时期考古学遗存的时空框架已基本建立[1]。但由于考古资料相对匮乏，许多细节仍不清楚，在所谓"大石墓遗存"形成之前，该地区文化面貌相对复杂，各类遗存年代和谱系关系不甚清晰。原因主要在两个方面：一是典型遗存不够丰富；二是缺乏连续系统的测年数据。2016~2017年，西昌新庄墓地的发掘提供了一批非常重要的资料（下文将以《土坑墓》与《石室墓》分别代称）[2]，其丰富的墓葬形制、随葬品组合以及系统的测年数据，对于讨论安宁河流域先秦时期各类遗存的年代、谱系，以及其他相关问题具有重要意义。

一、分期与年代

新庄墓地位于安宁河西岸的二级台地上，共清理墓葬447座，其中石室墓8座、土坑墓387座、瓮棺葬52座。土坑墓又可分为带墓道的"凸字形"墓葬和无墓道的长方形墓葬；石室墓均为长方形，仅在墓圹四壁用大小不等的条石或石块砌成墓室，底部和顶部无石块铺砌[3]。从墓地的发掘情况来说，石室墓所占比例非常小，但与土坑墓在空间上属于同一墓地无疑（图一），其出土陶器的组合与形态也和部分土坑墓接近，因此我们在讨论整个墓地分期与年代时将二者合一。

---

[1] 江章华：《安宁河流域考古学文化试析》，《四川文物》2007年第5期；周志清：《浅析安宁河流域的新石器文化类型》，《成都考古研究》（一），科学出版社，2009年，第214~223页；陈苇：《先秦时期的青藏高原东麓》，科学出版社，2012年，第202~242页；左志强：《安宁河流域新石器文化初论》，《成都考古研究》（二），科学出版社，2013年。

[2] 四川省文物考古研究院、凉山彝族自治州博物馆、西昌市文物管理所：《四川西昌市新庄遗址先秦时期土坑墓发掘简报》，《四川文物》2018年第4期；四川省文物考古研究院、凉山彝族自治州博物馆、西昌市文物管理所：《四川西昌市新庄遗址先秦墓地石室墓发掘简报》，《四川文物》2018年第5期。

[3] 四川省文物考古研究院、凉山彝族自治州博物馆、西昌市文物管理所：《四川西昌市新庄遗址先秦墓地石室墓发掘简报》，《四川文物》2018年第5期。

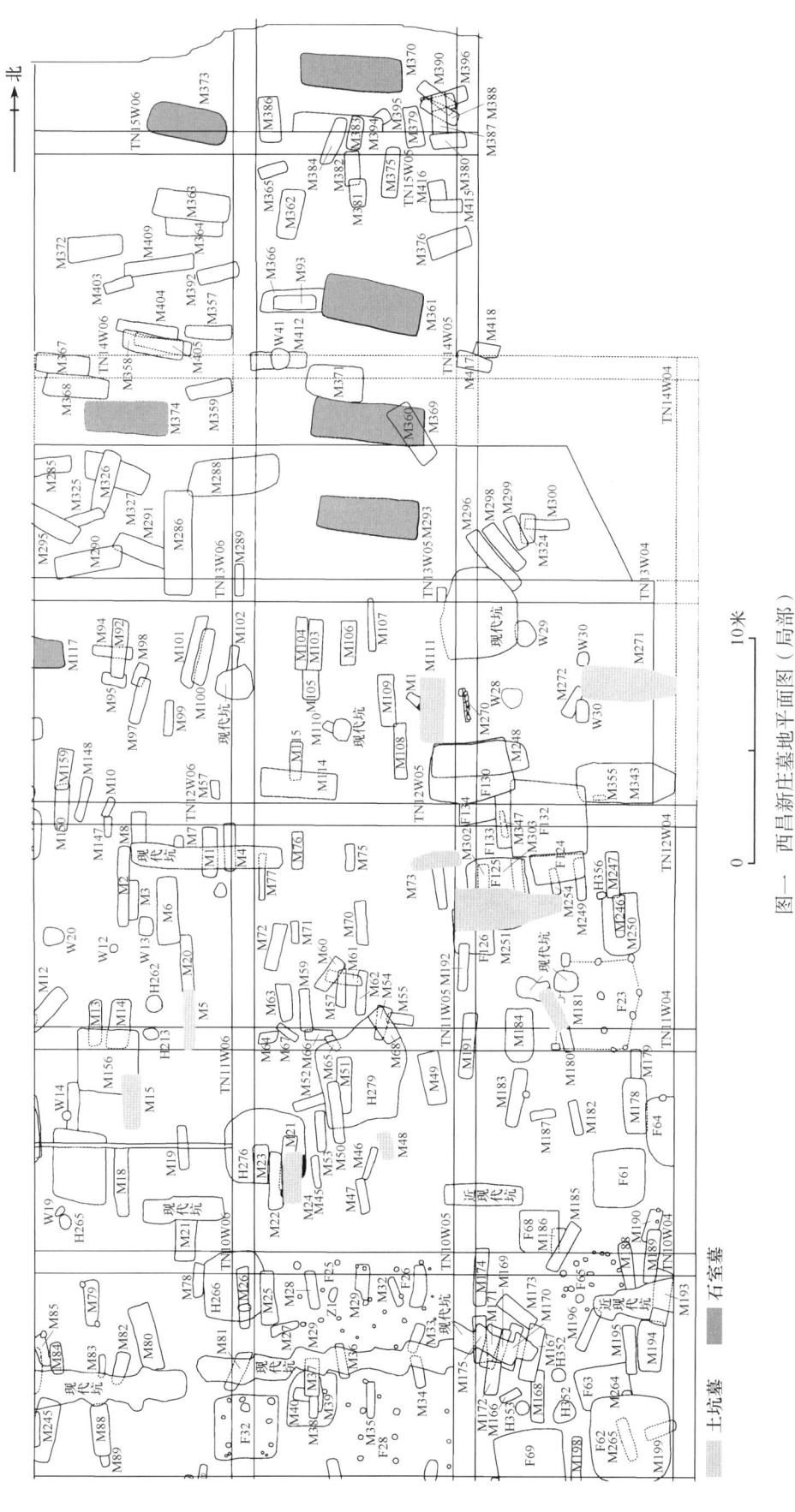

图一 西昌新庄墓地平面图（局部）

（采自四川省文物考古研究院、凉山彝族自治州博物馆、西昌市文物管理所：《四川西昌市新庄遗址先秦时期土坑墓发掘简报》，《四川文物》2018年第4期，第19页，图三）

（一）墓葬分类

分类与学术目标紧密相关，本文试图讨论新庄墓地以及安宁河流域考古学文化的谱系问题。墓地发掘者将土坑墓和石室墓分开进行报道，暗示了两种大的显而易见的分类结果。考虑到石室墓非常少见且随葬品与部分土坑墓一致，它和土坑墓之间的差异或许与墓主等级、死亡原因、埋葬目的甚至一些偶然因素有关，而与文化谱系关系不大。而墓葬中的随葬品特别是陶器反映了墓主人生前或者想象的死后世界的生活和仪式习惯，与文化认同和谱系密切相关。因此，本文对于新庄墓葬的分类是以出土器物（主要是陶器）为标准的。

《土坑墓》根据出土随葬品将发表的墓葬分为四组，其分组既包含了谱系区分，又有判定相对年代之目的[①]。本文认为基本合理，在将石室墓合并后，本文将新庄墓地发现墓葬也大致分为A、B、C、D四类，有的类别还可以分组，并且不同类别之间有共时关系。

A类墓葬随葬壶、钵和小罐等（图二），其中以壶和钵最具特色，器身颈部和肩部装饰大量的

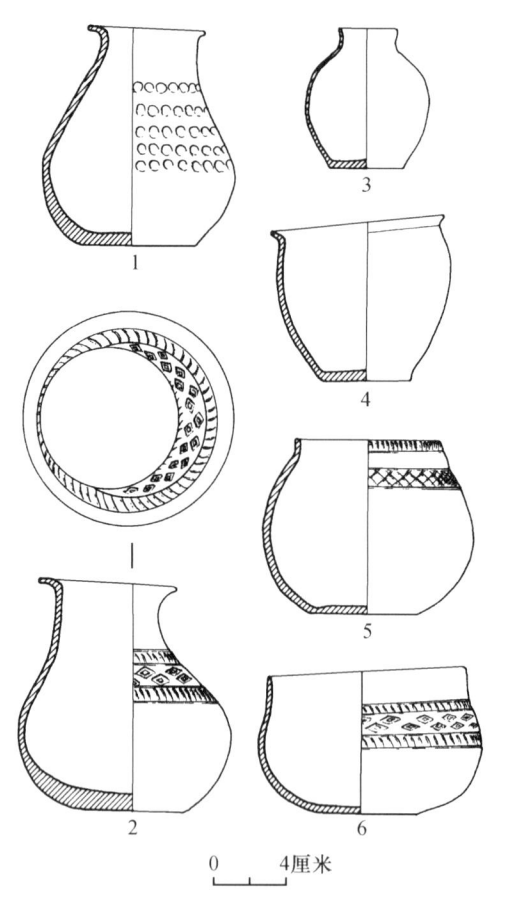

图二　A类墓葬出土随葬品

1、2.壶（M181：4、M181：1）　3.罐（M181：6）　4～6.钵（M181：7、M181：5、M181：2）

（采自四川省文物考古研究院、凉山彝族自治州博物馆、西昌市文物管理所：《四川西昌市新庄遗址先秦时期土坑墓发掘简报》，《四川文物》2018年第4期，第32页，图二八）

---

① 四川省文物考古研究院、凉山彝族自治州博物馆、西昌市文物管理所：《四川西昌市新庄遗址先秦时期土坑墓发掘简报》，《四川文物》2018年第4期。

刻划纹和戳印纹。《土坑墓》仅发表了M181，归为"第4组"。

B类墓葬随葬品以双耳罐、豆、高领罐为主（图三），有的还随葬有大口折沿罐、碗和小罐。两篇简报发表的资料中，这类墓葬数量最多，包括土坑墓M226、M225、M143、M353、M96、M48，以及石室墓M293、M373、M369、M361。

C类墓葬随葬品以大口折沿罐和折沿盆为主，有的还随葬有小罐（图四），不见双耳罐、豆和壶。包括土坑墓M111，石室墓M117、M374、M370。

《土坑墓》将B、C两类墓葬归为"第1组"和"第2组"，但前后略有矛盾。在结语分类中，将"器物组合为陶双耳罐及陶圈足豆"分为"第1组"，以M226为代表；其余"器物组合以陶折沿罐、陶双耳罐为主"的墓葬归为"第2组"，包括M143。但在年代判定中，又将M143归入"第1组"。《土坑墓》在讨论墓葬文化内涵时，提出"第1组中的陶双耳罐，与齐家文化的典型大双耳罐极其相似"，表明二者的密切关系。本文赞同这种认识，但我们认为不仅是双耳罐，包括豆和高

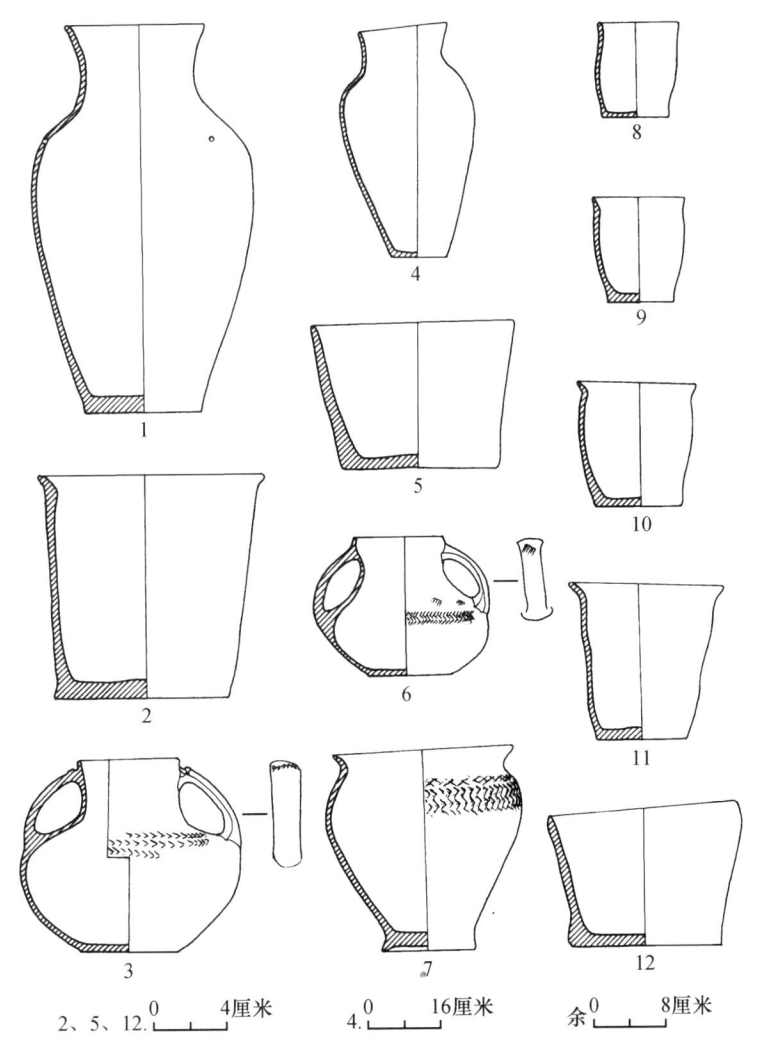

图三　B类墓葬出土随葬品

1、4. 高领罐（M353：2、M353：1）　2、9~11. 直腹罐（M353：4、M353：15、M353：8、M353：7）
3、6. 双耳罐（M353：3、M353：13）　5、8、12. 杯（M353：5、M353：10、M353：9）　7. 圈足罐（M353：6）
（采自四川省文物考古研究院、凉山彝族自治州博物馆、西昌市文物管理所：《四川西昌市新庄遗址先秦时期土坑墓发掘简报》，
《四川文物》2018年第4期，第35页，图三四）

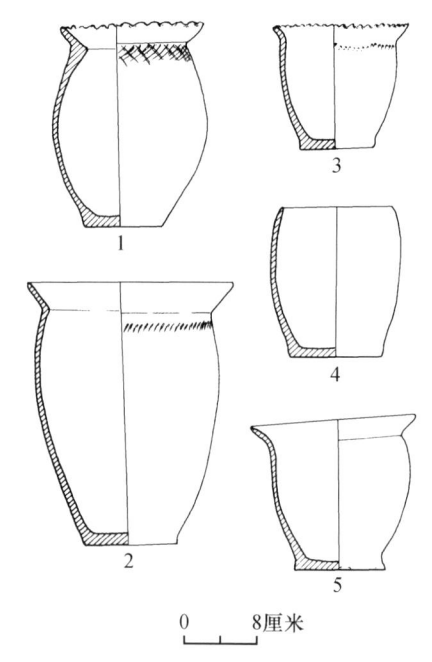

图四　C类墓葬出土陶罐
1. M111∶5　2. M111∶3　3. M111∶2　4. M111∶1　5. M111∶4
（采自四川省文物考古研究院、凉山彝族自治州博物馆、西昌市文物管理所：《四川西昌市新庄遗址先秦时期土坑墓发掘简报》，《四川文物》2018年第4期，第31页，图二四）

领罐也是来自齐家文化的典型因素。因此本文将包含这三种器物的墓葬归为B类，而将不随葬这些器物，只随葬折沿罐、盆和小罐等的墓葬归为C类。

D类墓葬随葬带流壶、圈足杯（图五），均为土坑墓，其中两座墓葬带有墓道。此外，有的墓葬还随葬有铜剑、铜戈和铜矛等。包括M251、M271、M5和M73。《土坑墓》归为"第3组"。

（二）典型器物型式划分

在墓葬的分类基础上，根据出土陶器的形态，我们对一些典型器物进行了排序。A类墓葬只有1座，D类墓葬数量也不多且随葬品与B、C类完全不同，因此暂不涉及这两类墓出土的器物。

双耳罐　14件。可分为四型。总体趋势都是器形由瘦高向矮胖演变。

A型　2件。小口，颈部瘦长。可分二式。

Ⅰ式：标本M226∶1（图六，1）。

Ⅱ式：标本M225∶1（图六，2）。

B型　5件。小口，颈部较短，鼓肩。可分二式。

Ⅰ式：标本M353∶3（图六，3）。

Ⅱ式：标本M361∶20（图六，4）。

C型　5件。大口，溜肩。可分二式。

Ⅰ式：标本M369∶1（图六，5）。

Ⅱ式：标本M96∶6（图六，6）。

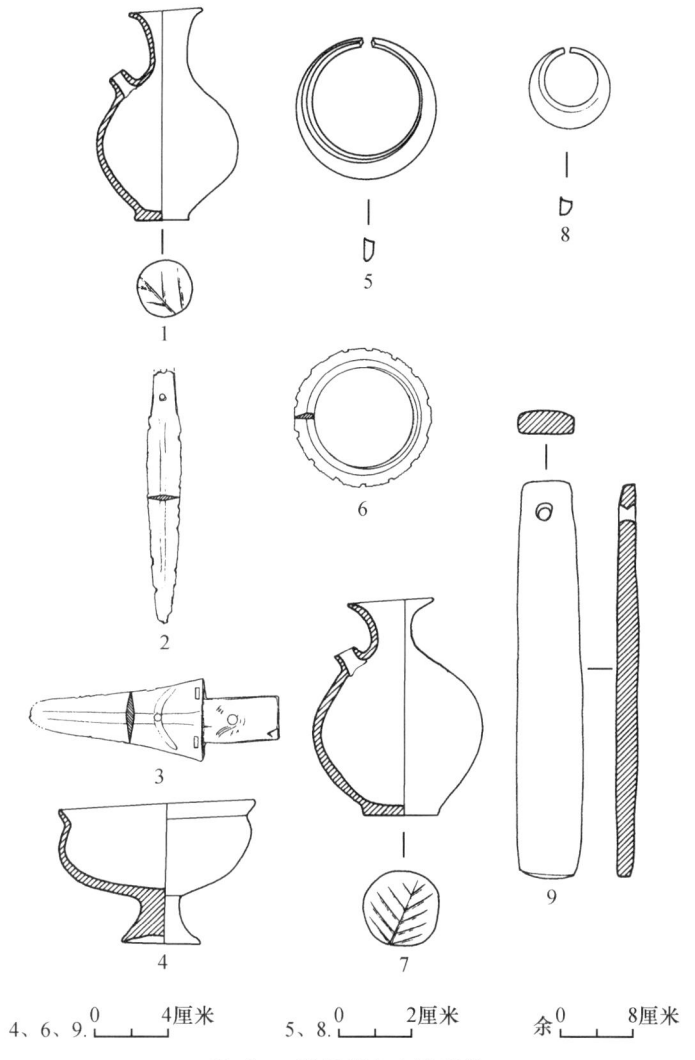

图五　D类墓葬出土随葬品

1、7. 陶带流壶（M5：8、M5：7）　2. 铜剑（M5：2）　3. 铜戈（M5：1）　4. 陶圈足杯（M5：9）　5、6、8. 蚌饰（M5：5、M5：4、M5：6）　9. 磨石（M5：3）

（采自四川省文物考古研究院、凉山彝族自治州博物馆、西昌市文物管理所：《四川西昌市新庄遗址先秦时期土坑墓发掘简报》，《四川文物》2018年第4期，第25页，图一二）

D型　2件。大口，鼓肩。标本M361：37（图六，7）。

陶豆　10件。可分为盘形豆和罐形豆两类。其中罐形豆可分三式。演变规律为器身由高变矮，腹部越来越浅。

盘形豆　2件。标本M226：2（图六，8）。

罐形豆　8件。

Ⅰ式：标本M369：2（图六，9）。

Ⅱ式：标本M96：7（图六，10）。

Ⅲ式：标本M24：3（图六，11）。

高领罐　4件。可分三式。器物演变规律为器身变矮，口部变小。

Ⅰ式：标本M353：2（图六，12）。

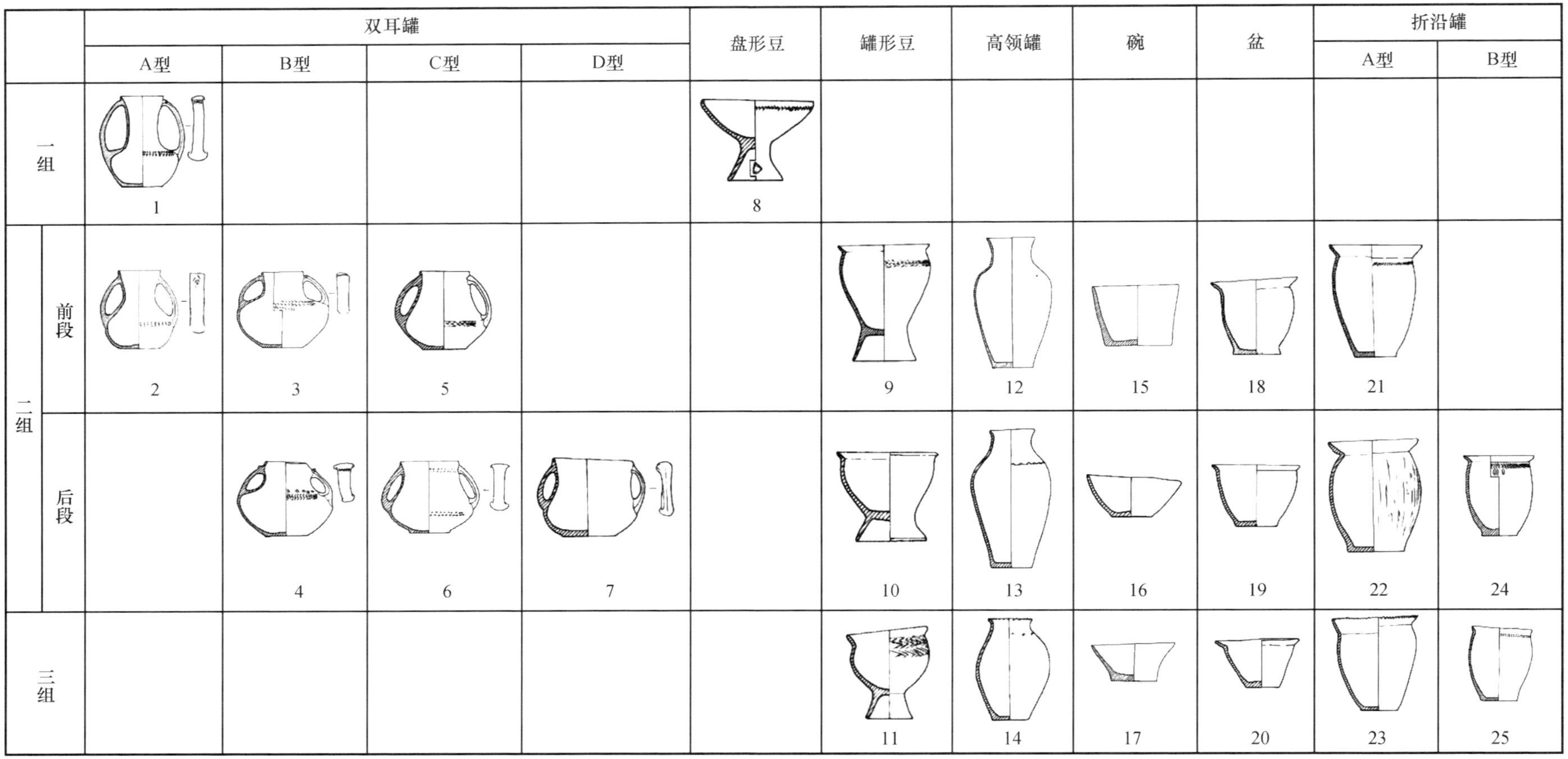

图六 B、C 类墓葬陶器分组

1、2.AⅠ、AⅡ式双耳罐（M226∶1，M225∶1） 3、4.BⅠ、BⅡ式双耳罐（M353∶3，M361∶20） 5、6.CⅠ、CⅡ式双耳罐（M369∶1，M96∶6） 7.D型双耳罐（M361∶37） 8.盘形豆（M226∶2） 9～11.Ⅰ、Ⅱ、Ⅲ式罐形豆（M369∶2，M96∶7，M24∶3） 12～14.Ⅰ、Ⅱ、Ⅲ式高领罐（M353∶2，M361∶22，M48∶6） 15～17.Ⅰ、Ⅱ、Ⅲ式碗（M353∶5，M117∶7，M24∶6） 18～20.Ⅰ、Ⅱ、Ⅲ式盆（M369∶7，M117∶1，M374∶1） 21～23.AⅠ、AⅡ、AⅢ式折沿罐（M111∶4，M117∶3，M374∶4） 24、25.BⅠ、BⅡ式折沿罐（M361∶23，M370∶1）

Ⅱ式：标本M361∶22（图六，13）。

Ⅲ式：标本M48∶6（图六，14）。

碗　10件。可分三式。腹部由深变浅，口部由直口变为敞口。

Ⅰ式：标本M353∶5（图六，15）。

Ⅱ式：标本M117∶7（图六，16）。

Ⅲ式：标本M24∶6（图六，17）。

盆　5件。分为三式。演变规律为腹部变浅，口部越来越敞。

Ⅰ式：标本M111∶4（图六，18）。

Ⅱ式：标本M117∶1（图六，19）。

Ⅲ式：标本M374∶1（图六，20）。

罐　14件。可分二型。演变趋势均为腹部越来越浅，器身由瘦高变为矮胖。大口折沿罐晚期口部多锯齿状。

A型　7件。大口折沿罐。分为三式。

Ⅰ式：标本M111∶3（图六，21）。

Ⅱ式：标本M117∶4（图六，22）。

Ⅲ式：标本M374∶2（图六，22）。

B型　7件。折沿小罐。分为二式。

Ⅰ式：标本M361∶23（图六，23）。

Ⅱ式：标本M370∶1（图六，24）。

根据随葬品形态演变及组合，将B、C类墓葬分为三组（图六），其中第二组分前后两段。

（三）分期与年代

据《土坑墓》，A类墓葬M181被M180打破，而M180出土双耳罐和折沿罐分别与M143和M111类似，则M181年代早于B、C类墓葬第二组。又M181出土遗物与大厂M1、M2接近，根据大厂发掘简报，其年代接近距今4000年[1]，与M226测年数据相当，似可与M226归入同一期。《土坑墓》还提及，D类墓葬存在打破B、C类墓葬的情况，并认为其年代最晚，本文赞同这种认识。

《土坑墓》提到"第1、2组之间相互有打破关系"，表明B、C类墓葬确有分组的可能。尽管两篇简报都未发表关于B、C类墓葬详细的层位关系，但有相当丰富且系统的测年数据。并且，涉及A类和D类墓葬的测年数据都得到了层位关系的支持，因此，本文认为这一系列测年数据大体是无误的，B、C两类墓葬的一到四组应是前后相继的。

综上，本文将新庄墓地分为四期（表一）。

第一期包括A类墓葬M181和B、C类墓葬第一组，有一个测年数据M226（2211～2033BC），年代应早于公元前2000年。

---

[1] 四川省文物考古研究院、凉山彝族自治州博物馆、西昌市文物管理所：《四川西昌市大厂遗址M1、M2发掘简报》，《四川文物》2017年第1期。

第二期为B、C类墓葬第二组,分前后两段,前段有一个测年数据M111(2041~1885BC),后段也有一个测年数据M96(1918~1748BC)。这一期墓葬数量较多,其中M96属于后段中年代偏早的,更晚的M361出土罐形豆(M361:8)与大洋堆中期Ka13:1类似,只是后者圈足已退化,表明其年代更晚。大洋堆中期还出土了类似高坡遗存的肩部带乳钉的罐,高坡遗址测年为公元前1400~1000年[1]。这一期年代应比大洋堆中期和高坡遗存略早,推测为公元前2000~1400年,前、后两段以公元前1700年为界。

表一 新庄墓地墓葬分期

分期墓葬		器类	壶	钵	双耳罐 A型	双耳罐 B型	双耳罐 C型	双耳罐 D型	盘形豆	罐形豆	高领罐	碗	折沿罐 A型	折沿罐 B型	盆	带流壶	圈足杯
一期		M181	√	√													
		M226			Ⅰ				√								
		M293							√								
二期	前段	M225			Ⅱ	Ⅰ											
		M373				Ⅰ				Ⅰ	Ⅰ						
		M353				Ⅰ				Ⅰ	Ⅰ	Ⅰ					
		M369					Ⅰ			Ⅰ							
		M143				Ⅰ											
		M111											Ⅰ		Ⅰ		
	后段	M96					Ⅱ	√		Ⅱ							
		M361				Ⅱ	Ⅱ	√		Ⅱ	Ⅱ	Ⅰ	Ⅱ	Ⅰ	Ⅱ		
		M117											Ⅱ	Ⅱ	Ⅱ		
三期		M24								Ⅲ		Ⅲ	Ⅲ	Ⅱ			
		M48									Ⅲ	Ⅲ					
		M370											Ⅲ	Ⅱ	Ⅲ		
		M374											Ⅲ	Ⅲ	Ⅱ	Ⅲ	
四期		M73														√	√
		M5														√	√
		M251														√	√
		M271														√	√

注:M293、M373、M369、M361、M117、M370、M374为石室墓,其余为土坑墓

第三期为B、C类墓葬第三组,有一个测年数据M24(1774~1596BC)。这一期的遗存以往在大洋堆晚期发现过,年代被认为是春秋末至战国初期[2]。但据《土坑墓》,这类随葬折沿罐的墓葬有被简报"第3组"即本文第四期墓葬打破的现象,那么,其年代下限可能早于第四期M73年代下

---

[1] 成都文物考古研究所、凉山彝族自治州博物馆、冕宁县文物管理所等:《2011年凉山彝族自治州冕宁县高坡遗址发掘简报》,《成都考古发现》(2011),科学出版社,2013年,第317~330页。

[2] 西昌市文物管理所、四川省文物考古研究所、凉山彝族自治州博物馆:《四川西昌市经久大洋堆遗址的发掘》,《考古》2004年第10期。

限（公元前1000年）。此外，第三期墓葬中发现的大量宽折沿罐，在东部的鸡公山文化[①]和南部的大墩子遗存中均有发现[②]，后者测年均在公元前1400～1000年。因此，M24测年可能偏早，考虑到第二期的年代下限，推测这一期年代在公元前1400～1000年。

D类墓葬为第四期，以随葬带流壶和圈足杯为主，此外还有铜戈、铜矛等。有两个测年数据，其年代在公元前1200～900年，大致相当于商末至西周早期。

二、各类墓葬谱系

这四类墓葬随葬陶器组合差异明显（表二），应当有不同的谱系。

表二　新庄墓地分期、分类与测年

	A类	B类	C类	D类	碳十四测年（经树轮校正）
一期	M181	M226			M226测年数据：2211BC～2033BC
		M293			
二期		M225	M111		M111测年数据：2041BC～1885BC
		M143			
		M353			
		M369			
		M373			
		M96	M117		M96测年数据：1918BC～1748BC
		M361			
三期		M24	M374		M24测年数据：1774BC～1596BC
		M48	M370		
四期				M73	M73测年数据：1209BC～1011BC
				M5	M251测年数据：1046BC～894BC
				M251	
				M271	

注：M293、M373、M369、M361、M117、M370、M374为石室墓，其余为土坑墓

A类墓随葬陶壶、陶钵和小罐，器身上往往饰有大量刻划纹和戳印纹等构成的复合纹饰。这种纹饰的独特之处在于刻划、戳印等阴纹只是衬地，其间的磨光面才是主体图案，王仁湘将这种施纹技法称为"衬花工艺"[③]。此类墓葬少见，以往发现的礼州AM10[④]和大厂M1、M2[⑤]可归入其中。

[①] 贵州省文物考古研究所、四川大学历史文化学院考古系、威宁县文物保护管理所：《贵州威宁县鸡公山遗址2004年发掘简报》，《考古》2006年第8期。

[②] 云南省博物馆：《元谋大墩子新石器时代遗址》，《考古学报》1977年第1期。

[③] 王仁湘：《西南地区史前陶器衬花工艺探讨》，《四川文物》2008年第1期。

[④] 礼州遗址联合考古发掘队：《四川西昌礼州新石器时代遗址》，《考古学报》1980年第4期。

[⑤] 四川省文物考古研究院：《四川西昌市大厂遗址M1、M2发掘简报》，《四川文物》2017年第1期。

从目前资料来看，此类墓葬可能是安宁河流域出现最早的墓葬，但延续时间不长。新庄遗址与这类墓葬相关的居址资料并未发表，以往在横栏山遗址发现过年代接近的居址遗存，但文化面貌有相当的差异[①]。横栏山遗址出土陶器以各类陶罐为大宗，壶的数量并不太多，且基本不见上述"衬花工艺"纹饰。近年，成都文物考古研究院在盐源盆地皈家堡遗址发现了与A类墓葬相似的遗存，测年在距今4800~4300年[②]。它或许与A类墓葬的来源有关。总体而言，A类墓葬发现较少，延续时间不长，其消亡可能与B、C类墓葬在安宁河流域的兴起有关。

B类墓葬随葬品以陶双耳罐、豆、高领罐为主，年代为公元前2200~前1000年。此类墓葬的出现与齐家文化有较明显的关系，很多研究者都提到这一点[③]。其延续时间较长，早期一般仅随葬双耳罐、豆和高领罐，晚期则出现大量的折沿罐。大洋堆下层发现过类似遗存[④]，新庄墓地的发现，表明齐家文化对安宁河流域影响颇大[⑤]。晚期出现的大量折沿罐应当是受到C类墓葬的影响。

C类墓葬随葬品以折沿罐为主，此类遗存在大洋堆上层和西昌天王山发现过[⑥]。以往一般认为年代晚至春秋战国之际，现在看来可能并非如此。至少新庄墓地此类遗存的年代上限为公元前2000年，下限应不晚于公元前1000年。C类墓葬对应的居住址资料目前无法确认，大洋堆上层尽管是灰坑，但出土器物完整，属性应当特殊，或与墓葬接近。不过，这种以罐为主的特征，却与横栏山文化一致，特别是花边口沿的罐在横栏山文化中比较常见，这类遗存是否是横栏山文化的延续还有待讨论。另外，在西昌营盘山发现过一批瓮棺[⑦]，其中W6出土了1件折沿罐和1件双耳罐，折沿罐的特征与C类墓葬发现的M111：3相似。简报认为瓮棺葬属于汉代，本文认为这一断代可能偏晚。营盘山下层还发现了堆积丰富的居住址遗存，与横栏山文化接近但不完全相同，发掘者认为其年代在距今4000左右，本文认为合理。

---

① 西昌市文物管理所：《四川西昌市横栏山新石器时代遗址调查》，《考古》1998年第2期；成都文物考古研究所、凉山彝族自治州博物馆、西昌市文物管理所：《四川西昌市大兴横栏山遗址调查试掘简报》，《成都考古发现》（2004），科学出版社，2006年，第20~38页；成都文物考古研究所、凉山彝族自治州博物馆、西昌市文物管理所：《西昌市大兴乡横栏山遗址2011年试掘简报》，《成都考古发现》（2012），科学出版社，2014年，第78~91页；成都文物考古研究所、凉山彝族自治州博物馆、西昌市文物管理所：《西昌市横栏山遗址2014年度试掘简报》，《成都考古发现》（2014），科学出版社，2016年，第89~114页。

② 成都文物考古研究院、凉山彝族自治州博物馆、盐源县文物管理所：《盐源县皈家堡遗址2015年度调查试掘简报》，《成都考古发现》（2015），科学出版社，2017年，第18~52页；成都文物考古研究院、凉山彝族自治州博物馆、盐源县文物管理所：《盐源县皈家堡遗址2017年Ⅰ区新时期时代晚期遗存发掘简报》，《成都考古发现》（2018），科学出版社，2020年，第18~46页。

③ 江章华：《安宁河流域考古学文化试析》，《四川文物》2007年第5期。

④ 西昌市文物管理所、四川省文物考古研究所、凉山彝族自治州博物馆：《四川西昌市经久大洋堆遗址的发掘》，《考古》2004年第10期。

⑤ 江章华：《安宁河流域考古学文化试析》，《四川文物》2007年第5期。

⑥ 西昌市文物管理所、四川省文物考古研究所、凉山彝族自治州博物馆：《四川西昌市经久大洋堆遗址的发掘》，《考古》2004年第10期；凉山彝族自治州博物馆：《四川西昌天王山十号墓清理简报》，《考古》1984年第12期。

⑦ 成都文物考古研究所、凉山彝族自治州博物馆、西昌市文物管理所等：《四川西昌市营盘山遗址发掘简报》，《成都考古发现》（2005），科学出版社，2007年，第62~87页。

B类和C类墓葬共时较久，且发现有相似的陶器，不排除这是同一考古学文化的两种不同形式墓葬的可能。假如营盘山瓮棺葬与居住址能够对应的话，那么，本文第二期的B、C类墓葬所对应的居住址可能就是营盘山下层遗存，这种遗存总体仍可看作是横栏山文化的延续发展，有研究者将其归为横栏山文化的晚段[①]。

D类墓葬面貌突变，以随葬带流壶和圈足杯为主，且有成套出土的迹象。此外还有少量的铜戈、铜矛，形制与强国墓地[②]和竹瓦街窖藏[③]发现的同类器物非常接近。测年数据表明新庄墓地此类遗存的年代在公元前1200～前900年，相当于商末周初。在西昌羊耳坡遗址槽子田墓地也发现了同类遗存，但年代明显偏晚[④]。槽子田墓地除了带流壶和圈足杯外，还开始出现大量不同形态的陶杯，最晚的几座墓葬中觚形杯取代了圈足杯，其随葬品组合与器物形态已经和坝河堡子M6等典型"大石墓"遗存相似。槽子田墓地发掘者认为墓葬年代在西周中晚期至战国中晚期之间，但没有测年。不过，槽子田墓地M118、M119出土的尊形器与会理粪箕湾水坪梁子墓地M70、M148、M4等发现的同类器形态接近，并且水坪梁子M148也发现了带流壶（图七）。水坪梁子墓地M4测年数据为公元前895～前791年，相当于西周晚期[⑤]。故推测此类遗存年代下限为西周末期，比典型"大石墓"最早阶段略早或接近[⑥]。从年代、出土成套的器物、铜兵器以及墓葬形制和葬俗来看，这类遗存的出现与西周兴起或有一定的联系，具体将另文讨论。D类墓葬的出现结束了B、C类墓葬在安宁河流域的发展。与D类墓葬年代接近的居住址遗存有"咪咪啷遗存"[⑦]，二者能否对应，以目前的考古资料还无法定论。

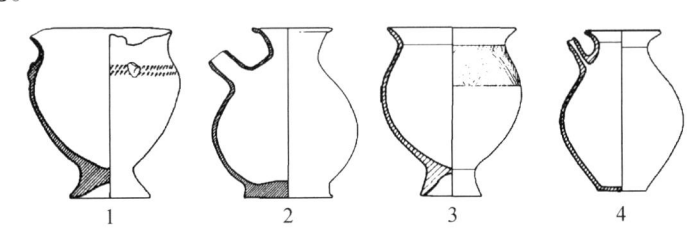

图七 槽子田M118与水坪梁子M148出土部分陶器对比
1、2. 槽子田（M118:53、M118:24） 3、4. 水坪梁子（M148:9、M148:2）
（1、2.采自四川省文物考古研究院、凉山彝族自治州博物馆、西昌市文物管理所：《四川西昌市羊耳坡遗址槽子田墓地2016～2017年度发掘简报》，《四川文物》2018年第1期，第17页，图一八；3、4.采自四川省文物考古研究院、会理县文物管理所、凉山彝族自治州博物馆等：《会理粪箕湾水坪梁子墓地》，科学出版社，2018年，第129页，图一三九）

---

① 江章华：《安宁河流域考古学文化试析》，《四川文物》2007年第5期。
② 卢连成、胡智生：《宝鸡强国墓地》，文物出版社，1988年，第431～446页。
③ 王家祐：《记四川彭县竹瓦街出土的铜器》，《文物》1961年第11期；四川省博物馆、彭县文化馆：《四川彭县西周窖藏铜器》，《考古》1981年第6期。
④ 四川省文物考古研究院、凉山彝族自治州博物馆、西昌市文物管理所：《四川西昌市羊耳坡遗址槽子田墓地2016～2017年度发掘简报》，《四川文物》2018年第1期。
⑤ 四川省文物考古研究院、会理县文物管理所、凉山彝族自治州博物馆等：《会理粪箕湾水坪梁子墓地》，科学出版社，2018年，第148页。
⑥ 本文所谓典型"大石墓"不包括西昌大洋堆DM2和西昌天王山M10。
⑦ 凉山彝族自治州博物馆、成都文物考古研究所、西昌市文物管理所：《四川西昌市咪咪啷遗址调查试掘简报》，《成都考古发现》（2004），科学出版社，2006年，第39～52页。

综上，在"大石墓"遗存出现之前，安宁河流域考古学文化面貌错综复杂。最早兴起的是横栏山文化，其墓葬形态不明。稍晚，可能来自盐源盆地的以随葬"衬花纹饰"壶、钵为主的A类墓葬进入了安宁河流域，延续时间不长。接着B、C类墓葬兴起，B类墓葬与齐家文化关系密切，但它深受C类墓葬影响并逐渐融合。这两类墓葬可能是同一考古学文化的不同墓葬形式，背后的人群或与营盘山下层所代表的考古学文化有关，这种文化仍可视作横栏山文化的延续。到了商末周初，一种新的D类墓葬出现，随葬成套的带流壶和圈足杯，此外还有铜戈和铜矛。从年代和出土铜兵器看，这类墓葬的出现或与西周的兴起有关。

三、"大石墓"相关遗存再思考

（一）礼州遗址再讨论

关于礼州遗址的讨论，已有不少[①]。江章华将其分为早、中、晚三段，其中早段（仅发表1件带流壶口沿）归入横栏山文化，中段（以AM10为代表）与横栏山文化有较密切的继承关系，命名为"礼州中段遗存"，晚段（以BM3为代表）接近大石墓年代，命名为"礼州晚段遗存"[②]。持类似观点的还有陈苇[③]。本文也赞成这种划分，但AM10应当是属于本文划分的A类墓葬，并非横栏山文化遗存。而BM3应当是受到齐家文化的影响，这一点陈苇已经提及，但其年代可能早于西周。在磨沟[④]和喇家[⑤]遗址发现的齐家文化晚期遗存和更晚的"苞儿遗存"[⑥]中有类似AM3的陶器出土，他们的年代可能在公元前1400～前1200年[⑦]。

（二）大洋堆遗址再讨论

大洋堆遗址地层关系明确，简报将遗存分为早、中、晚三期，认为年代分别为西周早期、春秋时期和春秋末至战国初[⑧]。对此，陈苇已经提出，简报对大洋堆遗址各期年代的判断都偏晚。他

[①] 黄家祥：《西昌礼州新石器时代遗址之检讨》，《四川文物》2000年第8期。
[②] 江章华：《安宁河流域考古学文化试析》，《四川文物》2007年第5期。
[③] 陈苇：《先秦时期的青藏高原东麓》，科学出版社，2012年，第231～233页。
[④] 甘肃省文物考古研究所、西北大学文化遗产与考古学研究中心：《甘肃临潭县磨沟齐家文化墓地》，《考古》2009年第7期；甘肃省文物考古研究所、西北大学文化遗产与考古学研究中心：《甘肃临潭磨沟齐家文化墓地发掘简报》，《文物》2009年第10期；甘肃省文物考古研究所、西北大学丝绸之路文化遗产保护与考古学研究中心：《甘肃临潭磨沟墓地齐家文化墓葬2009年发掘简报》，《文物》2014年第6期。
[⑤] 中国社会科学院考古研究所：《青海民和喇家史前遗址的发掘》，《考古》2002年第7期；中国社会科学院考古所甘青工作队、青海省文物考古研究所：《青海民和县喇家遗址2000年发掘简报》，《考古》2002年第12期。
[⑥] 甘南藏族自治州博物馆：《甘肃卓尼苞儿遗址试掘简报》，《考古》1994年第1期。
[⑦] 陈小三：《河西走廊及其邻近地区早期青铜时代遗存研究——以齐家、四坝文化为中心》，吉林大学博士学位论文，2012年，第75、76页。
[⑧] 西昌市文物管理所、四川省文物考古研究所、凉山彝族自治州博物馆：《四川西昌市经久大洋堆遗址的发掘》，《考古》2004年第10期。

认为早期遗存与齐家文化存在密切联系，年代应当在公元前1600～前1300年左右；中期遗存年代上限在商代中期，下限不晚于西周早期；晚期因为大石墓的原因，年代在春秋末至战国初，但可能更早[1]。本文基本赞成这种分析，且年代可能更早。大洋堆早、中期相当于本文第二期，年代可能在公元前2000～前1400年；大洋堆晚期相当于本文第三期，年代下限应在商末周初。

关于其性质，姜先杰认为早、中、晚三期是性质完全不同且无承袭关系的三种考古学文化[2]。江章华认为早、中期属于"高坡遗存"[3]。本文以为，大洋堆早期性质接近本文划分的B类墓；中期遗存复杂，应当是本文C类墓葬所代表的遗存受到"高坡遗存"影响的结果；晚期则与本文划分的C类墓葬第四期接近。前文已述，B、C类墓葬很可能是同一考古学文化不同的墓葬形式，假如真是如此，那么大洋堆遗址很可能是一种考古学文化的连续发展，只是在发展中受到了安宁河上游"高坡遗存"的深刻影响。

（三）"大石墓"遗存的两个问题

对礼州和大洋堆遗址的分析让我们重新思考"大石墓"的年代和来源问题。"大石墓"最早发现于20世纪40年代[4]，从70年代开始有了正式科学的发掘[5]。一般认为"大石墓"是用较大的石块或石板堆砌墓室，顶部封以一块或数块巨石。这与新庄墓地发现的石室墓不同，新庄石室墓仅墓室用小石块堆砌，顶部无巨石封砌。而且，除了形制外，出土陶器组合也差异明显。事实上，不仅是新庄石室墓，包括大洋堆DM2和出土陶器的所谓天王山"M10"都不是大石墓[6]。

大洋堆DM2上部并未发现封墓大石，甚至连石块都没有，当然不排除被后期盗掘或破坏掉的可能性。但是，其墓内还保留有大量随葬品，距离不远的DM1顶部封石完好无损，如果只是专门盗掘或毁坏DM2的封墓石似乎有些不合常理。其次，DM2出土陶器与典型大石墓完全不同，相反却和新庄C类墓葬（大多为石室墓）一致。最后，其年代较早，按照本文的断代应在西周之前，与典型大石墓之间有相当大的年代缺环。由此可见，大洋堆DM2应是与新庄M370、M374年代接近的石室墓，而非大石墓。另外，值得一提的是，大洋堆DM2墓室3号陶罐内装有人骨，这种风俗常见于甘青地区，如磨沟墓地齐家文化晚期M934等，被研究者称为"骨灰罐火葬墓"[7]。

天王山M10同样值得进一步分析。从简报看，天王山M10其实包含了三组遗存：大石墓，大石墓东南侧的石框和大石墓东侧的器物遗迹。出土遗物的是石框和器物遗迹而非大石墓本身。石框应当是一座石室墓，与新庄墓地发现的类似，器物遗迹可能为一座灰坑。从简报的描述来看，大石

---

[1] 陈苇：《先秦时期的青藏高原东麓》，科学出版社，2012年，第231～233页。
[2] 姜先杰：《西昌经久大洋堆遗址比较研究》，《四川文物》2007年第5期。
[3] 江章华：《试论高坡遗存》，《南方民族考古》（第九辑），科学出版社，2013年，第1～8页。
[4] 郑德坤：《四川古代文化史》，巴蜀书社，2004年，第35页。
[5] 四川省金沙江渡口西昌段、安宁河流域联合考古调查队：《西昌坝河堡子大石墓发掘简报》，《考古》1976年第5期。
[6] 凉山彝族自治州博物馆：《四川西昌天王山十号墓清理简报》，《考古》1984年第12期。
[7] 周艳莉：《甘青地区新石器时代至青铜时代火葬墓研究》，西北师范大学硕士学位论文，2018年，第12、13页。

墓和其余两组遗存明显并非一个层位。并且，大石墓上部还有夯土，夯土内包含大量西汉遗物，可知大石墓年代必然不早于西汉，但是，石框和灰坑内的遗物年代无论如何是晚不到西汉的。

因此，"大石墓遗存"不应当包括大洋堆DM2和天王山M10。如果排除掉这两座墓葬后，最早的"大石墓遗存"应以随葬带流壶和觚形杯的西昌坝河堡子M6为代表，这类遗存与羊儿坡槽子田墓地M96年代接近，应当晚于西周。按照这个年代，"大石墓遗存"就与礼州AM10关系不大，尽管两类墓葬都出土了带流壶，但它们并没有直接的继承关系。

四、结　　语

新庄墓地的发现为构建和细化安宁河流域先秦时期考古学文化的时空框架提供了重要的材料。发现的墓葬形制丰富，数量众多。其多样的随葬品组合、完整的型式演变，以及系统的测年都有利于我们讨论安宁河流域考古学文化的分类与谱系，也让我们重新审视以往发表的其他遗址的资料。

不过，本文所构建的时空框架是以墓葬为基准的。相对于墓葬而言，居住址遗存的发现和资料刊布更少，测年数据缺乏，不足以搭建起详细的时空框架。特别是横栏山、董家坡这两类公元前2000年之前的遗存和咪咪啷（测年数据公元前1050～前920年）遗存之间，存在一定的缺环，而这段时间恰好是本文B、C类墓葬延续的时间。安宁河上游的冕宁高坡遗址第3层测年数据为公元前1400～前1000年，但这类遗存仅在大洋堆中层有过零星发现[①]，与安宁河中、下游其他同期遗存有较大差异。此外，如何将居址与墓葬对应起来也是一个问题。许多居址没有发现同期墓地，而发现墓地的则缺乏居址资料或没有完整发表，这也是造成安宁河流域考古学文化谱系尚未完善的一个重要原因。

---

① 江章华：《试论高坡遗存》，《南方民族考古》（第九辑），科学出版社，2013年，第1～8页。

清水江下游新石器时代遗存初探

杨 洪

(贵州省文物考古研究所)

发源于都匀市苗岭山脉斗篷山北麓中寨的清水江主要分布在贵州省黔东南苗族侗族自治州,是沅江(沅水)的主源;在都匀称剑江,都匀以下称马尾河,至岔河口汇入重安江后始称清水江,至湖南黔城汇入潕阳河后称沅江。省内干流河长452.2千米,主要流经都匀、麻江、凯里、台江、剑河、锦屏和天柱等县市,其主要支流有重安江、巴拉河、南哨河、六洞河和亮江[1];本文所指清水江下游主要为清水江锦屏至天柱段及其支流亮江。迄今,在该段水域江面两侧阶地上发现并发掘10余处旧石器至明清时期遗址[2],其中有7处遗址的主体文化面貌为新石器时代遗存,主要分布在天柱县江东乡、白市镇、远口镇和锦屏县三江镇所辖清水江及其支流亮江的两侧一二级阶地上。鉴于部分发掘材料的刊布,使得我们对流域内新石器时代文化的探讨变得可能。本文拟通过对已发掘并刊布资料的遗址为基础对其新石器遗存文化面貌进行论述,以期对其分期与年代、文化性质及与周邻文化关系等问题作初步探讨。

一、遗址分析

目前所知,流域内有新石器时代堆积的遗址主要分布在下游锦屏至天柱段,属峡谷地貌,河谷深切狭窄,其间在部分河段可见傍河台地,遗址就分布在这些河流两侧地势较为平坦的一二级阶地之上,以及两河交汇处的三角缓坡地带。主要有培芽、亮江、坡脚、月山背、学堂背、辞兵洲和盘塘等遗址,以上遗址尤以坡脚和盘塘的材料最为丰富,文化面貌也最具代表性。但部分遗址刊发材料较零星,且繁简不一,为全面厘清其文化面貌,我们有必要对上述遗址进行梳理。

1. 培芽遗址

遗址位于锦屏县三江镇亮江村培芽。2010年发掘100平方米,确定第3~5层为新石器时代堆积。遗物皆打制石器,种类有石核、石片、石器、断块和碎屑等。采用锐棱砸击法和锤击法打片,

---

[1] 贵州省地方志编纂委员会编:《贵州省志·地理志(下)》,贵州人民出版社,1985年,第900页。
[2] 王红光:《贵州考古的新发现和新认识》,《考古》2006年第8期。

石器包括砍砸器、刮削器和盘状器，以砍砸器数量最多，刮削器次之[①]。

调查时在断面采集到陶片的地层土色与第3层相近，推测其年代应与发掘区第3层相近，为新石器时代堆积。遗址中的石制品和陶片特征较原始和粗糙，推测其年代可能偏早。

2. 亮江遗址

遗址位于锦屏县三江镇亮江村亮江组，亮江与清水江交汇处西侧的台地上。第6层属新石器时代堆积，遗物包括打制石器、磨制石凿和极少量夹砂陶片。

打制石器以石片、断块和碎屑为主，少量砍砸器和刮削器，采用锐棱砸击法和锤击法打片，以反向加工石器为主；磨制石凿器形偏瘦长，平面略呈长方形，弧形刃，刃宽2厘米；陶片火候较低，黄褐色陶，较碎，器形不明[②]；ⅡT0103第6层出土陶片碳十四测年距今（8800±45）年，树轮校正后为距今（9875±275）年。

3. 月山背遗址

遗址位于天柱县远口镇鸬鹚村，清水江西岸的一级阶地上。2009年发掘清理出灰坑和灰沟等遗迹，出土石制品90余件。皆为打制石器，包括有疤砾石、石片、石核、砍砸器、刮削器和盘状器，以反向加工为主[③]；贵州省文物考古研究所在该遗址曾采集过磨制石器。月山背遗址所出石制品的特征与坡脚、学堂背遗址基本相似，其年代应大体相当。

4. 坡脚遗址

遗址位于天柱县远口镇坡脚村，月山背遗址以北约3千米，清水江西岸的一级阶地上。2004年贵州省文物考古研究所进行试掘，清理出房屋柱洞、灰坑等遗迹，出土较多陶器和石制品[④]。2009年四川大学考古学系对其进行第二次发掘，清理出灰坑、灰沟和石堆遗迹等，新石器时代遗存为坡脚遗址的主体文化堆积[⑤]。

遗物包括石制品和陶片，陶片以夹砂陶为主，泥质陶极少；陶色有红、红褐、灰黑、褐、黄褐、灰褐、青灰、灰白和黄白等，纹饰以绳纹为主，戳印小（长）方格纹次之，常见戳印小方格纹组成条状纹和各种形制图案，还有部分弦纹、划纹和兽面纹等；可辨器形有钵、罐和釜等。

石制品分打制和磨制石器，以打制石器为主，包括有疤砾石、石片、石核、刮削器、砍砸器、盘状器、尖状器和修背石刀等；磨制石器较少，有石钺、釜、锛、凿等，形体较小。

2004年试掘所出圜底钵（04TPH5∶29）与湖南松溪口D型罐形钵（T3⑭∶5）形态除偏矮胖外，余皆相似，为侈口、卷沿、直壁、圜底，口沿下拍印弦纹（图一），推测其时代应大体相当；

---

① 张改课：《锦屏培芽遗址》，《2003~2013贵州基建考古重要发现》，科学出版社，2015年，第59页。
② 2010年贵州省文物考古研究所发掘资料，目前发掘资料正在整理中。
③ 于孟洲、白彬：《贵州天柱史前遗址群考古发掘取得重要收获》，《中国文物报》2010年6月18日第4版。
④ 王新金、张合荣：《黔东南清水江流域坡脚遗址新发现的白陶》，《东南考古研究》（第四辑），厦门大学出版社，2010年，第245页。
⑤ 于孟洲、白彬：《贵州天柱史前遗址群考古发掘取得重要收获》，《中国文物报》2010年6月18日第4版。

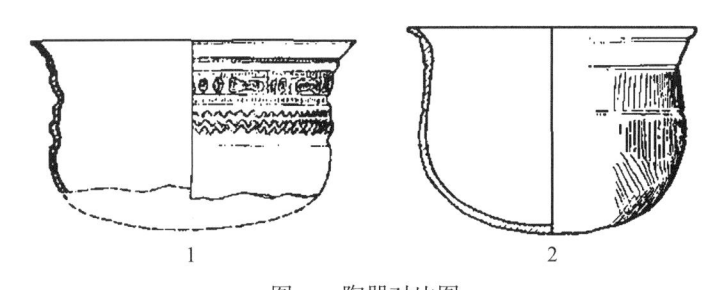

图一 陶器对比图
1. 坡脚圈底钵（04TPH5:29） 2. 松溪口D型罐形钵（T3⑭:5）

松溪口贝丘遗址T2第15层木炭碳十四测年距今（6340±90）年，树轮校正后为距今（6950±115）年[①]。因此，坡脚遗址H5的年代应大致相当于高庙下层文化晚段。

5. 学堂背遗址

遗址位于天柱县远口镇中团村清水江东岸一级阶地上，坡脚遗址以东约1.8千米。遗址出土近1300件石制品和少量陶器，陶器以夹砂陶为主，泥质陶较少，陶色以褐陶为主，红褐和灰黑陶次之，少量青灰、红、黄褐、黄白、灰褐和灰白色等，新出现少量黑皮陶。以素面为主，凸点纹和绳纹在纹饰中较为常见，有极少量戳印纹、刻划纹和镂空等，器形见圈足器、釜和罐等。石制品除1件磨制石锛外，余皆打制石器，其特征及打制技术与坡脚遗址相近，但从陶器特征推测其年代应较坡脚遗址晚[②]。

6. 辞兵洲遗址

遗址位于天柱县白市镇，小地名为辞兵洲的江中孤岛，2010、2011年分两次在其东部一级阶地上分两区进行发掘。Ⅰ区第3、4层为新石器时代堆积，出土少量夹粗砂陶片，饰粗绳纹或素面；石制品以打制石器为主，极少量的磨制石斧。Ⅱ区发现一处石器加工场，其内堆积有万余件石制品，由石砧、石锤和其周围半径0.5米内密集的石片组成一个加工点，同时并存丰富的砾石原料、半成品和废料等，与其伴出的还有少量陶片；其年代与Ⅰ区第3层相同。

陶片多夹砂红褐陶，多呈鱼鳞状；素面为主，少量细绳纹。石器趋小型，石片极多，采用锐棱砸击法加工[③]。

对辞兵洲遗址内Ⅱ区第3层采集的陶片和炭进行碳十四测年，树轮校正后年代分别为：ⅡT0110第3层陶片距今（7495±75）年、ⅡT0211第3层炭距今（7000±160）年、ⅡT0311第3层炭距今（10340±100）年。以上三个测年数据，前两个相近，第三个数据较前两个早近3000年。因此，我们推测辞兵洲遗址第3、4层年代应主要在距今7500～7000年，但不排除存在更早期遗存的可能。

---

① 湖南省文物考古研究所：《湖南辰溪县松溪口贝丘遗址发掘简报》，《文物》2001年第6期。
② 于孟洲、白彬：《贵州天柱史前遗址群考古发掘取得重要收获》，《中国文物报》2010年6月18日第4版。
③ 胡昌国：《天柱辞兵洲遗址》，《2003～2013贵州基建考古重要发现》，科学出版社，2015年，第7页。

7. 盘塘遗址

遗址位于天柱县白市镇白市村盘塘组，清水江西岸与汶溪交汇处的一级阶地上。开口于第4层下的灰坑、沟、柱洞和第5~7层及其之间遗迹单位属新石器时代遗存[1]。

遗物包括陶片和石制品，陶片以夹砂陶为主，少量泥质陶；陶色有红、红褐、褐、黄褐、灰黑、灰褐、灰白和青灰等；陶器皆手制，采用泥条盘筑和泥片贴塑经慢轮修整；纹饰除绳纹外，还有刻划纹、弦纹、戳印篦点纹、压印纹和圈点纹等，纹饰中最具特征的是由粗细不匀的线条和戳印圆圈或圆点构成繁复的图案，包括平行带状纹、连续波折纹、细方格纹、三角形纹、圈点纹、太阳纹、垂幛纹和形态各异的鸟纹等（图二）。可辨器形有罐、釜、盆、钵、圈足盘、支脚和圈足碗等，以罐为主，钵次之。

石制品是所出遗物之大宗，包括磨制石器、打制石器和磨石等；磨制石器有斧、锛、凿、钺等，打制石器主要用黄褐色砾石经砸击或锤击法剥片，再经单向或错向加工成砍砸器和刮削器等器类；石制品种类包括石砧、锤、砍砸器、刮削器、石片、石核和断块等。

盘塘遗址开口于第4层下的灰坑出土陶片做了碳十四测年，树轮校正后年代有四组：H5陶片距今（8255±75）年、H18陶片距今（5525±65）年、H19陶片距今（5810±100）年、H24陶片距今（7500±70）年。以上四组测年数据，H18和H19的年代应大致相当，绝对年代约距今5800~5500年，但将H18和H19所出器物与洪江高庙遗址同类型器比对，其与高庙遗址下层遗存的第二期4段和第三期5段有诸多相似之处，而后者绝对年代上限却在距今7000~6900年。H5的测年在距今8200年左右，高庙报告中第一期年代上限约距今7800年，结合两者的文化特征，H5的年代应不早于高庙遗址下层一期1段[2]。综合遗址所出罐、釜和圈足盘等器物形态和具有明显高庙下层文化特征的纹饰，不排除H5、H18、H19测年有误的可能。

图二　盘塘遗址陶器纹饰拓片

---

[1] 贵州省文物考古研究所2010年发掘资料。
[2] 湖南省文物考古研究所：《洪江高庙》，科学出版社，2022年，第1册，第722页。

二、分期与文化性质

通过上文7个遗址的介绍和分析，可以清楚地看到，虽然该区域新石器时代遗存的考古材料并不丰富，但其发展阶段性特征还是比较清楚，可进行初步分期。

根据遗存的自身特点，结合周边地区同时期考古学文化面貌，可将该区域新石器时代遗存分为三期5段（表一）。

表一 遗址分期对应层位关系表

期	段	培芽	亮江	坡脚	学堂背	月山背	辞兵洲	盘塘
三				▫	√			⑤
二	晚			√		√	③、④	⑥
	早			▫				H24
一	晚							⑦
	早	③~⑤	⑥				▫	

注：√代表确定存在、▫代表可能存在

第一期早段：以培芽第3~5层、亮江第6层为代表。以打制石器为主，极少量磨制石器和陶片；打制石器有石核、石片、石制品、断块和碎屑等，采用锐棱砸击法和锤击法打片，石制品包括砍砸器、刮削器和盘状器，以砍砸器为主，刮削器次之，刮削器多用石片加工而成，多反向加工；陶片极少，夹砂陶碎片，火候较低，器形不明，绝对年代距今约9800年。

第一期晚段：以盘塘第7层、H5等为代表。陶片数量增多，皆夹砂陶，陶色以灰褐为主，少量黄褐和黑褐陶，纹饰有粗绳纹、刻划纹，但器表仍以素面为主；打制石器仍采用锤击和锐棱砸击法剥片，常见器类以石片和砍砸器居多，石器特征与第一期早段大体相似，绝对年代距今约7800年。

第一期早晚段属新石器时代早期至中期偏早阶段，遗物主要以打制石器为主，见极少量的陶片和磨制石器，文化面貌与第二期有较大区别，推测应为高庙下层文化西进之前清水江本地的考古学文化。

第二期早段：以盘塘H24为代表。陶片以夹砂陶为主，极少量泥质陶，夹砂红褐陶比例明显增多，纹饰除绳纹外，新出现压印弦纹、带状和波折形纹，可辨器形有圈足盘，绝对年代上限距今约7500年。

第二期晚段：以盘塘遗址第二期晚段，辞兵洲遗址第3、4层及Ⅱ区石器加工场，坡脚遗址和月山背遗址等为代表。陶片以夹砂红褐陶为主，红陶和黄褐陶次之，新出现少量泥质灰白陶，在釜、罐和圈足盘等器物上腹部流行剔刺和戳印篦点纹组成的各种图案，包括变体鸟头形纹、平行带状和连线波折纹及垂幛纹等。器形以罐为主，钵次之，少量圈足盘（图三）。石器有打制石器和磨制石器，以打制石器为主，器类主要有石核、石片、石锤、石砧、砍砸器、刮削器和断块等，磨制石器见斧、凿等，其年代下限距今约7000年。

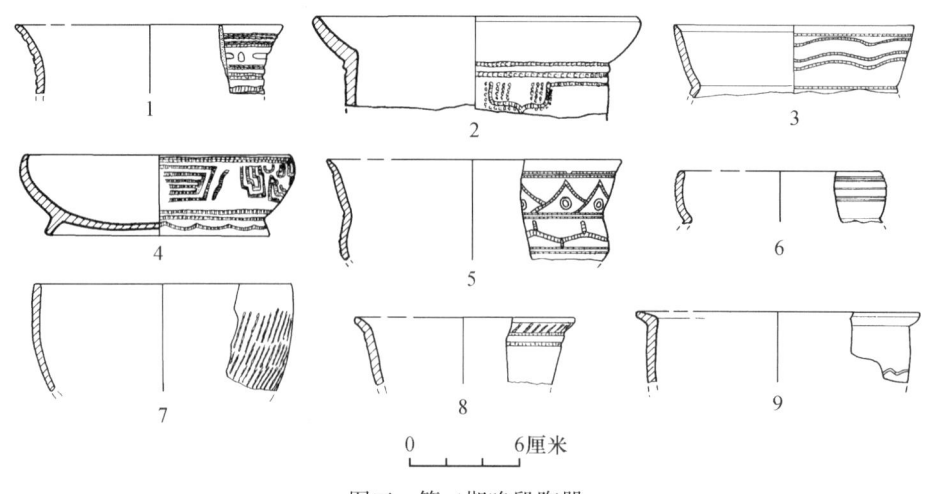

图三　第二期晚段陶器

1. 竖领罐（H17：41）　2. 筒腹釜（H17：15）　3. 敞口中领罐（H17：19）　4. 矮圈足盘（H17：3）　5. 圜底钵（H17：10）
6. 内折沿罐（H17：20）　7、8. 圈底钵（H17：39、H25：3）　9. 弧领罐（H17：11）
（以上器物皆盘塘遗址出土）

第二期遗存早晚段陶器的主要特征为：皆手制，泥片贴塑或泥圈套接经慢轮修整，器表常见红褐色和灰褐色相杂，烧制火候不匀；以夹砂陶占绝对多数，极少量泥质陶，泥质陶多为白陶或灰白陶；纹饰除粗、中、细三种绳纹之外，繁缛多样的组合纹饰是其突出特征，多由戳印篦点组合成各种图案，最具代表性的有形态各异的变体鸟纹、平行带状纹、连续波折纹和垂幛纹等，纹饰多施在罐、釜、钵、盘类的上腹部，这些特征与湖南高庙下层文化大致相同[1]。有观点认为高庙文化分布的中心区在沅水中、上游地区，上游指黔城以西的沅水河段以及汇于托口的清水江和渠水[2]，清水江下游发现的这类遗存无疑与其相印证。

第三期：以盘塘遗址第三期、学堂背遗址为代表。陶片仍以夹砂为主，陶色多红、红褐和黄褐，出现少量黑皮陶和外红内黑陶，绳纹数量减少，在颈肩部流行带状弦纹、波折纹、圈点纹及变体凤鸟纹。器类主要有釜、罐、钵等（图四），磨制石器新出现对穿孔石钺。

湖南高庙上层遗存磨制石器新出现双肩斧，出现切割、穿孔和抛光技术；陶器多手制轮修，泥条盘筑和泥片贴塑并存，釜罐类器物内壁常见凹凸不平的指窝。陶片以夹砂红褐、红陶和褐陶为主，偶见白陶；有部分内黑外红陶和彩绘陶，器形仍以圜底和圈足器为主，新出现三足器、尖底器和大量支脚，器类有釜、罐、钵、盆、盘、豆、碗和支脚等，在釜、罐、钵类器物的腹部盛行凸点纹、颈部施戳印纹组成梯格、条带状、曲折线、雪花状、麦穗状和雨线状等不同图案，部分泥质红陶宽沿罐施暗红或白色陶衣，高庙上层遗存年代跨度在距今6300～5300年左右，与洞庭湖区大溪文化所处年代大致相当[3]。

第三期遗存虽出现了高庙上层常见的对穿孔技术、少量外红内黑陶和黑皮陶，但总体上还属高庙下层文化范畴，其中H18和H19所出弧领罐、竖领罐多在《洪江高庙》报告中的高庙下层遗存分

---

[1] 湖南省文物考古研究所：《湖南洪江市高庙新石器时代遗址》，《考古》2006年第7期。
[2] 贺刚、陈利文：《高庙文化及其对外传播与影响》，《南方文物》2007年第2期。
[3] 湖南省文物考古研究所：《湖南洪江市高庙新石器时代遗址》，《考古》2006年第7期。

图四　第三期陶器

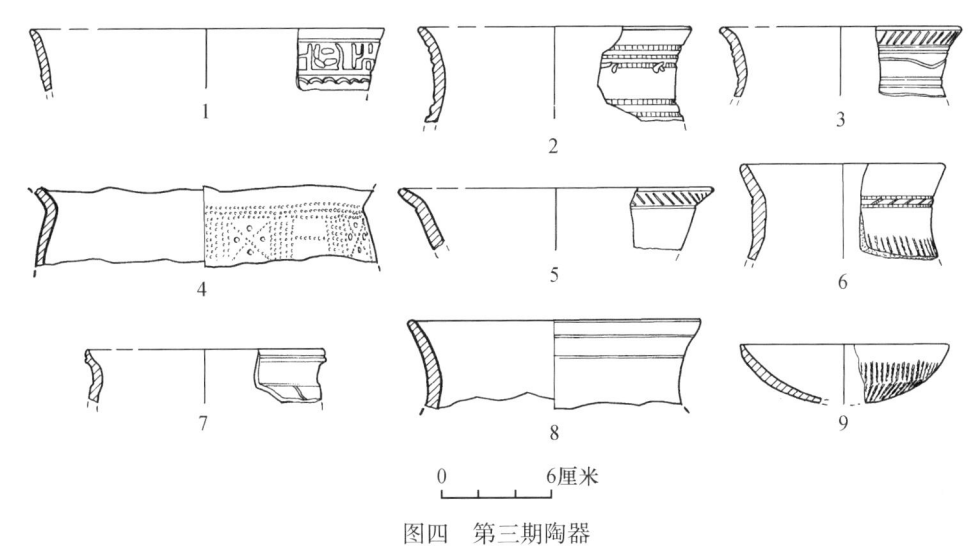

1、6~8.弧领罐（H18∶14、H19∶6、H19∶8、H30∶3）　2~4.竖领罐（H18∶6、H19∶5、H18∶2）
5、9.圜底钵（H19∶7、H19∶4）
（以上器物皆盘塘遗址出土）

期的第二期4段和第三期5段可找到同型器，按《洪江高庙》报告所述第三期5段的年代上限或在距今7000~6900年[①]，考虑到文化传播的滞后性，我们推测第三期遗存的绝对年代上限应不早于距今6900年。

综上，我们可以认为清水江一期晚段至三期的遗存属于高庙下层文化的范畴，但盘塘遗址ⅣT0301第4层出土的一件支脚与高庙遗址所出支脚有较大区别，而与大溪文化的支脚形态有相似之处，大溪文化的文化因素是否传播到贵州的清水江下游地区，目前还未有更多证据可证明。

三、相关问题探讨

从上文我们对清水江下游新石器遗存的分期与文化性质的论述中，可知其第一期应属发源于本地的时代较高庙下层文化早的考古学遗存，第二期属高庙下层文化遗存，第三期为高庙上层遗存。在时空框架的基础上，我们拟对以下几个相关问题进行探讨。

（一）居住形态

盘塘遗址第Ⅳ区第4层下发现一处由柱洞构成的双开间残房址，柱洞（D1~D5）呈东北至西南向直线状，两洞间距大致相当，约0.8~1米；D6东距D1~D5所呈直线约1.45米，与其垂直相交于D3位置处。房址残长3.7、宽1.6米，方向26°；柱洞形状近圆形、口大底小，口径0.25~0.28、底径0.1~0.18、残深0.08~0.23米，洞内填深褐色土，杂烧土颗粒，从其残存部分推测其形制应为长方形双开间房址，地面为立柱排架式木构建筑，未见基槽；因后期遭破坏严重，亦未见居住面和火塘等与房屋相关的遗迹现象，门道不明，但从房屋的朝向知门道应向江面一侧。

---

① 湖南省文物考古研究所：《洪江高庙》，科学出版社，2022年，第1册，第722页。

（二）生计方式

以上遗址皆处在清水江及其支流两侧的一级阶地上，临江分布；在发掘中皆未发现相关的动物骨骸遗存，在出土器物上亦未见如网坠等与捕鱼相关的工具。我们对盘塘遗址所有灰坑的土样皆留存并浮选，浮选出炭样经山东大学考古系靳桂云教授鉴定分析，得出11份浮选样品，其中仅7份有少量种子，且多为不可鉴定的种子残块；共发现41粒炭化种子，包括牛筋草、小型豆科、马齿苋等，不见任何农作物，推测植物类资源利用的主要方式可能是采集周边野生植物的果实和茎叶作为果蔬类食物的来源，种植类原始农业并未产生。虽遗址内未发现动物和鱼类残骸及捕鱼类工具，但考虑到遗址地处清水江侧一级阶地，高出江面不多，渔猎极其方便，故在原始农业和养殖业没有产生的情况下，其食物来源应主要是采集、狩猎和捕鱼等，这与湖南辰溪县松溪口和征溪口遗址地层内出土大量螺壳相区别。

（三）文化渊源与谱系

属清水江下游新石器时代遗存第一期早段的锦屏亮江遗址第6层出土陶片碳十四测年经树轮校正后为距今（9875±275）年，在其东北侧约5千米处有阳溪遗址，时代为旧石器时代晚期，打制石器皆出土于网纹红土内，石器类型以大型砾石砍砸器为主，部分大型石片砍砸器，其特征与湖南旧石器时代潕水文化类群相似[①]；而亮江遗址第6层出土的石器亦以大型石片为主，间有石片类砍砸器，其特征与分布于沅水的旧石器时代潕水文化类群石制品有诸多相似之处，结合阳溪旧石器时代遗址石器特征，我们推测清水江流域新石器第一期遗存的石器打制技术和特征主要发源于潕水文化类群。第二期和第三期的石器和陶器特征分别与湖南高庙文化和高庙上层遗存具有相似性，同时石器特征亦与第一期遗存具有承继关系。因此，清水江流域旧石器晚期推测应属潕水文化类群，新石器时代遗存第一期石器打制技术和石制品类型承继了潕水文化类群特征，但同时新出现了磨制石器和区别于第二期特征较为原始的陶片。到第二期高庙文化兴起并溯沅水而上进入清水江中下游地区，使清水江中下游地区新石器遗存文化与湖南高庙文化相近，同属高庙文化中心分布区。

以上关于清水江中下游地区新石器时代遗存的文化分期、居住形态、生业方式和文化渊源与谱系的探讨，是以目前已发掘并刊布的资料为基础，不足之处着实难免；且囿于材料所限，本文并未探讨丧葬习俗、生产生活方式和人群等问题，这些将有待于新材料的发现和发表。

---

① 张兴龙、王新金：《锦屏阳溪遗址》，《2003~2013贵州基建考古重要发现》，科学出版社，2015年，第12页。

"藏彝走廊"学说研究述评

任华利

(成都金沙遗址博物馆)

一、"藏彝走廊"概念的提出与发展

"藏彝走廊"区域的相关研究,早在清末即已开始,至新中国成立之前,已有很多研究成果[1]。但"藏彝走廊"作为一个学术概念的提出,是费孝通先生在1978年9月全国政协的一次会议上,他指出在川西、藏东地区,历史上形成了一条"民族走廊",这条走廊"正是汉藏、藏彝接触的边界"[2]。关于藏彝走廊的大致地理范围,李绍明先生认为主要包括今天的四川、云南、西藏三省(区)毗邻地区由一系列南北走向的山系与河流所构成的高山峡谷区域,亦即地理学上的横断山脉地区。在这一地区有岷江、大渡河、雅砻江、金沙江、澜沧江、怒江等六条由北而南的大河纵贯其间,故习惯上又称这片区域为"六江流域"。但它并非六江流域的全部,主要是怒江、澜沧江的下游不在此区域内[3]。李绍明先生对藏彝走廊所做的地理界定,为多数学者所认同。

二、"藏彝走廊"相关研究

对藏彝走廊的研究时间久,研究人员众多,研究领域广阔,研究成果丰富。研究者们以不同的研究方法,从不同角度和方向来探索藏彝走廊的各个层面的问题。目前有关藏彝走廊研究的学术著作有20多部,期刊论文有60余篇。

1. 专著

藏彝走廊的专门性著作,具有代表性的研究成果是四川省民族研究所近年来组织编写出版的

---

[1] 相关成果参见《1949年以前"藏彝走廊"研究论文索引》,《藏学学刊》(第二辑),四川人民出版社,2005年,第202~254页。

[2] 费孝通:《关于我国的民族识别问题》,《中国社会科学》1980年第1期。

[3] 李绍明:《藏彝走廊民族历史文化》,民族出版社,2008年,第1页。

"藏彝走廊研究系列丛书"①。此套丛书综合运用多学科的理论与方法，对藏彝走廊的民族历史与文化遗产、民族关系、族群互动、民族分布与民族认同、民族经济发展与生态环境等问题从不同的视角进行了探讨，其中一些方法和见解值得借鉴。

除此套丛书外，还有很多学者独立出版了对藏彝走廊进行专门性研究的著作，包括石硕《藏彝走廊：文明起源与民族源流》（四川人民出版社，2009年）、《青藏高原东缘的古代文明》（四川人民出版社，2011年），曾现江《胡系民族与藏彝走廊——以蒙古族为中心的历史学考察》（四川人民出版社，2007年），徐新建《横断走廊：高原山地的生态与族群》（云南教育出版社，2008年），王铭铭《中间圈："藏彝走廊"与人类学的再构思》（社会科学文献出版社，2008年），袁晓文《藏彝走廊多彩的格萨尔》（民族出版社，2013年），史幼波《大香格里拉洋人秘史：藏医走廊上的西方探险者》（重庆出版社，2007年），刘志扬等《藏彝走廊里的白马藏族：习俗、信仰与社会》（民族出版社，2012年），高志英《藏彝走廊西部边缘民族关系与民族文化变迁研究》（民族出版社，2010年），李锦《民族文化生态与经济协调发展对泸沽湖周边及香格里拉的研究》（民族出版社，2008年），申旭《云南移民与古道研究》（云南人民出版社，2012年）等，从不同的视角对藏彝走廊进行了多层次的综合性研究。

2. 期刊会议论文

已发表的对藏彝走廊进行研究的期刊会议学术论文很多，包括不少在新中国成立之前的研究成果，限于篇幅限制，本文不加述评，但这些研究为我们今天的研究奠定了良好的基础。本文主要论及"民族走廊"概念提出后的相关研究论文。

最先是一些对藏彝走廊进行概念性研究与探索的论文，如李绍明《"藏彝走廊"研究与民族走廊学说》（《藏学学刊》第二辑）、李星星《藏彝走廊的范围和交通道》（《西南民族大学学报》2007年第1期）等。另有一些文章对藏彝走廊的自然地理与通道问题进行了研究，包括赵心愚《藏彝走廊古代通道的几个基本特点》［《中南民族大学学报》（人文社会科学版）2004年第3期］、李星星《藏彝走廊的范围和交通道》［《西南民族大学学报》（人文社会科学版）2007年第1期］、段渝《藏彝走廊与丝绸之路》［《西南民族大学学报》（人文社会科学版）2010年第2期］等。这些研究，厘清了藏彝走廊研究中的一些基本概念，为后续研究奠定了基础。

藏彝走廊地区的民族考古研究主要体现在石硕先生的系列论文《藏彝走廊地区新石器文化的区域类型及其与甘青地区的联系》（《中华文化论坛》2006年第2期）、《从新石器时代文化看黄河

---

① 四川省民族研究所组织编写的"藏彝走廊研究系列丛书"，由民族出版社出版，共12册。包括：李绍明《藏彝走廊民族历史文化》（2008），李星星《蟹螺藏族：民族学田野调查及研究》（2007），李绍明、刘俊波《尔苏藏族研究》（2007），李星星《李星星论藏彝走廊》（2008），李绍明《雅砻江流域民族考察报告》（2008），蔡家麒《藏彝走廊中的独龙族社会历史考察》（2008），马长寿《凉山美姑九口乡社会历史调查》（2008），杨曦帆《藏彝走廊的乐舞文化研究》（2009），李星星《长江上游四川横断山区生态移民研究》（2007），李锦《民族文化生态与经济协调发展：对泸沽湖周边及香格里拉的研究》（2008），袁晓文《藏彝走廊：文化多样性、族际互动与发展》（2010），冯敏《扎巴藏族——21世纪人类学母系制社会田野调查》（2010）。

上游地区人群向藏彝走廊的迁徙》[《西南大学学报》（人文社会科学版）2008年第10期]、《藏彝走廊地区石棺葬文化及其与甘青地区的联系》（《藏学学刊》第三辑）以及《藏彝走廊地区的石棺葬及相关人群系统研究》（《藏学学刊》第五辑）等，探讨了藏彝走廊新石器时代的文化系统和石棺藏文化遗存等问题。另四川大学考古学系等六家学术单位于2009年7月举办了"藏彝羌走廊暨中国西部石棺葬文化研讨会"，会议研讨主题包括石棺葬考古新发现、石棺葬文化专题研究、藏彝羌走廊及民族文化研讨和工作研讨等，相关论述参见该次会议论文集。

对藏彝走廊地区各民族的历史文化及族群关系的研究是相关研究者的一个主要着力点，代表性的论文包括王菊《"藏彝走廊"诸民族英雄传奇的叙事解读——从英雄之死与他世界说起》（《思想战线》2011年第1期）、《归类自我与想像他者：族群关系的文学表述——"藏彝走廊"诸民族洪水神话的人类学解读》[《西南民族大学学报》（人文社会科学版）2008年第3期]，石硕、邹立波《藏彝走廊中藏文化的影响与辐射》[《广西民族大学学报》（哲学社会科学版）2013年第2期]，石硕《关于藏彝走廊的民族与文化格局——试论藏彝走廊的文化分区》[《西南民族大学学报》（人文社会科学版）2010年第2期]，李锦《藏彝走廊的民族文化生态单元》[《西南民族大学学报》（人文社会科学版）2007年第1期]，王正宇《藏彝走廊西端的碉房及其空间意义——以金沙江三岩峡谷为例》（《中华文化论坛》2012年第5期），汪志斌《黄龙庙会——藏彝走廊多元文化空间的一个范例》（《中华文化论坛》2010年第4期），李锦《制度变革与藏彝走廊人群迁移——对四川省甘孜州九龙县的田野调查》[《西南民族大学学报》（人文社会科学版）2008年第10期]，袁晓文《藏彝走廊的族群互动研究：汉彝文化边缘的冕宁多续藏族》[《西南民族大学学报》（人文社会科学版）2010年第12期]，马尚林《略论藏彝走廊中的回藏和谐民族关系研究》[《西南民族大学学报》（人文社会科学版）2012年第7期]，陈东《试论藏彝走廊"夷"类人群入唐后的去向问题》（《贵州民族研究》2012年第4期），赵心愚《唐贞元铁桥之战后滇西北地区民族分布的变化——兼及唐代藏彝走廊南端民族迁徙的原因》[《四川大学学报》（哲学社会科学版）2008年第5期]，曾现江《吐蕃东渐与藏彝走廊的族群互动及族群分布格局演变》（《西藏大学学报》2010年第4期）、《中国西南地区的北方游牧民族———以藏彝走廊为核心》（《思想战线》2010年第1期），高志英等《元明清"藏彝走廊"西端滇、藏、缅交界地带民族关系发展研究》（《甘肃社会科学》2008年第6期）等，申旭《藏彝民族走廊与西亚文化》）（《西藏研究》2000年第2期），袁晓文《藏彝走廊的族群互动研究：汉彝文化边缘的冕宁多续藏族》[《西南民族大学学报》（人文社会科学版）2010年第12期]。

藏彝走廊地区的宗教信仰问题是学者研究的另一重要领域，如庄虹《藏彝走廊民族民间原始宗教信仰典籍及文本流传》（《图书与情报》2013年第3期）、高志英等《藏彝走廊西部边缘多元宗教互动与宗教文化变迁研究》（《云南行政学院学报》2010年第6期）、高志英《宗教认同与区域、民族认同——论20世纪藏彝走廊西部边缘基督教的发展与认同变迁》[《中南民族大学学报》（人文社会科学版）2010年第2期]、陈洪东等《藏彝走廊宗教社会学比较研究刍议》（《中国藏学》2103年第2期）、秦和平等《近代天主教在川滇藏交界地区的传播——以"藏彝走廊"为视角》[《西南民族大学学报》（人文社会科学版）2009年第2期]等文章。

近年来，藏彝走廊地区的经济发展与贸易引起了部分研究者的重视，相关研究论文包括周智生

《藏彝走廊地区族际经济互动发展研究》(《中国社会经济史研究》2010年第1期)、罗良伟《藏彝走廊之城镇化发展模式探究》(《贵州民族研究》2013年第1期)、李灿松等《多民族聚居区族际经济互动与山区经济开发———以近代"藏彝走廊"地区白族商人为例》[《中央民族大学学报》(哲学社会科学版)2010年第1期]、王永志《区域合作视角下藏彝走廊旅游资源开发及对策分析》(《管理探索》2012年第3期)、任福佳《藏彝走廊"锅庄贸易"的机制和启示——康定锅庄贸易现象研究》(中央民族大学2012年硕士毕业论文)等为代表。

随着文化遗产学说的升温，一些学者开始思考如何对藏彝走廊地区的文化遗产加以保护的问题，如么加利《"藏彝走廊"区域旅游经济可持续发展视野中的多民族文化传承与保护》(《百川横流——全球化背景下的多元文化教育国际论坛论文集》)、吴其付《藏彝走廊与遗产廊道构建》(《贵州民族研究》2007年第4期)、史明娜等《文化生态学视阈下"藏彝走廊"民间传统体育文化嬗变与传承》(《攀枝花学院学报》2013年第6期)等文章。

对藏彝走廊的研究在持续深入进行，一些学者提出了藏彝走廊研究中的问题与研究思路，诸如李绍明《藏彝走廊研究中的几个问题》(《巴蜀文化研究》第三辑)、石硕《关于认识藏彝走廊的三个角度与研究思路》[《广西民族大学学报》(哲学社会科学版)2008年第6期]等文章，为相关研究提供一定的参考。

三、"藏彝走廊"学说研究的发展趋势

对"藏彝走廊"的研究，无论是从数量还是从质量看，都达到了一个较高的水平，为其他"民族走廊"进一步的探索奠定了坚实的基础。但是我们的研究视角、研究方法较为单一。"藏彝走廊"学说从提出到现今，基本上仅仅是民族学/人类学、历史学、考古学研究者的独有领域，少有其他相关学科的学者参与，目前我们需要有多学科的视野、多学科的理论与方法，才能使我们的研究更为客观与科学。近几年的研究成果已显现出越来越多的学者把目光投向了"藏彝走廊"的文化遗产保护与区域经济发展方面。在全球化的急切脚步中，如何在区域的全面发展与传统文化传承中取得平衡，将是研究者不得不面对的艰难课题。

以林为"镜":试探羌族[①]社会生态意识

卞全琴 潘 莉

(阿坝藏族羌族自治州文物考古研究所)

文化生态学认为自然(环境)与文化紧密联系,他们不可分离、相互定义对方,两者处于相互辩证之中。在文化生态学基础上发展而来的生态人类学,也关注人类与环境之间的关系,主要研究人类如何适应其生存环境以及在此过程中形成的社会文化及风俗习惯等。

羌族,作为古羌人后裔的一支,主要聚居于四川省西北部岷江、涪江上游的阿坝藏族羌族自治州的汶川、理县、茂县等地,生活在四川盆地向青藏高原攀升的川西北高原上,居住于崇山峻岭之巅、干旱河谷之间,与大自然有着更直接、紧密的联系,这在细节处就可体现:"……小小杉树苗,一岁两寸高,两岁长两尺,三岁高齐腰,四岁齐肩膀,五岁用正好,砍来做杉杆,杉杆做篱笆,盖房不离它,杉杆何处找,天神都知道,释比也知晓,群鸟天上飞,飞鸟也知道,野兽栖山林,野兽也知道,猎人山林转,猎人也知道,挖药入深山,挖药人知道,人生一世中,高山走几遭……"[②],即羌人对森林的熟知,即使它只是一棵杉树,熟知其生长周期,知道其用途,了解其习性、生长于何处,在山中何处才能找到。除此之外,此句还谈到羌人与森林的相处,给羌人塑造了新的身份如樵夫、猎人、挖药人等。他们早就意识到这里的山山水水与自己的生活息息相关,在《羌族释比经典》的《祭祀还愿篇》第三部"还愿"中有几处如"月份""杉杆""请神""请神入位"等,唱经的最后一句唱到"山笑水笑人欢乐"[③]。

羌人在长期的生活实践中,利用自身的聪明才智,创造了一套与自然和谐共生的生存方式,在此基础上形成了独特、积极的生态思想。这些蕴含在羌族内部的传统生态思想也是中华民族传统文化的重要组成部分,理应得到深入挖掘,不仅能够丰富羌族文化的研究,还有利于本地区和更大区域范围内"五位一体"中"生态文明"的建设和绿色发展,达到费孝通所说的"各美其美,美人之美,美美与共,天下大同"的状态。

[①] 本文的羌族主要是指全国最大的羌族聚居区阿坝藏族羌族自治州内的羌族。
[②] 四川省少数民族古籍整理办公室:《羌族释比经典》,四川民族出版社,2008年,第837页。此文献皆是由释比口头传承的经文组成。因羌族没有文字,皆用国际音标记录,随后有汉译,本文引用均采用汉译,下同。
[③] 四川省少数民族古籍整理办公室:《羌族释比经典》,四川民族出版社,2008年,第632~635页。

他们以信仰、禁忌、碑刻、乡规民约、习惯法、节庆等为载体，在自然环境生态保护方面进行自律的道德约束和他律的外在约束监督。这几者同时发挥作用，不仅保障了羌族地区的生态环境，而且还形成了一套羌族关于人与自然和谐相处的地方性生态知识体系。

一、信仰、仪式

羌族自然崇拜的显著特点是"万物有灵"，他们认为万事万物和人一样都有灵魂和生命，甚至还认为人由树生。《羌族释比经典》之《创世纪篇》中"造人种"将此故事概括为：天神阿布曲格和红满西将羊角花树枝削成人形放入地洞，每天清早吹三口气，经九天而出，始有人类[1]。自然界中羌人命名的神灵诸如天有天神、地有地神、山有山神、树有树神、水有水神等，甚至连一个小石头都有自己的灵魂。《羌族释比经典》中有多处相关描述，在此仅列举一二。《敬神篇》第一部《请神》中描述道："……天庭之中天神爷，神中高者太阳神，旁边则是星宿神，水源流处是水神，山峰之顶启明神，森林之中大树神，高山之中山神爷，界线分明界址神，房子周围石墙神，上天之中天神爷，羌人之神木比塔……"[2]《祭祀还愿篇》第三部《还愿》"了愿"中描述为："……神中大神太阳神，黑夜发亮月亮神，围在周围星宿神，水源来处是水神，山岩之中是山神，树林林中是大树神，草坪之中草场神，界址之中界址神，房顶之上纳萨神……"这些神灵中，尤其是白石，在羌人的信仰中，它包容性极大、内涵丰富，它既体现在羌人的祖先崇拜和雪山崇拜中，还被视为诸神的象征，多位一体，一般可以指代好几种神灵，基本可以作为羌族人民信仰的神灵的总称。他们将白石放置于屋顶、山冈、田间、神龛、塔上作为各种神灵的指代来祭拜，比较常见。较为特殊的是祭塔，张志霞就在文章[3]中提到四川省第三次文物普查时调查到的两处棱柱形祭塔，它们分别是位于茂县三龙乡勒依村山梁上的勒依祭塔群（清代）和太平乡杨柳村山梁上的杨柳村祭塔（2008年），其对应的仪式是祭山会。崇祭尚祀是羌民生活的重要组成部分，祭山会只是羌人祭祀中的一项，主要祭祀山神、树神等，它在族群认同的强化、社会秩序的规范等方面发挥着重要作用，在协调人与自然关系方面的作用也不可小觑。

一般在羌族地区，每个家族或者村寨都有自己的神树林。羌人认为神灵存在于林中，祭祀活动一般也在树林中举行，在羌人心中，神树林充盈着神圣、神秘、肃穆、敬畏的氛围。围绕神树、神林也产生许多禁忌行为，为了避免冒犯神灵，家族众人或寨民都有义务保护神林，不得在神林中割草、拾柴、打猎、砍伐或随意进入，违者都要受到惩罚。在羌族宗教经典《羌族释比经典》中对禁止砍伐毁坏神树也有记载："……丁卯之日禁播种，次日播种不发芽；逢戊之日禁动土，此日上山干重活；平常出门在劳动，禁忌砍伐神树林……"[4]。就像杨贵生释比说：转山，杀了鸡，扯鸡毛，（围绕深山）转一坛（圈），那个鸡毛以内，今年三天，哪个都不能跨过！老百姓都不敢跨

---

[1] 四川省少数民族古籍整理办公室：《羌族释比经典》，四川民族出版社，2008年，第237~241页。
[2] 四川省少数民族古籍整理办公室：《羌族释比经典》，四川民族出版社，2008年，第298、299页。
[3] 张志霞：《对阿坝羌族祭塔的调查与初探》，《四川民族学院院报》2011年第5期。
[4] 四川省少数民族古籍整理办公室：《羌族释比经典》，四川民族出版社，2008年，第1102页。

过，好比现在封山育林一样，如果跨过了，惩罚，喊你把十月初一众人花费的这一坛（还愿仪式的）钱，喊你重新办一坛（次）①。这些在相关仪式中的唱词无不体现着羌人对自然的敬畏。

除了对自然的敬畏之情，羌人还感恩于自然中的神灵，他们赐予羌人食物，保佑羌人健康长寿，保佑当地风调雨顺、五谷丰登、人畜兴旺等，羌人又将自然所产之物当作贡品来敬奉神灵，如柏枝、柏香、刀头、美酒等。"羌历年"就是羌人"谢神恩"的节日，这一天人们为神灵做好美食、不下地劳动、不上山砍柴、禁止打猎，以各种方式对供奉神灵进行祭祀。在《羌族释比经典》的《敬神篇》中有所体现："……向上敬请诸神灵，向下敬请众祖先，奉上刀头和美酒，神灵请来尝贡品，人丁兴旺百事顺……"②。

在祭山会等仪式中都要请释比主持仪式，主要祭天神、山神，或驱邪解厄，或春祈秋酬，或还愿祈吉。释比在主持祭祀仪式中常穿插讲一些羌族历史故事、神话传说，表演一些巫术特技等，既驱邪解厄、传播知识③，又取悦观众、活跃气氛。如在释比传唱的《木吉卓剪纸救百兽》中羌民对山神的定位借由山神之口也有过叙述，原文为："唉，想我来此山为神已有数百年光景，山中万木茂盛，百兽平安。木比塔曾多次夸赞我治山林有方，护生灵有术，小神心中好不舒服，整日里都像喝了蜂蜜水一样，甜蜜蜜的"④。除此之外，还有由山神引申出的其他神灵，包括有掌管农作物生长的青苗土地神、庄稼神，以使庄稼免受暴雨、干旱、冰雹等袭击；牛、羊等各种动物神，保护牲畜平安；树神是保护森林、防止水土流失、维护自然生态的神。

据陈兴龙研究，"基勒俄聚"是羌族独有的关于保护生态环境的传统节日，每年农历正月初五是羌族一年一度的聚众祭山还愿、祈求神灵佑护地方风调雨顺、人畜兴旺、五谷丰登、森林繁茂的融祭祀、讲"规矩"（宣传教育）、成年人冠礼、餐饮娱乐于一体的节日盛会和独特的文化展演。在节会上，主持人手持燃着的柏枝，威严高声宣讲："……今天，我们在神圣的纳萨前重申神人相契的'老规矩'（习惯法）。不准破坏神树林的一草一木，不准狩猎；在封山期间不准进林盘砍柴、采药、放牧；不准猎杀孕期和哺乳期的野生动物；不准偷猎珍稀动物；不准私自开发资源……如有违反，就是对神灵的不敬，就要按'老规矩'予以惩罚"⑤。

羌人除了有提示保护生态环境的相关仪式，还有对于毁林的惩戒仪式。

在茂县赤不苏、曲谷等羌村，羌民们每当感到山林出现或有可能出现过度采伐或滥伐的情形，就要由当地老人或有威信的人出面，在冬季选择一吉日召集全村寨的男性成年人聚集在林地举行封山会（日吴基），把一只狗吊在树上，由老人讲述保护林地对全村寨人畜平安、百事吉祥的重要意义，倡议该片林地加以封闭，禁止砍伐偷伐林木，禁止在林区里拾柴、割草和狩猎，如有违反者就会像狗一样惨死。讲完后，每户男丁逐一上前向该狗吐唾沫，然后用木棒打狗，边打边诅咒说：如有违反，愿受"神灵"惩罚，愿接受像狗一样惨死的惩罚，直到把狗打死为止。封山仪式举行，就

---

① 阮宝娣：《羌族释比口述史》，民族出版社，2011年，第100页。
② 四川省少数民族古籍整理办公室：《羌族释比经典》，四川民族出版社，2008年，第334页。
③ 因为羌民没有文字，其历史知识和神话传说均靠释比口传心授、代代相传。
④ 于一、李家骥、罗永康等：《羌族释比文化探秘》，中国戏剧出版社，2003年，第143页。
⑤ 陈兴龙、陈松：《基勒俄聚——羌族生态环境保护节》，《四川民族学院学报》2014年第4期。

意味着该山林十年甚至几十年成为禁地，因而"吊狗封山"仪式一般几年、十几年，甚至几十年才举行一次[1]。举行了封山仪式的地方则草木茂盛、郁郁葱葱，与其他没有封山的林区区别显著。

有封山会，对应着就存在开山会。农历五月初开山会，开山会祭地神和山神，然后人们才能上山挖药材和狩猎。如果违反禁令，在开山会前上山挖药等，被人发现就要将其吊在神树上痛打[2]。理县蒲溪村的做法则是以行为人违反禁令的行为，用象征性惩罚来教育他人。每年农历二月上旬猪、狗日的这天，全村人都要参加还愿会[3]。这天全村羌民要穿新衣，喝咂酒，跳锅庄。如果当年本村发生了有人犯偷盗、滥伐林木等行为，会上就要将行为人拟作草人，把草人吊在树上，众人用木棒之物打之。完后又另将一些小草人或面捏的小面人挂于花椒树上，由青年男子放枪朝其射击，众人观看，目的是对人们进行教育和对行为进行规范[4]。

除此之外，其他载体如碑刻、乡规民约等也记载了羌族社会的地方性生态知识。

二、护林碑刻

护林碑刻是指以保护林木为主要内容的碑刻，不仅包括专门以护林为目的而镌刻的碑刻，也包括有些涉及林木保护的其他碑刻。下面笔者就将几通护林碑刻以简表的形式按年代次序列出，限于篇幅，其碑文内容只能择其主要介绍，原文请根据出处按图索骥（表一）。

表一　护林碑刻一览表

序号	年代	地点	立碑者	碑文主要内容	碑碣现状	资料来源
1	清道光十六年（1836年）	茂县东兴乡永和村牛家山玉皇庙内	牛维才、刚、兴全仝宗志、文、华、全、祭、元、曲、宗、宇公众等同立	尝思民依神而出，神得人而灵。故知人赖神而乐业者……牛姓无论大小男女，不准乱斫乱伐。如果实须伐一根者，许伐诵经一遍。而所有斫伐，亦必捐修庙其所归，其余亦不得妄伐	存	阿坝州政协文史和学习委员会编印：《阿坝州碑刻资料辑录》（阿坝州文史第四十二辑，内部资料），第334、335页
2	清光绪四年（1878年）二月十二日	汶川克枯乡周达村小寺寨	小寺众姓人等公立	照得小寺寨向有神树林，经阖寨公议，封禁有年，不许入山砍伐……为此出示禁止，已后无论本寨乡村人等，不得私自入山樵采，亦不得牧放猪羊，践踏神树，乡民永遵……树节草叶，不准捞取	存	同上，第156、157页

---

[1] 转引自俞荣根：《羌族习惯法》，重庆出版社，2000年，第296、297页。
[2] 转引自俞荣根：《羌族习惯法》，重庆出版社，2000年，第300页。
[3] 该"还愿"不同于羌族"祭山会"和过"羌历年"中的"还大愿"，也不是全羌族普遍的节日，只是部分羌寨特有的一种仪式。
[4] 转引自俞荣根：《羌族习惯法》，重庆出版社，2000年，第298页。

续表

序号	年代	地点	立碑者	碑文主要内容	碑碣现状	资料来源
3	大清光绪十六年（1890年）十月初一	茂县南新镇绵簇村三组机耕道旁崖壁上	绵簇众姓公立	想我村地处边隅，九石一土，遵先人之德，体前人之道，禁惜家林。只准捞叶沤粪，不准妄伐树株。其家林盘，上至长流水为界，下至河脚为界，左至四里白为界，右至大槽水井为界，四至分明，以遗后世子孙，永远禁惜	存	同上，第385页
4	大清光绪二十八年（1902年）仲冬月吉日	茂县东兴乡永和村牛家山组玉皇庙内	牛姓及村众	有不肖之徒，私自偷砍，并剥树皮，以致树林不茂，村中常有祸非，因此民间称为神树林。首等窃思，此树只可护守，非补庙宇，不可砍伐。前有碑示不现，公同商谈，惟有悬乞仁天赏示刊碑，永远以资护蓄	存	同上，第394~396页
5	清光绪三十三年（1907年）	原碑立汶川县雁门乡索桥村小寨子	合村花户同在公立	两村团、乡、保、甲、会首议论，东山所惜神林、家林、松木林护好，以培本村风水，不准开砍。花户所喂牛、羊、马匹，不准在林散放，践踏神林	现已无存，抄本存阿坝州档案局	同上，第734页

上述5通碑均立于清代，有对一般树林的保护，也有对神林、神树的保护。如果说羌人对神林、神树的保护主要是出于村民对于神灵的敬畏和崇拜，那么，一般树林的保护则是人们在长期生活和生产实践中积累的经验，人们认识到保护森林的重要性。根据护林碑刻者身份主要属于民间性个人类、家族类、村寨类，且是自发组织立碑镌文，说明羌族在特定时期对于自然生态环境保护意识的觉醒。

三、乡规民约

乡规民约是羌族传统社会一种教化当地乡民的重要举措，作为"地方性伦理"与护林碑相似，是人们自发制定并自发遵守的约定，在调节规范羌民行为、保护自然生态环境、凝聚乡民社会共识等方面一直发挥着重要的作用。如归类于乡规民约的《祭神林》是保护生态环境的经典。

祭神林[①]

释比我掐指择算，今天是吉星高照。手拿神铃和柏枝，敬请诸神来佑助。点烧祭坛香和蜡，敲击神鼓祭神林。为何祭拜神树林？听我释比细细说。神林之中敬祭塔，敬奉

---

① 四川省少数民族古籍整理办公室：《羌族释比经典》，四川民族出版社，2008年，第2229、2230页。

天地诸位神。祭山还愿离不开，神林之中供白石。白石神物天界来，佑助羌人胜外敌。神林之中供神树，威武不屈松树神，不屈不挠杉树神，驱邪避灾柏树神，柔中带刚青冈神。神林是羌人秘地，神林地羌吉祥地。羌人代代来敬奉，只求风调雨顺来，只求五谷归满仓，只求人畜都兴旺。释比敲鼓又唱道，神林是羌洁净地，神林圣地有禁忌：一忌去神林割草，二忌去神林拾柴，三忌去神林采石，四忌去神林放牧，五忌去神林采药，六忌去神林狩猎，七忌去神林喧闹，八忌去神林乱踩，九忌去神林滥砍，十忌去神林窥视。释比我所唱禁例，是受天神神旨意，敬请老少要遵从。释比我所做一切，只为驱邪又避灾，只为村寨有安康。释比我所唱诅咒经，一言九鼎难追回，四马去追难追回，谁违神林禁忌规，将受天神诅咒经，将受释比诅咒经。

羌人对林木的保护，在羌族习惯法中可见一斑。羌族习惯法将危害社会的犯罪行为一共分为17类[1]，"损毁庄稼和林木"与"杀人""伤害（因抢劫财产）""图财害命（具有更严重的性质）"等在我们认知范围里更重的犯罪行为一同归为危害社会的犯罪行为。

四、谚　　语[2]

谚语是人民群众在长期的生活、生产实践活动中总结和积累起来的一种精练而又通俗易懂的以口头文学表现的经验载体。羌民关于重林、护林的谚语则是他们在千百年来的生活实践和生产劳动中总结提炼出来的。谚语来自群众的口头创作，通俗易懂，且朗朗上口，有利于其传播，起到警示和教化后人的作用。

羌族关于重视山林的谚语：

人要文化，山要绿化。山是万宝山，树是摇钱树。树里头出山珍。人靠衣裳穿，山靠树打扮。积肥如积粮，造林如造福。一年富，拾粪土；十年富，多种树。一年之计种稻谷，长远之计种树木。农民要想富，赶快去种树。山区林是宝，没林富不了。植树种草两件宝，建设山区不可少。靠山养山吃山，靠水养水吃水。山育林，林蓄水，水养田。有木生土，由土涵水。寸树斗水丈地湿，万木千卉四海春。一株大树十担水，千亩树林水长流。养鱼不可缺水，种地不可无林。田荒出草，山荒出宝。树成林，井成群，沙地不起尘。树多林稠，洪水低头。云从林中生，雨从绿树来。山上是银行，山下是粮仓。植树造林，满坡金银。要想富，多栽树。栽上树根，扎下富根。眼前富，养鸡兔；长远富，栽果树。要知富不富，先看山上树。人养树百天，树养人百年。现在人养林，日后林养人。无灾人养树，有灾树养人。绿了青山头，干沟清水流。前人栽树，后人歇

---

[1] 转引自俞荣根：《羌族习惯法》，重庆出版社，2000年，第179、180页。
[2] 在这部分，笔者引用谚语的时候将所有相关谚语按顺序聚集成段落，但在被引用的书籍上，则是一个句号代表一则谚语。

凉。植树造林，富国裕民。山不在高，有树为宝。山绿水才秀，山穷水也恶①。

羌族关于护伐的谚语：

> 养林护林，造福后人。造林一时，护树一世。造林须护林，不护不成林。植树万家事，护树千户职。勤管田地严管山，一日造林千日管。靠山吃山需养山，造林成林要护林。三分造林七分管，有林不护是白干。生儿不养难成人，栽树不护难成林。儿不育不成人，树不育不成林。好花不浇不盛开，小树不修不成材。三年护林人养树，五年成林树养人。栽树三年，毁林一天。栽树容易保树难。毁树容易种树难。青山怕烈火，火到几代穷。一年烧山百年穷。一点星星火，能毁万亩林。稻怕枯心，树怕剥皮。毁林开荒，农田遭殃。不怕山沟涨水，就怕砍了树根②。

这些重林、护林谚语，暂不论每一则所处年代，无处不闪现着羌民的智慧之光。他们对自己所处环境有清醒的认识，靠山吃饭就得养好山。除了养好山，还要护好山。在前面几种载体中，多处体现的是对神树林的禁忌，透着宗教的影子，但这些谚语足以体现得更多。谚语中，除了讲述砍伐、不养、不护对森林的伤害，这里还描述到火对森林的伤害进而威胁到人类的生存以及人与自然相互守护的可持续发展之道。

五、结　　语

羌族居住的高半山地区大部分是一种松散沙泥质地质环境，且地势陡峭，稍有外力就会飞沙走石，而羌人又要在上面生产、生活，如挖药、打猎、砍柴等，所以就格外注重对成片森林的保护。在生态知识方面，羌族生态智慧多表现为信仰、仪式、碑刻、乡规民约、谚语等民间规则。在宗教信仰、仪式方面，其生态智慧表现为万物有灵信仰、神树林禁忌、违禁惩戒和地方性守护神信仰、祭祀；在碑刻中，其生态智慧体现为对一般树林和神树林的保护；在谚语方面，其生态智慧则着重体现在重视树林、养护树林、防火护林等。

总之，羌民们在千百年来的生活实践、生产劳动中总结和积累起来的约束，从内在和外在规范着他们对树林的禁忌和保护。树林禁忌作为羌民重要的社会规范之一，它的出现一方面是受"万物有灵"原始宗教信仰意识的强烈支配，另一方面也反映出羌人对自然生态环境的维护，以及人与自然应和谐相处生态意识的早期觉醒。

---

① 马成富主编：《藏族羌族民间谚语全集》，阿坝藏族羌族自治州文化广播影视新闻出版局，2012年，第276~279页。

② 马成富主编：《藏族羌族民间谚语全集》，阿坝藏族羌族自治州文化广播影视新闻出版局，2012年，第279、280页。

2017年茂县营盘山石棺葬调查勘探简报

成都文物考古研究院

茂县羌族博物馆

茂县营盘山石棺葬墓地位于四川省阿坝藏族羌族自治州茂县凤仪镇所在的河谷冲积扇平原，墓地地处岷江东南岸三级阶地上，台地中部地理坐标为东经103°48′53.9″、北纬31°39′25″（图一）。台地东临阳午沟，东北面、北面、西面均为岷江环绕，东距茂县县城2.5千米。台地平面约呈梯形，东西宽120～200、南北长约1000米，总面积近15万平方米。台地海拔1650～1710米，高出岷江河谷约160米，背靠龙门山脉主峰九顶山，面向岷江河谷，表面地势略呈缓坡状向北倾斜。土质为黄色黏土，地表常年种植蔬菜和苹果树。

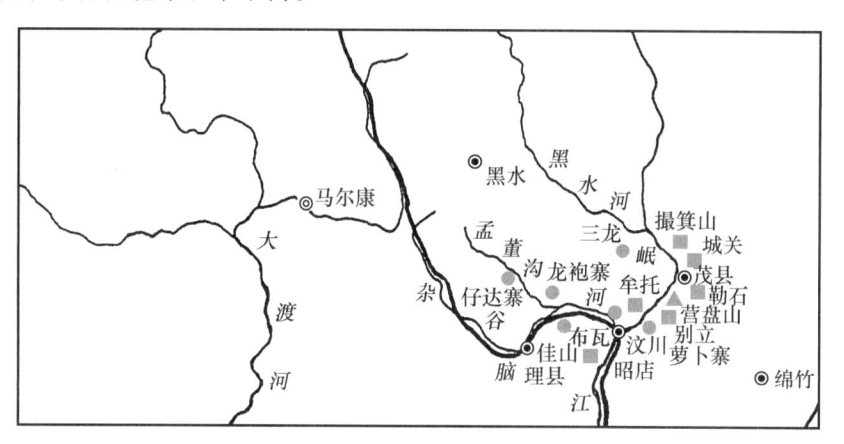

图一　营盘山及周边石棺葬分布图

1979年1月中旬，原茂汶羌族自治县文化馆曾在营盘山清理了1座已暴露在水沟边的同类墓葬，2月初又在营盘山基建工程中发现了石棺葬群，为配合该工程，清理了已暴露的9座，前后两次共清理了10座墓葬，出土随葬器物250余件。成都文物考古研究所、阿坝藏族羌族自治州文物管理所、茂县羌族博物馆于2000年、2002年、2003年、2004年、2006年在营盘山遗址进行了五次试掘及发掘，揭露面积近2000平方米，勘探面积达6000平方米，共计清理了石棺葬200余座。为推进国家"一带一路"倡议建设及丝绸之路的考古工作和文化遗产保护工作，配合国家大遗址保护成都片区相关工作的实施，加强"十三五"时期成都和阿坝文化交流合作，提升区域文化一体化发展水平，实现合作共赢，并为省重点文化工程古蜀文明传承创新工程奠定基础，也为营盘山遗址的保护规划制定工作提供现场资料，成都文物考古研究院与茂县羌族博物馆2017年继续深入推进岷江上游地区的考古工作，组成了联合考古队，对营盘山遗址进行调查、试掘工作。在历年工作基础上，对营盘山遗址进行调查、试掘工作，共发掘6米×3米、10米×2米探沟两条。整个遗址内分布着大量石棺葬，由于果树栽培暴露出来，且面临进一步农业生产的破坏，对暴露出来的石棺葬进行了发掘清理，共计清理石棺葬12座，现将石棺葬的发掘情况报告如下。

一、墓葬总述

（一）墓葬分布与形制

共清理石棺葬12座，多为成组分布，可以分为三个地点：第一地点位于遗址中部偏西，清理1座石棺葬M1；第二地点位于遗址北部偏东南，清理石棺葬5座。方向较为一致，M2～M5、M12平行排列，规格较大（图二）；第三地点位于遗址北部偏东北的TG2中，清理石棺葬6座。M6～M8为一组，位于TG2南部，方向较为一致，平行排列，规格短小；M9～M11为一组，位于TG2中部，方向较为一致，平行排列，规格短小（图三）。

地层情况以第三地点TG2西壁剖面为例介绍如下（图四）。

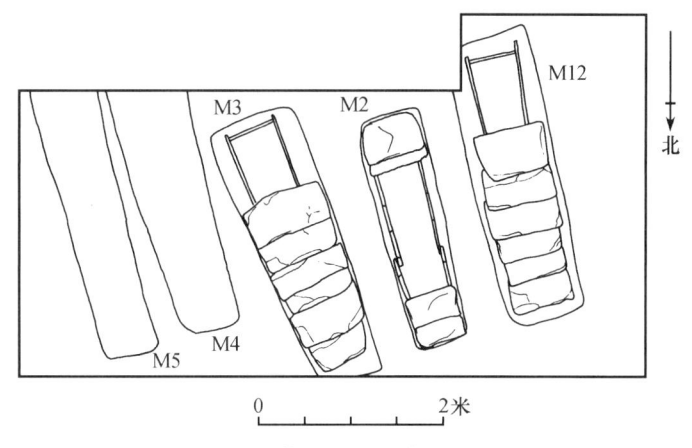

图二　第二地点墓葬分布图

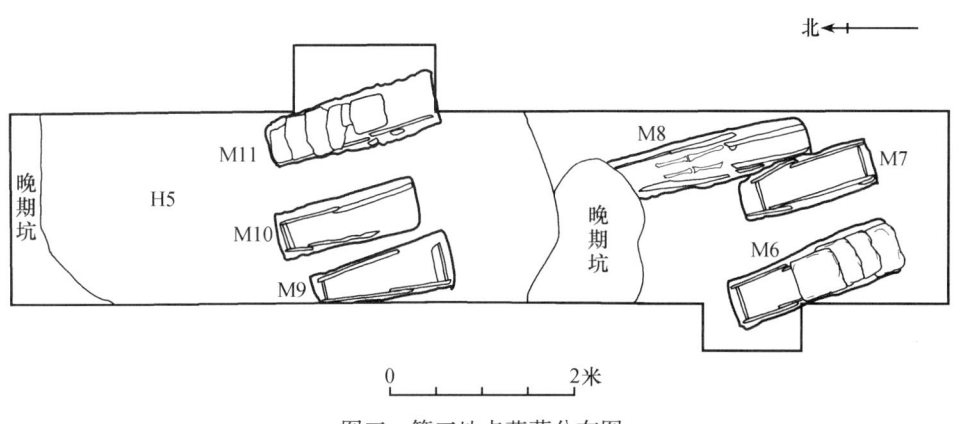

图三　第三地点墓葬分布图

图四　TG2西壁剖面图

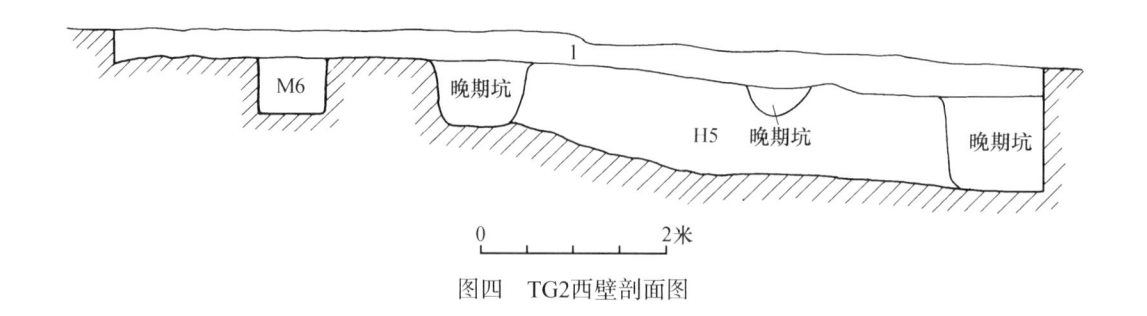

第1层：耕土，灰黑色粉砂土，土质疏松，夹杂陶片、碎石片、植物根系等。厚0～0.4米。M6～M11、H5开口于第1层下。

第1层下为生土。

（二）出土遗物

出土遗物为陶器和铜器，共139件。其中，陶器137件。陶器多为素面，仅有少量有抹压暗纹，部分陶器底部有阳文符号。按陶质陶色可以分为两类：夹砂褐陶，手制，器形多较小，质地较差，烧制火候较低，器形有平底罐、小平底罐、长颈小罐、小杯等；泥质灰陶或黑皮陶，轮制，有体量较大的容器，质地较好，烧制火候较高，器形有双耳罐、簋式豆、盂、高领罐、单耳罐、长颈小罐、小杯等。

陶双耳罐　4件。根据器形的不同，分为二型。

A型　1件。器形瘦高。

B型　3件。器形矮胖。根据有无装饰，分为二亚型。

Ba型　2件。有暗纹。

Bb型　1件。素面。

陶簋式豆　5件。根据器形的不同，分为二型。

A型　2件。器形较瘦高。

B型　3件。器形较矮胖。

陶高领罐　7件。根据肩部的不同，分为二型。

A型　1件。折肩。

B型　6件。鼓肩。

陶单耳罐　29件。根据器形的不同，分为三型。

A型　1件。器形瘦高。

B型　15件。器形较瘦高。根据颈部的不同，分为三亚型。

Ba型　2件。束颈不明显。

Bb型　9件。短束颈。

Bc型　4件。长束颈。

C型　13件。器形矮胖。根据颈部的不同，分为三亚型。

Ca型　2件。束颈不明显。

Cb型 4件。短束颈。

Cc型 7件。长束颈。

陶盂 4件。

陶平底罐 4件。根据器形的不同，分为二型。

A型 2件。器形较瘦高。

B型 2件。器形较矮胖。

陶小平底罐 1件。

陶长颈小罐 41件。根据器形的不同，分为二型。

A型 9件。器形较矮胖，束颈不明显。

B型 32件。器形较瘦高，束颈。根据口部的不同，分为二亚型。

Ba型 18件。小侈口。

Bb型 14件。大敞口，卷沿。

陶小杯 39件。根据腹部的不同，分为三型。

A型 8件。斜直腹。

B型 15件。斜折腹。

C型 16件。弧腹略深。

陶纺轮 3件。

A型 1件。扁平算珠状。

B型 2件。螺旋状。

铜器 2件。片饰和泡各1件。

二、墓葬分述

除M4、M5被破坏严重形制不全外，其余10座根据墓葬结构可分为三类。

（一）无头箱石棺葬

7座。

M1 位于遗址中部偏西第一地点，TG1以南30米，在村民挖苹果树坑时暴露出来。竖穴土坑墓，墓口平面呈长方形，墓向138°。墓口长1.2、宽0.52米，墓口距墓底头端深0.4、足端深0.41米（图五）。葬具为石棺，以大石板砌于墓坑内。石棺内长1.1、头端宽0.36、足端宽0.26、头端高0.38、足端高0.23米。盖板坡度为8°。现存盖板两块，从足端依次叠压而成，头部盖板缺失。两侧由两块厚约3厘米的石板错缝相接，足端靠外，石板顶部打磨成阶梯状以方便合上盖板。墓内填充大量黄褐色土。未发现人骨，葬式不明。出土随葬品2件，位于墓葬中部和足部。

陶平底罐 1件。

A型 器形较瘦高。M1∶1，夹砂褐陶，手制。侈口，圆唇，束颈，溜肩，弧腹下收，平底。

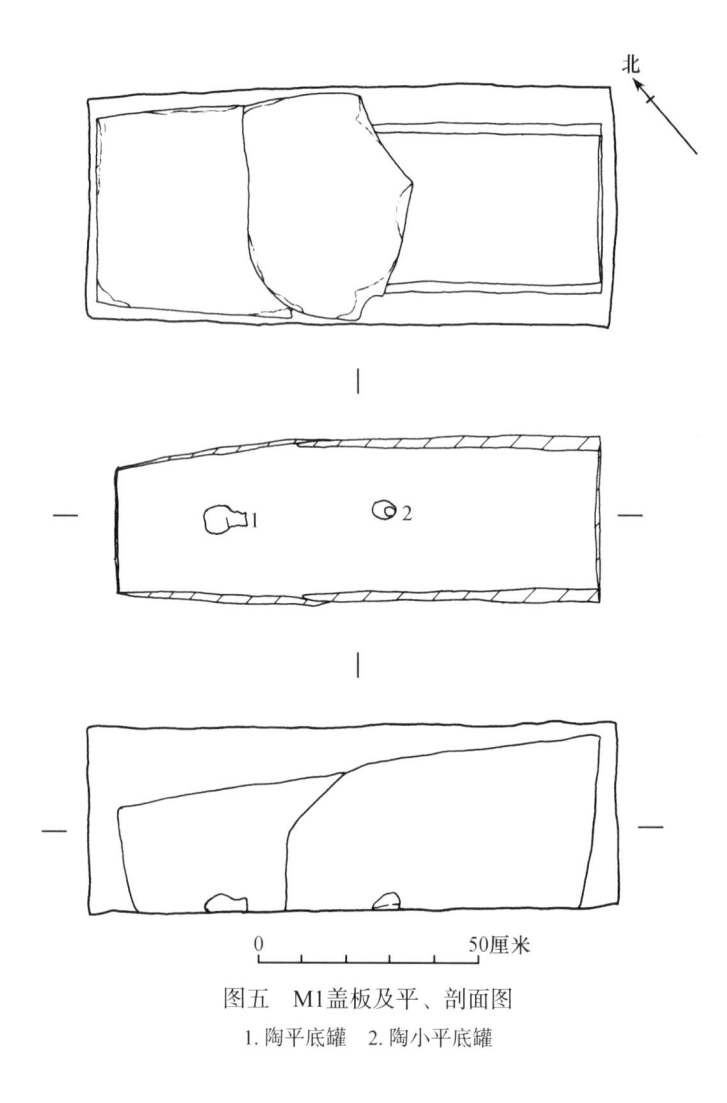

图五　M1盖板及平、剖面图
1. 陶平底罐　2. 陶小平底罐

口径8.8、腹径5、底径6.5、高12厘米（图六，3）。

陶小平底罐　1件。小平底。M1:2，夹砂褐陶，手制。腹部以上残，弧腹内收。底径3.4、残高4.8厘米（图六，1）。

M6　位于TG2南部偏西。竖穴土坑墓，墓口平面呈长方形，墓向144°。墓口长1.86、头端宽0.64、足端宽0.52米，墓口距墓底头端深0.6、足端深0.56米（图七）。葬具为石棺，以大石板砌于墓坑内。石棺内长1.68、头端宽0.54、足端宽0.4、头端高0.54、足端高0.41米。盖板坡度为3°。现存盖板四块，从头端依次叠压而成，足端盖板缺失。石板顶部打磨成阶梯状以方便合上盖板。墓内填充大量黄褐色土。未发现人骨，葬式不明。出土随葬品2件，出土时置于头端。

陶单耳罐　2件。

Bb型　1件。器形较瘦高，短束颈。M6:2，泥质灰陶，器表磨光。圆唇，鼓肩，底部内凹，单耳连接口部至肩部最大径处。口径10.2、底径5.6、高7.5、耳高5厘米（图六，4）。

Ca型　1件。器形矮胖，口微侈，束颈不明显。M6:1，泥质黑皮陶，器表磨光。尖圆唇，弧肩，底部内凹，单耳连接口部至肩部最大径处。外底中压印"一"字形阳文。口径11.2、底径5.5、高7.4、耳高4.4厘米（图六，7）。

M7　位于TG2南部。竖穴土坑墓，墓口平面呈长方形，墓向135°。墓口长1.52、头端宽0.58、

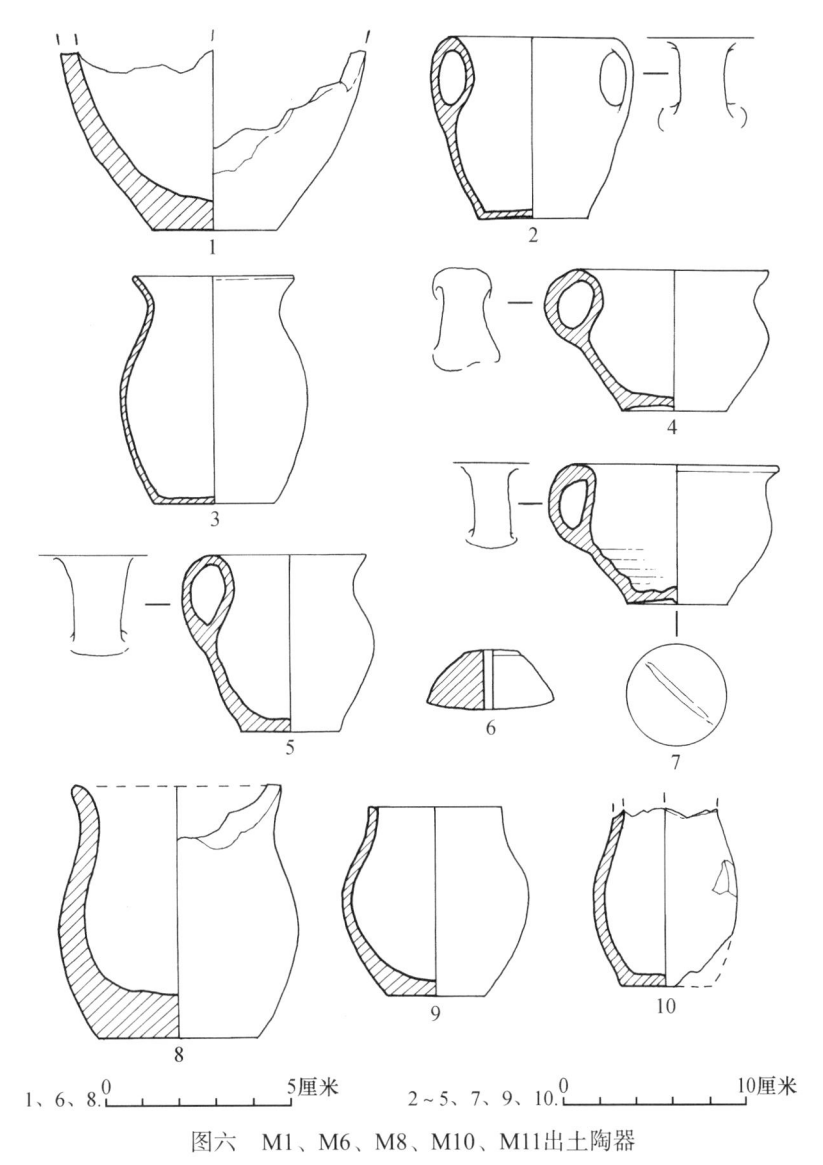

图六　M1、M6、M8、M10、M11出土陶器

1.小平底罐（M1∶2）　2.A型双耳罐（M11∶1）　3、10.A型平底罐（M1∶1、M8∶1）　4.Bb型单耳罐（M6∶2）
5.A型单耳罐（M11∶2）　6.A型纺轮（M11∶3）　7.Ca型单耳罐（M6∶1）　8、9.B型平底罐（M10∶1、M11∶4）

端宽0.56米，墓口距墓底头端深0.66、足端深0.62米（图八）。葬具为石棺，以大石板砌于墓坑内。石棺内长1.18、头端宽0.41、足端宽0.34、头端高0.54、足端高0.46米。盖板坡度为4°。盖板缺失。石棺头端、足端各立石板一块，两侧用两块石板错缝相接，足端靠外，石板顶部打磨成阶梯状以方便合上盖板。墓内填充大量黄褐色土。未发现人骨，葬式不明。无随葬品。

M8　位于TG2南部偏东。竖穴土坑墓，墓口平面呈长方形，墓向150°，足端被晚期坑打破。墓口残长2.2、头端宽0.5、足端宽0.46米，墓口距墓底头端深0.48、足端深0.41米（图九）。葬具为石棺，以大石板砌于墓坑内。石棺内残长2.12、头端宽0.34、足端宽0.34、头端高0.4、足端高0.24米。盖板坡度为5°。盖板缺失，石棺头端、足端立板缺失，两侧用两块石板错缝相接，足端靠外，石板顶部打磨成阶梯状以方便合上盖板。墓内填充大量黄褐色土，仅存一具人骨，仰身直肢葬，上肢扰动，仅存下肢部分。出土随葬品1件，出土时置于石棺中部胯骨一侧。

陶平底罐　1件。

A型　器形较瘦高。M8：1，夹砂褐陶，手制。颈部以上残缺，弧腹，平底。腹径8、底径5、残高9.5厘米（图六，10）。

M9　位于TG2中部偏西。竖穴土坑墓，墓口平面呈长方形，墓向139°。墓口长1.44、头端宽0.58、足端宽0.36米，墓口距墓底头端深0.52、足端深0.44米（图一〇）。葬具为石棺，以大石板砌于墓坑内。石棺内残长1.43、头端宽0.46、足端宽0.26、头端高0.4、足端高0.22米。盖板坡度为5°。盖板缺失。石棺头端、足端各立石板一块，两侧用两块石板错缝相接，足端靠外，石板顶部打磨成阶梯状以方便合上盖板。墓内填充大量灰褐色土。未发现人骨，葬式不明。无随葬品。

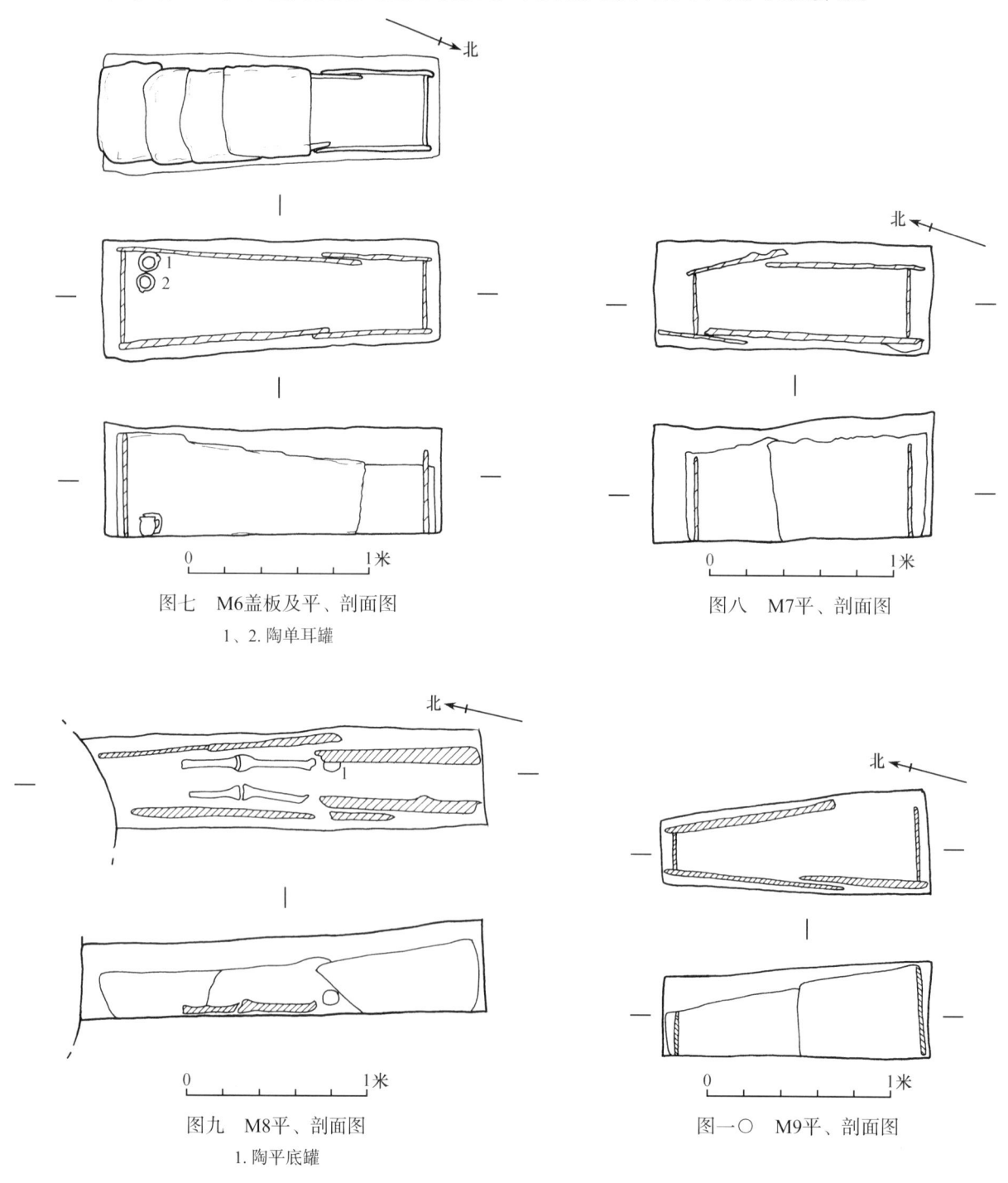

图七　M6盖板及平、剖面图
1、2.陶单耳罐

图八　M7平、剖面图

图九　M8平、剖面图
1.陶平底罐

图一〇　M9平、剖面图

M10　位于TG2中部。竖穴土坑墓，墓口平面呈长方形，墓向143°。墓口长1.56、头端宽0.54、足端宽0.5米，墓口距墓底头端深0.48、足端深0.42米（图一一）。葬具为石棺，以大石板砌于墓坑内。石棺内残长1.44、足端宽0.26、头端高0.46、足端高0.28米。盖板坡度为7°。盖板缺失。头端石板缺失，仅存足端一块。西侧仅存两块石板错缝相接足端靠外，其外有石块加固，头部西侧板缺失；东侧用两块石板错缝相接。石板顶部打磨成阶梯状以方便合上盖板。墓内填充大量灰褐色土。未发现人骨，葬式不明。出土随葬品1件，出土时置于石棺内头端。

陶平底罐　1件。

B型　器形较矮胖。M10∶1，夹砂褐陶，手制。口微侈，圆唇，溜肩，弧腹下收，平底。腹径6.7、底径4.4、高6.7厘米（图六，8）。

M11　位于TG2中部偏东。竖穴土坑墓，墓口平面呈长方形，墓向153°。墓口长1.74、头端宽0.62、足端宽0.34米，墓口距墓底头端深0.5、足端深0.42米（图一二）。葬具为石棺，以大石板砌于墓坑内。石棺内残长1.5、足端宽0.3、头端高0.45、足端高0.26米。盖板坡度为7°。头端石板缺失，仅存足端一块。两侧用三块石板错缝相接，从头端依次叠压，东侧头部石板缺失，中部石板倒塌向内侧倾斜。西侧头部石板外有三块石头加固。石板顶部打磨成阶梯状以方便合上盖板。墓内填充大量灰褐色土。未发现人骨，葬式不明。出土随葬品4件。

陶双耳罐　1件。

A型　器形瘦高。出土时置于石棺足端。M11∶1，夹砂褐陶，手制。侈口，方唇，束颈，溜肩，弧腹下收，平底，双小耳连接口部与肩部。口径9、底径6、高9.6、耳高4.2厘米（图六，2）。

陶单耳罐　1件。

A型　器形瘦高。出土时置于石棺头端。M11∶2，夹砂褐陶，手制。口微侈，圆唇，长束颈，弧肩，弧腹下收，平底，单小耳连接口部与肩上部。口径8.2、底径5.4、高9.4、耳高5.3厘米

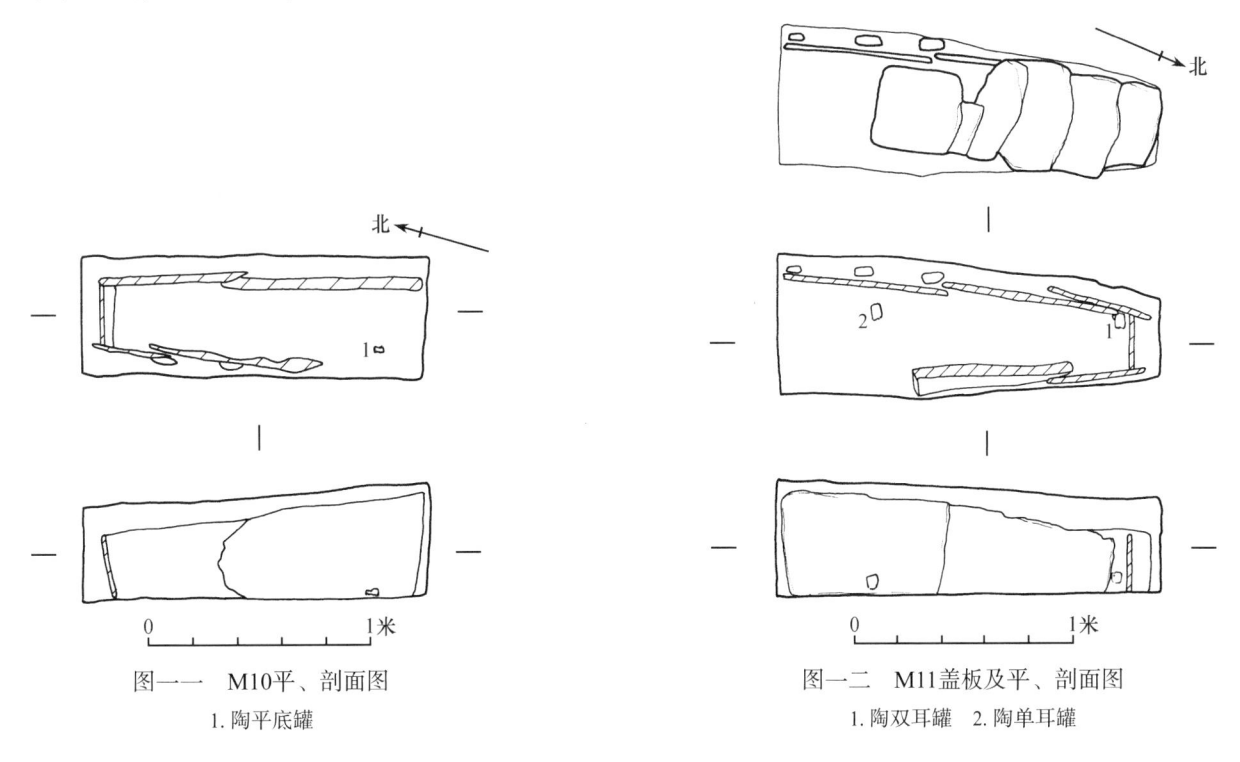

图一一　M10平、剖面图
1. 陶平底罐

图一二　M11盖板及平、剖面图
1. 陶双耳罐　2. 陶单耳罐

（图六，5）。

陶平底罐　1件。

B型　器形矮胖。出土于石棺内填土中。M11：4，夹砂褐陶，手制。直口，圆唇，弧肩，弧腹下收，平底。口径7.2、腹径10、底径5.4、高10厘米（图六，9）。

陶纺轮　1件。

A型　扁平算珠状。出土于石棺内填土中。M11：3，泥质灰陶。顶部有一周折棱。底径3.5、高1.6厘米（图六，6）。

（二）两道头箱石棺葬

2座。

M2　位于遗址北部偏东南，TG2以南约50米处，在村民挖苹果树坑时暴露出来。竖穴土坑墓，墓口平面呈长方形，墓向160°。墓口长2.66、头端宽0.75、足端宽0.55米，墓口距墓底头端深0.76、足端深0.74米（图一三）。葬具为石棺，以大石板砌于墓坑内。石棺内长2.31、头端宽0.54、足端宽0.4、头端高0.69、足端高0.5米。盖板坡度为10°。现存盖板四块，从足端依次叠压而成，中部石盖板缺失。两侧由两块厚约4厘米的石板错缝相接，足端靠外，内侧底部有石块加固，石板顶部打磨成阶梯状以方便合上盖板。棺内头端用三块厚约1.5厘米的薄石板隔出高低两层头箱。墓内填充大量黄褐色土。未发现人骨，葬式不明。出土随葬品53件，集中于头箱和足部，头箱及附近共散落陶长颈小罐13件、陶小杯12件，中部有铜片饰1件，足部有陶双耳罐3件、陶高领罐4件、陶簋式豆3件、陶单耳罐13件、陶盂2件、陶纺轮2件。

陶双耳罐　3件。

Ba型　2件。器形矮胖，表面饰暗纹。出土时置于足端。轮制。M2：1，泥质磨光灰陶。器表磨光。侈口，圆唇，束颈，鼓肩，弧腹下收，平底，双大耳连接口部至肩部最大径。颈部饰暗条纹，腹部饰对称抹压暗旋涡纹，器耳饰两周暗叶脉纹。口径9.4、肩径16、底径7.2、高17.4、耳高7.9厘米（图一四，1）。M2：42，泥质磨光灰陶。器表磨光。侈口，圆唇，束颈，鼓肩，弧腹下收，平底内凹，双大耳连接口部至肩部最大径。颈部饰暗条纹，腹部饰对称抹压暗旋涡纹，器耳饰两周暗叶脉纹。口径9.8、肩径16、底径6.8、高17.2、耳高8厘米（图一四，2）。

Bb型　1件。器形矮胖，素面。出土时置于足端。M2：51，泥质黑皮陶。器表纵向磨光。侈口，圆唇，束颈，圆鼓肩，弧腹下收，底部内凹，双大耳连接口部至肩部最大径，一耳残。器表有纵向抹痕。口径10.4、肩径16、底径7、高16.3、耳高9.2厘米（图一四，3）。

陶簋式豆　3件。

A型　2件。器形较瘦高。出土时置于足端。轮制。M2：7，泥质黑皮陶。圈足以上磨光。卷沿外翻，圆唇，长束颈，鼓腹较深，粗柄较长，喇叭形圈足较小，足沿部外翻，圈足上有一周折棱。口径13.8、豆盘腹径13、足径8.8、高17.3厘米（图一四，5）。M2：47，泥质灰陶。豆柄及以上磨光。尖圆唇，弧腹较深，粗柄，喇叭形圈足沿部外翻。豆盘及豆柄内均有轮旋纹，豆盘底部有压印的"一"字形阳文。口径13.2、豆盘腹径12.8、足径10.4、高14.4厘米（图一四，6）。

图一三　M2盖板及平、剖面图

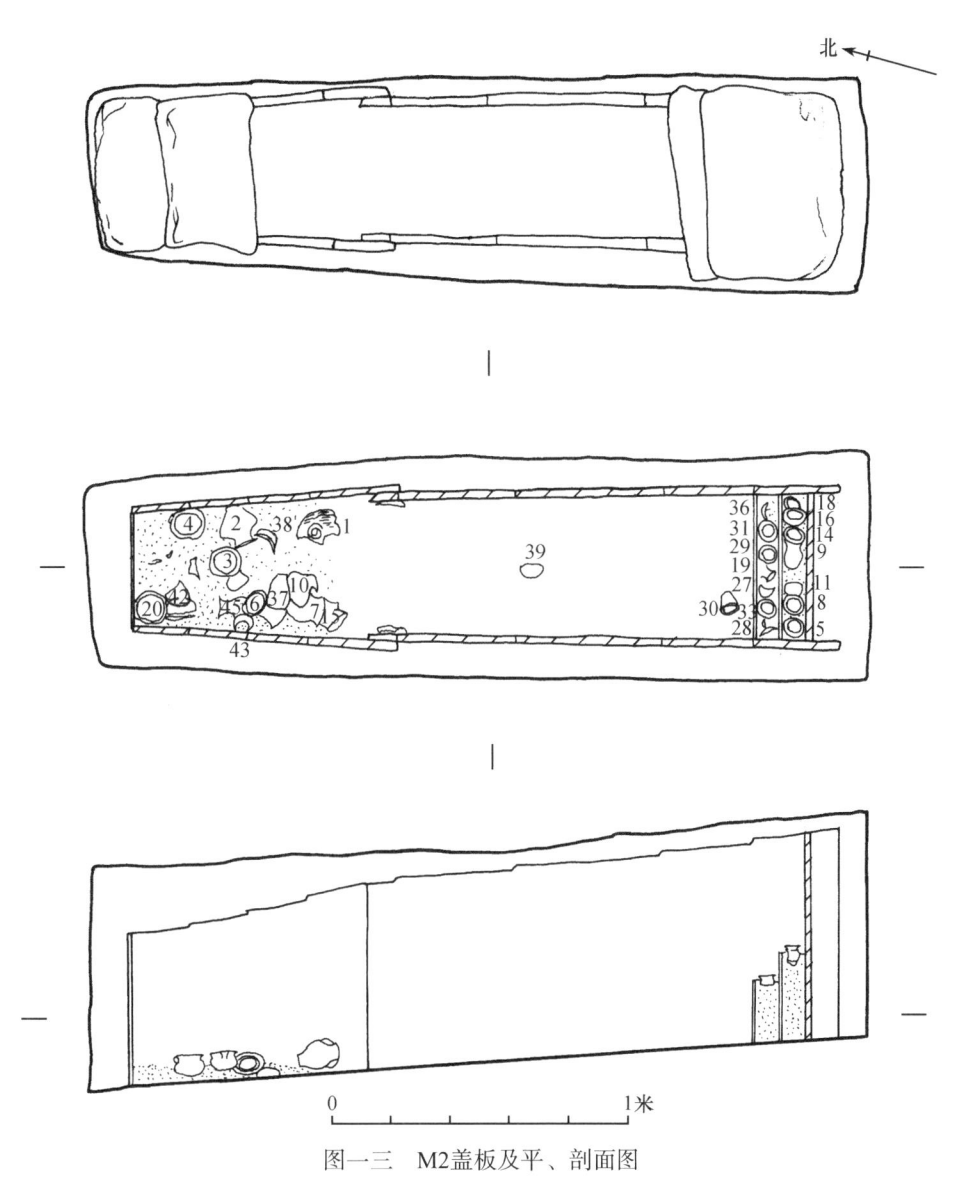

1、42.陶双耳罐　2、10、45.陶高领罐　3、4、15、20、37、38、43.陶单耳罐　5、8、14、16、18、27～31、33.陶小杯
6、7.陶篦式豆　9、11、19、36.陶长颈小罐　39.铜片饰（部分器物被遮挡不可见）

B型　1件。器形较矮胖。出土时置于足端。轮制。M2：6，泥质灰陶。豆柄及以上磨光。敞口，卷沿外翻，圆唇，短束颈，弧肩，弧腹下收，粗柄较短，喇叭形圈足沿部外翻。口径13.2、豆盘腹径11.4、足径9.8、高13.2厘米（图一四，4）。

陶高领罐　4件。

A型　1件。平卷沿，束颈，折肩。出土时置于足端。轮制。M2：2，泥质黑皮陶。器表磨光。敞口，尖唇，短束颈，折肩，鼓腹下收，底部内凹呈矮圈足。外底压印"一"字形阳文。口径11.1、肩径16.1、底径7.6、高16.6厘米（图一五，1）。

B型　3件。束颈，鼓肩。出土时置于足端。轮制。M2：10，泥质黑皮陶。器表磨光。敞口，卷沿，圆唇，弧腹内收，底部内凹。腹内壁有轮旋纹。口径10.6、肩径15.8、底径7.2、高17.8厘米（图一五，2）。M2：48，泥质灰陶。器表磨光。敞口，卷沿外翻，圆唇，弧腹内收，底部内凹

图一四　M2出土陶器

1、2. Ba型双耳罐（M2∶1、M2∶42）　3. Bb型双耳罐（M2∶51）　4. B型篼式豆（M2∶6）　5、6. A型篼式豆（M2∶7、M2∶47）

呈矮圈足。口径10.6、腹径14.8、底径7.6、高17厘米（图一五，3）。M2∶45，泥质灰陶，器表磨光。敞口，卷沿外翻，圆唇，弧腹内收，底部内凹呈矮圈足。口径10.8、腹径15.2、底径7.8、高17.4厘米（图一五，4）。

陶单耳罐　13件。

Bb型　2件。器形较瘦高，短束颈。出土时置于足端。轮制。M2∶41，泥质黑皮陶。器表磨光。侈口，尖圆唇，弧肩，弧腹下收，底部内凹呈矮圈足，单耳连接口部到肩下部。口径11.2、底径5.6、高8.4、耳高5.4厘米（图一六，2）。M2∶46，泥质灰陶。侈口，圆唇，弧肩，底部内凹，单耳连接口部至肩下部。外底压印"一"字形阳文。口径10.6、底径5.6、高7.5、耳高4.8厘米（图一六，4）。

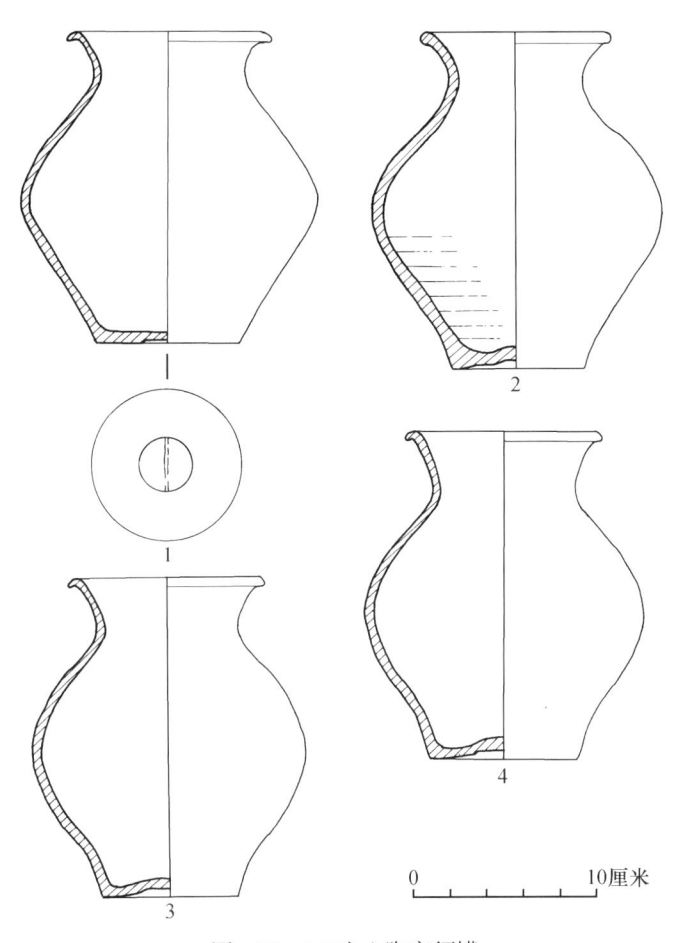

图一五 M2出土陶高领罐
1. A型（M2∶2） 2~4. B型（M2∶10、M2∶48、M2∶45）

Bc型 1件。器形较瘦高，长束颈。出土时置于足端。轮制。M2∶3，泥质黑皮陶。器表磨光。敞口，圆唇，弧肩，底部内凹呈矮圈足。单耳连接口部至肩部最大径。外底中心压印"十"字形阳文。罐内发现羊骨残留。口径11.2、底径5.2、高8.2、耳高5厘米（图一六，1）。

Ca型 1件。器形矮胖，束颈不明显。出土时置于足端。轮制。M2∶40，泥质黑皮陶。器表磨光。侈口，圆唇，溜肩，弧腹下收底，底部内凹，单耳连接口部至肩部最大径。外底压印"一"字形阳文。口径10.7、底径5.8、高7.1、耳高5.4厘米（图一六，3）。

Cb型 2件。器形矮胖，短束颈。M2∶44，泥质灰陶，器表磨光。侈口，卷沿，方唇，弧腹下收，平底，单耳连接口部至肩下部。罐内发现羊骨残留。口径11.6、底径7.2、高7.4、耳高5.6厘米（图一六，5）。M2∶38，泥质灰陶。侈口，卷沿，尖圆唇，弧肩，弧腹下收，平底，单耳连接口部至肩下部。外底压印"一"字形阳文。口径11、底径6、高7.6、耳高5.5厘米（图一六，6）。

Cc型 7件。器形矮胖，长束颈。M2∶15，泥质灰陶。器表磨光。侈口，尖圆唇，鼓肩，弧腹下收，平底，单耳连接口部至肩下部。口径12.5、底径5.6、高7.7、耳高5.6厘米（图一七，1）。M2∶4，泥质灰陶。器表磨光。侈口，方唇，鼓肩，弧腹下收，平底，单耳连接口部至肩部最大径。内壁及器表肩部以上有轮旋纹。口径12、底径5.6、高8.2、耳高5.6厘米（图一七，2）。M2∶49，泥质灰陶。器表磨光。侈口，圆唇，鼓肩，弧腹下收，平底，单耳连接口部至肩部最大

图一六 M2出土陶单耳罐

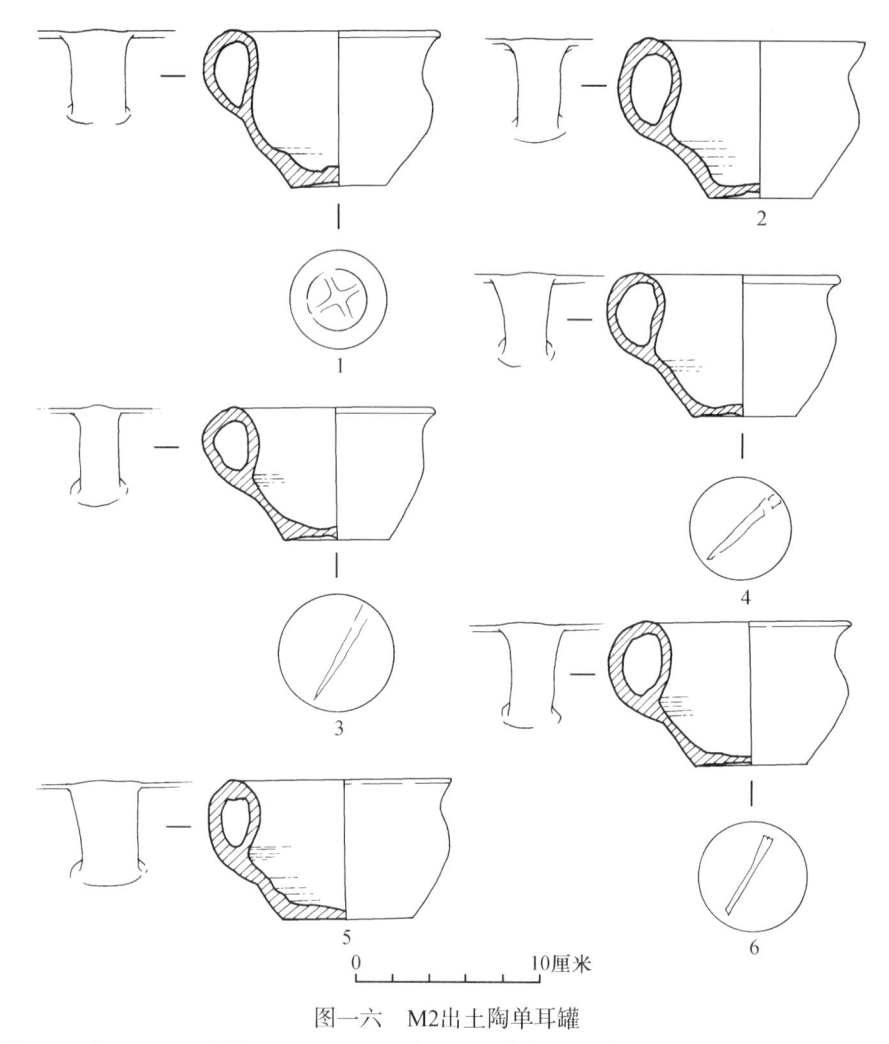

1. Bc型（M2:3） 2、4. Bb型（M2:41、M2:46） 3. Ca型（M2:40） 5、6. Cb型（M2:44、M2:38）

径。内有轮制痕迹。口径12.2、底径6、高8、耳高5.1厘米（图一七，3）。M2:20，泥质灰陶。表面一半熏黑。侈口，圆唇，鼓肩，弧腹下收，底部内凹，单耳连接口部至肩中部。内有轮制痕迹。口径12.4、底径5.6、高8、耳高5厘米（图一七，4）。M2:50，泥质黑皮陶。器表磨光。口微侈，圆唇，弧肩，弧腹下收，底部内凹，单耳连接口部至肩部最大径。内壁有轮旋痕。口径11.6、底径5.4、高7.6、耳高4.8厘米（图一七，5）。M2:43，泥质灰陶。器表磨光。侈口，圆唇，鼓肩，弧腹下收，底部内凹，单耳连接口部至肩部最大径。外底中心压印浅"一"字形阳文。口径11.8、底径6.2、高8、耳高5.2厘米（图一七，6）。M2:37，泥质黑皮陶。器表磨光。口部及耳部残，鼓肩，弧腹下收，底部内凹，单耳连接至肩下部。肩径10.6、底径5.1、残高6厘米（图一七，7）。

陶盂 2件。出土时置于足端。轮制。M2:17，泥质灰陶。侈口，圆唇，长束颈，弧肩，弧腹下收，腹底交接明显，底部内凹。内部有轮旋纹，外底压印"一"字形阳文。口径11.2、肩径10.9、底径6、高8厘米（图一八，4）。M2:52，泥质黑皮陶。器表磨光。侈口，圆唇，长束颈，弧肩，弧腹下收，底部残缺。内部有轮旋纹。口径13、肩径12.6、残高8厘米（图一八，5）。

陶长颈小罐 13件。出土时置于头箱，多与陶小杯配套，部分上叠放陶小杯。

Ba型 8件。小侈口，束颈，弧腹下收。轮制。M2:25，泥质黑皮陶。口微侈，方唇，鼓肩，

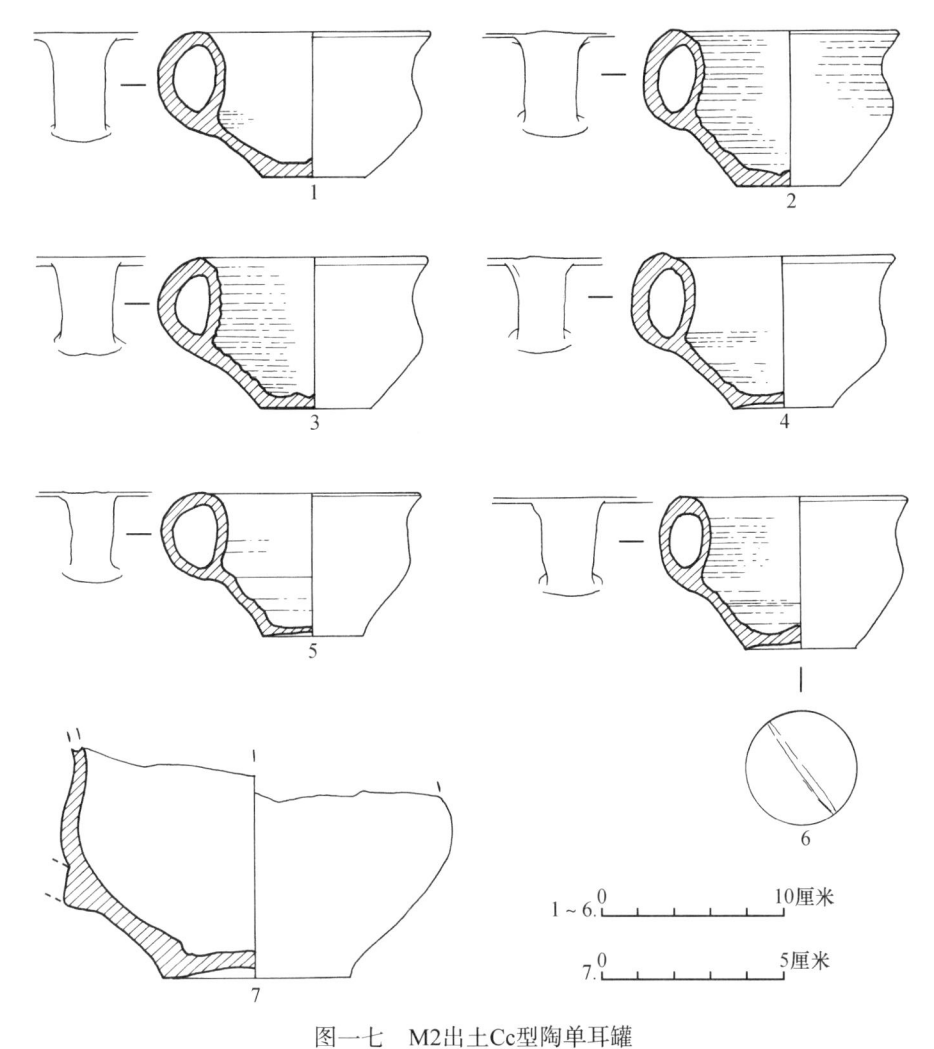

图一七　M2出土Cc型陶单耳罐
1. M2∶15　2. M2∶4　3. M2∶49　4. M2∶20　5. M2∶50　6. M2∶43　7. M2∶37

底部内凹。外底压印"一"字形阳文。口径4.6、肩径5.8、底径3.5、高8.3厘米（图一八，1）。M2∶26，泥质灰陶。口微侈，方唇，鼓肩，底部内凹。外底压印"一"字形阳文。口径4.6、肩径6、底径3.5、高8.4厘米（图一八，2）。M2∶21，泥质灰陶。卷平沿，方唇，鼓肩，底部内凹。外底压印"一"字形阳文。口径4.8、肩径5.9、底径3.9、高9厘米（图一八，3）。M2∶22，泥质黑皮陶。圆唇，弧肩，底部内凹。外底压印"一"字形阳文。口径5、肩径5.8、底径3.6、高8.3厘米（图一九，1）。M2∶35，泥质黑皮陶。方唇，鼓肩，底部内凹。外底压印"一"字形阳文。口径5、肩径6、底径3.7、高8.8厘米（图一九，2）。M2∶23，泥质黑皮陶。卷平沿，方唇，弧肩，底部内凹。外底压印"一"字形阳文。口径4.9、肩径6、底径4、高8.5厘米（图一九，3）。M2∶24，泥质黑皮陶。圆唇，弧肩，底部内凹。外底压印"一"字形阳文。口径4.8、肩径6.4、底径4.4、高8.3厘米（图一九，4）。M2∶19，泥质黑皮陶，器形较小。圆唇，弧肩，平底。外底压印"一"字形阳文。口径4.1、肩径5.2、底径3.2、高6.6厘米（图一九，5）。

Bb型　5件。大口，卷沿外翻，束颈。轮制，器表有轮旋纹。M2∶9，泥质黑皮陶。方唇，鼓肩，弧腹内收，底部内凹。口径6、肩径6.1、底径3.4、高11厘米（图二〇，1）。M2∶11，泥质

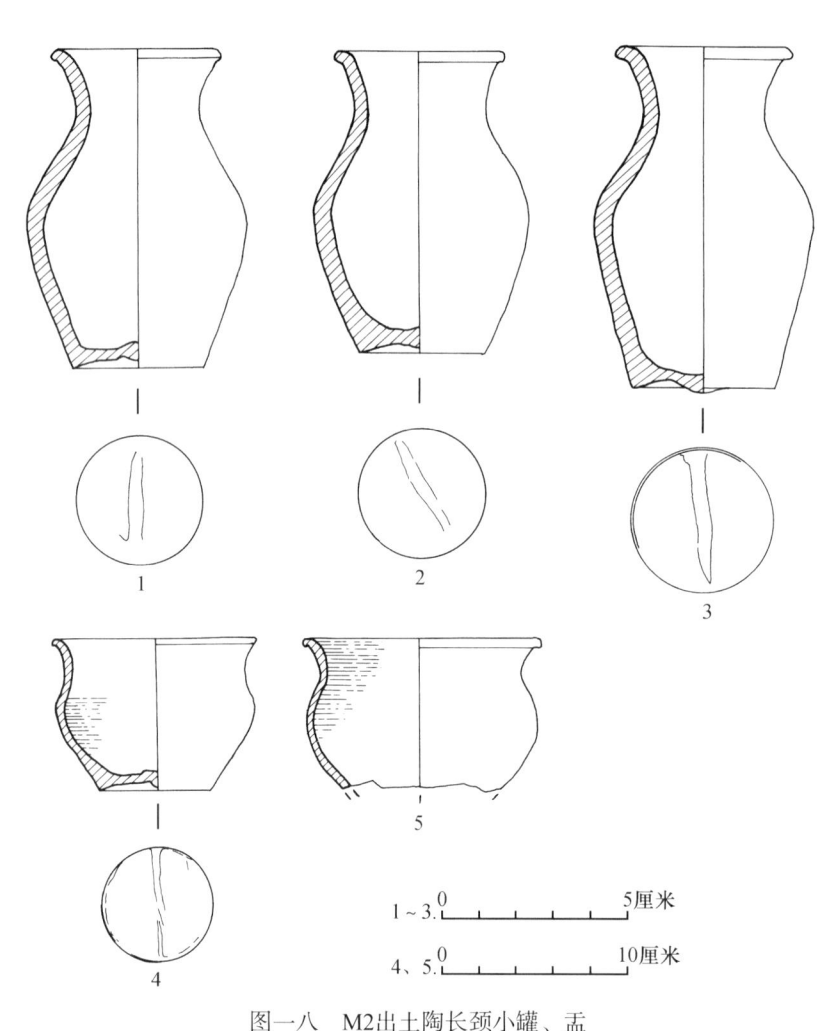

图一八 M2出土陶长颈小罐、盂
1~3.Ba型长颈小罐（M2:25、M2:26、M2:21） 4、5.盂（M2:17、M2:52）

黑皮陶。方唇，弧肩，弧腹下收，底部内凹。口径5.8、肩径6.8、底径3.8、高11厘米（图二〇，2）。M2:36，泥质黑皮陶。圆唇，弧肩，弧腹内收，底腹交接明显，底部内凹。口径6、肩径6、底径3、高11厘米（图二〇，3）。M2:12，泥质黑皮陶。颈部以上残，鼓肩，弧腹内收，底部内凹。肩径6.4、底径3.2、残高9.2厘米（图二〇，4）。M2:13，泥质黑皮陶。肩部以上残，鼓肩，弧腹下收，底部内凹。肩径7、底径3.8、残高7.6厘米（图二〇，5）。

陶小杯 12件。出土时置于头箱，多与陶长颈小罐配套，部分下叠压陶长颈小罐。

B型 6件。斜折腹。轮制。M2:5，泥质黑皮陶。敞口，圆唇，底部内凹。器壁内外有轮旋纹。口径7、腹径5.7、底径2.8、高3.2厘米（图二一，1）。M2:8，泥质黑皮陶。侈口，圆唇，底部内凹。口径6、腹径5、底径2.7、高2.9厘米（图二一，2）。M2:16，泥质黑皮陶。侈口，尖圆唇，浅腹，底部内凹。外底压印"一"字形阳文。口径5.8、底径3.4、高2.5厘米（图二一，3）。M2:28，泥质黑皮陶。侈口，圆唇，小底内凹。内部有轮旋纹。口径6.3、腹径5.4、底径2.4、高3.1厘米（图二一，4）。M2:33，泥质黑皮陶。敞口，尖唇，下部不规整，小底内凹。器表有轮旋纹。口径6.8、底径2.5、高3.1厘米（图二一，5）。M2:27，泥质黑皮陶。侈口，尖唇，浅腹，下部不规整，底部内凹。器表有轮旋纹。口径6.5、腹径5.6、底径4、高2.8厘米（图二一，6）。

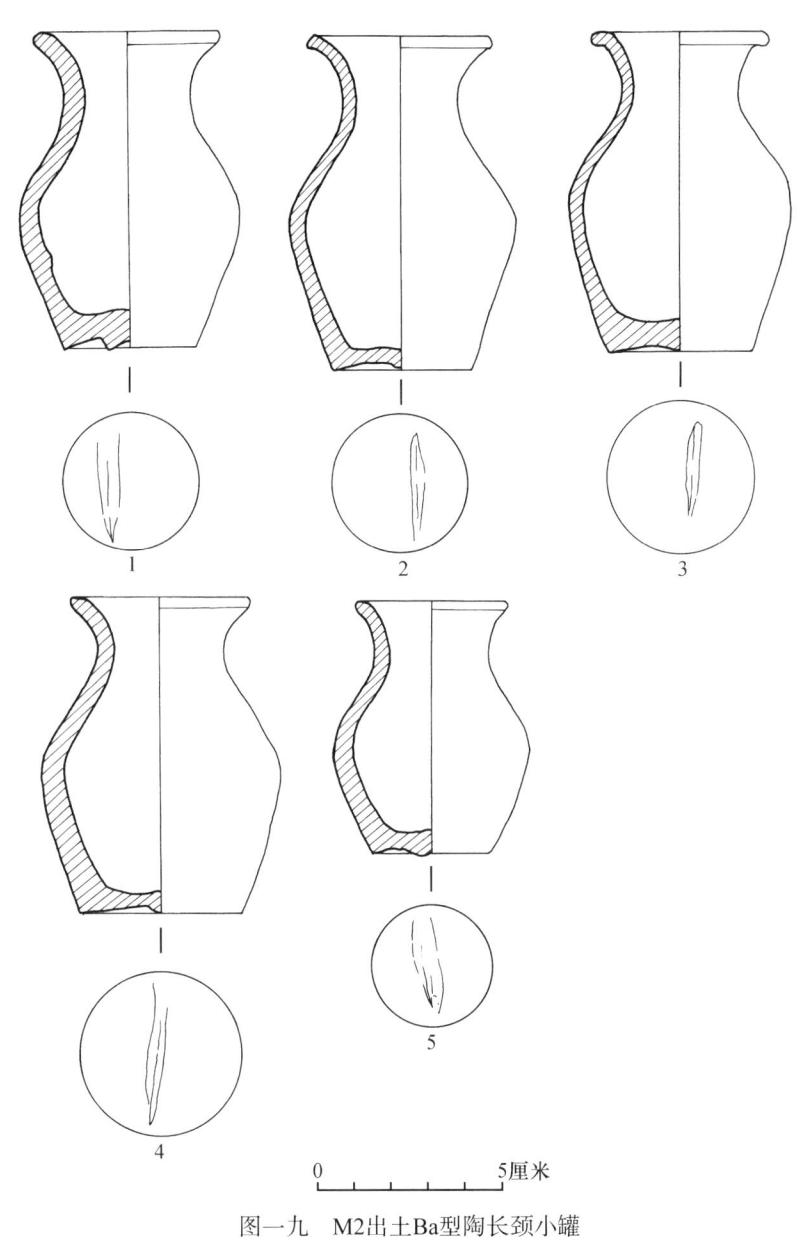

图一九 M2出土Ba型陶长颈小罐
1. M2∶22 2. M2∶35 3. M2∶23 4. M2∶24 5. M2∶19

C型 6件。弧腹略深。轮制。M2∶14，泥质黑皮陶。侈口，卷沿，尖圆唇，底部内凹。外底压印"一"字形阳文。口径5.6、腹径4.8、底径3、高3.1厘米（图二一，7）。M2∶18，泥质灰陶。口微侈，卷沿，尖圆唇，底部内凹。外底压印"一"字形阳文。口径6.6、腹径5.5、底径3.2、高3.4厘米（图二一，8）。M2∶31，泥质灰陶。侈口，卷沿，圆唇，折腹，底部内凹。外底压印"一"字形阳文。口径5.7、腹径4.5、底径2.9、高3.2厘米（图二一，9）。M2∶29，泥质灰陶。侈口，圆唇，底部内凹。外底压印"一"字形阳文。口径5.8、腹径5.2、底径3.2、高3.1厘米（图二一，10）。M2∶30，泥质黑皮陶。敛口，卷平沿，尖唇，底部内凹。外底压印"一"字形阳文。口径6.4、腹径5.6、底径3.5、高2.9厘米（图二一，11）。M2∶34，泥质黑皮陶。侈口，卷沿，圆唇，底部内凹。外底压印"一"字形阳文。口径6.1、腹径5、底径3.2、高3.3厘米（图二一，12）。

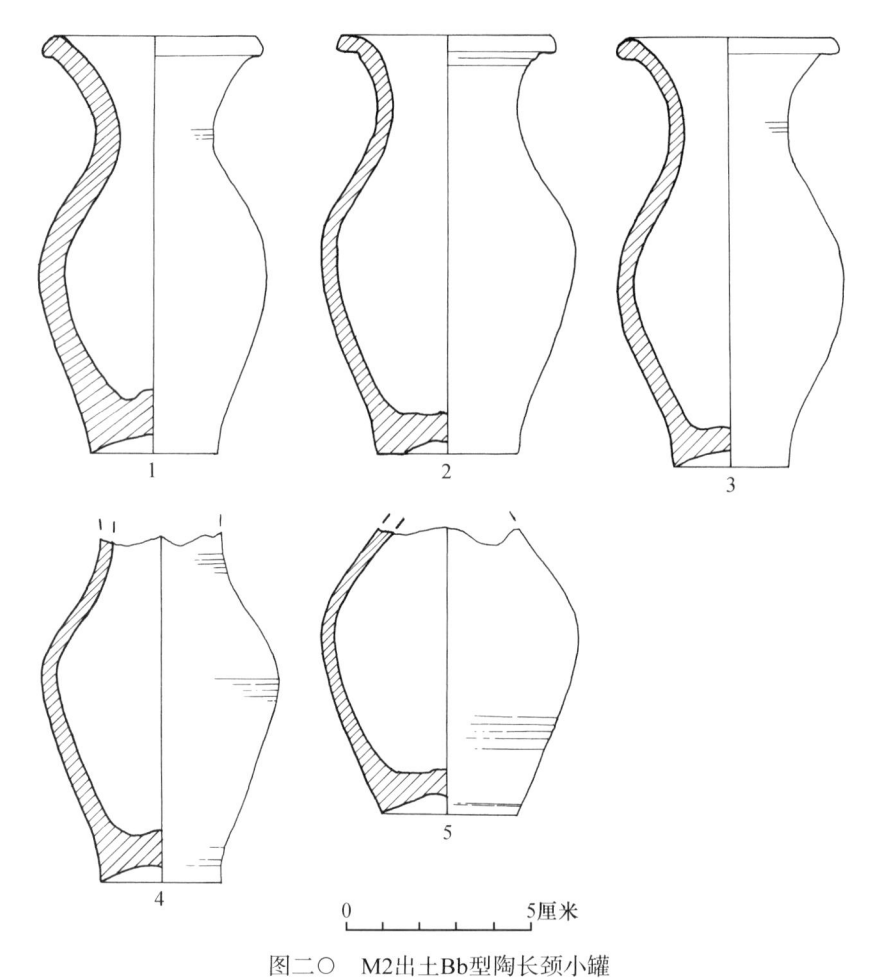

图二〇　M2出土Bb型陶长颈小罐
1. M2∶9　2. M2∶11　3. M2∶36　4. M2∶12　5. M2∶13

陶纺轮　2件。

B型　螺旋状，中部凸出，截面呈梯形，中部有穿孔。M2∶32，泥质褐陶。表面有四周折棱。底径4.1、高1.9厘米（图二二，3）。M2∶53，泥质黑陶。表面有三周折棱。底径3.7、高1.9厘米。出土于双耳罐M2∶1内（图二二，4）。

铜片饰　1件。出土时置于石棺中部。M2∶39，椭圆形。两端有圆形穿孔，一端残缺。一面有纺织品痕迹。残长5.1、宽3.3、孔径0.3、孔距4.1厘米（图二二，5）。

M12　位于TG2以南约50米处。竖穴土坑墓，墓口平面呈长方形，墓向153°。墓口长3.02、头端宽0.9、足端宽0.75米，墓口距墓底头端深0.84、足端深0.82米（图二三）。葬具为石棺，以大石板砌于墓坑内。石棺内长2.53、头端宽0.58、足端宽0.42、头端高0.75、足端高0.46米。盖板坡度为11°。现存盖板6块，从足端依次叠压而成，头部石盖板缺失。两侧由两块厚约3厘米的石板错缝相接，足端靠外，石板顶部打磨成阶梯状以方便合上盖板。棺内头端用三块厚约1.5厘米的薄石板隔出高低两层头箱。墓内填充大量黄褐色土。未发现人骨，葬式不明。出土随葬品30件，集中于头箱及附近，有陶长颈小罐9件、陶小杯8件、陶单耳罐10件、陶高领罐1件、陶簋式豆2件、铜泡1件。

陶簋式豆　2件。

B型　器形较矮。出土时置于头端附近。轮制。M12∶16，泥质灰陶。器表圈足以上磨光。侈

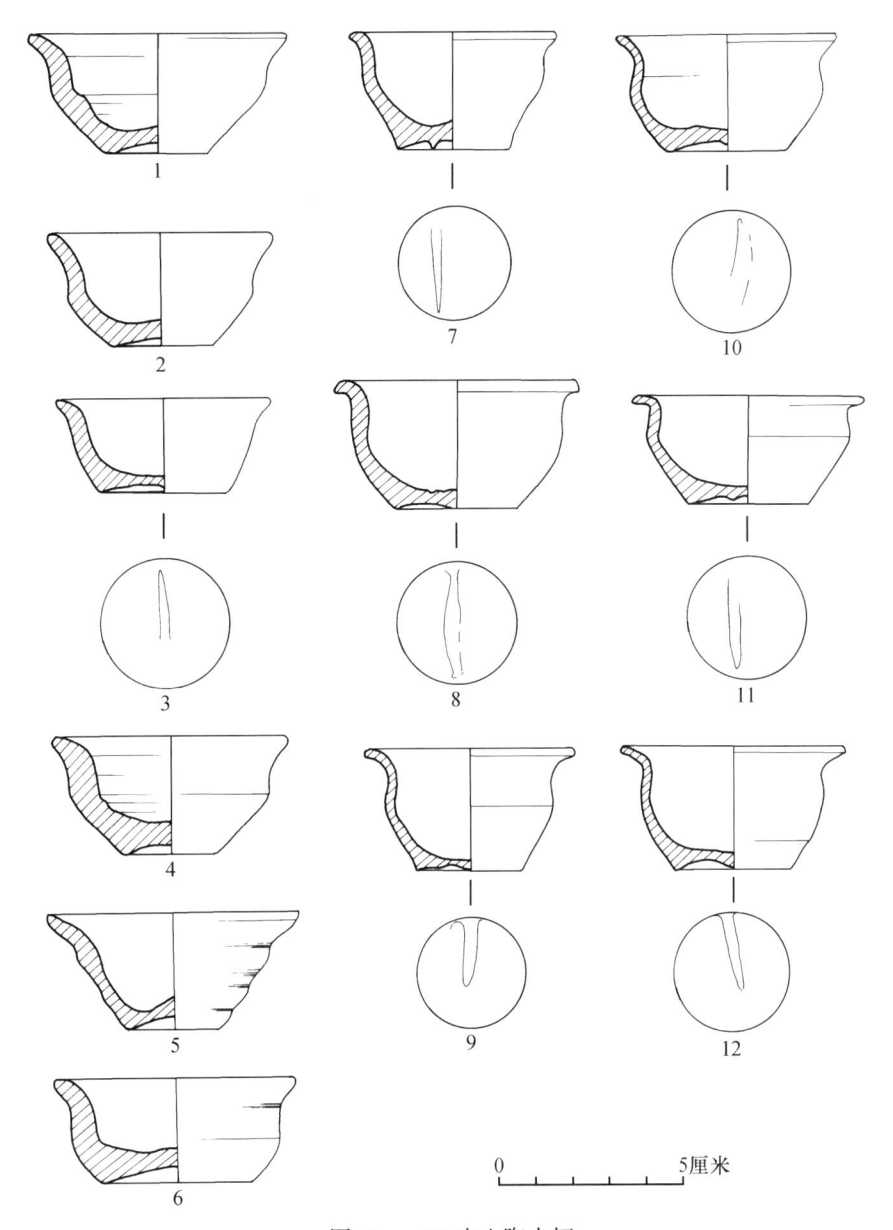

图二一　M2出土陶小杯

1～6. B型（M2：5、M2：8、M2：16、M2：28、M2：33、M2：27）　7～12. C型（M2：14、M2：18、M2：31、M2：29、M2：30、M2：34）

口，卷沿外翻，尖唇，束颈，弧腹较浅，粗柄，喇叭形圈足平沿外翻。豆柄及圈足饰凸弦纹，豆盘外底有螺旋纹。口径13.8、豆盘腹径12.4、足径8.8、高14.2厘米（图二二，1）。M12：17，泥质灰陶。器表圈足以上磨光。侈口，卷沿外翻，圆唇，弧腹，粗柄，喇叭形圈足沿部外翻。豆柄及圈足饰凸弦纹，器壁内外有轮旋纹。口径14.8、豆盘腹径12、足径10、高13.2厘米（图二二，2）。

陶高领罐　1件。

B型　鼓肩。M12：8，泥质灰陶。器表磨光。卷沿外翻，圆唇，束颈，弧腹下收，底部内凹呈矮圈足。底部压印"十"字形阳文。腹上部压印席状暗纹，内壁有轮旋纹。口径11、肩径16.2、底径8、高17厘米（图二四，4）。

图二二　M12、M2出土器物

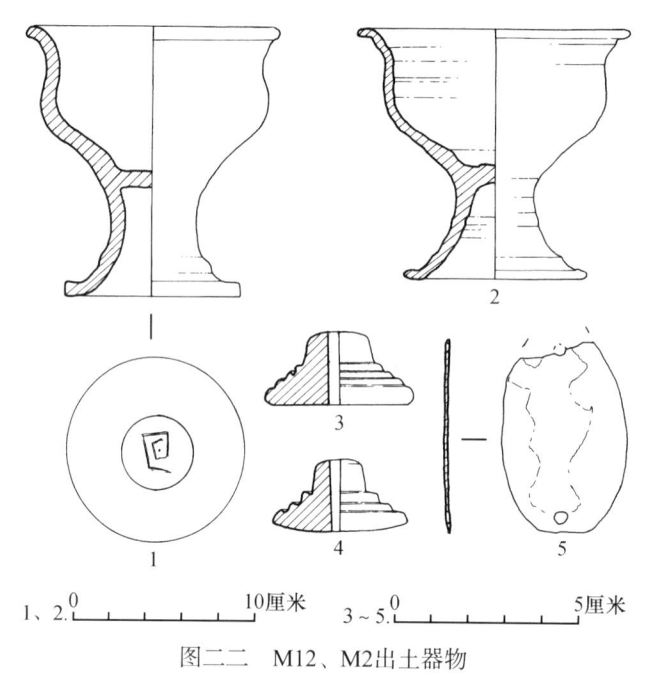

1、2.陶簋式豆（M12:16、M12:17）　3、4.B型陶纺轮（M2:32、M2:53）　5.铜片饰（M2:39）

陶单耳罐　10件。

Ba型　2件。器形较瘦高，口微侈，束颈不明显。出土时置于头端附近。轮制。M12:6，泥质灰陶。方唇，溜肩，弧腹下收，底部内凹呈矮圈足，单耳连接口部至肩部最大径。器表部分熏黑，内壁有轮旋纹。口径11、底径5.2、高7、耳高4.8厘米（图二五，1）。M12:10，泥质灰皮陶。耳部及口部略残。侈口，尖圆唇，溜肩，弧腹内收，小底内凹呈矮圈足，单耳连接口部至肩部最大径。外底中心压印"十"字形阳文。口径9.6、底径4.4、高7、耳高4.4厘米（图二五，7）。

Bb型　5件。器形较瘦高，短束颈。出土时置于头端附近。轮制。M12:5，泥质灰陶。器表磨光。侈口，方唇，鼓肩，底部内凹，耳连接口部至肩上部。罐内发现白色石子。口径11、底径5.8、高8.3、耳高5.4厘米（图二五，2）。M12:9，泥质黑皮陶。器表磨光。侈口，圆唇，鼓肩，底部内凹呈矮圈足，单耳连接口部至肩上部。罐内发现羊骨残留。口径11.2、底径5.8、高8.3、耳高5.2厘米（图二五，3）。M12:13，泥质灰陶。器表磨光。侈口，圆唇，鼓肩，平底，单耳连接口部至肩上部。内壁有轮旋纹。口径10.9、底径5.2、高8.3、耳高5厘米（图二五，4）。M12:14，泥质黑皮陶。器表磨光。侈口，尖圆唇，弧肩，底部内凹呈矮圈足，单耳连接口部至腹部。口径10.6、底径6、高8.3、耳高5.3厘米（图二五，5）。M12:15，泥质灰陶。器表磨光。敞口，圆唇，弧肩，弧腹内收，底略内凹，单耳连接口部至肩部最大径。口径12、底径5.6、高8.4、耳高5.2厘米（图二五，6）。

Bc型　2件。器形较瘦高，长束颈。出土时置于头部附近。轮制。M12:18，泥质灰陶。器表磨光。侈口，方唇，弧肩，弧腹内收，小底内凹，单耳连接口部到肩部最大径。罐内有白色石子。口径10.8、底径4.8、高8.4、耳高5.2厘米（图二四，1）。M12:12，泥质黑皮陶。尖唇，弧肩，弧腹内收，小底内凹，单耳连接口部至腹部。内壁有轮旋纹，外底压印"一"字形阳文。口径9.6、底径5.6、高7.4、耳高5.2厘米（图二四，3）。

图二三 M12盖板及平、剖面图

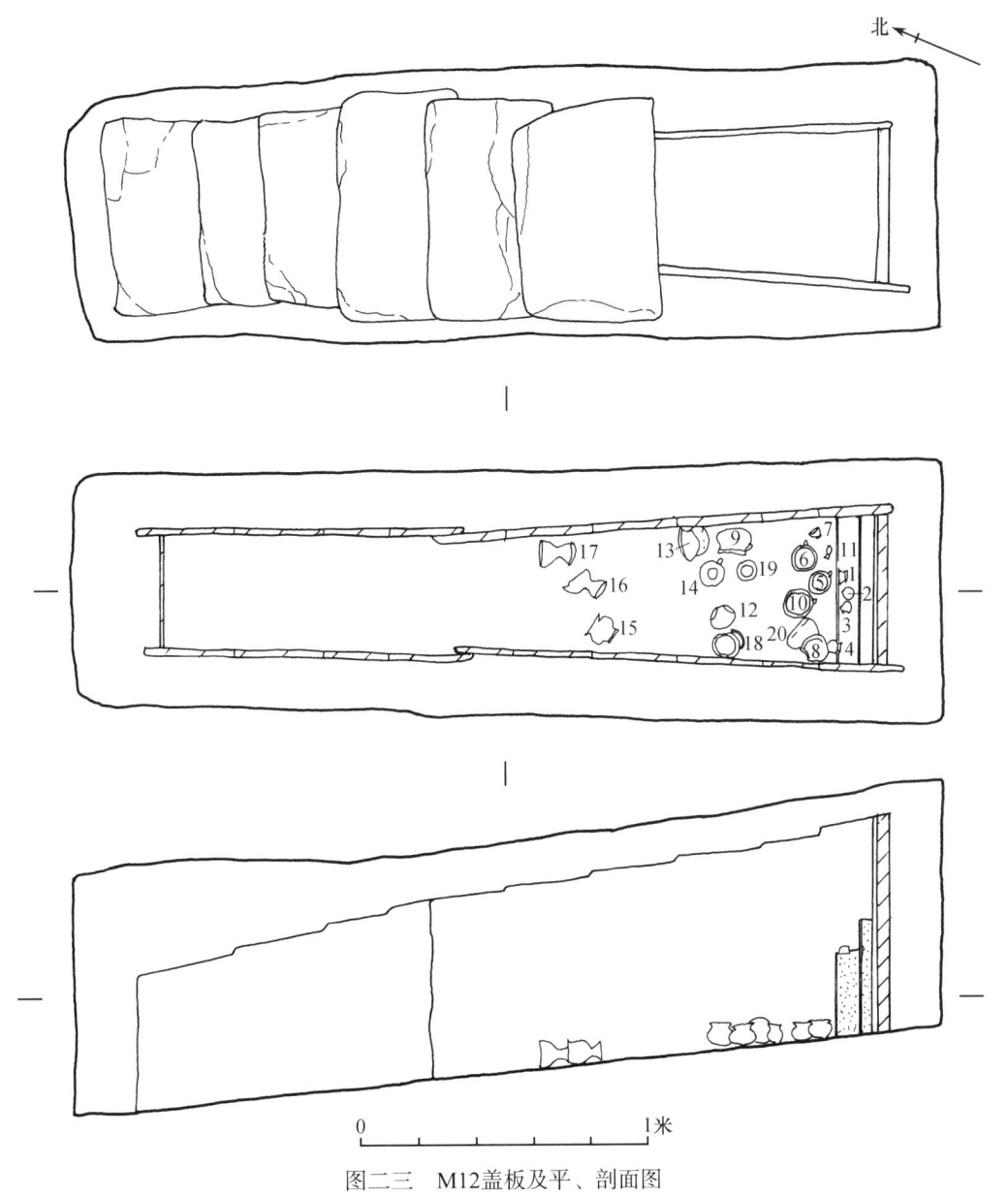

1、3、4、11、19. 陶长颈小罐 2、7. 陶小杯 5、6、9、10、12~15、18、20. 陶单耳罐 8. 陶高领罐 16、17. 陶簋式豆
（部分器物被叠压或由残片拼成）

Cb型 1件。器形矮胖，短束颈。出土时置于头部附近。轮制。M12：20，泥质黑皮陶。器表磨光。口微侈，圆唇，弧肩，弧腹下收，底部内凹呈矮圈足，单耳连接口部至腹部。内壁有轮旋纹。罐内有白色石子和羊骨。口径11、底径5.6、高6.6、耳高4.8厘米（图二四，2）。

陶长颈小罐 9件。

A型 敞口较大，束颈不明显。出土时置于头箱及附近，多与陶小杯配套。夹砂红褐陶。手制。M12：11，圆唇，鼓肩，弧腹下收，底部内凹。口径5.1、肩径6.1、底径3.2、高8.1厘米（图二六，1）。M12：4，圆唇，鼓肩，底部内凹。口径6、肩径6.8、底径3.4、高9.2厘米（图二六，2）。M12：19，圆唇，弧肩，弧腹内收，底内凹。口径5.4、肩径6.1、底径3.4、高8.5厘米（图二六，3）。M12：1，圆唇，弧肩，腹底交接明显，弧腹下收，底部内凹。口径5.2、肩径6.2、底

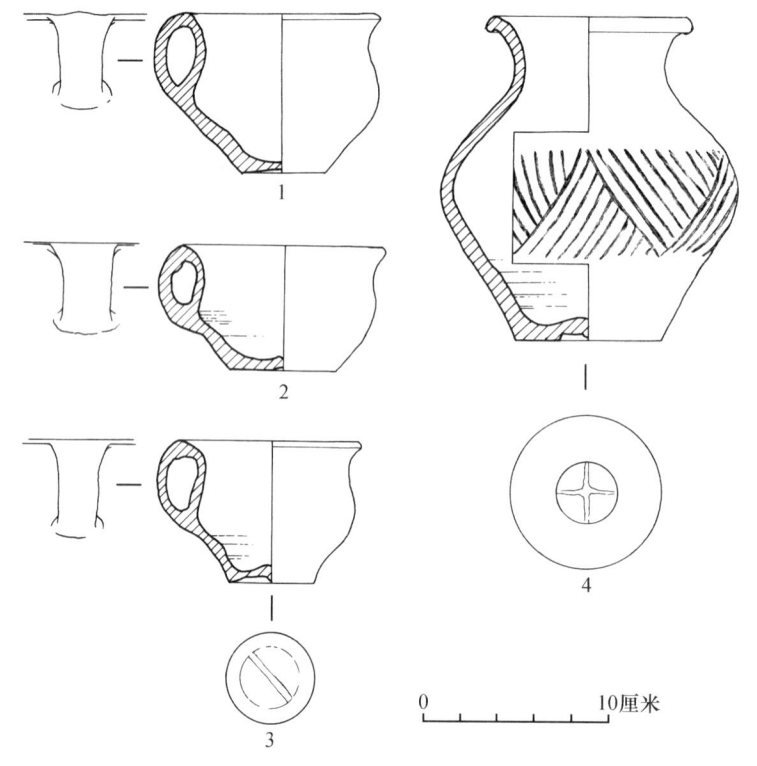

图二四 M12出土陶器

1、3. Bc型单耳罐（M12∶18、M12∶12） 2. Cb型单耳罐（M12∶20） 4. B型高领罐（M12∶8）

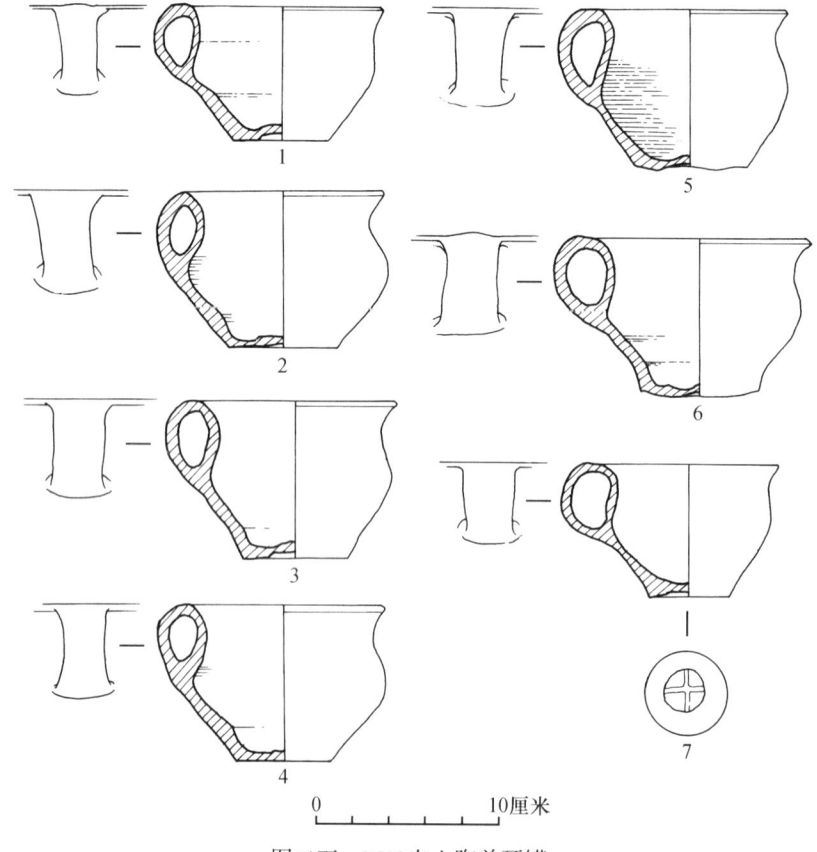

图二五 M12出土陶单耳罐

1、7. Ba型（M12∶6、M12∶10） 2~6. Bb型（M12∶5、M12∶9、M12∶13、M12∶14、M12∶15）

径3.2、高9.2厘米（图二六，4）。M12∶28，肩部以上残，弧腹内收，小底内凹。肩径6、底径3.2、残高4.6厘米（图二六，5）。M12∶3，颈部及以上残，弧腹下收，底部内凹。肩径6.6、底径4、残高5.9厘米（图二六，6）。M12∶25，腹部以上残，弧腹内收，小底内凹。底径3.4、残高3.6厘米（图二六，7）。M12∶29，肩部以上残，底部内凹。底径3.4、残高3.6厘米（图二六，8）。M12∶30，肩部以上残，弧腹内收，小底内凹。底径3.4、残高4.1厘米（图二六，9）。

陶小杯　8件。

A型　出土时置于头箱及附近，多与陶长颈小罐配套。夹砂褐陶。敞口，斜直腹，手制。M12∶2，圆唇，小平底。口径6.4、底径3.2、高3.4厘米（图二七，1）。M12∶7，圆唇，平底。口径6.2、底径3.3、高3.2厘米（图二七，2）。M12∶23，圆唇，小平底略残。口径5.4、高3厘米（图二七，3）。M12∶21，圆唇，小底内凹。口径6、底径3、高3.2厘米（图二七，4）。M12∶22，圆唇，底残。口径6.4、残高3.4厘米（图二七，5）。M12∶24，圆唇，小底近平。口径6、底径2.9、高3.2厘米（图二七，6）。M12∶26，圆唇，腹底交接明显，底部内凹。口径6、底径2.8、高3.5厘米（图二七，7）。M12∶27，圆唇，小底近平。口径5.7、底径2.9、高3.2厘米（图二七，8）。

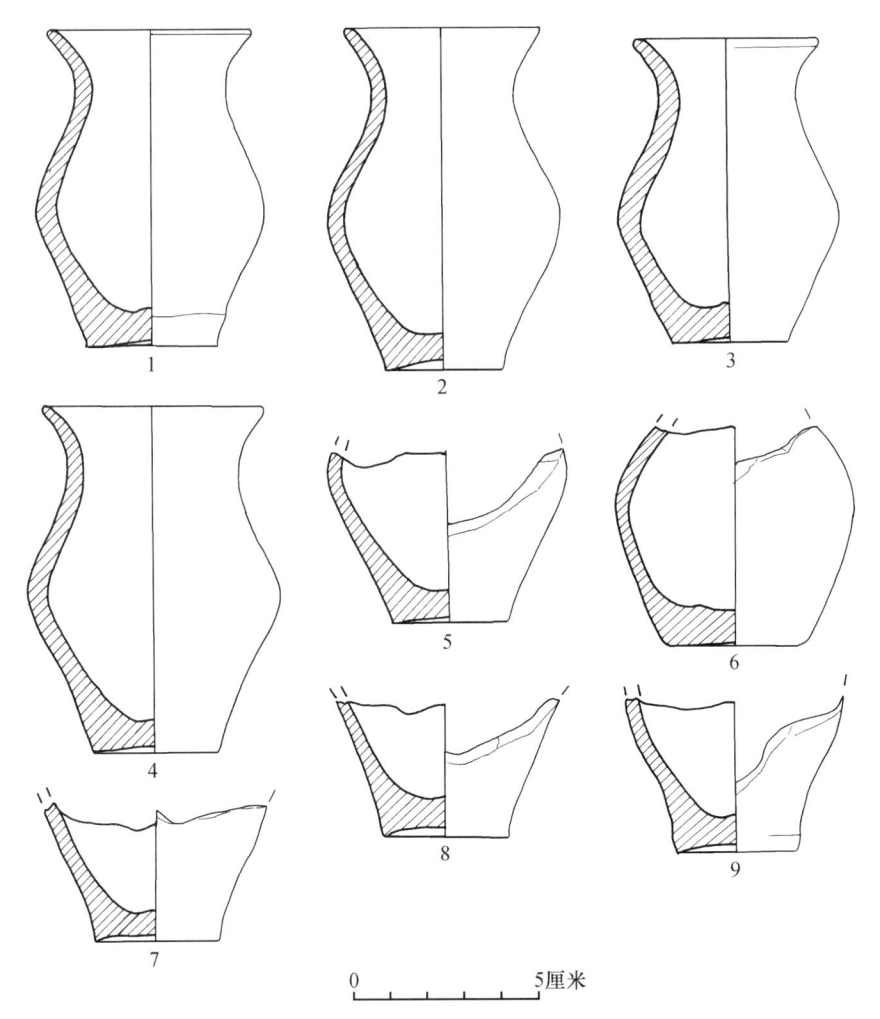

图二六　M12出土A型陶长颈小罐
1. M12∶11　2. M12∶4　3. M12∶19　4. M12∶1　5. M12∶28　6. M12∶3　7. M12∶25　8. M12∶29　9. M12∶30

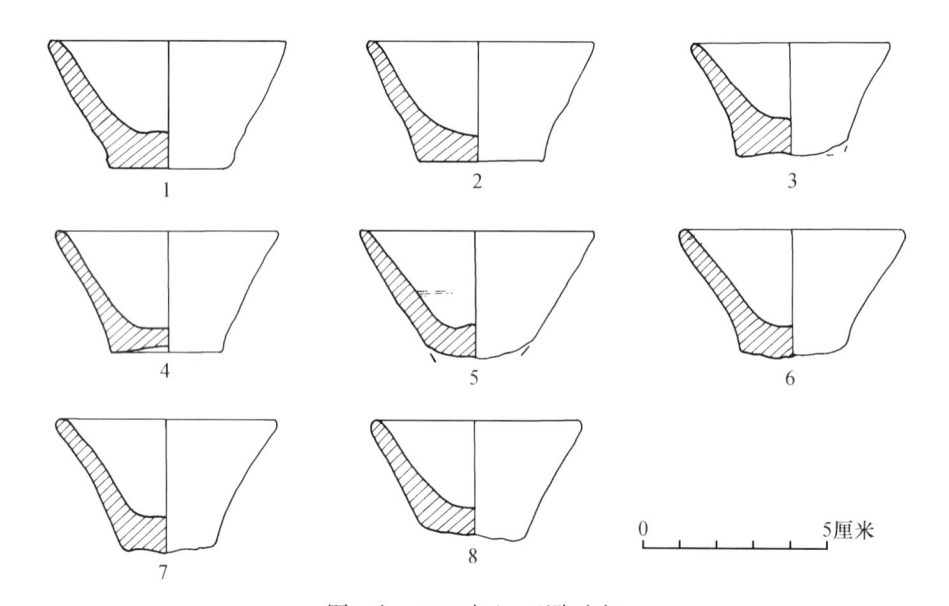

图二七　M12出土A型陶小杯
1. M12：2　2. M12：7　3. M12：23　4. M12：21　5. M12：22　6. M12：24　7. M12：26　8. M12：27

（三）三道头箱石棺葬

1座。

M3　位于TG2以南约50米处。竖穴土坑墓，墓口平面呈长方形，墓向150°。墓口长2.94、头端宽0.96、足端宽0.84米，墓口距墓底头端深0.73、足端深0.73米（图二八）。葬具为石棺，以大石板砌于墓坑内。石棺内长2.54、头端宽0.64、足端宽0.37、头端高0.62、足端高0.52米。盖板坡度为4°。石棺头端、足端各立石板一块，现存盖板6块，从足端依次叠压而成，头部石盖板缺失。两侧由两块厚约3厘米的石板错缝相接，足端靠外，内侧底部有石块加固，石板顶部打磨成阶梯状以方便合上盖板。棺内头端用三块厚约1.5厘米的薄石板隔出高、中、低三层头箱。墓内填充大量黄褐色土。未发现人骨，葬式不明。出土随葬品46件，集中于头箱，头箱及附近共散落陶长颈小罐19件、陶小杯19件、铜泡1件，另外有陶单耳罐3件、陶高领罐2件、陶盂2件。

陶高领罐　2件。

B型　鼓肩。出土时置于石棺中部。轮制。M3：5，泥质黑皮陶。器表磨光。卷沿，圆唇，束颈，弧腹内收，底部内凹呈矮圈足。口径11.2、肩径16.2、底径7.2、高18厘米（图二九，1）。M3：6，泥质灰陶，器表磨光。口微侈，折沿，方唇，束颈，弧腹内收，底部内凹呈矮圈足。口径10.2、肩径15.2、底径7.8、高18厘米（图二九，2）。

陶单耳罐　3件。出土时置于头箱附近和足部。

Bb型　1件。器形较瘦高，短束颈。轮制。M3：2，泥质黑皮陶。器表磨光。口微侈，方唇，弧肩，弧腹下收，底部内凹，单耳连接口部至肩上部。内壁有轮旋纹。口径10.6、底径5.6、高8.5、耳高5.1厘米（图二九，5）。

Bc型　1件。器形较瘦高，长束颈。轮制。M3：1，泥质黑陶。器表磨光。侈口，鼓肩，弧腹内收，底部内凹呈矮圈足，单耳连接口部至肩部最大径。外底压印"十"字形阳文。口径10.2、底

图二八　M3盖板及平、剖面图

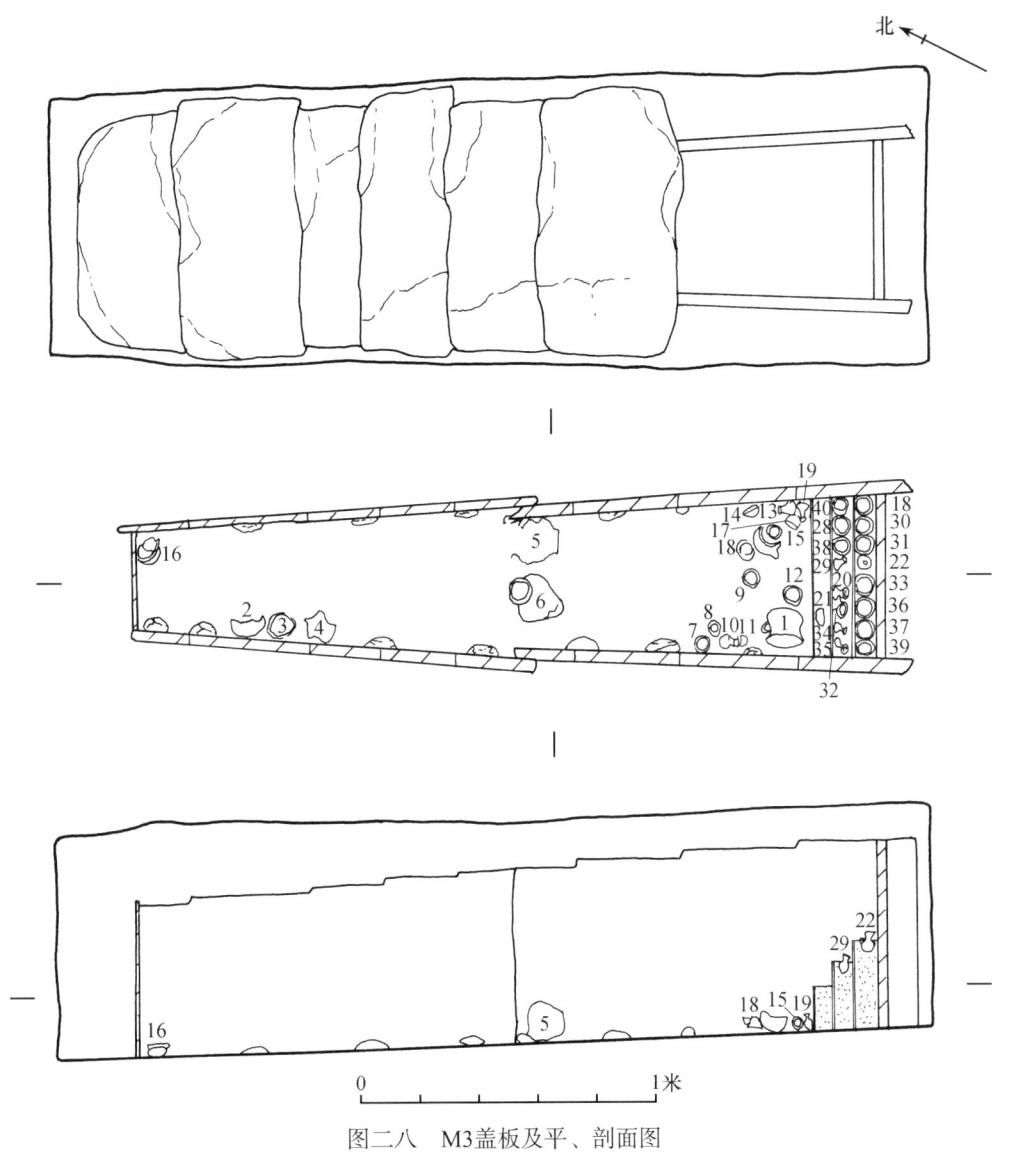

1、2、16.陶单耳罐　3、4.陶盂　5、6.陶高领罐　7~9、11、12、14、15、17、18、28、30、31、33、36~40.陶小杯
10、13、19、20、22、29、32、34、35.陶长颈小罐　21.铜泡（部分器物被压不可见）

径4.8、高7.7、耳高5.6厘米（图二九，6）。

Cb型　1件。器形矮胖，短束颈。轮制。M3：16，泥质黑皮陶。器表磨光。侈口，圆唇，弧肩，弧腹下收，底部内凹呈玉璧底，单耳连接口部至肩下部。内壁有轮旋纹。口径11.8、底径6、高7.2、耳高5.9厘米（图二九，7）。

陶盂　2件。出土时置于石棺足端。轮制。M3：4，泥质黑皮陶。器表磨光。肩部以上残，弧腹内收，底部内凹。外底压印"一"字形阳文。肩径12.8、底径5.6、残高6.4厘米（图二九，3）。M3：3，泥质黑皮陶。器表磨光。肩部以上残，弧腹下收，底腹交接明显，底部内凹。肩径14.8、底径4.8、残高7.5厘米（图二九，4）。

陶长颈小罐　19件。出土时置于头箱，多与陶小杯配套，部分上叠放陶小杯。

Ba型　10件。小侈口，束颈。轮制。M3：23，泥质灰陶。圆唇，弧肩，弧腹内收，底部内

图二九 M3出土陶器

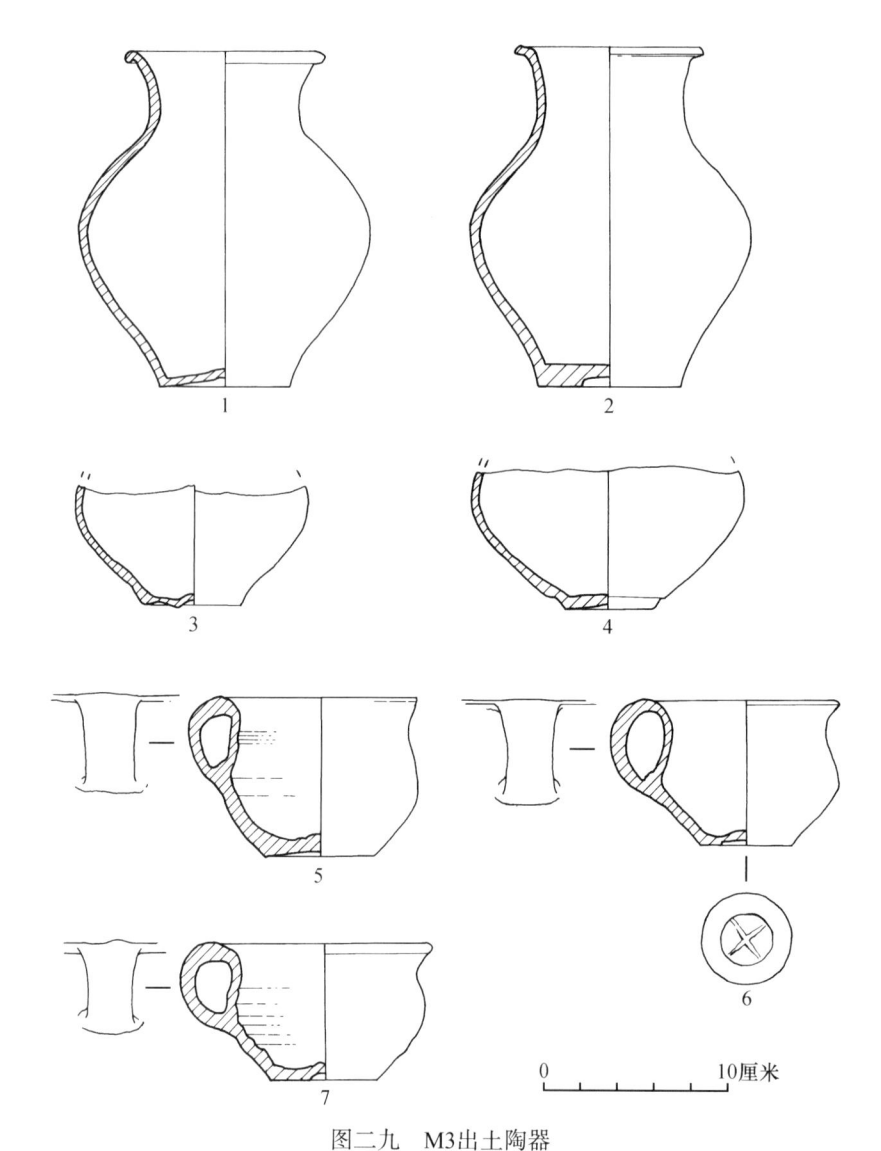

1、2. B型高领罐（M3：5、M3：6） 3、4. 盂（M3：4、M3：3） 5. Bb型单耳罐（M3：2） 6. Bc型单耳罐（M3：1）
7. Cb型单耳罐（M3：16）

凹。外底压印"一"字形阳文。口径5、肩径6、底径3.6、高8.6厘米（图三〇，1）。M3：19，泥质灰陶。方唇，鼓肩，弧腹下收，底部内凹呈矮圈足。肩部有轮旋纹，外底压印"一"字形阳文。口径4.6、肩径6、底径3.7、高7.6厘米（图三〇，2）。M3：27，泥质灰陶。方唇，鼓肩，弧腹下收，底部内凹。肩部有轮旋纹，外底压印"一"字形阳文。口径4.5、肩径5.4、底径3.5、高8.1厘米（图三〇，3）。M3：10，泥质灰陶。方唇，弧肩，弧腹下收，底部内凹呈矮圈足。外底压印"一"字形阳文。口径4.6、腹径5.7、底径3.3、高7.9厘米（图三〇，4）。M3：26，泥质灰陶。圆唇，弧肩，弧腹下收，底部内凹。外底压印"一"字形阳文。口径4.8、肩径6、底径3.8、高8.5厘米（图三〇，5）。M3：20，泥质灰陶。尖唇，鼓肩，底部内凹。外底压印"一"字形阳文。口径4.4、腹径6、底径3.6、高8厘米（图三一，1）。M3：22，泥质灰陶，表面部分熏黑。方唇，弧肩，底部内凹。外底压印"一"字形阳文。口径4.6、腹径5.5、底径3.4、高7厘米（图三一，2）。M3：24，泥质灰陶。圆唇，鼓肩，底部内凹呈矮圈足。外底压印"一"字形阳文。口径4.4、肩径

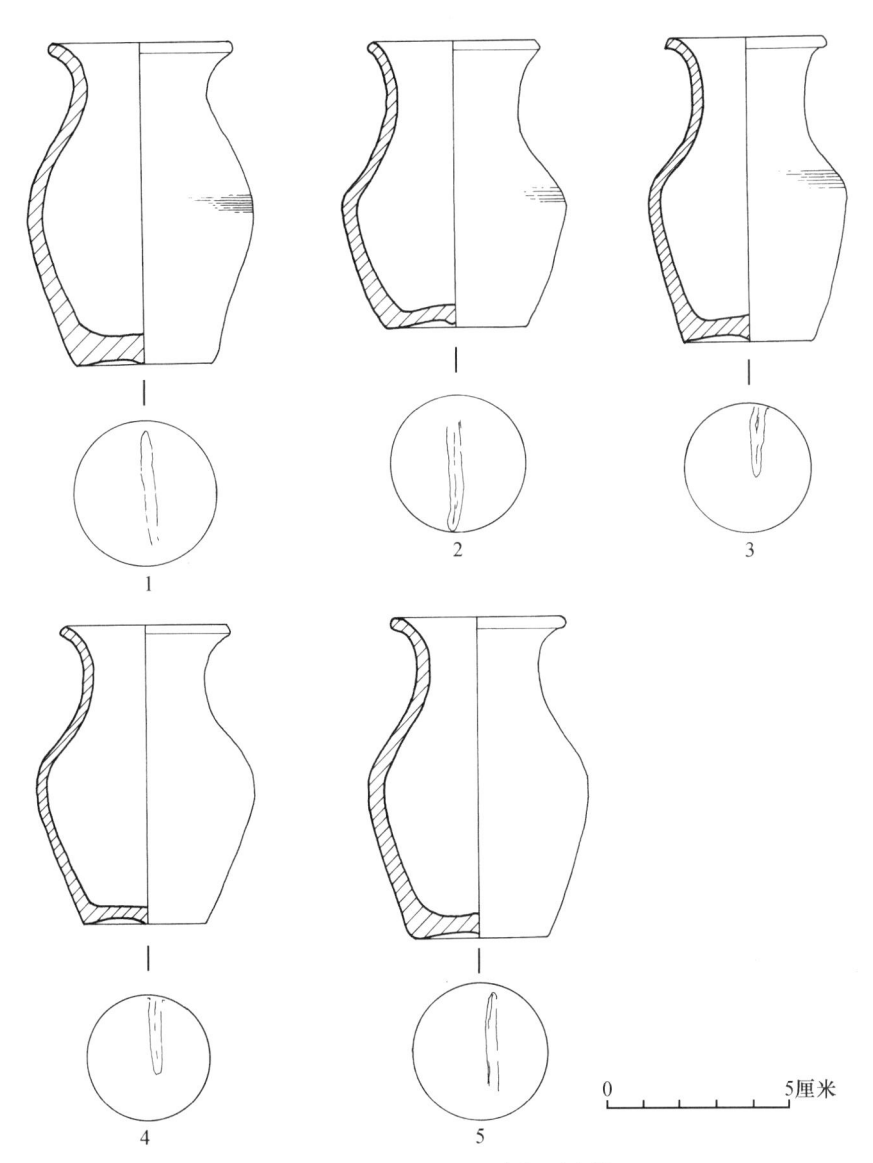

图三〇　M3出土Ba型陶长颈小罐
1. M3:23　2. M3:19　3. M3:27　4. M3:10　5. M3:26

6、底径3.5、高7.6厘米（图三一，3）。M3:25，泥质黑皮陶。方唇，弧肩，底部内凹。外底压印"一"字形阳文。口径4.6、肩径5.9、底径4、高8.6厘米（图三一，4）。M3:44，泥质灰陶。平沿，方唇，弧肩，底部内凹。外底压印"一"字形阳文。口径4.8、肩径5.7、底径4、高8.4厘米（图三一，5）。

Bb型　9件。大口，卷沿，唇部外翻，束颈。轮制。M3:13，泥质黑皮陶。尖圆唇，鼓肩，弧腹下收，底部内凹。口径6.4、肩径7、底径4.2、高10.4厘米（图三二，1）。M3:29，泥质黑皮陶。方唇，鼓肩，底部外撇，底部内凹呈矮圈足。口径5.9、肩径6.3、底径3.4、高10.8厘米（图三二，2）。M3:34，泥质黑皮陶。圆唇，鼓肩，底部外撇内凹呈矮圈足。沿下有一周旋纹。口径6、肩径6.1、底径3.6、高10.6厘米（图三二，3）。M3:35，泥质黑皮陶。方唇，弧肩，底部外撇内凹。口径5.8、肩径6、底径3.6、高10厘米（图三二，4）。M3:42，泥质黑皮陶。圆唇，弧肩，底部内凹呈矮圈足。颈部有三周旋纹，内壁有轮旋纹。口径6、肩径6、底径3.8、高10.7厘米

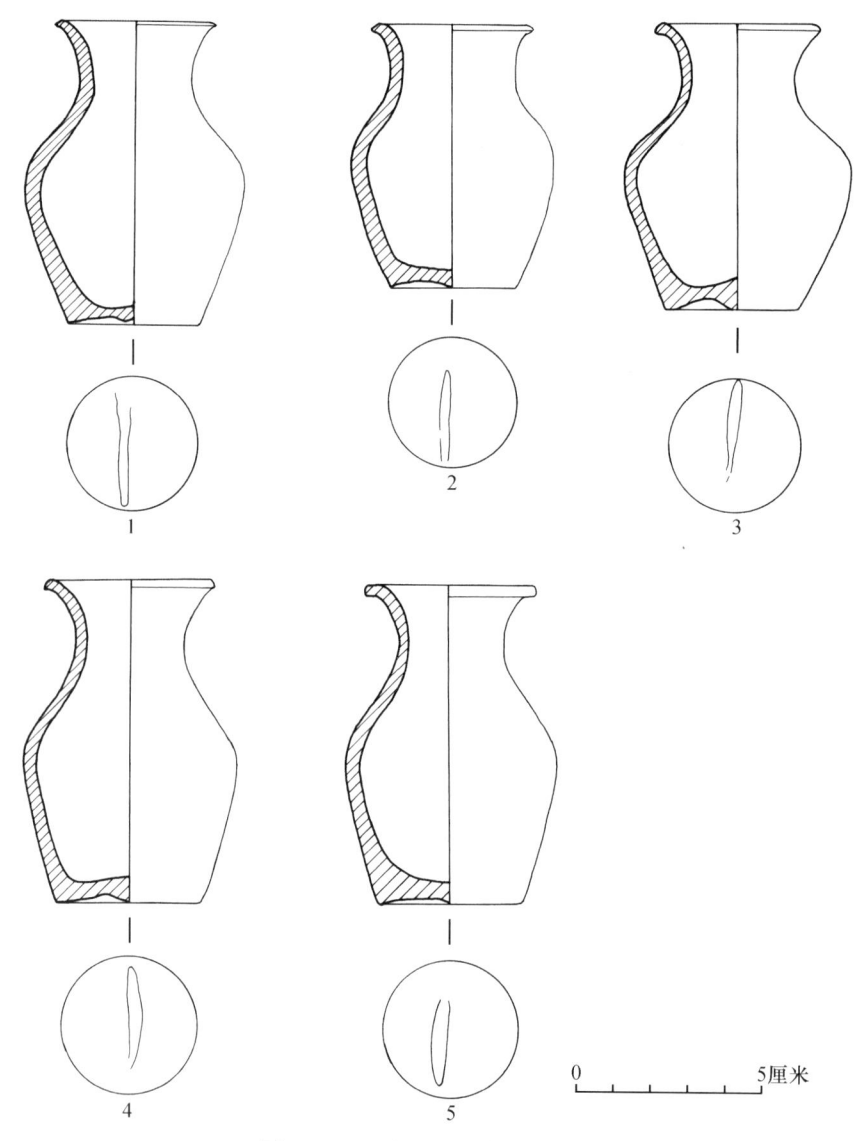

图三一　M3出土Ba型陶长颈小罐
1. M3∶20　2. M3∶22　3. M3∶24　4. M3∶25　5. M3∶44

（图三二，5）。M3∶46，泥质黑皮陶。尖唇，弧肩，弧腹下收，底部残缺。腹部有两周旋纹。口径6.2、肩径6.6、残高9.8厘米（图三二，6）。M3∶43，泥质黑皮陶。方唇，鼓肩，底部外撇，底部内凹。口径5.8、肩径6、底径3.6、高10.4厘米（图三二，7）。M3∶45，泥质黑皮陶。方唇，鼓肩，底部外撇，底部内凹。口径5.7、肩径6.5、底径3.4、高9.4厘米（图三二，8）。M3∶32，泥质黑皮陶。圆唇，弧肩，底部内凹。肩、腹部各有一周旋纹。口径5.4、肩径6.4、底径4.2、高10厘米（图三二，9）。

陶小杯　19件。出土时置于头箱，多与陶小杯配套，部分下叠压陶长颈小罐。

B型　9件。斜折腹。轮制。M3∶36，泥质黑皮陶。敞口，圆唇，底部内凹。口径7.9、腹径7.6、底径3.6、高3.7厘米（图三三，1）。M3∶37，泥质黑皮陶。敞口，圆唇，小平底。口径6.4、腹径5.2、底径2.5、高3.1厘米（图三三，2）。M3∶17，泥质黑皮陶。侈口，圆唇，小底内凹。口径7.2、腹径6.1、底径2.4、高3.7厘米（图三三，3）。M3∶31，泥质黑皮陶。敞口，方唇，底部

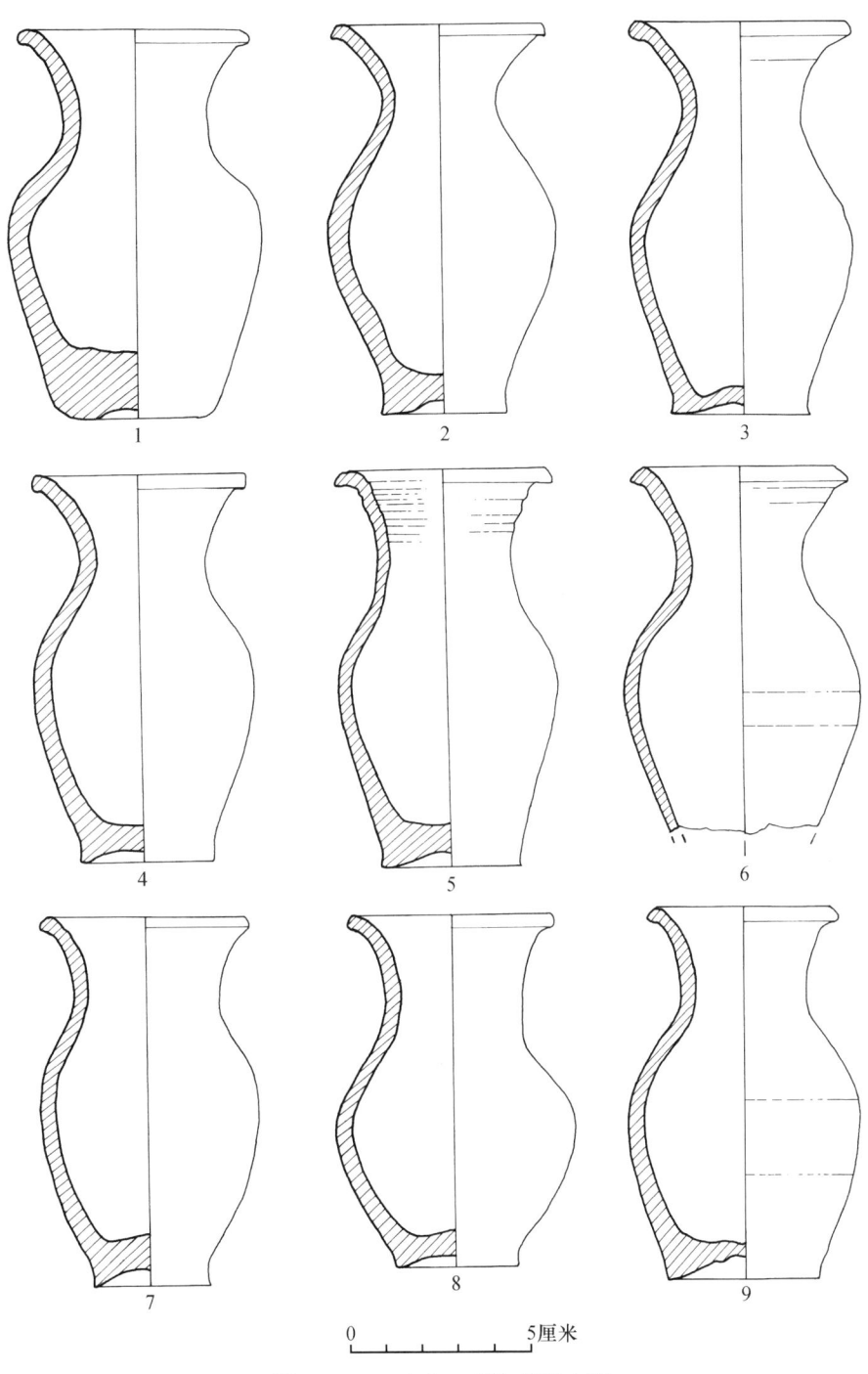

图三二　M3出土Bb型陶长颈小罐

1. M3∶13　2. M3∶29　3. M3∶34　4. M3∶35　5. M3∶42　6. M3∶46　7. M3∶43　8. M3∶45　9. M3∶32

内凹。外壁沿下有一周旋纹，内壁有轮旋纹。口径6.2、腹径4.8、底径3.2、高2.7厘米（图三三，4）。M3∶39，泥质黑皮陶。敞口，圆唇，小底，底部内凹呈矮圈足。口径6.6、腹径5.6、底径1.8、高3.1厘米（图三三，5）。M3∶40，敞口，圆唇，小底内凹呈矮圈足。口径6.4、腹径5.3、底径2.5、高2.9厘米（图三三，6）。M3∶30，泥质黑皮陶。敞口，圆唇，底部内凹。口径6.4、腹径5.1、底径3、高2.9厘米（图三三，7）。M3∶33，泥质黑皮陶。敞口，圆唇，底部内凹。口径6.2、腹径5.3、底径2.7、高3厘米（图三三，8）。M3∶41，泥质黑皮陶。侈口，尖圆唇，底部内凹。口

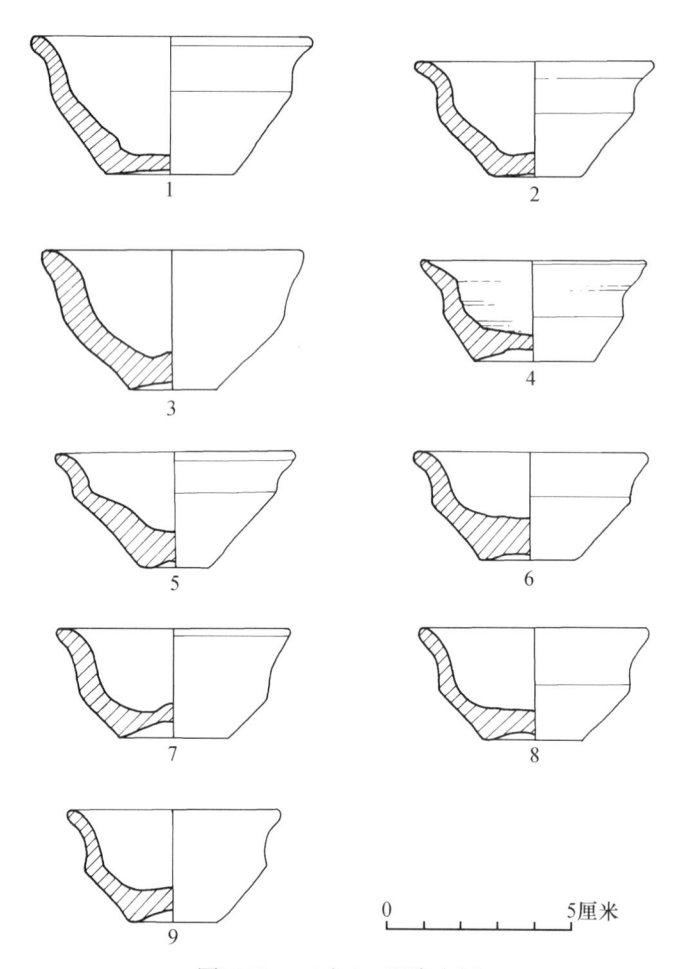

图三三　M3出土B型陶小杯

1. M3∶36　2. M3∶37　3. M3∶17　4. M3∶31　5. M3∶39　6. M3∶40　7. M3∶30　8. M3∶33　9. M3∶41

径5.8、腹径4.9、底径3、高3厘米（图三三，9）。

C型　10件。弧腹略深。轮制。M3∶7，泥质灰陶。直口，折沿，圆唇，底部内凹。外壁沿下有一周旋纹，内壁有轮旋纹，外底中心压印"一"字形阳文。口径6.6、腹径5.5、底径3.6、高3.2厘米（图三四，1）。M3∶8，泥质黑皮陶。敞口，圆唇，近平底。外底中心压印"一"字形阳文。口径5.4、腹径4.6、底径3、高3厘米（图三四，2）。M3∶9，泥质灰陶。直口，折沿，圆唇，腹底交接处有明显粘接痕迹，底部内凹。沿下有一周旋纹，外底中心压印"一"字形阳文。口径6.6、腹径5.8、底径3.6、高3.5厘米（图三四，3）。M3∶11，泥质灰陶。侈口，卷沿外翻，圆唇，底部内凹。外底中心压印"一"字形阳文。口径6.4、腹径5.5、底径3.4、高3.1厘米（图三四，4）。M3∶14，泥质黑皮陶。直口，平卷沿，尖圆唇，底部内凹。沿下一周旋纹，外底中心压印"一"字形阳文。口径6.8、腹径5.1、底径3.3、高3.3厘米（图三四，5）。M3∶15，泥质黑皮陶。敞口，圆唇，底部内凹。外底中心压印"一"字形阳文。口径6.6、腹径5、底径3.3、高3厘米（图三四，6）。M3∶12，泥质黑皮陶。侈口，折沿，圆唇，弧肩，底部内凹。外底中心压印"一"字形阳文。口径6.4、腹径5.9、底径3.4、高3厘米（图三五，1）。M3∶28，泥质黑皮陶。侈口，卷沿外翻，圆唇，底部微内凹。外底压印"一"字形阳文。口径5.6、腹径4.8、底径3.5、高3.4厘米（图三五，2）。M3∶18，泥质黑皮陶。敛口，圆唇，底部内凹。外底压印"一"字形阳文。口径6.2、

图三四 M3出土C型陶小杯

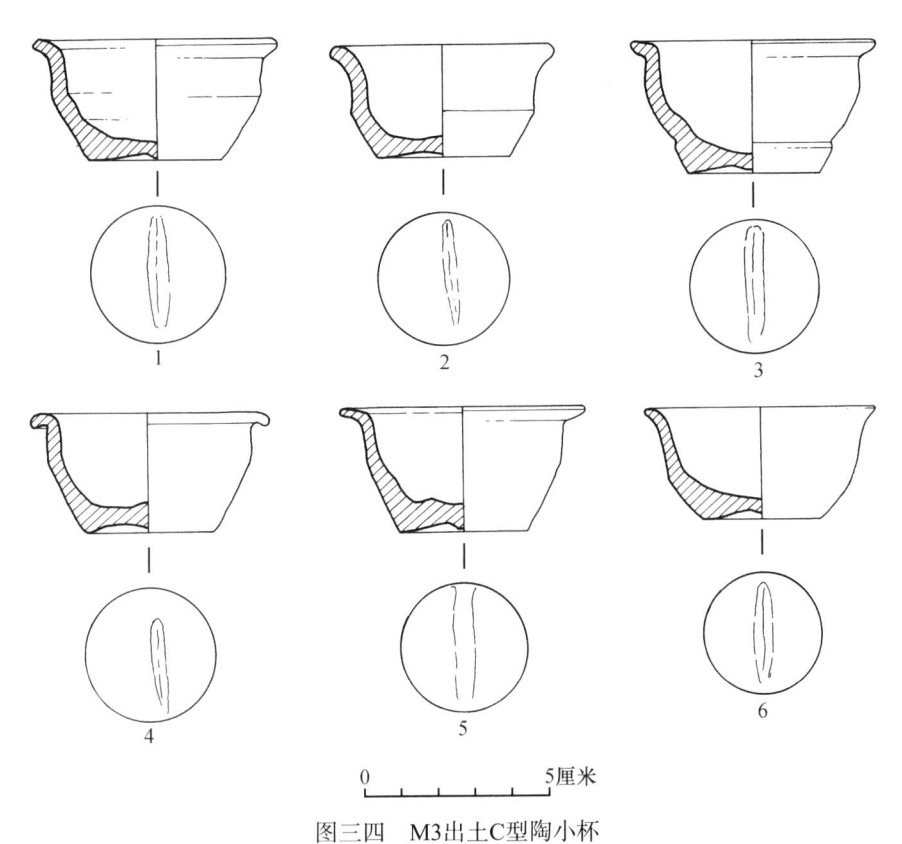

1. M3:7 2. M3:8 3. M3:9 4. M3:11 5. M3:14 6. M3:15

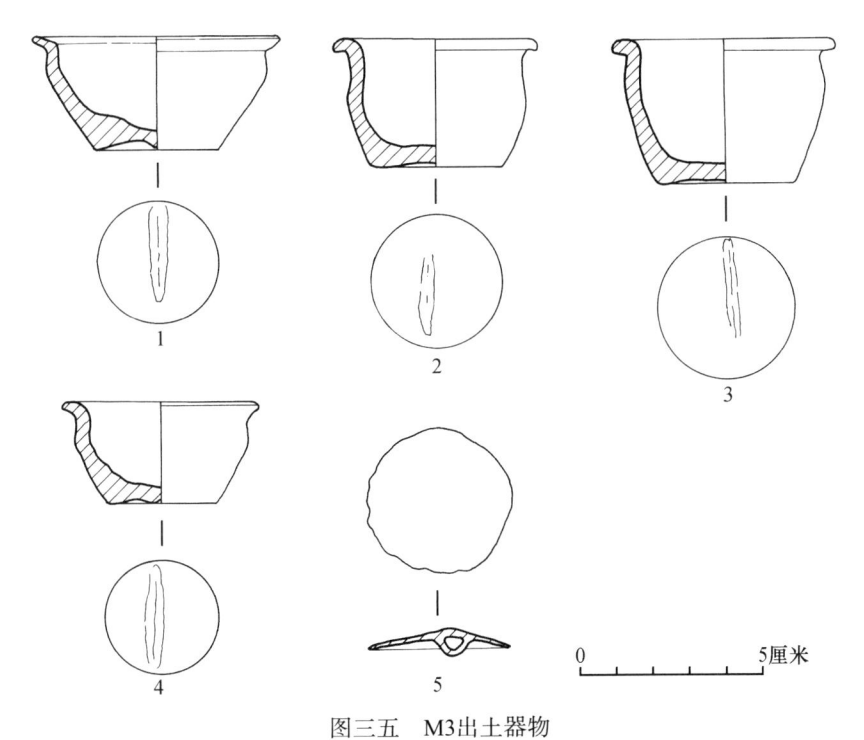

图三五 M3出土器物

1~4. C型陶小杯（M3:12、M3:28、M3:18、M3:38） 5. 铜泡（M3:21）

腹径5.5、底径3.8、高3.8厘米（图三五，3）。M3：38，泥质灰陶。侈口，尖圆唇，底部内凹，外底中心压印"一"字形阳文。口径6.2、腹径5.5、底径3.8、高3.8厘米（图三五，4）。

铜泡　1件。出土时置于最低一层头箱中部。M3：21，斗笠状，内有半圆状纽。直径3.8、纽径0.4、高0.8厘米（图三五，5）。

（四）形制不详石棺葬

2座。

M4　位于TG2以南约50米处。石棺完全被破坏，仅剩墓圹，揭露墓口长2.7、宽0.78米。

M5　位于TG2以南约50米处。石棺完全被破坏，仅剩墓圹，揭露墓口长2.9、宽0.68米。

三、结　语

（一）墓葬分期与年代

由于此次清理的石棺葬未发现墓葬间的叠压打破关系，因此分期研究主要根据墓葬随葬品的组合情况进行。根据随葬陶器的组合情况，可以将此次发掘的有随葬品、墓葬形制保存较为完好的8座墓葬分为以下3组。

A组墓葬4座，包括M1、M8、M10、M11。随葬器物包括A型陶双耳罐、A型陶单耳罐、陶平底罐、陶小平底罐、A型陶纺轮。均为夹砂陶，手制，器物种类单一。

B组墓葬1座，为M12。随葬器物包括B型陶单耳罐、Cb型陶单耳罐、B型陶高领罐、A型陶长颈小罐、A型陶小杯。

C组墓葬3座，包括M2、M3、M6。随葬器物包括B型陶双耳罐、A型陶簋式豆、B型陶簋式豆、陶盉、Bb型陶单耳罐、Bc型陶单耳罐、C型陶单耳罐、陶高领罐、B型陶长颈小罐、B型陶小杯、C型陶小杯、B型陶纺轮、铜片饰。均为泥质陶，轮制，器物种类丰富。

关于此前营盘山石棺葬历次发掘的分期，整理者将其分为两期5段[1]：早期Ⅰ段年代当在西周晚期到春秋早期，早期Ⅱ段年代大约在春秋中晚期，晚期Ⅲ段年代在战国早期，晚期Ⅳ段年代应该为战国中期，晚期Ⅴ段年代可能为战国晚期。本次清理的墓葬时段依然在此范围内，大致可分为两期3段。

早期Ⅰ段仅见A组器物A型陶双耳罐、A型陶单耳罐、陶平底罐、A型陶纺轮。陶器均为手制夹砂褐陶，不见轮制泥质陶。大致和营盘山之前发掘石棺葬的早期Ⅰ段年代相当，该期所出A型陶双耳罐M11：1与营盘山D型陶双耳罐2002M11：1相似，A型陶单耳罐M11：2与营盘山A型Ⅰ式陶单

---

[1]　成都文物考古研究所、阿坝藏族羌族自治州文物管理所、茂县羌族博物馆：《茂县营盘山石棺葬墓地》，文物出版社，2013年。

耳罐2004M11：3、撮箕山Bc型陶单耳罐1984M49：1相似①，陶平底罐M8：1与营盘山A型Ⅰ式陶平底罐2002M5：4、撮箕山Db型陶小口罐1984M2：3相似。营盘山报告中将此类器物归入早期Ⅰ段，年代判定在西周晚期到春秋早期。考虑文化发展中的滞后因素，综合以上分析，推测该期墓葬的时代为春秋早期。

晚期有B、C两组器物，可分为早、晚两段。

晚期2段为B组器物，可以分为两类，B型陶单耳罐、B型陶簋式豆、A型陶高领罐为代表的实用器，以及以A型陶长颈小罐、A型陶小杯为代表的明器。其中，B型陶簋式豆与营盘山Bb型Ⅲ式（2000M2：33），Ba型陶单耳罐与营盘山2000M11：7相似，Bb型单耳罐与营盘山2000M11：6相似。在报告中将此类墓葬归入晚期Ⅳ段，年代判定在战国中期。而明器类A型陶长颈小罐年代与营盘山Aa型Ⅰ式陶长颈罐2002M27：7，A型陶小杯与营盘山Ⅲ式陶小底杯2002M27：11、撮箕山Bb型Ⅱ式陶杯1984M58：4相似，报告都将这两类归入战国早期。由此，可推测该期墓葬的时代应该为战国早中期。

晚期3段为C组器物，可以分为两类，典型的B型陶双耳罐、C型陶单耳罐、陶簋式豆、陶高领罐、陶盉为代表的实用器和成组出现的B型陶长颈小罐和B型陶小杯、C型陶小杯。其中，Ba型抹压暗旋涡纹双耳罐与营盘山C型抹压暗旋涡纹胖体双耳罐2002M34：1、2004M37：1相似，A型陶簋式豆与营盘山A型Ⅲ式豆2002M48：65相似，B型陶长颈小罐和B型、C型陶小杯与牟托一号墓出土高领小陶罐、陶小杯类似②。此类墓葬的年代推测都在战国晚期。再考虑到此次发现的墓葬中不见"半两""五铢"以及汉代豆、鼎、圆鼓肩罐等典型秦汉时期器物。故晚期3段墓葬的时代应该为战国晚期。

（二）人群与族属

历年来在岷江上游地区发现的大量具有鲜明地域特征的石棺葬及相关遗存，与此次在营盘山清理的石棺葬所反映的文化面貌与内涵一致，应该属于相同文化体系。长久以来，关于岷江上游地区石棺葬族属问题的讨论一直众说纷纭。其中，较有代表性的观点有：戈基人说，认为岷江上游石棺葬主人可能为羌族传说中的戈基人[3]；氐人说，认为岷江上游石棺葬主人是冉䮾，族属是氐人[4]；羌人说，认为岷江上游石棺葬主人是包括冉䮾在内的羌人[5]；蜀人说，认为冉䮾为蜀人[6]；僰

---

① 四川省文物考古研究院、阿坝藏族羌族自治州文物管理所、茂县羌族博物馆、成都文物考古研究所：《1984年度茂县撮箕山石棺葬发掘报告》，《南方民族考古》（第九辑），科学出版社，2013年。

② 茂县羌族博物馆、成都文物考古研究所、阿坝藏族羌族自治州文物管理所：《茂县牟托一号石棺墓》，文物出版社，2012年。

③ 冯汉骥、童恩正：《岷江上游的石棺葬》，《考古学报》1973年第2期。

④ 林向：《〈羌戈大战〉的历史分析——兼论岷江上游石棺葬的族属》，《巴蜀文化新论》，成都出版社，1995年。

⑤ 沈仲常、李复华：《关于石棺葬文化的几个问题》，《中国考古学会第一次年会论文集》，文物出版社，1980年。

⑥ 徐学书：《岷江上游石棺葬文化综述》，《四川大学考古专业创建三十五周年纪念文集》，四川大学出版社，1998年。

人说[1]；夷人说，认为应该为"夷人"系统中的筰都和冉駹说[2]。虽然在族属认识上有较大差异，但"冉駹"是该地区主体居民是主流观点。

从文献中来看，商代甲骨文中就对岷江上游人群有所记载，饶宗颐认为茂县与汶川盆地原有居民应是游牧民族，先为羌族之一支，即为汉代冉氏、冉駹之族[3]。自汉以后相关文献更多，《史记·西南夷列传》《后汉书·南蛮西南夷列传》《括地志》等都对"冉駹"有明确记载，基本确定该地区两汉时期的主体居民应该为"冉駹"无误。从历次考古发现来看，岷江上游石棺葬虽然包含了多种文化因素，但是其文化主体依然是本地某一特定族群的文化遗产，与周边地区同时期文化有所区别。因此，结合文献记载和考古学文化因素分析，判定营盘山石棺葬文化应该是文献中的"冉駹"人群所遗留的。对于边境少数民族的历史文献多来源于中原文明记载，在不同历史时期往往有不同的称谓，甚至相同称谓下内涵和外延都有变化，"羌"也不例外。民族的交错杂居是岷江流域乃至整个西南地区的特点，《后汉书·南蛮西南夷列传》中也有"其山有六夷、七羌、九氐，各有部落"的记载。最早甲骨文中"羌"在历史时期中也不同称谓，其中应该包括"冉駹"。甲骨文中的"羌"发展到今天应该是多个少数民族的重要来源，当代羌族也毫无疑问地位列其中。而文献中记载的"冉駹"与现今自称rma的羌族多方面吻合，包括居住、习俗、服饰、丧葬、原始崇拜、自称等多个方面，应该是其主要来源。此次清理的M12：5、M12：18、M12：20内发现的白色石子应该与当时民族风俗崇拜有关，白石崇拜不仅是当代羌族而且是羌语支语言使用者的一个古老的、共同的文化特征[4]。所以说，岷江上游石棺葬文化应该是以"冉駹"为主的古代羌人的一支，与今天羌族不同但有传承关系。

此次发现的石棺葬中清理出的3座成组分布、保存较好的大型石棺葬，出土了大量随葬品，有2座带有两道头箱，1座带有三道头箱，这是营盘山石棺葬墓地首次发现的带有三道头箱的石棺葬，也是岷江上游地区继牟托一号墓之后考古发现的第二座带有三道头箱的石棺葬。对更加全面了解营盘山石棺葬墓地，乃至整个岷江上游地区这一时期考古学文化有重要意义。

附记：参加勘探工作的人员有成都文物考古研究院陈剑、刘祥宇、向导、白铁勇、黎光全，茂县羌族博物馆蔡清、刘永文、郭亮、蔡雨茂、郭峰、刘刚，阿坝藏族羌族自治州文物管理所李勤学、任星河，黑水县文广新局杨雪等。

绘图：陈　睿　张立超　郑永霞
照相：陈　剑　向　导
执笔：向　导　刘祥宇　蔡雨茂　郭　亮
　　　陈　剑　蔡　清　刘永文

---

[1] 曾文琼：《岷江上游石棺葬族属试探》，《中央民族学院学报》1984年第1期。
[2] 宋治民：《川西和滇西北的石棺葬》，《考古与文物》1987年第3期。
[3] 饶宗颐：《甲骨文中的冉与冉駹》，《文物》1998年第1期。
[4] 孙宏开：《古代羌人和现代羌语支族群的关系》，《西南民族大学学报》（人文社会科学版）2011年第1期。

2017年茂县营盘山石棺葬调查勘探简报　285

附表　墓葬登记表

编号	位置	方向/(°)	墓圹 长×宽—深/米	石棺 长×宽—高/米	石棺 头箱 长×高	盖板坡度/(°)	葬式	随葬器物/件	分类	分期
M1	TG1南侧	138	1.2×0.52—(0.4, 0.41)	1.1×(0.36, 0.26)—(0.38, 0.23)	无	8	不详	2：A型陶平底罐1、陶小平底罐1	甲类	早期Ⅰ段
M2	TG2南侧	160	2.66×(0.75, 0.55)—(0.76, 0.74)	2.31×(0.54, 0.4)—(0.69, 0.5)	0.48×0.29 0.47×0.21	10	不详	53：Ba型陶双耳罐2、Bb陶双耳罐1、A型陶簋式豆2、B型陶簋式豆1、A型陶高领罐1、B型陶高领罐3、Bb型陶单耳罐2、Bc型陶单耳罐1、Ca型陶单耳罐1、Cb型陶单耳罐2、Cc型陶单耳罐7、Ba型陶长颈小罐8、Bb型陶长颈小罐5、B型陶小杯6、B型陶纺轮2、铜片饰1	乙类	晚期Ⅲ段
M3	TG2南侧	150	2.94×(0.96, 0.84)—(0.73, 0.73)	2.54×(0.64, 0.37)—(0.62, 0.52)	0.54×0.29 0.53×0.22 0.52×0.14	4	不详	46：B型陶高领罐2、Bb型陶单耳罐1、Bc型陶单耳罐1、Cb型陶单耳罐1、陶盂2、Ba型陶长颈小罐10、Bb型陶长颈小罐9、B型陶小杯10、铜泡1	丙类	晚期Ⅲ段
M4	TG2南侧		揭露2.7×0.78				不详	无	不详	不详
M5	TG2南侧		揭露2.9×0.68				不详	无	不详	不详
M6	TG2南部偏西侧	144	1.86×(0.64, 0.52)—(0.6, 0.56)	1.68×(0.54, 0.4)—(0.54, 0.41)	无	3	不详	2：Bb型陶单耳罐1、Ca型陶单耳罐1	甲类	晚期Ⅲ段
M7	TG2南部	135	1.52×(0.58, 0.56)—(0.66, 0.62)	1.18×(0.41, 0.34)—(0.54, 0.46)	无	4	不详	无	甲类	不详
M8	TG2南部偏东	150	残2.2×(0.5, 0.46)—(0.48, 0.41)	2.12×(0.34, 0.34)—(0.4, 0.24)	无	5	仰身直肢	A型陶平底罐1	甲类	早期Ⅰ段
M9	TG2中部偏西	139	1.44×(0.58, 0.36)—(0.52, 0.44)	1.43×(0.46, 0.26)—(0.4, 0.22)	无	5	不详	无	甲类	不详
M10	TG2中部	143	1.56×(0.54, 0.5)—(0.48, 0.42)	1.44×(?, 0.26)—(0.46, 0.28)	无	7	不详	B型陶平底罐1	甲类	早期Ⅰ段

续表

编号	位置	方向/(°)	墓圹 长×宽—深/米	石棺 长×宽—高/米	石棺 头箱 长×高	盖板坡度/(°)	葬式	随葬器物件	分类	分期
M11	TG2中部偏东	153	1.74×(0.62, 0.34)—(0.5, 0.42)	1.5×(?, 0.3)—(0.45, 0.26)	无	7	不详	4：A型陶双耳罐1、A型陶单耳罐1、B型陶平底罐1、A型陶纺轮1	甲类	早期Ⅰ段
M12	TG2南侧	153	3.02×(0.9, 0.75)—(0.84, 0.82)	2.53×(0.58, 0.42)—(0.75, 0.46)	0.51×0.39 0.5×0.3	11	不详	30：B型陶簋式豆2、B型陶高领罐1、Ba型陶单耳罐2、Bb型陶单耳罐5、Bc型陶单耳罐2、Cb型陶单耳罐1、A型陶小长颈罐9、A型陶小杯8	乙类	晚期Ⅱ段

四川茂县沙乌都遗址2017、2018年度调查简报

成都文物考古研究院

茂县羌族博物馆

阿坝藏族羌族自治州文物考古研究所

沙乌都遗址位于四川省阿坝藏族羌族自治州茂县凤仪镇水西村，地理坐标为东经103°49′5″、北纬31°40′10″，海拔约1800米（图一）。遗址位于岷江北岸的三级、四级阶地上，营盘山遗址之北，隔岷江与营盘山遗址相望。以往沙乌都遗址的发现者曾将遗址分为南、北两区，两区中间有大沟相隔。2017、2018两个年度的调查都在遗址南区进行。遗址南区目前能发现的原生堆积都分布于一条东西向山脊的北侧，自最高处一直向下延伸约60米。由于当地人在山地上大面积种植果树，将山坡改造为梯田，遗址已经遭到较大程度破坏，文化堆积保留较少。

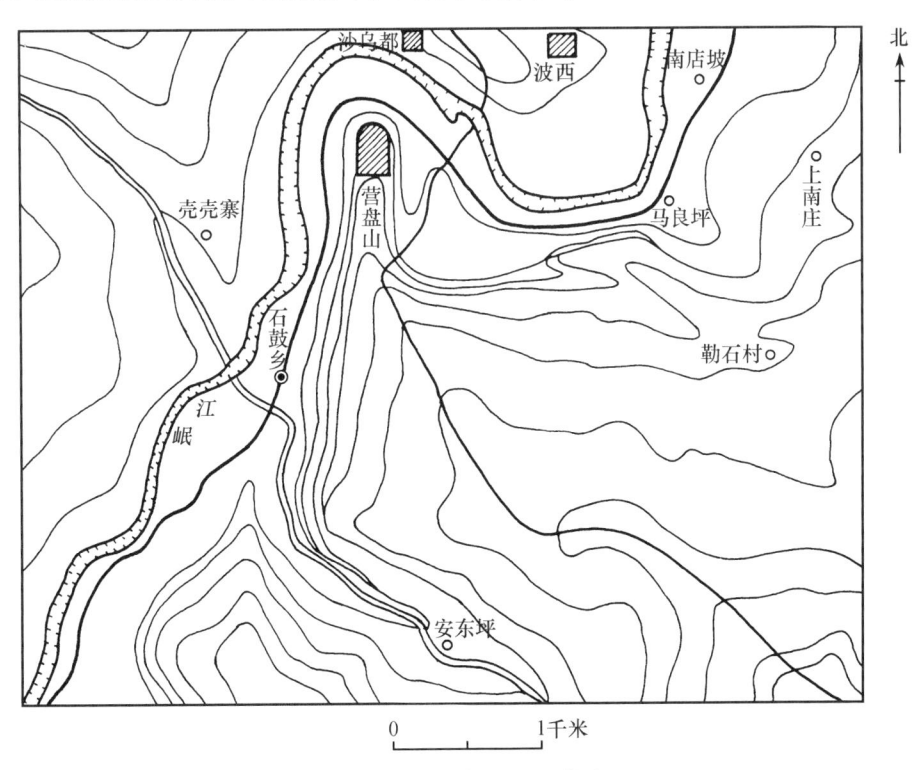

图一 遗址位置及地形图

一、地 层 堆 积

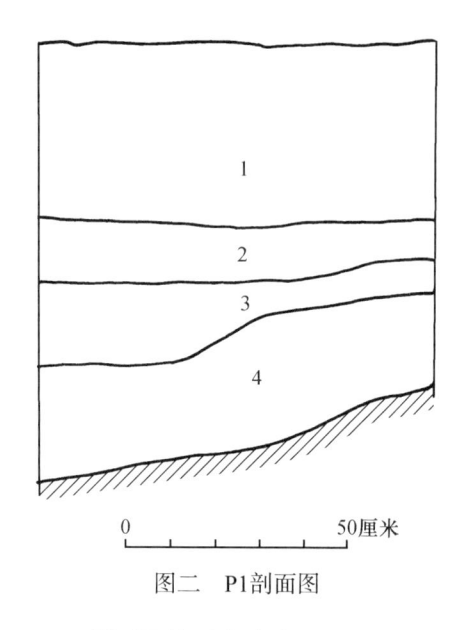

我们在山脊南坡发现两处剖面，编号为P1、P2，其中P1位于南坡中部靠近山脊最高处，P2位于P1下方偏东处，与P1间隔两层或三层梯田。

P1地层堆积情况如下（图二）。

第1层：黄色土，土质松软。厚35～40厘米。夹杂较多植物根茎、石块、现代垃圾等，为现代梯田改造堆土。

第2层：黄褐色土，土质较硬。厚9～14厘米。夹杂少量黑灰、石子、夹砂红褐色陶片等，为新石器时代地层。

第3层：灰黄色土，土质较硬。厚6～20厘米。夹杂少量石块、夹砂和泥质陶片等，为新石器时代地层。

第4层：棕黑色土，土质松软。厚20～30厘米。夹杂大量炭灰、石块和陶片等，为新石器时代地层。

图二 P1剖面图

第4层以下为生土。

P2地层堆积情况如下（图三）。

第1层：黄色土，土质松软。厚50～57厘米。夹杂较多植物根茎、石块、现代垃圾等，为现代梯田改造堆土。

第2层：黄褐色土，土质较硬。厚18～28厘米。夹杂少量石块、木炭、陶片等，为新石器时代地层。

第3层：红棕色土，土质坚硬。厚25～40厘米。包含大量大块红烧土、炭灰、石块、陶片等，为新石器时代地层。其中部分红烧土块两面规整，可能为倒塌的墙体。

第4层：黑褐色土，土质极为松软。厚6～20厘米。这一层土大部分为黑褐色炭灰，另包含少量陶片、红烧土颗粒等，为新石器时代地层。有一柱洞开口于此层下。

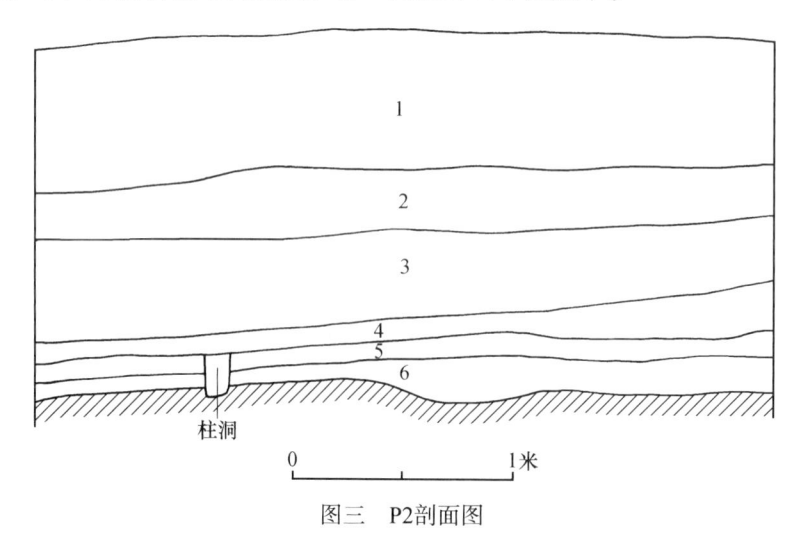

图三 P2剖面图

第5层：黄褐色土，土质略硬。厚7~9厘米。夹杂较多木炭、红烧土颗粒及少量小石子、陶片等，为新石器时代地层。

第6层：红褐色土，土质较硬。厚5~18厘米。夹杂少量木炭、红烧土颗粒、小石子、陶片、兽骨等，为新石器时代地层。

第6层以下为黄色生土，生土中有很多白色大石块。

二、遗　物

调查发现的新石器时代遗物仅有陶器一种。其中夹砂陶略多于泥质陶，以夹砂红陶、夹砂红褐陶、泥质红陶、泥质灰陶较多见。纹饰常见附加堆纹、刻划纹、凹弦纹、戳印纹、瓦棱纹等，很多器物表面均有刮抹痕（图四）。器形有卷沿锯齿花边口罐、喇叭口罐、盆、纺轮等。

卷沿锯齿花边口罐　11件。根据有无明显颈部，分为二型。

A型　4件。有明显颈部，较完整者均为鼓肩。P1④：1，夹砂红陶。卷沿，沿面向下翻，圆唇，束颈，鼓肩，肩部以下残。唇部作锯齿花边状，器内壁上部及外壁布满刮抹痕。口径21、残高9.5厘米（图五，1）。P2④：1，夹砂红陶。卷沿，沿面向下翻，尖圆唇，束颈，颈部以下残。唇部作锯齿花边状，器外壁有轻微刮抹痕。残高3.3厘米（图五，4）。18C：8，夹砂红陶。卷沿，沿面向下翻，尖圆唇，束颈，颈部以下残。素面。残高3.5厘米（图五，7）。17C：1，夹砂红陶。卷沿，沿面向下翻，尖圆唇，束颈，鼓肩，肩部以下残。唇部作锯齿花边状，沿内壁上部及器表外侧布满刮抹痕。残高5.3厘米（图五，8）。

B型　7件。无明显颈部，较完整者均为溜肩。根据沿部形态的不同，分为二亚型。

Ba型　6件。沿斜向上，与外壁夹角呈较大钝角。17C：2，夹砂灰褐陶。卷沿，圆方唇，沿部以下残。唇部作锯齿花边状，口下侧有一周附加堆纹。残高3.3厘米（图五，2）。18C：1，夹砂红褐陶。卷沿，圆方唇，溜肩，弧腹，腹中部以下残。唇部作锯齿花边状，口下方有两周很细的附加堆纹，器内壁沿部及外壁腹部布满刮抹痕。口径20、残高11厘米（图五，3）。18C：4，夹砂红陶。卷沿，圆方唇，沿部以下残。唇部作锯齿花边状，沿下有一周附加堆纹。残高3厘米（图五，5）。17C：3，夹砂红陶。卷沿，圆方唇，沿部以下残。唇部斜向压印锯齿花边。残高3.5厘米（图五，6）。18C：2，夹砂红褐陶。敞口，卷沿，方唇，口部以下残。唇部作锯齿花边状，口下侧有两周附加堆纹，器外壁沿部及器内壁布满刮抹痕。口径31、残高6.8厘米（图六，1）。18C：11，夹砂红褐陶。敞口，卷沿，圆唇，口部以下残。唇部作锯齿花边状，口下侧有两周附加堆纹，沿部内外均布满刮抹痕。残高5.4厘米（图六，2）。

Bb型　1件。沿末端微平，沿与器外壁夹角整体略呈直角。P1④：2，夹砂红褐陶。敞口，卷沿，方唇，溜肩，肩部以下残。唇部斜向压印锯齿花边，口下侧有一段附加堆纹，器外壁及内壁沿部布满刮抹痕。残高6.7厘米（图六，3）。

喇叭口罐　2件。根据唇部形态的不同，分为二型。

A型　1件。叠唇。18C：12，泥质红陶。喇叭口，卷沿，圆唇，唇外侧微下凸，口部以下残。沿内壁磨光，外壁上部有轻微刮抹痕。口径19、残高4厘米（图七，3）。

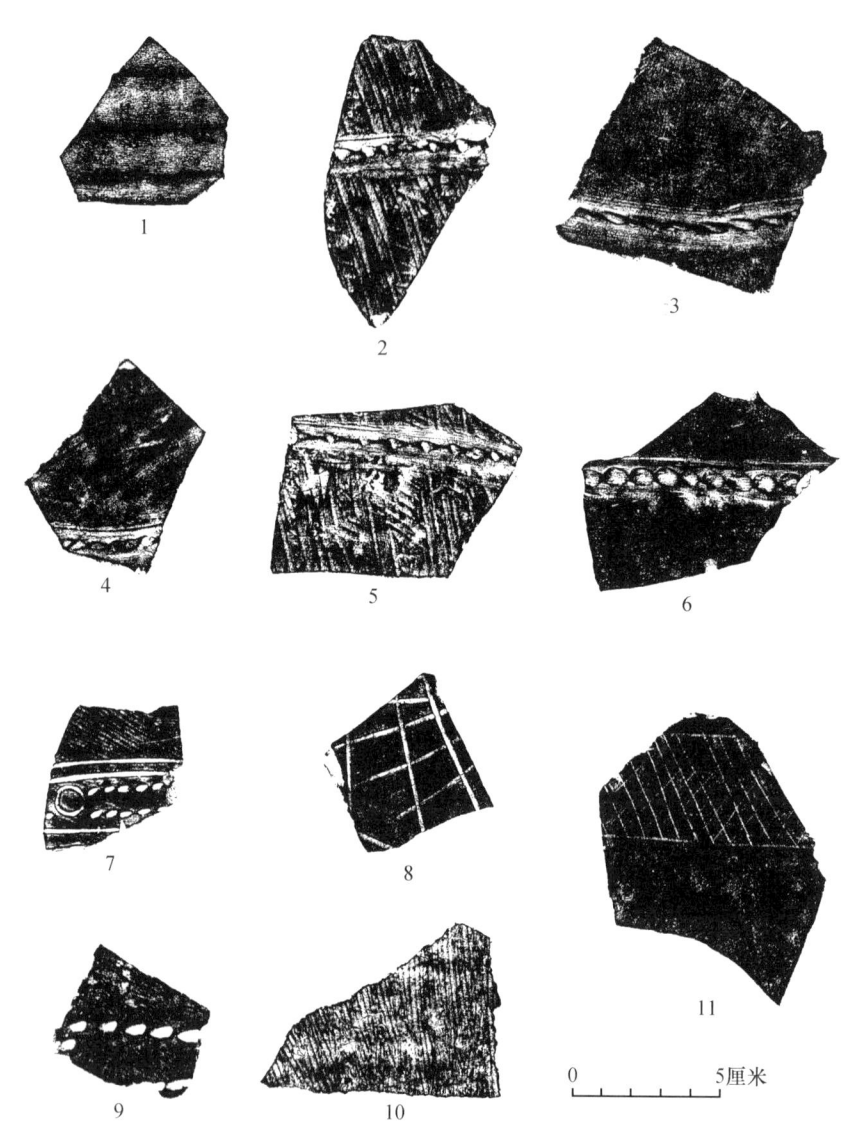

图四 陶器纹饰拓片

1. 瓦棱纹（18C：17） 2、5. 附加堆纹+刮抹痕（18C：7、P2③：21） 3、4、6. 附加堆纹（18C：15、18C：10、18C：9）
7. 凹弦纹+戳印纹（18C：6） 8、11. 刻划纹（P2④：2、18C：5） 9. 戳印纹（18C：16） 10. 刮抹痕（P2③：3）

B型 1件。尖圆唇。18C：14，泥质灰陶。喇叭口，口部以下残。内外壁均磨光。残高1.8厘米（图七，2）。

盆 3件。P2⑥：1，泥质红陶。侈口，圆唇，口部以下残。口下侧有一周附加堆纹。口径44、残高8厘米（图七，1）。P2⑥：2，泥质红陶。侈口，圆唇，口部以下残。口外侧下部有一周很浅的凹弦纹，同时有轻微刮抹痕迹。残高5厘米（图七，4）。18C：3，泥质灰陶。侈口，圆唇，口部以下残。口下侧有两周凹弦纹。残高4.5厘米（图七，6）。

纺轮 1件。P2③：1，泥质红陶。一面微鼓，一面下凹。直径7.9、孔径0.9、厚1.2厘米（图七，5）。

圈足 1件。P1④：3，泥质红陶。圈足下缘为圆唇，整体呈喇叭状。上部残。外壁有细密的刮抹痕。足径13.5、残高5厘米（图八，3）。

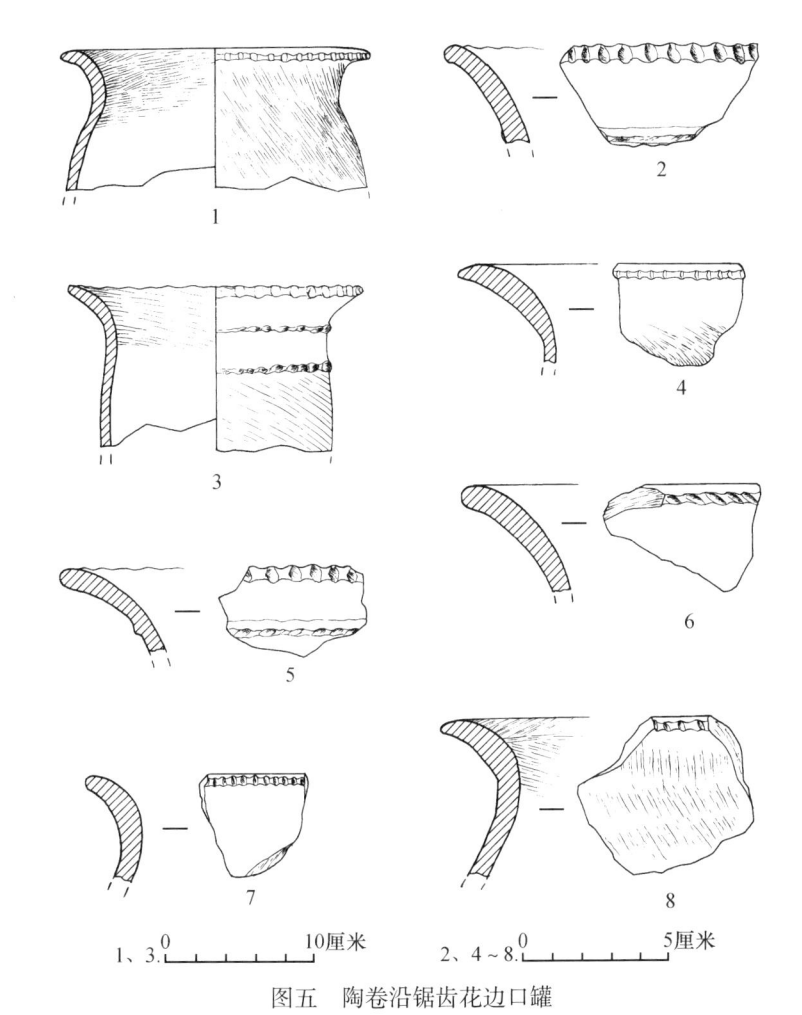

图五 陶卷沿锯齿花边口罐
1、4、7、8.A型（P1④：1、P2④：1、18C：8、17C：1） 2、3、5、6.Ba型（17C：2、18C：1、18C：4、17C：3）

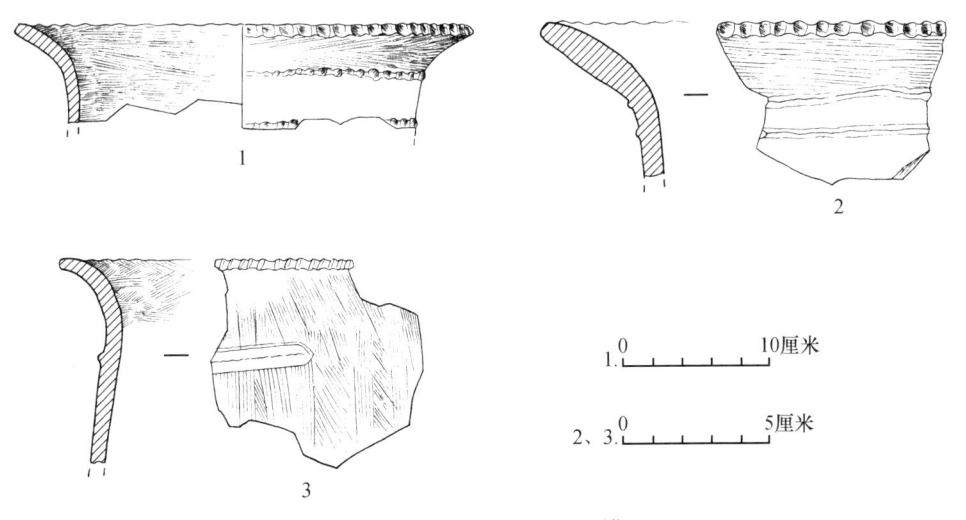

图六 陶卷沿锯齿花边口罐
1、2.Ba型（18C：2、18C：11） 3.Bb型（P1④：2）

图七 陶盆、喇叭口罐、纺轮

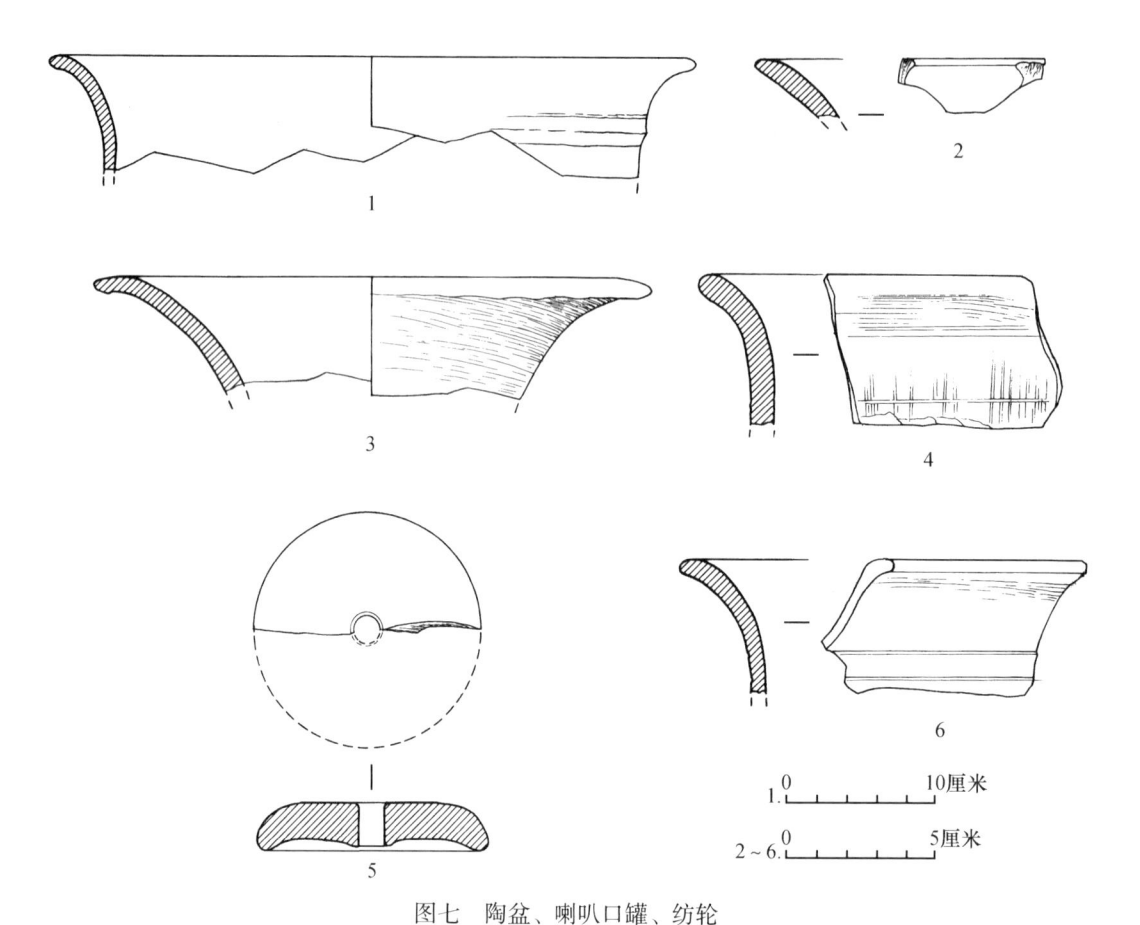

1、4、6. 盆（P2⑥：1、P2⑥：2、18C：3） 2. B型喇叭口罐（18C：14） 3. A型喇叭口罐（18C：12） 5. 纺轮（P2③：1）

器底 5件。均为平底。P2⑥：3，夹砂红陶。素面。底径11、残高5.7厘米（图八，1）。P2⑤：1，夹砂红陶。素面。底径10、残高2.5厘米（图八，2）。P2④：1，夹砂红陶。器壁厚，腹下部与底相交处转折圆润。素面。底径9.5、残高5.2厘米（图八，4）。18C：13，泥质灰陶。器壁较斜。素面。底径13、残高4厘米（图八，5）。P2⑤：2，夹砂红陶。器壁薄。素面。残高4厘米（图八，6）。

三、结　语

沙乌都遗址是岷江上游地区一处重要的新石器时代遗址，其陶器特征鲜明，夹砂陶罐口部多作锯齿花边状，大量陶器器表或内壁有刮抹痕。这些特点与以往在沙乌都遗址南区调查和试掘所获陶器一致[①]。目前我们有一个碳十四数据，由P1第4层出土粟测出，数据为2206～2032BC（94.8%）、

---

① 成都文物考古研究所、阿坝藏族羌族自治州文物保管所、茂县羌族博物馆：《四川茂县沙乌都遗址调查简报》，《成都考古发现》（2004），科学出版社，2006年；成都文物考古研究所、阿坝藏族羌族自治州文物管理所、茂县羌族博物馆：《四川茂县白水寨和沙乌都遗址2006年调查简报》，《四川文物》2007年第6期；成都文物考古研究所、阿坝藏族羌族自治州文物管理所、茂县羌族博物馆：《四川茂县白水寨和沙乌都遗址2006年调查简报》，《成都考古发现》（2006），科学出版社，2008年。

图八 陶器底、圈足

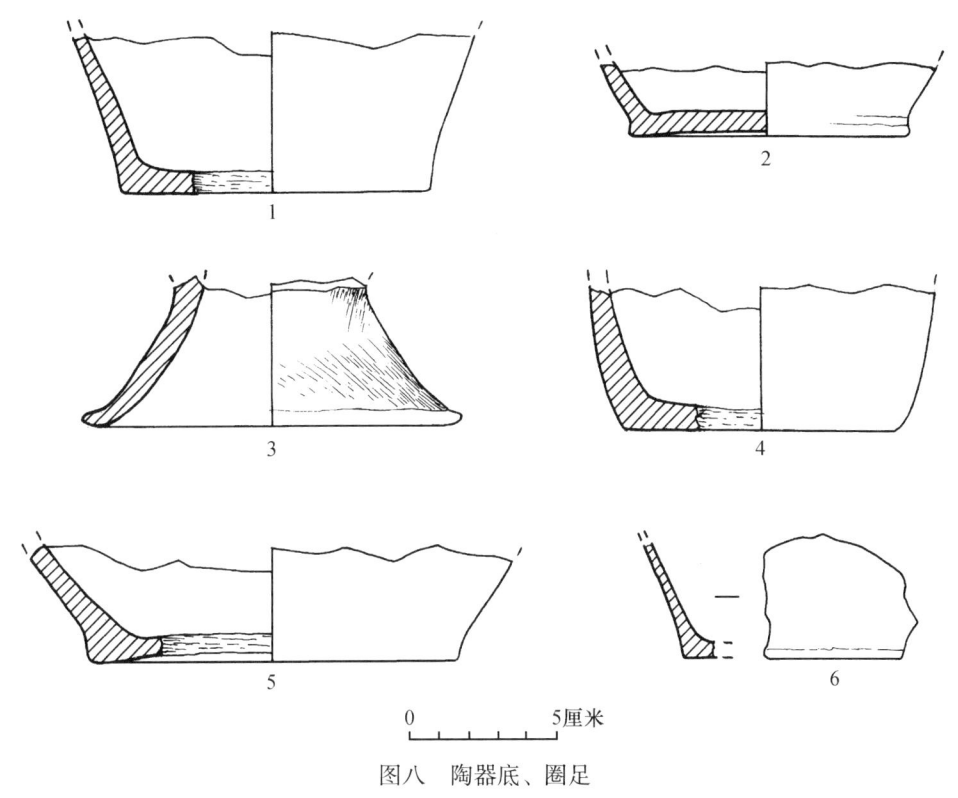

1、2、4~6. 器底（P2⑥：3、P2⑤：1、P2④：1、18C：13、P2⑤：2） 3. 圈足（P1④：3）

2226~2261BC（0.6%）[①]。从陶器面貌看，沙乌都遗址的新石器时代遗存较为单纯；从时代上看，它又可代表龙山晚期岷江上游地区的考古学文化面貌。罐口沿作锯齿花边状，与成都平原的宝墩文化一些夹砂陶罐有接近之处；A型喇叭口罐的叠唇风格，也与在宝墩文化一期晚段开始出现、流行于宝墩文化二期和三期的叠唇喇叭口高领罐风格较为接近。另外，多见两条平行的刻划纹内填充交错呈菱格状的刻划纹，这种纹饰风格也见于宝墩文化一期陶器。沙乌都遗址为我们认识岷江上游地区新石器时代考古学文化序列的发展演变及其与地理环境变迁的互动关系提供了新的材料。

调查：蔡　清　蔡雨茂　郭　亮　郭　锋
　　　刘永文　李勤学　刘祥宇　向　导
　　　陈　剑
拓片：严　彬　代福尧
绘图：李福秀
摄影：刘祥宇
执笔：刘祥宇　蔡雨茂　郭　亮　向　导
　　　郭　锋　李勤学

---

① 数据由Beta实验室提供。

后　　记

2000年以来，以茂县营盘山遗址为代表的考古发现对于岷江上游及川西北地区史前文化研究、古蜀文明探源等有重大意义。为深化岷江上游考古研究，探索古蜀文明渊源，在四川省文物局的大力支持和指导下，由四川省文物考古研究院、成都文物考古研究院、四川大学历史文化学院、三星堆博物馆、金沙遗址博物馆、阿坝藏族羌族自治州文化体育和旅游局、茂县人民政府、阿坝藏族羌族自治州文物管理所主办，茂县文化体育和旅游局、茂县羌族博物馆承办，四川金色映像文化传播有限公司协办的"茂县营盘山遗址与古蜀之源"学术研讨会，计划于2019年8月20~22日在茂县举行。

但好事多磨。在研讨会各项筹备工作顺利进行之际，天有不测风云，8月19日晚开始，阿坝藏族羌族自治州局部地区开始出现强降雨，至8月20日晚，强降雨引发的泥石流和山洪导致汶川、理县、茂县、松潘和卧龙特别行政区超22个乡镇受灾，数万游客和受灾群众转移。阿坝藏族羌族自治州全力以赴进行汶川"8.20"强降雨特大山洪泥石流灾害抢险救灾暨恢复重建工作。成都至茂县的交通中断，研讨会不能够如期在茂县举行。在此特殊之际，三星堆博物馆的同仁慷慨地及时伸出了援助之手，会议得以转移至三星堆博物馆按期成功举行。

本次学术研讨会的圆满成功首先是群策群力的成果。会议得到了四川省文物局的大力支持和指导；会议的主办单位四川省文物考古研究院、成都文物考古研究院、四川大学历史文化学院、三星堆遗址博物馆、金沙遗址博物馆、阿坝藏族羌族自治州文化体育和旅游局、茂县人民政府、阿坝藏族羌族自治州文物管理所在会议前后共同协商，群策群力，扬长避短，优势互补，为会议的圆满进行奠定了坚实的基础；茂县文化体育和旅游局、茂县羌族博物馆作为承办单位，承担了大量具体而烦琐的事务，保障了会议的顺利进行；协办单位四川金色映像文化传播有限公司，为会议的形象设计、宣传推广等开展了系列工作。

本次研讨会同时得到了与会学者的大力支持。来自中国社会科学院、北京大学、四川大学、四川省文物考古研究院、重庆市文化遗产研究院、浙江省文物考古研究所、贵州省文物考古研究所、成都文物考古研究院、三星堆博物馆、金沙遗址博物馆、德阳市文物考古研究所、凉山彝族自治州博物馆、阿坝藏族羌族自治州文物管理所等省内外高校、文博单位的80余位知名专家、学者参加了研讨会。与会学者不仅提交了论文，多位学者还进行了精彩的大会学术发言。

本次研讨会受到了各级领导的高度重视。四川省文化和旅游厅党组成员、副厅长、四川省文物局局长王毅，四川省政协第十二届委员会副秘书长、中国民主促进会四川第八届委员会副主任委员赵川荣，新华社四川分社党组书记、社长惠小勇等领导出席了会议。大会开幕式由茂县人民政府副县长卞思雨主持，阿坝藏族羌族自治州文化体育和旅游局党组书记陈顺清代表阿坝藏族羌族自治州州委常委、宣传部部长杨星致欢迎词；赵川荣副秘书长、王毅副厅长先后发表了热情洋溢的讲话。惠小勇社长率新华社四川分社的报道团队驻会直播了研讨会。

为将本次研讨会的学术成果及时推广，会议结束之后，成都文物考古研究院、阿坝藏族羌族自治州文化体育和旅游局、茂县羌族博物馆商议决定联合编著《"茂县营盘山遗址与古蜀之源"学术研讨会论文集》。论文集收录了33篇论文及简报，主题包括岷江上游及周邻地区史前考古研究、成都平原先秦考古研究、川西北高原科技考古新进展、其他地区考古新发现与研究、羌族社会历史文化研究等几个方面。

特别感谢成都文物考古研究院颜劲松院长以及阿坝藏族羌族自治州文化体育和旅游局领导赵寿春、陈顺清、张艳、卞思雨等在本论文集出版经费的落实等工作中提供的支持与帮助，科学出版社柴丽丽责任编辑付出了艰辛的努力，本论文集才得以顺利出版。

编　者